1977년 8월 15일 전대원이 BC에서 한자리에 모였다. (배경은 웨스트 숄더.)

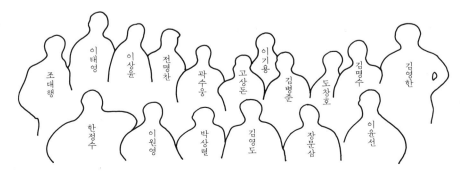

조대행 이태영 이상윤 전명찬 곽수웅 고상돈 이기용 김병준 도창호 김명수 김영한

한정수 이원영 박상렬 김영도 장문삼 이윤선

(사진은 당시 보도대원 김운영 씨 제공)

'77 KEE 대원들

김영도 (53)   대장   대한산악연맹, 국회
장문삼 (35)   등반대장   한국종합기술공사
박상렬 (33)   부대장   대한적십자 경북지사
이윤선 (36)   총무   강원도교육위원회
고상돈 (29)   총무   전매청 청주제조창
이원영 (27)   식량   한국등산학교
이기용 (28)   식량   극동건설(주)
김영한 (30)   식량   서울상사
도창호 (26)   식량   석천무역
전명찬 (25)   식량   아주관광(주)
김명수 (33)   장비   한국화재보험협회
한정수 (29)   장비   한국 하켄클럽
이상윤 (29)   장비   명지대학 OB
곽수웅 (33)   수송   동아대학 OB
김병준 (28)   수송   대한전선(주)
조대행 (31)   의료   대전통합병원
김운영 (44)   보도   한국일보 사진부장
이태영 (36)   보도   한국일보 체육부차장

특파원   김광남   한국방송공사

1977년 9월 15일 12시 50분,
'77 한국 에베레스트 원정대 고상돈 대원이 에베레스트 정상에 섰다.

에베레스트
'77 우리가 오른 이야기

EVEREST

에베레스트

'77 우리가 오른 이야기

秀文出版社

차 례

9

10

공상과 의혹

김 영 도

> 산에 오르는 매력의 반은 처음에 공상에서 생긴다.
> 이 공상은 신비롭고 멀며 접근하기 어렵다.
>
> 죠지 말로리

'북극점을 1909년 미국의 피어리가, 남극점은 1911년 노르웨이의 아문센이 처음으로 도달하고 나서 지구 위에는 인류에게 끝으로 남은 큰 모험의 하나가 에베레스트에 오르는 일이었다. 이것은 또한 가장 어려운 일임을 입증하고 있다.'

윌리암 머어리는 그의 책 「에베레스트 이야기」를 이렇게 시작했다. 그런데 머어리가 이 책을 내놓은 지 한 달이 지난 1953년 5월 29일 에베레스트는 인간이 그 정상을 밟는 것을 비로소 허용했다. 그것은 1921년 에베레스트에 도전하기 시작한 영국이 32년 동안 10회에 걸쳐 정찰대와 원정대를 투입한 끝에 얻은 결과였다.

에베레스트는 남극과 북극에 이어 〈제3의 극지〉로 알려져 있으며 이 극한의 세계는 언제나 인간의 접근을 완강히 거부해 왔다. 특히 제3의 극지에는 남극, 북극과는 또 다른 준엄한 대자연의 조건이 작용하고

9

있었다. 그것은 다름 아닌 극심한 산소 부족과 무서운 고도 장애다.

에베레스트에는 1921년부터 1971년에 이르는 50년 사이에 10개국에서 30개 원정대가 도전했으나 그 가운데 등정에 성공한 원정대는 다섯 나라 원정대뿐이었다. 그리고 이 다섯 원정도 모두 봄철인 프리 몬순에 개가를 올렸다. 즉, 포스트 몬순인 가을철을 겨누던 원정대의 활동은 부진하고 모두 실패했다. 그 이유는 간단하고 명백하다. 이 계절이 프리 몬순보다 눈이 많고 추워서 등반 활동이 크게 둔화되고 위험하기 때문이다.

1970년대는 세계의 산악 운동이 이미 난숙기를 맞아 힘찬 전진을 계속하려는 시기였다. 1786년 몽블랑(4,807m)이 초등되면서 막을 올린 등산 즉 알피니즘이 세계의 지붕인 히말라야 고산군으로 눈을 돌리기 시작한 것은 금세기 초였다. 그러나 표고 8,000미터 급의 이른바 히말라야 자이언트 14봉이 등정되기는 1950년에서 1964년에 이르는 15년 사이였음을 볼 때, 1970년까지의 에베레스트 등반 활동은 아직 미숙한 초보 단계에 놓여 있었다는 것을 알 수가 있다.

1970년대에는 등산의 역사가 우리보다 반세기나 앞서 있는 일본이 39명으로 구성된 대규모 원정대를 처음으로 에베레스트에 보냈다. 이 때 일본은 남서벽과 동남릉의 두 루트를 같이 오르려는 색다른 의욕에 불타고 있었는데, 남서벽을 공격하던 팀이 대암벽에 부딪쳐 더 이상 뚫고 나가지 못하자 그들은 결국 고전적 루트인 동남릉으로 방향을 돌리게 됐다. 이 원정에서 일본은 대원과 셀파를 한 사람씩 잃었고, 8,000미터 고소인 사우드 콜에서 스키로 활강하려는 일본인 프로 스키어 미우라를 따라 나섰던 셀파 여섯이 아이스 폴을 지나가다 쎄락이 무너져 몰사하는 대참사가 일어났다.

에베레스트를 둘러싼 상황이 이러한 가운데 1971년 새해가 밝았다. 이 해 봄, 우리 대한산악연맹에서는 히말라야에 있는 로체 샬(8,383m)

을 오르려 하고 있었다. 이 원정은 한국으로서는 처음으로 히말라야 8,000미터 급 고산에 도전하는 장거로 대장에 박철암, 부대장 강호기, 그리고 최수남, 장문삼, 박상렬 등 11명으로 등반대가 편성되어 있었다. 이들은 모두 당대 한국 등산계의 중심 인물들이었다.

원정대는 프리 몬순에 등반할 계획이었으나 자금 조달이 제대로 이루어지지 않아 출국이 지연되고 있었다. 내가 산악연맹의 부회장을 맡게 된 것은 바로 이 무렵이었다. 당시 회장은 모 국회의원이었으나 산과는 거리가 멀고 회장 자리를 거의 비우다시피 했다. 따라서 연맹 사업은 내가 맡을 수밖에 없었다. 그때 나는 로체 샬 원정 비용이 총 1,200만원이고 준비된 금액은 400만원 뿐인 것을 비로소 알았다. 그래서 나는 즉시 박정희 대통령에게 자금 지원을 품신했다. 대통령은 한국이 처음으로 세계의 지붕에 도전하는 이 거사에 바로 그 부족금 800만원을 하사했다. 이렇게 해서 자금이 풀리자 원정대는 예정보다 늦은 3월 5일 드디어 히말라야로 떠났다.

원정대의 출국을 앞두고 연맹의 간부들 가운데 에베레스트 이야기가 나왔다. 로체 샬 가는 길에 네팔 행정부에 에베레스트 입산 허가 신청을 내자는 것이었다. 로체 샬 원정 비용도 조달이 어려웠는데 에베레스트의 꿈을 가진다는 것은 누가 생각해도 거의 망상에 가까웠다. 그런데 당시 에베레스트 입산 허가 문제는 신청하고도 언제 나올지 모르는 상황이었고 설령 나오더라도 신청하고 빨라야 4, 5년 뒤로 보였다. 그래서 연맹에서는 시기가 좋으니 이 기회에 관계 서류라도 보내자는 의견이었다. 연맹에서는 서둘러 서류를 준비했다. 그리고 영문으로 된 에베레스트 입산 허가 신청서를 로체 샬 원정대가 휴대하여 네팔 행정부에 제출했다.

원정대는 무엇보다도 잃은 시간을 되찾아야 했다. 그래서 그들은 카트만두에서 루클라까지 비행기로 날았다. 지금도 그렇지만 히말라야

11

원정에서는 대원들의 고도 순응이 가장 중요한 것으로 돼 있다. 그래
서 이 일을 위해 베이스 캠프까지 먼 거리를 걸어가는 것이 원정대의
상식이며 당연한 일이었다. 그러나 당시 로체 샬 원정대는 그런 줄 알
고도 그럴 시간적 여유가 없었다.

이러한 운행상의 차질은 끝내 중대한 결과를 가져오고야 말았다. 루
쿨라에서 에베레스트 베이스까지 도보 행진에 나선 일행이 표고 5,000
미터 부근에 이르렀을 때 대원 하나가 고도 장애를 일으키고 병세가
악화됐다. 이 불의의 인적 사고는 경험이 적은 원정대가 감당하기엔
너무나 큰 짐이었으리라. 그리하여 이때 이미 원정대는 전의를 잃을
수밖에 없었다. 그런 와중에서도 원정대 선봉을 맡았던 강호기, 최수
남, 장문삼, 박상렬 등 정예 대원들은 제3 캠프를 건설하는 데 성공했
다. 그러자 최수남은 셸파 한 사람을 데리고 8,000미터 플라토까지 진
출했다. 그러나 뒤에서 지원조가 환자 처리에 골몰하고 있으니 공격조
가 활동을 계속할 수가 없었다. 당시의 상황을 일본 산악회가 아래와
같이 요약하고 있다.

1971년 로체 샬(8,383m) — 네팔

대한산악연맹 대(대장 박철암)는 전세기 편으로 루쿨라까지 가서 미
답봉인 피크 38(7,589m) 아니면 로체 샬에 오르려고 했다. 4월 7일 츄쿵
(5,000m)의 막영지에 도착하여 15분 가량 지났을 무렵 갑자기 권영배 대
원(27세)이 쓰러졌다. 준비했던 산소를 써서 산소 공급에 만전을 기했으
나 권 대원의 의식은 회복되지 않았다. 다음날 아침 5명의 대원과 셸파
둘, 포터 여덟이 나서서 권 대원을 카트만두의 유나이테드 미션 병원으로
옮겼다. 뇌수종으로 진단이 내렸다. 권 대원은 귀국 후 약 6개월 동안 정
양하고 그해 12월이 되어 완전히 회복했다.

(日本山岳會編 : 「高所登山研究」)

로체 샬 원정대가 돌아오자 대한산악연맹에서는 원정 과정에서 일어난 여러 가지 문제들을 분석 검토했다.

로체 샬 원정은 8,000미터 급의 첫 도전인 만큼 원정대의 계획이나 준비 과정에 미비한 점이 적지 않았고 여기에 자금 사정까지 곁들여 원정대가 충분한 활동을 하지 못한 것이 분명했다. 그러나 이 때의 실패는 후일 에베레스트에의 길을 닦는 데 많은 시사를 준 것도 사실이다. 특히 해를 거듭한 국내 훈련에서 항상 지도적 역할을 맡아 온 강호기, 최수남과 끝내는 에베레스트에서 활약한 장문삼, 박상렬 등 젊고 유능한 알피니스트들이 모두가 로체 샬 원정대의 주역이었음을 볼 때 1977년 에베레스트 정상에 이르는 길은 1971년 로체 샬 원정에서부터 닦아졌다고 해야 할 것이다.

로체 샬 원정대가 5월 30일 돌아온 후 산악연맹은 그 뒷처리로 한동안 분위기가 어수선했다. 원정대는 원정 임무가 끝나면 곧 해체되는 것이나 로체 샬의 경우는 이러한 의미의 해체가 아니라 원정대가 내포하고 있는 여러 가지 문제 때문에 스스로 해산되다시피 했다. 대원들은 귀국하자 뿔뿔이 헤어지고 다시 한자리에 모인 일이 없었다. 값진 시간과 노력을 기울여서 8,000미터 고산 원정에서 얻은 여러 가지 소중한 자료들은 정리되지 않은 채 개개인의 머리 속에 사장되고 말았다. 원정 활동에는 등반 기술만이 문제가 아니라 대원의 선발과 원정대의 운영이 등반 기술에 못지 않게 중요한 요소라는 것을 더욱 실감하게 됐다.

한국이 로체 샬에서 고전하고 있을 무렵 에베레스트에서는 다이렌휘드를 대장으로 한 국제대(미·영·독·프랑스·스위스·이탈리아·노르웨이·오스트리아·인도·일본 등 10 개국 합동대) 20명이 남서벽과 서릉으로 오르려다 실패했으며, 또한 포스트 몬순에는 아르헨티나 원정대가 동남릉으로 등정을 시도했으나 역시 물러섰다.

에베레스트 입산 허가를 신청한 우리는 로체 샬에서 실패를 맛본 데다가 에베레스트를 둘러싼 국제 산악인들의 활동이 크나큰 어려움에 부딪쳐 뜻을 이루지 못한 것을 눈앞에 보고 마음이 무거웠다.

　그러자 1972년이 됐다. 에베레스트에는 유럽 원정대와 영국대가 봄과 가을에 저마다 남서벽으로 시도했으나 역시 모두 물러섰다. 1973년에는 5월에 이탈리아가 처음으로 에베레스트에 도전하여 등정에 성공했다. 그런데 이 원정대는 69명이라는 엄청난 수의 대원을 투입하고 헬리콥터로 고소 캠프에 짐을 나르는 등 등반 역사에서 일찌기 없었던 방식으로 원정대를 운영하여 세계 산악계의 빈축을 사기도 했다.

　같은 해 10월에는 일본 등반대 48명이 도전하여 대원 2명이 등정했으나 그 가운데 한 사람이 내려오다 심한 동상을 입고 손가락을 잃었다. 때늦은 등정 시간과 산소 부족 그리고 비박과 동상 등 일련의 시련이 8,000미터 고소에서는 죽음과 이어지는 것을 실감하고, 우리는 큰 교훈을 얻었으나 한쪽으로는 마음에 불안과 부담을 안겨 주었다.

　나는 일본 등반대의 기록을 들춰 가며 등정자가 비박할 수밖에 없었던 원인을 찾아보았다. 첫째 그들은 오후 늦게 정상에 섰고, 둘째는 산소가 떨어져 더 이상 몸을 움직일 수가 없었다는 점이었다. 이러한 경우 마지막 캠프까지 내려가기는 기대하기 어렵다.

　1973년이 저물어 갈 무렵 외무부로부터 공문 한 통이 연맹 사무실에 왔다. 기다리다 잊은 지 오랜 에베레스트 입산 허가서가 네팔 행정부에서 온 것이다. 햇수로 꼬박 3년이 걸렸다. 우리 입산 시기에 대해 그것이 가을로 될까 염려하고 있었는데 내용을 보니 1977년 포스트 몬순이었다. 그토록 기다리던 것이 하필이면 그 어려운 가을철로 결정됐으니 허가를 얻고도 마음이 무거웠다. 그러나 이제 어쩔 수도 없었다.

　그러나 이러한 고민도 그때 뿐이었다. 이렇게 시기가 정해지고 보니 갑자기 다른 근심이 고개를 들었다. 즉 앞으로 막대한 원정비를 어떻

〈제3의 극지〉로 알려진 세계 최고봉 에베레스트(중앙) 왼쪽은 웨스트 숄더, 오른쪽은 눕체봉
(7,900m). 원정대가 오른 루트는 웨스트 숄더와 눕체봉 사이로 나 있다.

게 마련할 것인가 하는 문제였다. 일본은 경제적으로 넉넉한 나라인데
다 등산 활동이 활발해서 등산에 대한 사회의 인식도 상당한 수준에
있었다. 그런데도 1970년 첫 원정을 추진하면서 자금 조달에 적지 않

은 어려움이 있었던 것을 나는 알고 있었다. 당시 일본 원정대의 한 대원은 원정비의 지원을 얻으려고 사회 인사를 5,000명이나 찾아 다녔 다는 이야기였다.

해가 바뀌어 1974년이 됐다. 에베레스트 원정까지 앞으로 3년이라는 기간이 있지만 그 사이에 해야 할 일이 많았다. 우선 그 많은 자금을 마련해야 하고 수많은 각 가지 장비들을 거의 외국에서 긁어모아야 했 다. 그런데 지금으로서는 어느 하나도 일이 계획조차 서있지 않았다. 모두 앞으로 우리 힘만 가지고 풀어 나가야 할 판이었다.

그런데 지금부터 바로 시작할 일이 있었다. 원정에 참가할 젊은이들 을 추려가며 훈련하는 일인데, 그것이 한 번에 그치지 않고 앞으로 훈 련 장소도 여기 저기 옮겨가며 몇 차례 그 과정을 밟아야 한다. 이 원 정 대원을 선발해서 확정하는 일이야말로 장비 마련이나 자금 구하는 일과 조금도 다름없이 중요한 일이었다.

에베레스트에 간다는 소문이 나돌자 전국에서 자천 타천으로 젊은이 들이 쇄도했다. 본부에서는 우선 서류 심사로 적격자로 보이는 사람들 을 36명 뽑았다. 그러자 이번에는 훈련 장소를 놓고 의견이 분분했다. 남한에서 가장 높다는 한라산은 바다를 건너야 하고, 산세에 변화가 많은 설악산은 우선 표고가 낮았다. 그러니 남은 곳은 누가 보아도 지 리산이었으며 지리산에서도 칠선 계곡으로 정해졌다.

지리산은 덩어리가 크고 계곡이 많은데 그 가운데서 칠선 계곡을 택 하게 된 데는 그런 대로 까닭이 있었다. 그 첫째 조건은 이 골짜기가 지리산의 최고 지점인 표고 1,915미터의 천왕봉으로 바로 이어지고, 둘 째는 계곡이 깊고 길며, 군데군데 폭포와 소가 발달하여 이것이 엄동 기에 꽁꽁 얼어붙어 도처에 설벽과 빙벽이 생긴다는 것이다. 그렇게 될 때 칠선 계곡은 규모야 비할 바가 아니지만 적어도 히말라야에서 예상되는 아이스 폴 같은 데가 아닐까 싶었다.

그런데 당시 대한산악연맹에는 돈이 없었기 때문에 해외 원정을 위해 훈련이라고 해야 하나에서 열까지 몸으로 때우는 수밖에 없었다. 따라서 인력과 물자의 수송은 값이 제일 싼 철도편을 이용하게 됐다. 그러나 이 일도 말하듯 쉬운 일이 아니었다. 열차 편이라고 해도 원정대가 전세 낸 것이 아니니 열차가 멎었다 떠나는 틈을 노렸다가 그 짧은 시간에 그 많은 짐들을 싣고 내리고 해야 했다. 그런데 대원들이 빨리 움직여서 그토록 걱정했던 짐 싣고 내리는 일을 조금도 차질 없이 깨끗이 해냈다.

훈련대가 서울을 떠나던 날 밤, 서울역에는 한국산악회의 안광옥 씨 등이, 그리고 지리 산록 남원역에는 멀리 부산연맹에서 최일범 씨가 와서 후배들이 가는 길을 지켜보았다.

훈련대는 남원에서 마천으로 이동한 후 도보 행진 훈련에 들어갔다. 베이스 캠프 예정지까지 걸어가며 식량과 장비 등 무거운 짐을 나르는 것이다. 히말라야에서는 현지인을 짐꾼으로 사서 짐을 나르게 되겠지만, 여기서는 그 일을 우리가 직접 해보는 것이다.

훈련대는 마을에서 달구지와 리어카들을 빌려서 얼음과 눈에 덮인 거칠고 미끄러운 좁은 산길을 갈 수 있는 데까지 올라갔다. 대원들은 서울과 지방에서 모였기 때문에 서로 모르는 사이였으나 이렇게 같이 고생하고 생활하는 사이에 빨리 가까워졌다.

훈련대 통솔에는 로체 샬 원정을 체험한 최수남과 강호기가 맡았고 특히 눈과 얼음에서 아이젠, 피켈 등을 쓰는 기술은 프랑스 국립 스키 등산학교를 다녀온 김인섭이 담당했다.

지리산의 겨울밤은 추웠다. 베이스캠프에는 당시 대산련 부회장인 김조현 씨가 미군용 헥사고날 텐트를 내주어 본부 천막으로 사용했다. 그 무렵 대원들 사이에는 우모 제품을 가진 사람이 거의 없었고 부피가 크고 무거운 미군용 침낭이면 우수한 침구였는데, 그것으로 지리산

17

의 겨울밤을 견디기는 정말 어려웠다. 이 지리산 훈련에서 나는 처음으로 다운 재킷이라는 것을 입었다. 서울을 떠날 때 강호기 씨가 국산 우모 제품의 제 1호라며 한번 입어 보라고 했다. 도대체 우모 제품은 침낭이건 재킷이건 값은 고사하고 물건이 없던 시절이다.

당시 최수남은 언제나 선두에서 팀을 이끌었고, 강호기는 뒤에서 훈련대의 관리를 맡았다. 훈련대는 칠선 계곡의 빙설 세계를 뚫고 점차 고도를 높였다. 대원 가운데 유난히 몸집이 큰 신동관은 그 거구를 끌며 선두를 지켰는데 한번은 폭포 밑에 얼어붙은 소를 지나다가 얼음이 꺼진 일이 있다. 이때 신은 잽싸게 두 팔을 벌려 더 이상 몸이 빠지지 않고 살아났다. 정말 아슬아슬한 순간이었다. 나이 어린 장봉완은 컨디션이 좋지 않아 혼자서 베이스 캠프를 지켜 동료들이 잘 놀려댔다. 그리하여 그는 훗날 (1986년과 1988년) K2와 에베레스트 정상에 섰다. 훈련이 막바지에 이르렀을 때 강호기가 실종하여 다리를 다쳤는데 그는 걷기 힘든 다리를 끌어가며 천왕봉에 올라섰다.

이 해 이른 봄에 프랑스에서 한 통의 편지가 날아왔다. 발신은 1974년 포스트 몬순기에 에베레스트 입산 허가를 받아 놓고 있는 프랑스 원정대였는데 그들은 아직 준비가 덜 되어 그 시기에 갈 수가 없으니 한국에서 먼저 가지 않겠는가 하는 내용이었다. 에베레스트 입산 허가란 도대체 얻기가 어려운 것을 알고 프랑스도 일찌감치 신청했던 것 같다. 그런데 프랑스처럼 국내에 알프스를 가지고 있고 어느 모로나 선진국인 나라에서도 이렇게 에베레스트 원정에 차질을 빚고 있다는 것이 나로서는 이해하기 어려웠다. 그러니 우리 한국의 처지란 새삼 말할 것도 없었고 우리가 프랑스의 청을 받아들인다는 것은 처음부터 이야기가 안되었다.

프랑스 원정대는 당시로서는 보기 드문 의욕적인 원정대였다. 프랑스는 그 무렵에 산소를 사용하지 않을 계획이었고 그러면서 등반 루트도 고전적인 동남릉 루트가 아닌 어려운 서릉을 잡고 있었다. 대장은 도바조였다. 그런데 프랑스는 하는 수 없이 예정대로 에베레스트에 갔던 모양인데, 그 어렵기로 이름난 웨스트 릿지를 오르다가 로라 능선에서 눈사태를 만나 대장과 셸파 등 다섯 명이 조난사 했다. 문제의 로라 능선은 바로 서릉 루트가 시작하는 곳이니 말하자면 등반 활동 초반에서 대장을 잃고 많은 셸파 인력을 잃었으니 그 원정대가 재기하기는 어려웠으리라. 그리하여 결국 프랑스 등반대는 후퇴하고 말았다. 이보다 앞서 프리 몬순에 도전했던 스페인 등반대도 혹한을 이겨내지 못해서 퇴각했으니 1974년의 에베레스트는 바로 불모의 해였다. 이렇게 해서 또 한 해가 지나갔다.

1975년 첫 겨울은 눈도 많고 날씨도 추웠다. 높이가 2,000미터도 안 되는 국내의 산악 지대에서 그나마 우리가 바라는 것은 춥고 바람이 강하고 눈이 많이 오는 가혹한 자연 조건뿐이다. 이 해 우리는 훈련 장소를 설악산 공룡 능선으로 옮겼다. 공룡 능선은 최고 지점이 1,275미터니 표고는 전해의 훈련장이었던 지리산에 비할 바가 아니나 지리산의 아이스 폴에 이어 설악의 설벽을 체험하고 싶었다.

이 해의 훈련대는 지난 해보다 좀더 간추려졌다. 1차 훈련에서 선발된 대원을 중심으로 하고 여기에 후보 대원격으로 인원을 추가해서 총 28명이었다. 공룡 능선은 깊은 눈으로 덮여 있었고 골짜기마다 길이 100여 미터 가량 되는 아이스 폴이 발달하고 있었다. 훈련대는 1275봉을 중심으로 내외 설악의 급사면을 오르내리며 비박 훈련도 겸했다. 계곡의 빙폭 지대에 설치한 길이 100미터의 자일이 밤새 얼어붙어서 이것을 회수하려면 피켈로 얼음을 깨야 했다.

산악연맹에서는 김조현 부회장과 윤현필 전무이사를 비롯하여 이규형, 김장호 이사들이 훈련대를 격려하려고 오세암, 마등령을 거쳐 훈련 현장까지 찾아왔고 이명복, 고영철 등 당시 경기도 연맹 간부들이 돼

지 한 마리를 잡아 가지고 얼어붙은 마등령을 올라왔다.

이 해 가을, 연맹에서는 네팔에 현지 정찰대를 파견했다. 최수남을 대장으로 김인섭, 한정수, 이원영, 김병준, 고상돈, 김운영 등으로 구성된 이 정찰대는 카트만두에서 에베레스트 베이스까지 380킬로미터의 산길을 걸어가며 매일 매일의 막영지를 확인하고 대원들의 고소 순응 상황을 점검했다.

정찰대는 에베레스트 첫 난관으로 알려진 아이스폴 지대를 돌아보았다. 이 때 그들은 로체 빙하와 로체 샬 빙하 사이에 있는 표고 6,100 미터의 아일랜드 피크를 등정하는 한편 쿰부 빙하 옆에 솟은 푸모리 (7,145m)의 암릉에 하켄을 때려 박으며 고소에서의 암벽 등반을 시도하는 여유를 가졌다. 그러나 이때의 아일랜드 피크 등반은 네팔 당국의 허가 없이 올랐기 때문에 대외적으로 알려지지 않았다. 이렇게 해서 1차 현지 정찰대가 돌아오면서 2년 앞으로 다가선 에베레스트 원정에 대한 기대는 다소 커졌다.

이 해 에베레스트에는 세계에서 처음으로 여성 등반대가 나타났다. 15명으로 구성된 일본 여성대가 그것인데, 이 원정대에서는 프리 몬순에 대원과 셀파 둘이 올라갔으며, 한편에서는 중공 원정대가 북쪽으로 등정에 성공했다. 특히 중공 등반대는 에베레스트 정상에 측량기용 삼각대를 남겨 놓았는데, 이것이 그 후 한동안 에베레스트 정상임을 증명하는 역할을 했다.

1975년은 에베레스트로서 이래저래 뜻있는 해였다. 즉, 1972년에 고배를 마셨던 영국의 크리스 보닝턴대가 다시 도전하여 문제의 남서벽 루트를 뚫고 정상에 오르게 됐다. 노말 루트 뿐인 에베레스트에 비로소 배리에이션 루트가 개척됐으니 에베레스트 등반의 새 이정표였다.

여성들의 원정은 세계의 화제가 되었으나 일본 산악계에서는 이것이 정상적인 활동에 의한 것이냐 아니냐를 둘러싸고 한동안 비판의 소리가 높았으며, 영국대에서는 대원 하나가 희생되었다.

한편 중공의 에베레스트 등정 시도는 이미 1960년대에 북쪽으로 여러 차례 있었지만 서방측이 그 성과를 인정하려 하지 않았는데 이번에는 중공대가 정상에 쇠붙이로 된 증거물을 남겨 놓았다. 그런데 이 쇠붙이는 에베레스트 정상을 뜻할 뿐만 아니라 그 꼭대기에 얼마나 눈이 쌓였는가도 알려주는 여러 모로 편리한 역할을 하게 됐다.

1976년 2월 중순 설악산에서 제 3차 훈련이 시작되었다. 에베레스트에 가는 날이 1년 앞으로 다가온 것이다. 이 무렵 동해안 일대에는 폭설이 와서 설악산은 예년에 보기 드물게 눈에 덮였다. 훈련대가 입산하면서 눈이 3일 계속해서 내렸다. 당시 훈련대는 비선대에서 천불동 계곡으로 들어가다 우측으로 접어든 곳에 베이스 캠프를 두고 공룡 능선의 최고 지점 1275 고지 바로 밑에 제1 캠프를 설치했다. 훈련대에는 최수남, 강호기 등 리더격인 대원들이 있었으나 거의 막바지 훈련에서 어느 특정인에게 훈련책을 맡기면 원정대의 색깔이 나타날 염려가 있었다. 그래서 대원들의 능력을 안배하여 본부 팀 외에 여섯 팀으로 나누어 선배격인 젊은이들에게 팀마다 책임을 맡겼다.

이 3차 훈련에는 KBS에서 영화반이 에베레스트 원정 훈련 모습을 찍으려고 따라붙었는데, 이들은 설악산 일대에 느닷없이 피어난 설화를 보고 기뻐 어쩔 줄 몰랐다. 우리가 훈련을 시작하던 첫날부터 퍼붓던 눈이 점차 폭설로 바뀌고 사흘 동안 쏟아졌다. 대원들은 그야말로 환성을 올렸다. 어차피 눈의 고향인 히말라야에 가야 하니 눈과 싸우고 눈과 친해야 하는 것이 원정대의 일이기도 했다. 훈련대의 각 팀은 작전 계획에 따라 캠프를 전진시키고 한편에서는 대기했다. 그리하여 첫날에는 김인섭 팀이 제1 캠프 예정지인 1275 고지로 올라가고 뒤 따라 최수남 팀이 진출하면 제1 캠프를 인계하고 그 팀이 제2 캠프로 전

21

진하기로 했다.

눈이 계속 내리는 가운데 선두 팀이 예정대로 진출했다. 모두 열심이었다. 그날은 2월 15일로 한국산악회에서 1969년 2월 같은 날 〈죽음의 계곡〉에서 훈련하다 눈사태로 희생된 10명의 위령제가 있었는데, 우리 훈련대도 조의를 표하려고 최수남이 설악동 노루목으로 내려갔다. 이날은 또한 제9대 국회의원 유신정우회 제 2기 당선자를 발표하는 날이기도 했다. 그런데 나는 1973년 국회에 들어가서 이제 1기 3년의 임기를 마친 몸이라 2기 3년의 기회가 내게 주어지리라고는 꿈에도 생각지 않았다. 그래서 나는 아무런 미련도 없이 설악산 훈련대를 따라 현장에 와 있었던 것이다. 라디오 발표가 있을 무렵 나는 자리를 피해 베이스 캠프 천막에서 멀찌감치 떨어져 있었다. 그런데 누군가 달려오며 라디오에서 내 이름을 불렀다며 흥분한 어조로 알려주었다.

저녁 녘에 최수남이 오징어와 소주를 들고 설악동에서 깊은 눈 속을 헤치고 올라왔다. 나의 국회의원 재선을 축하하자는 것이었다. 이때 최수남은 내가 유정회 제 2기 의원으로 뽑힌 것은 우리 에베레스트 원정이 원만하게 이뤄진다는 것을 말한다며 기쁨을 감추지 못했다. 그러나 내 마음은 착잡하기만 했다. 그 만큼 내 짐이 무거워졌기 때문이었다.

최수남은 그날 밤 눈이 계속 쏟아지는 속을 늦게 1275 고지로 올라갔다. 로체 샬 8,000미터 고소까지 진출했던 그, 앞으로 에베레스트 원정에 나서려는 그에게는 이런 눈 속을 이렇게 늦은 시간에 움직이는 것이 문제될 리가 없었으리라. 베이스 캠프에서 제1 캠프까지는 거리로나 루트로나 지금 이런 상황에서 오른다는 것은 보통 일이 아니었다. 그러나 다른 사람이라면 몰라도 최수남이 나서는데 아무도 이의가 없었다. 당시 최수남은 우리 산악계에서 그야 말로 아무도 따라잡지 못하는 막강하고 절대적인 자리를 차지하고 있었다.

나는 최수남 팀이 올라가면 김인섭 팀과 교대하게 될 것이고, 그러면 무전기를 인계 받고 바로 그쪽 상황을 보고해 오리라고 보았다. 당시 우리에게는 지난 날 로체 샬 원정에서 쓰던 무전기가 몇 대 있었을 뿐이라 팀마다 돌아가지 않았다.

최가 떠나고 나서 나는 넓어진 헥사고날 텐트의 어두운 가스등 밑에서 김장호 이사와 마주 쳐다보고 있었다. 밤이 깊었고 자야 할 시간인데 잠이 오지 않는다. 최 한테서 도착했다는 보고가 있음직한데 소식이 없다. 어둡고 가파른 눈길을 오르느라 시간이 걸리겠지? 무슨 일이야 있을라고…… 이런 저런 상념이 오락가락 했다. 김장호 이사도 잠자리가 편치 않다며 잠을 뒤치고 잤다. 당연한 이야기지만 자기 집에서 자는 것 같을라고? 그러던 김장호 이사가 불쑥 말을 건넨다. 최수남이 고글을 두고 갔다는 것이다. 최가 고글을 두고 가다니? 웬일이지? 고글은 지금 아주 중요한 무기인데…… 그것도 최수남이라는 사나이가? 그럴 수도 있지! 걱정 말고 잠이나 자자고 하며 같이 웃었다.

날이 밝았다. 2월 16일이었다. 눈은 좀 덜 내리고 있었으나 아주 그친 것은 아니었다. 날씨는 그다지 춥지 않았다. 우선 무전기로 1275 고지를 불렀다. 몇 번 되풀이해도 소식이 없다. 간밤에 늦게 올라갔으니 모두 지쳐서 아직 자고 있을지도 몰랐다. 그러자 어느 팀인지 무전기에 걸렸다. 제3 캠프 예정지로 진출했을 강호기 팀이 아주 가까운 거리에 있는 것 같았다. 거기가 어디냐고 물으니 설악 좌골이란다. 베이스 캠프에서 조금 거슬러 오르면 설악 좌골로 빠진다. 어째서 거기 있는 가고 했더니 시야가 가려서 길을 찾지 못했다는 것이다. 이른바 링반데룽을 한 것이다. 안되겠다. 이젠 움직여야 소용없으니 오늘은 행동 중지다.

그러는 사이에 설악 좌골 위에서 사람 소리가 났다. 최수남 팀이 눈사태에 묻혔다는 것이다. 그야말로 청천벽력이었다. 이제 모든 것은 끝났다는 느낌이었다. 대원 여섯이 한꺼번에 죽다니 원정이고 뭐고 이제

어떻게 하면 좋을까? 일이 벌어진 뒤에 경위를 따져야 소용없는 일이
나 사태는 이렇게 진행된 듯 하다. 우선 일찍부터 서로 무전 연락이
됐어도 좋았는데 최수남 팀은 김인섭 팀으로부터 무전기를 받지 못했
다. 그 까닭은 김인섭 팀이 계획대로 철수를 하지 않고 다른 길로 빠
지는 바람에 최수남 팀과 도중에 만나지 못한 모양이었다.

당시 1275 고지는 연일 퍼붓는 눈으로 마치 절해의 고도와도 같았고
그 좁은 지대에서 대원들은 천막 주변의 눈을 치느라 밤새 잠을 잘 수
가 없었다. 그러면서 날이 밝자 최 팀장은 본부와의 연락도 안되어 대
원들을 데리고 이 사지를 탈출하기로 결심했던 모양이다.

1275 고지에서 설악 좌골로 빠지는 길은 두 군데 10여 미터 되는 직
벽이다. 여기는 여름철에 상하단 폭포 지대니 겨울에는 위에서 밑에까
지 얼어붙어 장대한 아이스 폴 지대로 변한다. 그런데 이때 최수남 팀
이 탈출할 곳은 바로 이 위험천만한 골짜기 외에 없었다. 하기야 그
곳이 아무리 험하기로니 히말라야의 험로에 비하겠는가 싶었지만 요는
며칠 동안 계속해서 쌓인 눈이 문제였으리라. 습도 있는 무거운 눈이
며칠씩 층을 이루고 양쪽 비탈에 걸려 있었고 날씨는 그다지 춥지 않
았다.

눈에 대한 연구가 안되있고 눈에 대한 경험이 적다 보니 이런 때 상
황을 제대로 판단하기란 여간 어렵지 않다. 히말라야에 다녀왔다고 하
지만 최수남인들 어떻게 할 도리가 없었으리라. 그는 젊고 용기있으
면서도 나이에 비해 아주 침착한 성격이어서 후배들의 신망이 두터웠
다. 그는 대원들을 앞세우고 용기를 주며 이 위험한 탈출로를 조심조
심 내려오고 있었으리라. 한 팀 여섯이 서로 간격을 두고 상단부 빙폭
을 내려오고 있을 때 뒤에 있던 최수남 팀장이 갑자기 소리를 질렀다.
눈사태를 경고하는 소리였다.

그러나 일은 그야말로 순식간에 벌어졌고 그것으로 주위는 다시 조

용해졌다. 그토록 가파랐던 골짜기가 평지로 바뀌었다. 시간이 얼마나 지났을까. 박훈규가 정신이 들어보니 주위는 번번하고 아무도 없었다. 그제야 그는 일이 크게 벌어진 것을 알았다. 큰일 났다…… 정신 차려야지…… 옆을 보니 손이 그리고 저 만치에 발이 나와 있었다. 박은 달려가서 눈을 헤치고 그 손과 발의 주인공들을 파냈다. 다행히 눈은 굳지 않았고 얕게 묻혀 있었다. 이렇게 해서 박훈규, 이기용, 김호진 등 셋은 살아났는데 나머지 셋이 온데 간데 없었다. 결국 최수남, 송준송, 전재운 등 세 명은 3일 뒤 시체로 발굴됐다.

당시 설악동은 초라한 여관촌이었다. 우리는 설악산에 오면 금강여관이라는 곳에 묵곤 했는데, 이 여관에 구조 본부를 두고 조난 수습 활동을 벌렸다. 깊은 눈 속에 묻혀 조용하기만 했던 설악동이 삽시간에 경악의 도가니로 변했다. 훈련대의 조난 소식을 듣고 전국에서 산악인들이 모여들었다. 그들은 직접 아는 사람도 있고 모르는 사람도 많았다. 그런데 작업을 도와주는 사람이 있는가 하면 현장을 돌아보고 여관비와 식사값을 구조 본부에 씌우고 말없이 사라진 사람들도 적지 않았다. 그들 가운데는 당시 산악계에 이름이 많이 알려진 사람들까지 끼어 있었다. 원래 잔칫집이나 상가는 경황이 없는 법이니 그럴 수도 있다고 체념하는 길밖에 없었다.

당시 대산련 사무국장 김주명은 군의 고급 지휘관 출신이어서 육군 본부 요로에 연락하여 인근 군부대의 지원을 받기도 했다. 한편 서울산악연맹 회장인 권효섭 씨는 사고 현장에서 연일 시체 발굴 작업을 지휘했고 대산련 본부의 김용성 이사가 없는 돈을 긁어모아 사후 수습 대책을 도맡았다.

희생된 세 대원의 유해가 설악동에 안치되자 육군 소위 두 명이 전재운의 사망을 확인하기 위해 금강여관으로 찾아왔다. 죽은 전재운은 군 복무중이었는데 나는 그의 능력을 평가하여 국방장관에게 훈련 참가를 위해 특별 휴가를 주도록 간청했던 것이다.

설악산의 뜻하지 않았던 조난 사고는 1년 앞으로 다가온 에베레스트 원정 계획에 먹구름을 던졌다. 이 막바지에 인적 피해도 피해려니와 국내 산에서 눈사태로 사람들이 떼죽음을 당하여 속수 무책인데 그래 가지고 히말라야에 가겠는가 하는 것이었다. 그러나 현실적인 어려움은 다른 데 있었다. 1971년 로체 샬 원정 이래 많은 사람이 기대를 걸었던 최수남을 잃은 일이었다. 어느 모로 보아서도 리더격인 그가 없어졌으니 이제 그 자리를 누구로 메울 것인가 하는 문제였다.

원래 리더쉽이라는 말을 풀이하기는 어렵지 않아도 그것을 갖춘 사람을 찾기는 그리 쉽지 않다. 특히 해외 원정에서 대원들을 지휘 통솔하려면 우선 산악계에서 선배격이고 히말라야 원정 경험이 있으며 영어가 능통해 대외적인 업무 처리에 능숙하여야 한다. 그런 점에서 최수남은 나무랄 데가 없는 사람으로 알려져 있었다. 그런데 주위에서 장문삼을 천거하는 사람들이 있었다. 장문삼은 최수남과 같이 로체 샬 원정에 참가했던 주요 멤버 중의 한 사람이기도 하지만, 로체 샬에서 원정대가 어려움에 빠졌을 때 고소 캠프를 혼자 지킨 사나이였다.

그러한 장문삼 본인은 그 무렵 등산계에서는 거의 잊혀진 존재나 다름없었다. 그는 1971년 로체 샬에서 돌아온 뒤 산악계를 떠나다시피 하고 어떤 모임에도 얼굴을 보이지 않았다. 그것은 로체 샬 원정에서 겪은 일, 그만이 아는 일로 상심하거나 환멸을 느낀 때문인 것 같았다. 그러한 사정이다 보니 장문삼은 지난 몇 차례의 에베레스트 훈련에 참가하지도 않았고 따라서 지금까지의 훈련 대원들에게는 잘 알려져 있지 않았다.

장문삼이 최수남의 공백을 메우는 사람으로 거론됐을 때 내가 제일 염려한 것은 바로 이 점이었다. 장의 이야기가 나돌자 주위에서 여러 점에서 불평 불만이 들려 왔다. 그러나 이제 시간도 없고 사람도 없었다. 더구나 바로 제 2차 현지 정찰 문제도 있다. 장과 대원들 사이는 남은 1년 동안 서로 접촉하노라면 가까워질 것으로 보고 우선 나는 장문삼 본인이 어떻게 생각하는가 알아보기로 했다. 장문삼이 마음을 굳히는 데는 시간이 오래 걸리지 않았다. 그가 에베레스트 원정을 둘러싼 이야기를 모를 리가 없었을 것이 더구나 최수남의 조난에 대해서는 충격이 컸으리라. 지난날 최가 8,000미터 플라토에 오를 때 그 뒤를 외로이 지켜보았던 그였으니까.

그 해 가을 나는 장문삼과 조원길을 네팔에 보냈다. 1975년 1차 현지 정찰에 이어 2차 정찰이었다. 앞서는 루트를 확인하고 대원들의 고소 순응 상태를 알아보았으니 이번에는 네팔 당국과의 행정적인 문제 그리고 셀파 고용 문제가 주임무였다. 이밖에도 가능하면 캐러밴 도중에 묵게 될 산간마을에 채소 같은 것을 계약 재배하는 일도 미리 생각해야 했다.

장문삼을 따라갈 조원길은 산악 연맹의 구조 대장을 맡고 있는, 몸이 튼튼하고 날래서 믿음직스러웠다. 장문삼은 네팔 관계 당국에 1977년에 가는 에베레스트 입산료(1,200달러)를 물고 현지인 사다와 셀파 등의 고용 계약을 마쳤다. 그리고 캐러밴 루트를 따라 베이스 캠프 예정지까지 올라갔는데 같이 간 조원길은 역시 고도 3,800미터의 당보체를 지나는 무렵 고도 순응에 시간이 걸려 뒤에 처졌다가 베이스 캠프 예정지에서 장문삼과 합류했다.

장문삼 정찰 대장이 카트만두에 갔을 때 지난 1차 정찰 때 최수남과 같이 일한 사다 쌍게와 만났는데 쌍게는 최가 한국에서 눈사태로 사망한 것을 알고 애통해했으며 다음 에베레스트 원정에 자기가 꼭 한국을 돕겠다고 말했다고 한다. 최수남과의 우정으로 보아서는 우리도 쌍게를 다시 고용하고 싶었지만 사다의 고용은 셀파 사회의 조직과 관계가 있으니 그저 인정으로 결정할 문제가 아니었다.

1976년 에베레스트에서는 프리 몬순기에 영국과 네팔 육군의 합동대가 노말 루트로 등정에 성공하였으나 다섯 명의 희생자를 냈으며, 한편 포스트 몬순기에는 미국이 독립 200주년을 기념하는 명목으로 원정대를 파송했는데 그들도 역시 전통적인 경로를 따라 정상에 올랐다.

그런데 우리의 제 2차 정찰대가 현지에 갔을 때가 바로 이 미국 원정대가 에베레스트에서 내려오는 길이라 장문삼은 미국대와 마침 만나게 됐다. 이때 미국대는 우리가 다음 해 에베레스트에 온다는 이야기를 듣고 그렇다면 그들이 쓰고 남은 산소가 있으니 쓰지 않겠느냐고 말을 건네 왔다.

당시 히말라야 원정에서는 산소를 사용하는 것은 상식이고 프랑스 것이 가장 널리 알려져 있었다. 그런데 그들이 사용한 것은 그러한 프랑스 것이 아니고 미국의 우주항공국(NASA)이 개발한 신제품이었다. 그런데 이야기를 듣고 보니 몇 가지 점에서 유리했다.

그것은 이 물건의 구조가 지금까지 원정에서 쓴 것들보다 1평방 센티마다 45퍼센트나 산소가 많이 들었고 그러면서 특수 알루미늄으로 되어 가벼웠다. 이 점은 정상을 공격하는 데 아주 유리하다는 생각이 들었다. 미국대는 이것을 이번에 200 통 가져갔는데 그 가운데 50 통이 그대로 에베레스트에 오르는 길목인 남체 바잘에 있다고 했다. 그러니 만일 우리가 이것을 인수하게 되면 산중까지 산소를 나르는 데 드는 비용을 절약할 수가 있었다.

장문삼 정찰 대장은 그들과 교섭해서 산소 값은 서울에 가서 지불하기로 하고 이 미제 50 통을 쓰기로 계약했다.

이렇게 해서 원정 1년을 앞에 둔 문제의 한 해가 지나갔다. 설악산 조난 사고와 이에 따른 새로운 대장의 영입에서 현지 정찰 활동까지 일이 번져 나갔지만 그러는 가운데 이번 산소 50 통을 현지에 확보하게 되었으니 생각하지 않았던 큰 일을 한 가지 해결한 셈이어서 크게 마음이 놓였다. 이제 남은 것은 원정에 필요한 자금 문제였다. 사실상 대충 계산해도 1억원이 넘을 이 원정 비용을 염출하는 일에는 묘안이 없었다. 시간이 흘러 때가 차면 어떻게 되겠지 하는 막연한 생각뿐이 었다. 그렇다고 팔짱 끼고 허공만 바라보고 있었던 것은 아니다.

당시 나는 유신정우회 소속 국회의원으로 있으면서 에베레스트 원정 일로 한국일보사의 장기영 사주와 만나고 있었다. 장기영 씨도 여당 국회의원이어서 그분과는 한국일보사 아니면 국회의사당에서 자주 만 날 기회가 있었다.

장기영 씨는 IOC 위원이기도 하고 원래 사업가로서 그 추진력이 높 이 평가되고 있었지만 특히 세계의 최고봉인 에베레스트에 오르려는 이 등산 활동의 의의와 가치를 그분이 적당히 생각하고 있을 리가 없 었으리라. 그러한 장기영 씨가 하루는 국회에서 만나자 이런 이야기를 했다. 김종필 국무총리에게 에베레스트 원정을 도와 달라고 했더니 총 리는 한국산악회의 이은상 씨가 안나푸르나를 그리고 김정섭 씨는 마 나슬루 원정을 도와 달라고도 하니 어떻게 하면 좋겠는가? 만일 장기 영 의원이 한국일보에서 모두 맡아 주겠다면 행정부도 도울 생각이 있 다고 하더라는 것이었다.

장기영 씨는 원정 활동에 대해서 잘 모르니 당신이 하라는 대로하겠 다며 이에 대한 내 의견을 물어 온 것이었다. 나는 한마디로 그렇게 할 수는 없다고 했다. 안나푸르나나 마나슬루도 에베레스트와 마찬가 지로 표고 8,000미터가 넘는 히말라야 최정상 봉우리의 하나이니 어떻 게 한꺼번에 셋 씩 밀고 나갈 수 있겠는가 하는 것이 나의 생각이었 다. 그 가운데서도 마나슬루 원정은 김정섭 씨가 희생을 무릅쓰고 끈질 기게 밀고 나간 제 3년차 원정을 말하고 있었다. 김정섭 씨에게는 해외 원정 불모의 한국 등산계에서 히말라야로 도전의 박차를 가한 공이 있 다. 그러나 그에게는 그 보기 드문 의지와 집념에 비해 웬일인지 운이 따르지 않았다. 더구나 그의 마나슬루 도전은 1972년에 셀파를 포함하여 15명의 인명을 희생시키기까지 했다. 그토록 그에게 숙명적인 마나슬루 원정에 대한 지원 요청이 이렇게 해서 한국일보의 장기영 사주에게로 온 참이었다. 이에 대해 장기영 씨가 어떻게 처리했는지 나는 자세히 몰랐지만 이 원정은 1976년 가을을 계기로 막을 내리고 말았다.

1977년이 밝았다. 드디어 에베레스트로 가는 해가 온 것이다. 원정비용을 마련하는 일은 아직 그대로 남아 있지만 이 밖에도 국내외에서 식량 장비 등을 사들이고 이것들을 적절히 포장해야 하는 일을 3월부터 시작해야 한다. 앞으로의 일을 내다보며 나는 2월이 되자 마지막 훈련에 들어갔다. 이번 훈련에서 굳이 노린 점이 있었다면 새로운 리더로 영입한 장문삼과 대원들 사이의 융화와 일체감을 조성하는 일과 캠프를 전진시키는 일을 해보려는 것이었다. 그리하여 택한 곳이 대관령에서 노인봉과 동대산을 돌아 소금강으로 이르는 구간이었는데 때마침 눈이 와서 전 구간이 깊이 덮이고 게다가 강추위가 휘몰아쳤다.

훈련대는 이 구간을 5박 6일에 전진하였는데 대원들은 아침 일찍 행동에 들어가 밤이 깊어서 잠자리에 눕는 것이 일과였다. 동대산과 노인봉 사이에 위치한 진고개는 원래 겨울철 바람이 매서운 곳으로 유명하지만 이 훈련기간에도 특히 이곳에서 무서운 추위와 강한 바람을 우리는 겪었다. 진고개에는 1970년에 내가 공화당 선전부에서 일할 때 당시 박정희 대통령께 건의해서 짓게 된 전국 35개의 산장 중의 하나가 서 있었는데, 그 지붕의 기왓장과 유리창 등은 모두 없었다. 촌노의 이야기로는 하도 바람이 세서 모두 날아가 버렸다는 것이었다. 솔직한 이야기로 나는 이때 겪은 추위와 바람을 훗날 에베레스트에 가서도 맛보지 못했다. 이 훈련에서 훈련대는 팀마다 무거운 짐을 지고 깊은 눈길을 각 구간마다 아침부터 밤늦은 시간까지 두 차례 왕복하는 지루하

1977년 4차 훈련 때 대관령 — 오대산 일대에서 대원들이 눈속을 새벽 3시까지 무거운 짐을 지고 이동하고 있다.

고 고된 훈련을 했다. 어떤 때에는 그러한 왕복을 끝내고 자기 원위치로 돌아가니 새벽 서너 시였으니 잠깐 눈을 붙이고 일어나서 다시 전진을 계속해야 했다.

오대산 일원에서 훈련을 끝내고 돌아온 나는 에베레스트 원정대를 정식으로 발족시키는 일로 바빴다. 나는 며칠 동안 장문삼과 의논하여 마지막 훈련에 참가했던 33명 가운데서 19명을 골랐다. 3월 27일이었다. 이 19명이라는 인원은 적은 수가 아니다. 그러나 지방 출신, 직장인, 보도와 의무 등 현직을 떠날 수 없는 사람들을 빼고 보면 실상 원정대 본부에 나와서 종일 일할 수 있는 사람은 몇 되지 않았다. 그러는 가운데 1차 현지 정찰을 다녀온 김인섭을 중심으로 전반적인 에베레스트 원정 계획의 골격을 세우도록 했다.

당시 에베레스트 원정 본부는 지금의 대학로 중간에 위치한 카톨릭

학생 회관 2층으로 대학산악연맹 사무실의 한쪽방이었다. 우리는 여기서 각종 자료를 찾아가며 계획을 다듬어 나갔다.

총예산은 대체로 1억 3천만원(예비비 1,000만원 포함). 선발대가 카트만두에 본대가 10여일 체류할 집을 구하고 남체에 있는 미국대의 산소통 하나를 내려다 마스크와 맞는가 점검할 일. 본대가 태국에 들러 식량을 보충할 일. 카트만두에서 해야 할 일. 부산에서 선적한 물건들을 인도에서 네팔로 이송하는 일. 그리고 카트만두에서 에베레스트 베이스까지 380킬로미터의 산길을 도보 행진하는 일. 이 기간 중의 셀파와 포타 그리고 야크 운영 문제. 도보 행진하며 일정한 고도부터 고소순응 훈련하는 일. 표고 5,400미터의 베이스캠프부터 에베레스트 정상을 향해 전진 캠프를 건설하는 일 등등. 서울을 떠나 다시 서울로 돌아오는 3개월 동안에 해야 할 일, 예상되는 일들을 하나하나 생각하며 대책을 세운다는 것은 엄청난 업무량이며 복잡했다.

1953년에 에베레스트를 처음으로 오른 영국 원정대는 첫 도전에서 32년이 걸렸다. 그렇게 보면 진짜 등산의 어려움을 맛본 것은 영국 사람들뿐이었으리라는 생각도 든다. 당시는 지도도 없고 지리나 자연의 특색도 몰랐으며 식량과 장비면에서도 거의 원시적인 단계를 벗어나지 못하였을 시대의 이야기였으니까. 그런데 우리에게는 몇 가지 참고 자료가 있었다. 에베레스트를 초등한 존 헌트 대장의 「에베레스트 등정」과 두 차례 서남벽에 도전한 크리스 보닝턴의 책들 그리고 1970년과 1975년 일본대의 「원정기」 등이었다. 여하튼 참고 서적이 이 정도 있다는 것은 다행한 일이었다. 그러나 사실인즉 이 원정대들은 모두가 원정의 형식에 따라서 내용이 달랐다. 카트만두에서 에베레스트 베이스까지 달포씩 걸려 도보 행진을 하고, 아이스폴 지대에 사다리를 놓아 가며 루트 공작을 하고 웨스턴 쿰 지대 깊숙이 표고 6,500미터 근처에 전진 기지를 마련하는 데까지는 대체로 같다. 그러나 여기서부터 작전에 따라 등반 형식이 다를 수 있다. 에베레스트에 초등한 1953년 영국대의 경우는 처음이다 보니 딴 욕심 부리지 않고 순수한 방법으로 달려들었다. 이른바 전통적인 작전을 썼기 때문에 그 때부터 이 방법이 전통적인 것으로 평가되게 됐다.

그런데 한마디로 참고 자료라 해도 모두가 같은 것은 아니다. 체구나 생활 양식이 다른 서구 등반대의 자료보다는 우리로서는 같은 동양권에 속해 있는 일본대 것이 도움이 됨직 했다. 그러나 각종 자료들을 들춰보면 장비는 모두 서구 제품이니 새삼 고를 것도 없고 식량은 결국 오래 습관 되어 입에 맞는 한국 재래식 음식을 주축으로 하는 수밖에 없다는 결론이다. 이밖에 등산 형식이 다를 리 없으니 요는 체력의 문제가 아닌가 싶었다.

여기서 크게 문제되는 것은 등반 루트다. 1970년 일본대는 39명이라는 대부대(의무, 보도 요원 9명 포함) 였지만 그들은 서남벽과 동남릉이라는 두 방향으로 오르려는 과욕을 가졌다가 결국 벽을 포기하고 말았다. 뿐만 아니라 그들의 작전은 그야말로 만반의 태세를 갖추는 그러한 것이었다. 인원도 많았지만 반년 전에 두 대원이 현지에 가서 월동하며 필요한 작업에 착수했고 그들이 준비한 산소통만 해도 7,000미터 고소부터 쓴다는 계산에서 프랑스제 150 통에 일제 200 통 등 합하여 350 통을 준비했다.

대산련 본부 사무실 한 구석에서 산적한 일을 앞에 놓고 시간에 쫓기고 있을 때 나는 원정비용을 마련하려고 한국일보사를 들락거렸다. 1974년이래 우리가 에베레스트 원정을 위한 훈련을 할 때마다 한국일보에서는 사진부에 근무하는 김운영 기자를 파견했는데, 김 기자는 그저 취재하러 따라붙은 것이 아니고 언제나 어엿한 대원 역할을 했다. 그런데 이러한 김운영의 훈련 참가는 바로 한국일보라는 언론 기관이 에베레스트 원정에 관심을 가지고 있음을 말해 주었다.

당시 우리 나라의 실정으로는 이러한 스포츠 분야의 활동을 지원할 여건이 되어 있지 않았다. 이런 기회에 자기네 제품을 선전할 기업이 있었던 것도 아니다. 그러니 신문사나 방송국 같은 대중 매체로서는 뉴스 밸류를 따져 후원할 수 있다는 것이 고작이었다고 본다. 그런 뜻에서 한국일보사를 경영하는 장기영이라는 분은 적어도 한 걸음 앞섰던 것 같다.

나는 정부나 사회 요로와 깊은 접촉이 없었고 그런 데 길을 찾아다니는 성격도 아니었다. 그러다 보니 원정에 드는 그 많은 자금을 마련하기란 처음부터 어려운 일로 여겨 왔다. 그러나 세월은 흘러 어느새 4월에 접어들었으니 이러다가는 언제 식량이니 장비를 사들여 짐을 쌀 것인가…… 뿐만 아니라 우리가 필요로 하는 것들은 거의 일본에서 구입해야 하며, 이러한 짐들은 분류해서 포장하는 데 적지 않은 시간이 걸릴 뿐더러 적어도 원정대가 떠나기 달포 전에 배편으로 부쳐야 했다. 이러한 일들을 머리에 그리며 나는 조급한 마음을 눌러 가며 한국일보사를 찾아갔다. 사실 나로서는 갈 곳이 따로 없었으나 거기가 제일 믿음직했다.

장기영 씨는 상상했던 대로 무척이나 바쁜 분이었다. 여러 사람이 그를 만나려고 앉아 있었고 비서로 보이는 젊은이들 몇이 전화기를 들고 사무실을 들락거렸다. 그런 틈바구니에 나는 장 사주와 마주앉아 잠시 이야기를 나누었다. 나는 이번 원정에 1억 3천 만원이 든다고 말했다. 이에 대한 그분의 답은 그리 시간이 걸리지 않았다. 한국일보사가 6천만원을 낼 터이니 나머지는 당신이 맡으라는 것이었다. 그 나머지라는 뜻에는 행정부의 지원이 들어 있었다. 장기영 씨는 내가 국회 재무위원이고 따라서 경제기획원 장관과의 연결을 머리에 두고 있었으리라. 첩첩 태산 같았던 앞길이 어딘지 모르게 트이는 느낌이 들어 한국일보사를 나올 때 내 발걸음은 가벼웠다.

나는 그 길로 경제기획원으로 남덕우 장관을 찾아갔다. 남 장관은 반가이 맞아 주며 '큰 일을 도와야죠' 하는 짤막한 대화로 일을 끝냈다. 이렇게 해서 행정부의 6,000만원 지원을 약속 받고 보니 모든 것이 거짓말 같아 마음이 허탈했다. 경제 대국 일본에서 있었던 일이 생각났다. 그들은 원정비를 조달하느라 한 담당자가 5,000명을 찾아갔다고 … 다만 남덕우 장관의 부탁이 있었다. 청와대 문공 담당 수석 비서관을 만나란다. 나는 청와대에도 들렀다. 그리고 거기서도 우리의 에베레스트 원정 지원을 다짐받았다.

이렇게 해서 정부 요로를 두루 거쳐 일을 마치고 나올 때 눈물이 핑 돌았다. 내가 뭐길래? 에베레스트 원정이 뭐길래? 설악산 공룡 능선에서 죽은 세 젊은이가 생각났다. 특히 회장님이 국회의원이 되신 것은 우리보고 에베레스트 가라는 뜻이라고 기뻐하던 최수남의 얼굴이었다.

나는 자꾸 빨라지는 발걸음을 먼저 한국일보사로 돌렸다. 내가 맡았던 자금 문제가 이처럼 해결되었다는 것을 우선 장기영 사주께 알려 드리고 싶었다. 그인들 이 문제가 마음 한 구석에 걸려 있을 것은 틀림없을 터이니까. 신문사 건물 10층에 있는 그분의 사무실에 들어서니 어딘가 분위기가 다르게 느껴졌다. 방안을 둘러보니 남쪽으로 난 창을 커튼으로 가려서 방안이 어두웠다. 웬일이냐고 물으니 장기영 사주는 의사가 과로를 조심하라고 했다는 것이다. 조심하셔야죠. 때가 때니 만큼… 나는 더 이상 할 말이 없었다. 장기영 씨가 별세한 것은 그로부터 이틀 뒤인 4월 11일이었다.

한국일보사는 원정대를 후원하려는 오직 하나의 보도기관이었고 장기영 사주와 나 사이에는 원정대의 소요 자금을 서로 반반 부담하기로 약속까지 되어 있었으니 이러한 갑작스러운 사주의 별세는 원정대로서 치명적인 타격이 아닐 수 없었다. 일에는 순서가 있고 그것을 해 나가는 데는 그때그때 시간이 필요한 것인데 이러한 경황에 계획했던 일들이 제대로 풀릴 리가 없었다. 원정대는 일을 시작하려다가 그만 벽에 부딪치고 말았다.

한편 주인을 잃은 한국일보사도 야단이었다. 신문사로서는 우선 앞으로의 운영 문제도 새로 검토하여야 했겠지만 사주가 후원을 다짐하고 나섰던 에베레스트 원정 문제를 앞으로 어떻게 할 것인가 하는 것이 또한 큰 문제가 아닐 수 없었을 것이다. 따지고 보면 이 문제는 작고한 분 개인의 일이 아니고 한국일보라는 커다란 언론 기관의 문제였다. 그 무렵 한국일보에서는 연일 간부 회의가 열리고 이에 대한 처리 방안이 논의되고 있다는 이야기가 들려 왔다.

한국일보사는 장기영 씨 후임으로 사주의 장남인 장강재 씨가 사장이 되었다. 그러나 나는 이 문제로 장강재 씨를 만나지 않았다. 세상은 장기영이라는 분을 알고 있었기 때문에 장기영씨 없는 한국일보사에 대한 세상의 관심도 컸을 것이며 또한 한국일보가 그것을 모를 리도 없었다. 그러니 우리와 한국일보 사이의 일은 새삼 내가 나서서 서둘기보다는 그쪽에 맡기는 편이 나아 보였다. 그런데 원정대는 4월에서 5월 사이에 프랑스에 산소를 주문하는 한편 일본에 건너가 필요한 장비들을 사들여야 했다. 여기에는 물론 착수금이 있어야 했는데 그만한 여유가 당시 우리에게 있을 리가 없었다. 이러한 조급한 분위기 속에 시간은 하루하루 흘러갔다. 7년 동안 기다려 온 우리의 일, 4차에 걸친 동계 훈련과 설악산 사고, 그러는 사이에도 두 번이나 현지 정찰을 하고 막연하기만 했던 자금 문제가 풀리는 순간이었는데… 우리의 유일한 후원자요 유일한 이해자였던 장기영 사주의 서거는 너무나 허망한 일이 아닐 수 없었다. 그렇다고 이제 따로 후원자를 물색하기에는 시간이 너무 없었다.

5월이 되었다. 한국일보사에서 에베레스트 원정에 사운을 걸었다는 소리가 들려 왔다. 선친의 뜻을 받아 이 사업을 후원하기로 장 사장이 마음을 굳혔다는 이야기다. 그러나 그 내용은 조금 달랐다. 장기영 사주가 약속했던 자금 중에서 5천만 원을 지원하되 그 속에 대원들의 왕복 항공편은 대한 항공에서 맡기로 한다는 내용이었다. 항공료는 현금으로 하거나 표로 받건 같은 이야기지만 자금이 당초보다 1,000만원 줄면 결국 원정대가 계산했던 예비비가 그대로 없어지는 것이다. 자금의 여유가 없으면 그만큼 활동이 위축되기 마련이다. 자금에 맞추어 계획을 짜면 된다지만 특히 이러한 대대적인 원정 계획은 모든 일이 미지수고 예측하기 어려우니 언제나 여유를 두어야 한다. 그러나 이제와서 이론이 무슨 소용이 있겠는가? 문제가 이렇게라도 해결의 실마리를 잡았으니 잃은 시간을 회복하며 일들을 밀고 나아가는 길밖에 없었다.

5월 중순부터 서울에 있는 대원들이 본격적으로 일을 시작했다. 우선 일본에 국제전화를 걸어 산소와 등산화 그리고 텐트 등을 주문했다. 국내에서는 아이스 폴에서 사용할 알루미늄 사다리와 베이스캠프에서 쓸 주방용 장비 저장용 등 몇 가지 특수 천막을 만들기 시작했다. 이 밖에 국방부 요로와 접촉해서 특수 식량으로 알파미와 건조 야채 등을 얻을 수 있는 데까지 얻어야 했고, 포장 업자와 작업장의 선정, 선박 회사의 결정, 대원들의 건강 진단과 출국 수속 등등… 해야 할 일이 산적해 있었다.

이와 같은 일련의 작업을 앞에 놓고 우리는 그 추진 계획을 짜 나갔다. 이 계획에 따라서 우리는 국내의 물건들을 늦어도 5월 말에 부산에서 배에 싣고 인도의 캘커타로 떠내 보내는 한편 일본에서 장비들을 마련해서 네팔의 카트만두까지 항공편으로 부쳐야 했다. 그래서 우리는 먼저 물건들을 10일간에 모두 사들이고 이어서 포장을 시작하여 그 작업을 역시 10일 사이에 끝내야 했다.

에베레스트에 도전하는 일은 엄청난 어려움이 예상될 뿐만 아니라 그 스케일이 큰 활동이지만 이에 대한 정보가 이미 여러 문헌에 나와 있기 때문에 원정 기본 계획을 세우는 일은 복잡할 망정 어려울 것이 없었다. 필요한 장비와 식량 등을 산출하니 18톤이나 되었다. 이렇게 많은 것들을 짧은 시일 안에 수집하고 포장을 끝내기란 결코 쉬운 일이 아니었다. 그 중에서도 우리가 가장 애를 먹은 것은 사다리를 100개 만드는 일과 고소용 식품을 구하는 일이었다. 사다리는 무게가 가볍고 튼튼하려면 듀라루민 경금속으로 만들어야 하는데 국내에서는 이런 재질을 구할 수가 없었다. 그래서 국산 알루미늄으로 만들어야 하니 무게와 견고성에 불만이 있어도 참아야 했다. 그 대신 사다리의 안전도에 대해 국민 대학 토목과를 나온 강구조(鋼構造)역학 기술사 선용 씨에게 자문을 받았으며 그 재료 구입과 제작은 마나슬루 원정 경험이 있는 연응모 씨에게 부탁했다.

히말라야는 고도 7,000미터가 넘으면 가스의 화력도 떨어지고 음식물을 만들기가 결코 쉽지 않을 것이니 이런 데서는 될수록 시간과 노력을 안들이고 먹을 수 있는 식품을 생각했다. 그래서 생각해 낸 것이 알파미와 건조 야채 외에 그대로 씹어 먹을 수 있도록 된 냉동 건조 식품이었다. 그런데 그런 식품이 다행히 군용으로 있어서 국방부 요로를 통해 특별히 지원을 받았다. 이렇게 해서 일반식과 특수식을 모두 마련하고 보니 그 수량이 엄청났다. 산적된 식량과 장비의 포장 작업이 서대문구 변두리에 자리잡은 충암 중고교 강당에서 시작됐다. 그러나 이 작업이 여간 복잡하지 않았다. 크게는 캐러밴용과 베이스 캠프용 그리고 고소 캠프별로 식량이건 장비이건 모두 처음부터 나누어서 싸되 그 무게가 한 뭉치 30킬로그램를 넘지 않도록 하는 것이다. 이 무게는 현지 짐꾼을 위해 네팔 당국이 정해 놓은 것이니 그 규정을 지켜야 했다. 앞으로 이 짐들은 현지에서 몬순 철에 30일 동안 나르게 되고 그 뒤는 고도 5,000미터를 넘어서면서 오랫동안 눈과 얼음 속에 두

게 된다. 그러니 포장이 튼튼하고 방수 처리가 잘 돼 있어야 한다. 포장을 전문적으로 하는 회사에서는 이런 점들을 고려해서 잘 해준다고 하지만 우리 대원들은 그 작업을 인부들과 같이 해 나가며 일일이 신경을 썼다. 이렇게 포장이 끝나자 우리는 이 물건들을 8톤 트럭 다섯 대에 싣고 저녁에 서울에서 부산으로 떠나보냈다. 그날이 5월 25일이었다. 그 동안 마음이 조마조마 하면서도 일이 잘 진행되어 6월이 오기 전에 화물을 탁송하게 된 셈이다.

트럭에는 수송을 담당한 곽수웅, 김병준 두 대원이 따라갔다. 그들은 밤길에 트럭 기사가 졸다가 사고를 내지 않도록 도중 휴게소에서 한잠 자고 이튿날 아침 부산에 도착했다. 부산 항구에는 통관 업무에 밝은 부산 산악연맹 회원들이 우리 일을 도우려고 나와 있었다. 그런데 이렇게 화물을 선편으로 탁송할 때 해야 할 일이 한 가지 남아 있었다. 그것은 부산항의 보세 구역에서 담배를 사는 일이였다.

새삼스러운 이야기지만 대원들은 거의 담배를 피웠다. 그런데 흡연이 등산할 때 호흡에 장애 요인이 된다는 글을 읽고 나는 이번 원정에는 아예 담배를 가지고 가지 않아야겠다고 생각했었다. 그러나 히말라야로 갈 날이 하루하루 다가오면서 생각이 달라졌다. 산에 들어가면 한두 달 지내기 어려운 환경에 빠질 터인데 그 피로와 무료함을 무엇으로 달랠 것인가? 만일 그러다가 대원들의 정신면에 어떤 지장이라도 생기면 어떻게 할 것인가? 담배 문제는 이렇게 우리 대원들로 끝나는 일이 아니다. 현지에 가서는 오랫동안 포터나 셀파들과 살게 되는데 그들은 담배를 피고 있고 그 담배를 우리가 주어야 했다. 그러니 한쪽에서 담배를 피며 쉴 때 우리는 그들을 바라보고만 있을 수 있겠는가? 이것은 큰 문제였다.

나는 서울에서 포장이 진행되고 있을 때 대원들과 이야기를 나누다가 묘안을 찾아냈다. 우리가 필요한 담배의 수량은 약 3,000갑이니 그

값도 적지 않았다. 그런데 이것을 보세구역에서 싸게 산다는 것이다. 해외 여행자는 면세품을 살수가 있지만 문제는 부산항 보세구역에 그만한 수량이 있을 것 같지 않았다. 그래서 재무부 전매청에 교섭해서 우리가 필요한 수량을 준비해 주도록 미리 부탁해 놓고 있었다. 부산에 내려간 수송 대원들은 당시 고급 담배로 되어 있던 〈거북선〉과 〈썬〉을 3,000갑 인수하고 서둘러 포장해서 다른 화물과 같이 배에 실었다. 이렇게 해서 서울에서 할 일은 모두 끝났다.

우리가 탁송한 선박 회사는 서울 중구 소공동에 있는 에베레트 상선이었는데 이 배는 부산을 떠나 인도의 캘커타까지 한달 가량 걸려 간다고 했다. 남지나해와 인도양을 그렇게 오래 갈 때 선적한 물건들은 어떻게 되겠는가? 그 점을 고려해서 우리는 상하기 쉬운 음식물은 같이 보낼 수가 없었다. 그러니 초콜렛이나 유제품 등 좋은 국내 제품이 많아도 모두 가져가지 못하고 한국 사람이라면 누구나 좋아하는 젓갈류는 염분이 들어 있어 괜찮으리라고 보고 같이 보냈다. 그러나 훗날 에베레스트 베이스에 도착해서 짐을 풀어 보니 이 젓갈류도 모두 상해서 먹지 못하게 되어 결국은 버리고 말았다.

이렇게 짐을 보내고 나서 다음날인 26일 장문삼 대장과 김주명 사무국장이 일본으로 건너갔다. 일본의 도쿄에는 세계 유명 등산 장비들이 많이 있기 때문에 우리가 필요로 하는 것들을 모두 일본서 사서 네팔로 보내기로 했다. 한두 가지는 모르되 많은 물건은 국내에 들여오면 엄청난 세금을 물어야 하고 그렇게 할 필요도 없었다. 그런데 장비 구입차 장문삼과 김주명 두 사람을 일본에 보낸 데 대해 한 때 대원들 사이에 불만이 가득하다는 이야기가 들려 왔다. 그런 일은 마땅히 장비 담당 대원들이 하게 될 줄 알았는데 엉뚱한 사람들이 갔다는 것이었다. 그래서 대원들은 근처 여관에 모여 이 문제를 놓고 성토하며 심지어는 원정을 보이콧 하자는 극단론까지 나왔다고 한다. 나는 그런

공기를 조금도 몰랐다. 장문삼과 김주명을 보낸 데는 나대로 생각한
것이 있었다. 즉 일본에서 구할 장비는 그 동안 대원들이 그 품목, 수
량 그리고 구입처까지 거의 결정해 놓았고 이제는 현지에서 그대로 사
들이면 되었다. 남은 문제라면 통관 절차를 끝내고 항공편으로 부치는
일인데 그런 일을 하기에는 말이 통하고 사회 경험이 있는 이 두 사람
이 적합하리라고 보았다.

  그런데 일본에 건너가 보니 서울과 도쿄 사이에 간접적으로 상담을
벌였던 것과는 사정이 달랐다. 다시 말해서 있다던 물건들이 제대로
없었다. 우리가 필요한 것은 히말라야 동계용인데 때는 아직 여름이라
없는 것이 많았다. 특히 침낭과 우모복, 매트레스, 고글 등이 문제였다.
그래서 결국 이러한 물건들도 당초의 우리 뜻대로 구하지 못했다. 뿐
만 아니라 이들은 현지에서 화물을 탁송할 때 특히 고소용 연료인 프
랑스제 가스 카트리지 때문에 애를 먹였다. 이것은 폭발 위험물이어서
비행기에 싣지 못한다는 것이다. 그렇다면 1,000개나 되는 이 물건을
네팔까지 가져갈 방법이 따로 없었다. 이럴 때 김주명 국장이 필요했
다. 김주명 씨는 군의 고급 지휘관을 지냈으며 어려운 일을 그때그때
처리하는 솜씨가 있었다. 게다가 그는 일어에 능통했다. 결국 김주명
씨가 일본 항공 화물 담당자를 설득하고 통사정을 해서 돌파구를 찾았
던 것이다.

1

선발대로
방콕에서
카트만두에서
캘커타에서
카트만두에서

선발대로

장 문 삼 · 도 창 호

방콕에서

서울에서 원정대가 준비할 일이 대체로 끝났기 때문에 나는 산악연맹의 김주명 사무국장, 도창호 대원과 같이 선발대로 먼저 네팔로 떠났다. 6월 16일 이었다. 현지에서는 에베레스트 입산 수속의 마지막 마무리, 셸파 인선과 포터 고용, NASA 산소의 확보, 일본에서 보낸 장비의 통관 그리고 원정대의 숙소 물색 등 중요한 일거리가 우리를 기다리고 있었다. 이러한 일들을 처리하려면 대체로 15일에서 20일이 필요한 것으로 예상됐다.

네팔에 입국하려면 태국의 수도인 방콕에서 비행기를 갈아타야 하는데 이 연결을 위해서는 일단 태국에 입국해서 하루 이틀 기다리게 된다. 비행기가 방콕에 접근하자 승객에게 입국 카드가 배포됐다. 이 카드에는 대체로 국제적으로 통일된 기재 사항이 있는데 이중에 외화 소지액을 명기하는 난이 있다. 해외 여행자가 돈을 가지고 있는 것은 당연한 일이며 그렇다고 엄청난 액수의 외화를 몸에 지니고 다니는 여행자는 별로 없는 법이다. 그래서 어느 나라를 입국할 때도 사람들은 이 기재란을 적당히 넘기는 것이 상례로 되어 있다.

우리의 경우 선발대의 소요액은 미화 18,000달러 였다. 물론 이 외화는 우리 나라 외환은행에서 정식으로 교환한 것으로 그 증명서가 내 여권 뒤에 붙어 있었다. 돈은 매사에 빈틈이 없는 김 국장에게 보관을 부탁했었다. 나는 입국 카드를 체크하다가 외화 기재란은 그대로 넘겼다. 우리가 알기로는 태국은 공안 질서가 어지러우며 공항의 관리마저 믿을 수 없다는 것이었다. 카드에 기재된 사항은 즉각 공항 밖으로 알려져 여행자가 종종 봉변을 당한다는 것이었다.

이날 우리 일행은 별일 없이 입국하여 방콕에서 이틀을 지내고 카트만두로 가기 위해 공항으로 다시 나갔다. 출국 수속을 받기 직전에 김 국장이 보관했던 미화를 나에게 넘겨주었다. 김 국장이 계속 보관하는 것이 나로서는 안심이 되지만 그분의 부담도 생각해서 이번에는 내가 가지고 가기로 했다. 그러자 승객에 대한 보완 점검이 있었다. 그때 관리는 내 가방 속에서 많은 달러를 보자 잠깐 기다리라고 하더니 또 다른 관리를 데리고 왔다. 그 사람은 우리를 데리고 사무실로 가서 웬 돈이냐고 물었다. 나는 자신 있게 여권에 붙은 증서를 보이며 설명을 했다. 그러자 그 관리는 입국 카드를 찾아 가지고 오더니 외화 소지란에 기재한 것이 없다며 불법 소지로 압수한다는 것이다. 청천 벽력이 아닌가. 아무리 사정을 하고 애원하다시피 하여도 상대방은 끄덕도 하지 않는다. 그 뿐만이 아니라 우리는 공항 세관에서 조사를 받고 또 관세청에까지 끌려가서 조사를 받았다. 6월의 태국 날씨는 한마디로 찜통 같다. 관리들은 인정도 교양도 없고 찜통 속에서 사는 이들과의 대화는 그야말로 불통이었다. 우리는 꼬박 이틀 동안 그들에게 매달려서 에베레스트 원정과 이 돈의 용도 등에 관해서 설명을 되풀이했지만 그들은 딴전만 피웠다.

관리는 여권과 외환 증서를 볼 때 사정을 알겠지만 지금은 내줄 수 없으며 재판을 받아야 한다고 엉뚱한 소리를 했다. 이 말을 듣는 순간 하늘이 무너져 내리는 것 같았고 무더위도 잊어버리고 말았다. 나 한 사람의 실수로 에베레스트 원정은 가보지도 못한 채 허사로 됐다는 생각이 들었다.

궁하면 통한다는 말이 있다. 담당 관리가 방콕에 잘 아는 사람이 있는가 묻던 말이 생각나서 나는 우리 나라 대사관이 퍼뜩 머리에 떠올랐다. 결국 이 사건은 대사관이 보증을 서고 입국시 기재 사항 불이행에 대한 벌금을 물기로 하고 마침내 해결이 됐다. 나중에 생각해보니 만일 김 국장이 돈을 내게 넘겨주지 않았다면 사건의 해결은 거의 불가능했었을 것이다. 김 국장의 여권에는 외환 증서가 없었으니 말이다. 그리고 그 곳 관리가 이 사건을 끈덕지게 물고 늘어지는 데는 그럴 만한 이유가 있었다는 것을 후에 알았다. 즉 태국의 법은 불법 소지한 외화는 적발한 사람이 액수의 반을 상금으로 받는다는 것이다.

— 장 문 삼

카트만두에서

예정보다 이틀이 늦은 6월 22일. 우리는 네팔의 수도 카트만두에 도착했다. 카트만두는 나에게는 생소한 곳이 아니다. 1971년 로체 샬 원정과 1976년 에베레스트 정찰 그리고 이번이 세 번째 찾아온 셈이다. 방콕의 찜통 같은 무더위에 비하면 카트만두의 공기는 건조하고 기분이 상쾌했다. 그러나 방콕에서의 악몽은 아직도 가시지 않았다. 우리는 우선 낯익은 카트만두 게스트 하우스에 여장을 풀었다.

이곳에 도착하자 나는 가장 시급히 처리해야 하는 NASA 산소 문제를 우선 매듭지은 다음 셀파와 포터 고용에 대해 비나야(Binaya) 씨와 상의했다. 히말라야 원정은 대체로 활동 규모가 크고 기간도 오래 걸리기 때문에 원정대와 같이 움직이는 셀파들의 능력이나 인간성은

네팔왕국 국경일의 카트만두 시내 풍경. 힌두교 사원이 눈길을 끈다.

바로 원정대의 운명을 좌우하다시피 한다. 그러니 만큼 셸파의 고용은 쉬운 일이 아니었다. 히말라야 원정의 관문인 카트만두에는 셸파를 소개하는 업체나 조직체가 여러 군데 있지만 그 중 어느 것이 믿을만한 지도 모를 일이었다.

나는 1976년 9월에 2차 정찰대로 이곳에 왔을 때도 본대가 필요로 하는 셸파들을 예비적으로 물색하려 했지만 그때만 해도 뚜렷한 선이 나오지 않았었다. 다만 1975년 1차 정찰대에 고용됐던 셸파 중에서 당시의 최수남 대장이 쌍게라는 사람을 높이 평가하고 있었기 때문에 이번에도 쌍게를 중심으로 한 그의 조직이 어떨까 하는 생각뿐이었다. 쌍게는 1971년 최 대장과 내가 로체 샬 원정에서 만난 일도 있었으며 그는 당시 가장 유능한 셸파로 인정받았던 것도 사실이었다. 쌍게는 로체 샬 이후 사다로 승격했는데 언젠가는 한국의 에베레스트 원정대의 헤드 사다가 되기를 바라고 있었다. 쌍게가 우리의 1, 2차 현지 정찰대에 따라나선 것도 그 나름대로의 계산이 있었다. 쌍게는 최수남 대장이 1976년 국내 훈련에서 눈사태로 조난 당한 일을 잘 알고 있었으며 최 대장의 죽음을 몹시 서러워했다.

나는 이왕이면 쌍게를 사다로 기용할 생각에서 2차 정찰 당시 그의 활동과 인간성을 다각도로 주시했었다. 그런데 쌍게의 능력은 아이스폴 지대를 벗어나지 못했고 따라서 에베레스트 원정이라는 대규모 활동에서 셸파를 다뤄 본 경험이 없다는 것을 알았다. 뿐만 아니라 그의 조직은 가족 중심인데다 본인의 여자 관계가 복잡하여 셸파 사회에서 존경을 받지 못하고 있었다. 2차 정찰을 마치고 귀국할 무렵 나는 쌍게 문제를 비나야 씨에게 이야기했다. 비나야 씨는 셸파의 인선을 도와주려고 몇 가지 안을 참고 자료로 서울에 보내 주기도 했다. 그가 보내 온 셸파 명단 속에 앙 푸르바라는 새로운 경력이 우리의 주목을 끌었다.

앙 푸르바는 지금까지 여러 원정대에 따라가서 세 번이나 정상 공격에 가담했지만 그때마다 정상을 눈앞에 두고 되돌아서야 했던 불운의 사나이였다. 이것을 볼 때 그의 능력은 나무랄 때가 없고 정상에 대한 의지는 누구도 그를 따르지 못할 것으로 보였다. 다만 한가지 문제가 있다면 앙 푸르바한테는 운이 붙지 않는 것일까 하는 점이었다. (결국 그는 이번에도 역시 등정에 실패했다.)

나는 비나야 씨와 셸파 인선 작업에 들어갔다. 비나야 씨는 내가 던지는 여러 가지 문의에 대해 한참 생각하더니 앙 푸르바의 등반 능력과 정상에의 집념은 쓸 만하지만 원정대의 헤드 사다로서의 자격은 미심쩍다며 락파 텐징이라는 셸파를 새로 추천했다. 락파 텐징의 경력은 화려했다. 그는 1973년도 이탈리아 원정대에서 정상에 섰고 다음해

1974년 스페인대와 1975년 일본 여자대에서 헤드 사다를 한 경험을 가지고 있었다. 생각해 보니 셀파로서 이 정도의 인물도 별로 없다. 그러나 여기에도 한가지 걱정이 있었다. 원정대에서 셀파로서 할 때까지 다해 본 사람이 다시 에베레스트에 대한 의욕이 솟아나올 것인가… 설사 그렇다 치더라도 이제 락파 텐징을 중심으로 조직적인 셀파의 동원이 가능할 것인가도 시간적으로 의문이 갔다. 게다가 앙 푸르바와 그의 계열이 다른 헤드 사다의 지휘를 받을런지도 문제였다.

나는 일단 락파 텐징을 만나기로 했다. 그때 에베레스트 원정에 대해 광범위하게 이야기를 나누는 동안 이 사람을 놓쳐서는 안되겠다는 생각이 들었다. 락파 텐징이 돌아간 다음에 비나야 씨는 내 결심을 촉구했다. 그러나 우리 원정대의 계획은 헤드 사다와 아이스 폴 사다의 두 명을 고용하기로 했는데 사다 한 사람이 더 늘면 재정적인 문제가 생기며 계파 사이에 화합도 걱정이었다. 이에 대해서는 비나야 씨도 할 말이 없었다. 그리고 며칠이 지났다. 본대가 올 날이 가까워 오자 나는 더욱 초조해졌다. 비나야 씨와 나는 한번 더 락파 텐징과 만났다. 그때 나는 앙 푸르바를 중심으로 한 셀파 명단을 앞에 놓고 락파 텐징의 의견을 들어보았다. 그의 인간성을 내 나름대로 타진하기 위한 것이었다. 락파 텐징은 자기와 계보가 다른 셀파들을 높이 평가하며 앙 푸르바를 도와주겠다고 말했다. 나는 마음을 굳혔다. 그러나 서로 계보가 다른 사다들 중에서 한 사람을 위에 올려놓은 것은 역시 마음에 걸렸다. 그래서 앙 푸르바는 클라이밍 사다로 하고 락파 텐징을 베이스 캠프 매니저로 결정했다. 이렇게 해서 사다는 아이스 폴 담당자를 포함하여 3명, 고소 셀파 22명, 아이스 폴 셀파 24명으로 하고 이밖에 쿡 세 명과 키친 보이 네 명, 메일 러너 네 명 등을 포함해서 총 60명의 현지인을 고용했다.

— 장 문 삼

캘커타에서

선발대가 할 일 가운데 하나는 부산에서 인도의 캘커타로 보낸 원정대의 짐을 카트만두로 옮겨오는 일이었다. 5월 28일 부산을 떠난 배가 캘커타에 도착하는 날짜는 대체로 6월 말이나 7월 초로 보였다. 나는 비나야 씨와 상의하여 카트만두에 있는 인도 사람이 경영하는 SKY LAND TRANSPORTATION CO.에 육로 수송 용역을 주었고 거의 매일 같이 짐의 도착 여부를 알아보았다. 그러나 그럴 때마다 회사측에서는 짐이 아직 도착하지 않았다는 부정적인 답변 뿐이었다.

그러자 7월 6일이 되어 김영도 대장이 인솔하는 원정대 본대가 카트만두에 도착했다. 나는 초조하기 이를 데 없었다. 에베레스트 원정의 성공 여부는 기상 상태가 크게 좌우하기 때문에 이 점을 고려해서 우리는 늦어도 8월 15일 까지는 베이스 캠프를 설치할 계획이었다. 카트만두에서 베이스 캠프까지 가려면 외국 원정대의 기록을 참고할 때 보통 30일에서 35일을 본다. 그래서 우리는 원정대가 카트만두에 10일간 체류하여 모든 준비를 끝내고 7월 16일에는 캐러밴을 떠날 예정이었다.

짐이 예정된 날짜에 도착하지 않은 것은 물론 선발대의 책임이 아니지만 우리 원정대로서는 타격이 아닐 수 없었다. 7월 7일이 되던 날 나는 비나야 씨와 상의한 끝에 직접 캘커타에 텔렉스를 넣어 보았다. 그랬더니 짐은 이미 7월 4일에 도착하여 하역도 끝났다는 것이다. 나는 비나야 씨와 같이 운송 회사를 찾아가서 정보가 지연된 까닭을 항의했다. 그러나 회사측의 반응은 전혀 없었다. 이런 회사에 용역을 알선해 준 비나야 씨도 기가 차는 모양이었으나 비나야 씨는 이 회사가 카트만두에서는 가장 평이 좋은 곳이라며 쓴웃음을 지었다.

나는 김 대장과 같이 짐을 찾는 문제를 상의했다. 김 대장은 한정수,

고상돈 대원을 보내는데 현지에서 통관 문제도 복잡할 테니 나와 비나야 씨가 따라 가라는 것이었다. 그런데 한. 고 두 대원은 인도 입국 비자가 없었다. 비자를 받으려면 시간이 걸릴 뿐더러 비자가 과연 나올는지도 모르는 일인데 우리는 서둘러야 할 지경에 있으니 우선 나와 비나야 씨가 먼저 현지에 가서 통관 수속을 하고 두 대원은 그 곳에서 합류하기로 했다. 그런데 7월 8일 우리 대사관의 노력으로 문제의 비자를 얻게 되어 우리는 모두 같은 비행기로 떠나게 되었으니 얼마나 다행인지 모른다.

16시 30분에 캘커타에 도착하니 한마디로 찜통 속에 들어간 것 같았다. 공항 관리는 더럽고 불친절했으며 도무지 일에 의욕도 없어 보였다. 그뿐 만인가. 출입국 관리는 흔한 볼펜도 없어 내 것을 빌려서 여권을 체크하더니 돌려주지 않는다. 그래서 볼펜을 달라고 하니까 무슨 볼펜이냐고 시치미를 뗀다. 볼펜 하나로 싸울 수도 없으니 그대로 공항을 빠져 나왔다. 공항 밖에서는 갑자기 애, 어른 할 것 없이 달려들어 저마다 손을 내민다. 돈이 없다고 하자 그러면 담배 한 대라도 달란다. 시내는 악취가 코를 찌르고 질서라곤 찾아볼 수가 없었다.

우리는 Great Eastern Hotel에 여장을 풀고 SKY LAND 회사와 연결이 있는 ORIENT 회사에 전화를 걸었더니 관계 서류가 아직 오지 않았다고 했다. 그때 비나야 씨가 인도 사람의 말은 믿을 수가 없으니 직접 회사로 가자는 것이었다. 그의 말로는 지난달 일본 원정대도 이런 일 때문에 학질을 뗐다는 이야기다. ORIENT 회사의 직원 하나가 우리를 데리고 창고 건물로 들어가더니 다시 골목길로 나왔다. 골목에는 여기 저기 쓰레기가 버려져 있어 악취를 뿜었다. 회사 직원은 좁은 길에서 서성거리는 수많은 사람들 사이를 헤치며 가더니 2층 목조 건물로 들어갔다. 복도나 계단에는 전등도 없어 그야말로 암중 모색으로 2층에 올라갔다. 그런데 2층의 모습은 마치 빈민굴과 다름없었다. 지저분한 방과 방 사이를 이리 저리로 따라 들어간 곳에 간판도 없는 좁은 사무실이 있었다. 안에는 책상 두 개가 놓여 있을 뿐 우리가 들어설 자리도 없었다.

저녁 여덟 시 경 이었다. 기온은 40도나 되어 찌는 듯 했는데 고물상에서도 찾아보기가 힘들 정도로 낡은 선풍기가 덜거덕거리며 도는 모습은 당장이라도 날개가 내 앞으로 튀어나올 것 만 같았다. 몸에서는 땀이 비오듯하고 정신은 멍하다. 이런 환경에서 무슨 사무 처리를 하자는 것인지 의심이 갔다. 그러나 우리는 이 회사에 부탁할 수밖에 없었다. 우리가 찾아야 할 화물은 우리 생명과 같은 것이니 12일에는 인도를 떠날 수 있도록 해 달라고 사정을 했다. 그들은 최선을 다해 보겠다고 말할 뿐 시원한 대답이 없다. 우리는 그대로 호텔로 돌아왔다. 그때 비나야 씨는 어떻게 해서라도 11일까지 이 문제를 해결하겠다며 나를 위로했다.

7월 9일이 되어 항구에 나가 보니 우리 화물이 쌓여 있었고 특히 걱정했던 사다리가 무사한 것이 무엇보다도 기뻤다. 비나야 씨는 나한테 말한 대로 11일까지 필요한 수속 절차를 끝냈다. 외국 원정대가 보통 10일 걸리는 일을 3일간에 처리한 것이니 인도 사정에 밝은 비나야 씨가 없었다면 도대체 어떻게 되었을는지 모른다. 이렇게 해서 어려운 고비를 넘긴 7월 11일은 마침 내 생일이었는데, 나는 느닷없이 설사가 나서 종일토록 아무것도 먹지 못하고 무더위 속에서 남모르는 고통을 혼자 겪었다.

12일이 되어 대형 트럭 다섯 대에 짐을 가득 싣고 09시 30분에 우선 고상돈 대원 편에 카트만두로 떠나 보냈다. 그리고 다음날 한정수 대원에게 남은 두 트럭 분을 부탁하고 나는 비나야 씨와 공로로 카트만두에 돌아왔다. 이 일을 겪고 나서 나는 원정 활동이란 등산만이 중요한 것이 아니고 이를 위한 화물의 수송 문제가 예상 외로 큰 비중을 차지하고 있음을 뼈저리게 느꼈다. 캘커타에서 갑자기 일어난 설사는 카트만두에 돌아오자 어느새 멎었다.

— 장 문 삼

카트만두에서

6월22일 선발대로 카트만두에 도착했을 때 내 마음은 우리에게 안겨진 부담으로 무거웠다.

처음 보는 네팔의 수도 카트만두. 문명의 그늘에서 멀리 동떨어진 듯한 우중충하고 낡은 건물로 꽉 들어찬 카트만두의 색채는 한마디로 옛 문명의 발상지임을 그대로 말해 주고 있었다. 그러나 이 특이한 풍취에도 젊은 나의 호기심이 빨려 들어갈 만한 마음의 여유가 좀처럼 없었다.

선발대로서 처리해야 할 일들은 많았다. 그 중에서 우리는 먼저 미제 산소통과 프랑스제 레규레이터가 맞는가를 점검했는데 불행하게도 우리의 기대는 어긋났다. 그래서 이곳에 온 지 사흘만에 김주명 사무국장이 이 문제를 해결하기 위해 급히 일본으로 떠났다. 이튿날부터 장문삼 대장과 나는 일을 분담하여 따로따로 뛰기로 했다.

장 대장은 주로 행정적인 면을 맡았고 나는 물건을 사들이는 일을 시작했다. 나는 사다 락파 텐징과 앙 푸르바와 같이 등산 장비점을 찾아다니며 셀파들에게 지급할 피켈을 비롯해서 잡다한 생활 도구와 식량 등을 구입하는 데 시간을 보냈다.

카트만두 시내는 한낱 자전거로 30분 정도 두루 살필 수 있는 좁은 곳이지만 그 뒷골목의 분위기는 쉽사리 파악하기 어려울 만큼 다양하고 복잡했다. 비좁은 거리를 파도처럼 밀려 오가는 사람들은 대체로 네팔인과 티베트족 그리고 인도 사람이지만 그 속에 히피 스타일의 백인

들까지 끼어 있어 다채롭다.

카트만두 사람들의 생활 수준은 극도로 낮았지만 그들의 표정은 밝고 정다웠으며 순박했다. 시가지의 건물은 거의 가 수 백년 된 듯 했으며 그 중에는 얼마 안가서 넘어질 것도 군데군데 있었는데 이런 속에서도 사람이 살고 있었다. 상가에 진열된 상품은 대체로 전통적인 토산품들이고 공산품다운 것은 별로 없었다.

시민들은 잡초와 쓰레기와 이끼 긴 물구덩이와 파리떼가 뒤범벅이 되어 살고 있었다. 힌두교를 믿고 있는 네팔에서는 소가 사람보다 우위에 있었고 따라서 중심가에는 주인 없는 소가 자유로이 왕래하고 있었다. 그러나 소가 죽으면 장사지내 준다는 이야기에는 정말 놀라지 않을 수가 없었다.

카트만두의 중심 지대는 올드 타운이라고 했는데 여러 가지 뜻에서 카트만두는 고도에 알맞았다. 카트만두는 20세기 후반기 현대 문명에서 낙후된 전근대 사회라기보다는 갖가지 현대 문명의 병폐에서 벗어나 사는 조용한 고대사회인지도 모른다. 그러나 1971년에 이곳을 다녀간 장 대장의 눈에는 근년에 와서 이 곳 젊은이들의 옷차림에 블루진이 늘어가고 있는 것이 인상적이었다고 했다.

6월 하순의 카트만두는 더웠다. 그러나 표고 1,400미터의 이곳은 습기가 없어 방콕같이 견디기 어려운 더위는 아니었다. 게다가 몬순 철이어서 매일 어김없이 한 차례씩 비가 쏟아졌다. 그럴 때마다 빗줄기를 피해 이리 뛰고 저리 뛰는 사람들의 모습은 흡사 근교에 있는 유명한 몽키 탬플의 수많은 원숭이 모습 그대로였다.

카트만두에 온 지 며칠 안되어 나는 이 곳 중심가인 아쌈 바잘 좁은 거리에 기다랗게 늘어선 상점 하나 하나를 기억할 수 있게 됐다. 그만큼 나는 물건을 사들이느라 싸돌아 다녔다. 나는 '나마스테' (안녕하십니까?) 라는 네팔 말을 배우고 상인들과 인사를 했다.

54

한번은 아쌈 바잘에 있는 정육점에 들렀다가 그 자리에서 뛰쳐나온 적이 있다. 고깃간에는 주로 양고기와 야크 고기에 정체 불명의 것들이 제멋대로 벽에 걸려 있거나 커다란 그릇에 아무렇게나 담겨 있었다. 안은 어둡고 낡은 건물의 벽은 검붉은 피와 진드기로 덮여 있었으며 고기란 고기에는 파리떼가 그야말로 새까맣게 붙어 있었다. 정육점 주인이 길다랗고 끝이 뾰족한 칼을 들고 나를 쳐다보았을 때 나는 고대 중국 소설인 「수호지」에서 읽은 듯한 인육방이 연상되어 그만 줄행랑치고 말았다.

새벽녘에 뒷길을 한차례 돌라치면 즐비하게 깔린 쇠똥 때문에 마치 비온 뒤 물구덩이를 피하듯 깡충깡충 뛰어가게 된다. 그러나 이렇게 많은 쇠똥은 시간이 감에 따라 자취를 감춘다. 거리에 청소부가 있을 리 만무한데 나중에 알고 보니 사람들이 쇠똥을 주어다가 벽에 바르기도 하고 땔감으로 저장하고 있었다.

네팔의 건축 양식은 특이하다. 보통 이층집으로 아래층은 외양간이나 창고로 쓰고 이층이 거실로 되어 있는데, 우리에게 도저히 이해 가지 않는 것은 그들에게는 변소와 굴뚝이 없다. 용변은 길가에서 그리고 방안은 연기로 시커멓게 그을려 있다. 언젠가는 매트레스를 구하려고 셸파의 집을 찾았더니 그 집의 이층으로 오르는 삐거덕 거리는 계단은 마치 변소같이 더러웠고 거실에서는 때마침 불을 때고 있어 연기가 온방에 가득 차서 사람이 보이지 않을 정도였다. 그러나 그들은 기침 한번 하지 않으며 그 속에서 용케 견디고 있었다.

이밖에도 카트만두에는 기이한 일들이 얼마든지 있다. 지나가는 소의 엉덩이에 뺨을 비비는 것도 그 중의 하나지만 기념물 같은 건물에는 정교하기 이를 데 없는 섹스 장면을 보여주는 조각이 수 없이 새겨져 있다. 나는 힌두교에 대한 지식이 없지만 굴뚝과 변소가 없는 네팔의 생활 형태가 힌두교와 어떤 관계가 있는 것이 아닌가 혼자 생각하면서 원시 종교 사회 같은 이 올드 타운을 매일같이 헤맸다.

카트만두에는 다른 외국과 달라 교포의 수가 손꼽을 정도였다. 그런데 일찌기 이곳에 진출한 고려 개발의 현지 사무소의 이 씨는 우리 원정대가 묵을 숙소를 구하려고 갖은 애를 썼는데, 하루는 그분이 집 구경 가자고 찾아와서 장 대장과 나는 그의 차를 타고 시외로 빠져나갔다. 차가 시의 외곽 도로에서 음산하고 외진 골목길로 들어가니 울창한 숲 속에 붉은 2층집이 나타났다. 건물의 외관은 품위 있는 저택으로서 현관에 이르는 돌계단이며 문짝에 새겨진 조각 등으로 보아 한때 권세를 누린 어느 고관 대작이 살던 집 같았다. 그러나 건물 전체가 너무 낡은 데다가 창틀은 부서진 채 여기 저기 거미줄이 늘어져 있었으며 넓고 텅 빈 거실에는 먼지가 한치나 쌓여 있었다. 한편 정원을 둘러보니 온갖 잡초가 허리까지 올라올 정도로 무성한 가운데 이름 모를 이국의 붉은 꽃이 오히려 괴이한 분위기를 자아내고 있었다. 건물 안에 들어서니 2층으로 통하는 계단이 중앙에 양쪽으로 반원을 그리며 둘러쳐져 있고 저녁 햇살이 낡은 창틀을 통해서 길게 들어서 있는 모습은 어쩌면 외국 영화에서 보던 드라큘라가 살던 집을 연상시키기도 했다. 그런데 2층에는 방 네 개에 별실까지 붙어 있으니 우리 원정대가 사용하기에는 안성맞춤이었다.

돌아오는 길에 이 씨는 이만한 집을 카트만두에서 찾기가 어려우니 쓰도록 하라는 것이었다. 나는 이것저것 생각을 해보았다. 장 대장은 본 대가 오기 전에 짐을 찾으러 캘커타로 갈 계획인데 그렇게 되면 필경은 나 혼자 이 집을 지켜야 했다. 그날 밤 잠자리에 누웠는데 잠이 오지 않았다. 눈앞에 음산한 건물과 유난히 붉은 꽃들이 떠올라 마음에 불안을 안겨주었다. 이튿날 나는 다른 집을 구해 보자고 우겼다.

며칠 후 이 씨의 수고로 바니 포칼리에 있는 집을 얻게 됐는데, 이 부근은 네팔 왕궁의 뒤편으로 외국의 공관들이 들어선 조용하면서도 깨끗한 곳이다. 우리 대사관에서도 비교적 가까웠고 시내에서 변두리로 통하는 포장도로에 면한 이 집은 발코니가 달린 2층 구조물로 규모도 우리 원정대에 알맞을 뿐더러 300평 남짓한 뜰은 잘 가꾸어진 잔디로 덮여 있어 앞으로 원정대의 많은 짐을 정리하기에도 좋았다. 우리는 이곳에서 보름 동안 묵어야 했는데 집주인은 월세로 우리 나라 돈 10만원을 요구했다. 이 돈은 18명 대원의 호텔 비용과 비교할 수 없을 정도로 싼 것이었다.

이렇게 해서 선발대가 처리해야 할 큰 과제가 해결됐다. 우리는 사다 두 명 외에 쿡과 키친 보이 두 명을 더 채용하여 본 대를 맞을 여러 가지 준비를 서둘렀다. 그런데 수돗물을 틀었더니 음료수라는 것이 더럽기 짝이 없다. 불그스레한데다 지저분한 것들이 마구 섞여 나오지 않는가! 이러한 식수 탓인지 나는 이곳에 옮겨온 지 이틀만에 심한 설사를 만났다. 나는 생각다 못해 정수기를 사다 물을 거르기로 했다.

— 도 창 호

2

원정대 출국
카트만두의 14일간

원정대 출국

김 영 도

원정대가 네팔로 떠날 날이 다가오면서 대원들은 각자 자기의 생활 주변을 정리하느라 바쁜 듯 했다. 이번 원정으로 한국을 떠나 있는 기간은 대체로 100일 정도로 되어 있으니 그 동안 대원들은 직장이나 가정의 일로 처리할 일이 있을 것은 당연했다.

원정대는 출국했다가 돌아올 때까지 18명이라는 식구가 언제나 같이 움직이는 것이 원칙이고 누구나 바라는 바지만 사실은 그렇게 되기가 어려웠다. 서로 맡은 일이 다르고 그 일을 따라 움직이게 되기 때문에 이 얼마 안되는 인원은 처음부터 따로따로 행동하는 수밖에 없었다. 그래서 원정대는 선발대와 본대로 나뉘고 개인 사정으로 뒤에 남았다가 혼자 따라붙기로 한 경우도 있었다.

이러한 일들을 의논하며 나도 나의 처지를 대원들과 상의할 일이 있었다. 당시 나는 국회에 몸을 두고 있었고 원정 활동이 벌어지고 있을 무렵이 바로 국회가 열리는 시기였다. 국회는 해마다 9월 20일에 개원하기로 되어 있었다. 그러니 국회의원이라는 직분이 개인의 사업도 기업체의 직책도 아니고 법으로 규정되어 1년에 한번 열리는 본회의를 떠난다는 것은 있을 수 없는 일이었다.

나는 이 문제를 우선 내가 속해 있는 유신정우회의 원내총무와 상의 했다. 이에 대해 총무는 국회의장의 결재를 얻겠지만 국회가 개원하는 9월 20일까지 돌아와야 할 것이라고 했다. 답이 어떻게 나오느냐 기다 리나 마나 한 일이었다.

나는 대원들을 모아 놓고 나의 입장을 밝혔다. — 나는 국회 개원까 지 돌아와야 하니 늦어도 9월 초에 베이스 캠프에서 떠난다. 정상 공 격을 9월 3일로 예정하고 있으니 9월 초면 원정대의 활동이 순조롭게 전개되어 최종 단계에 이를 무렵이다. 그러니 대장이 없어도 된다. 그 러나 대장이 없는 원정대가 있을 수 없다. 그래서 차라리 원정대의 대 장을 장문삼 씨로 하면 좋겠다. 사실 장문삼 씨가 처음부터 끝까지 모 든 일을 맡아하게 되니까 실질적인 대장이다.

그런데 이 말이 떨어지자 옆에 있던 장문삼 등반대장이 펄쩍 뛰었 다. 그럴 수가 없다는 것이다. 국회 사정이 그렇더라도 이번 원정은 대 한민국으로서 큰일이니 대통령께 말씀드려 원정대의 지휘를 맡도록 하 여야 한다고 주장했다. 무슨 이야긴지 알겠으나 이 일을 그렇게 처리 할 수는 없었다. 나는 혼자 결심했다. 조용히 따라가서 일의 진행을 보 고 예정대로 돌아올 생각이었다. 사실 그래서 안될 것이 없어 보였다. 나는 에베레스트 베이스에서 카트만두까지 산길을 혼자 10여일 걸어 내려올 준비를 했다. 준비라야 별 것 아니다. 보통 산행에 가지고 다니 던 대로 짐을 꾸리면 됐다. 도중에 셀파 마을을 지나게 되니 천막은 없어도 좋다. 침낭과 매트레스, 취사구 등이 있으면 됐다.

그러자 6월 16일에 장문삼 등반대장이 도창호 대원과 김주명 사무국 장과 함께 네팔로 떠났다. 선발대인 셈이다. 그들은 먼저 가서 트레킹 회사와 만나 포터와 셀파 등 현지인을 고용하고 남체 바잘에 있는 미 제 산소통 한 개를 내려다가 점검하는 일을 맡았다.

이 선발대에 사무국 직원이 따라가는 일에 대해 지난번 일본 파송 때와 같이 의아하게 생각하는 사람도 있었으나 그것은 대장의 고충과 생각을 모르기 때문이었다. 그 이유인즉 이렇다. 남체 바잘에 남겨 둔 미제 산소통은 우리가 가지고 있는 프랑스제 레규레이터와 맞는지 아무도 몰랐다. 이 산소통을 미국대와 교섭해서 인수한 장문삼 대장의 생각은, 만일 맞지 않으면 중간에 어댑터를 만들면 되고 이 어댑터는 일본에서 만들 수 있다. 그러니 김 국장이 일본에 들려 그 일을 처리 하면 된다고 자신 있게 말했다. 물론 장문삼 대장과 도창호 대원은 카 트만두에 남아서 원정대가 당분간 묵을 집도 알아보는 등 해야 할 일 들이 있었다.

그리고 한국일보의 사진부 차장 김운영 씨와 체육부 차장 이태영 씨 가 보도 대원으로서 일본과 홍콩 등지에서 준비할 일이 있어 선발대의 뒤를 이어 먼저 떠났고, 육군 군의관으로 대전에 근무 중이었던 조대 행은 사무 정리를 위해 뒤에 혼자 카트만두로 오기로 했다.

원정대에 배치할 의무 요원에 대해서 나는 당초 두 사람이 있어야겠 다고 생각하는 동시에 의무 요원은 단순한 의사가 아니라 등반 능력이 있어야 한다고 평소에 생각해 왔다. 등반 중의 사고란 언제 어디서 날 는지 모른다. 그리고 인명에 관한 것은 시급을 요하는 법이니 히말라 야에서는 의무 요원이 베이스는 물론 고소에도 가 있어야 하고 상당한 고소를 자유롭게 오르내린다면 그야말로 이상적이다.

그래서 나는 대학의 산악부 출신인 의학도 둘을 물색하는 가운데 카 톨릭 의대 출신의 조대행 육군 소령과 경희대를 나온 정덕환 공군 중 위를 소개받았다. 그런데 정덕환은 공군에서 끝내 놓아주지 않아 의무 요원은 결국 한 사람으로 되었다. 원정을 마치고 돌아와서 알았지만 이 러한 사실을 모르는 정덕환 측근이 대한산악연맹의 정실 인사로 정 대 원이 탈락된 줄로 알고 연맹 사무실에 와서 항의하는 소동을 벌렸다.

정덕환의 탈락은 나로서도 가슴 아픈 일이었다. 특히 나는 국회가 열렸을 때 당시 국방 장관을 만나게 되어 정덕환 공군 중위의 에베레스트 원정대 파송을 허가해 주도록 부탁한 일까지 있었다.

사람에게는 언제나 기회가 있는 법이 아니니 정덕환 본인의 심정은 이해하고도 남는다. 그는 훗날 에베레스트 다음으로 높은 K2(8,611m) 원정에 참가하게 되었는데 이것은 주위에서 그를 그토록 아꼈다는 증거이리라.

선발대와 후발대의 인원을 뺀 나머지 13명이 본대로서 서울을 떠난 것은 1977년 7월 2일이었다.

김포 공항에는 대원들의 가족과 친지 그리고 산악인들이 나와서 원정대의 장도를 격려해 주었다. 그들 가운데는 부산, 광주, 대구, 대전, 춘천 등에서 먼 길을 올라온 사람들도 있었다. 나로서 특히 잊혀지지 않는 일이 있었다. 부산 산악연맹에 속한 김양선이라는 산아가씨가 있었는데, 그녀가 담배 두 갑을 내 호주머니에 넣어 주었다. 당시 썬이나 거북선이 고급 담배로서 호텔에서 주로 외국인에게 팔고 있을 때였지만 웬만한 사람들이면 거의 이 담배를 즐기던 때였다. 그런데 그녀는 부산에 있으면서 언제 알았던지 회장님은 언제나 이것을 좋아하시는 것 같다며 웃었다.

그때 한 신문기자가 다가와서 몇 마디 질문을 던졌다. 어떻게 해서 에베레스트에 가게 되었으며 원정의 전망을 어떻게 보는가 등등 극히 상식적인 것이었다. 그런데 지금은 20세기 후반, 1924년 죠지 말로리에게 던진 질문도 당시의 답변 같은 것이 기대되는 시대도 아니다. 나는 의례적인 질문에 상식적인 답을 한 것으로 기억한다.

이런 때의 질의 응답이야 어떻든 에베레스트에 가는 길은 그야말로 멀고 험하다. 이 지구상에서 가장 멀고 가장 험한 것으로 되어 있다.

대원들은 에베레스트 등반이 어떤 것인가를 잘 알고 있었다. 대원들의 표정은 밝았지만 각자의 마음은 적지 않게 무거웠을 것을 나는 잘 알고 있었다.

나는 기자에게 우리가 할 일은 다했으니 날씨만 좋으면 성공은 틀림없다는 말을 남기고 공항의 출구로 발길을 옮겼다. 이럴 때 어느 누구의 경우도 마찬가지 였겠지만 가족과 작별하며 목이 메어 할 말을 몰랐다. 나는 애들과 좀처럼 해 본 일이 없는 악수를 나누고 아내와도 손을 잡았다. 우리는 서로 웃기만 했다. 사실 그것으로 충분하며 그 밖에 따로 할 바를 몰랐다.

대원들은 대부분이 총각이었다. 이것은 대장인 나로서 큰 위안이었다. 나는 지난 날 설악에서 눈사태로 세 동료를 잃었을 때를 잊지 못한다. 특히 최수남과 송준송의 죽음을 잊을 수가 없다. 어린 아들이 달린 젊은 미망인이 달려와서 통곡하던 그 모습… 등산도 못할 일이라고 나는 혼자 몇 번 가슴에 되새겼는지 모른다.

우리 비행기는 14시 19분 발 KAL 601편 에어버스 였다. 대원들은 트랩에 서서 모두 팔을 들고 손가락으로 V자를 그리며 카메라 앞에 포즈를 취했다. 국민에 대한 우리의 출국 인사였다.

어느새 비행기는 남해 상공을 날고 있었다. 기류가 좋지 않아 기체가 흔들렸다. 15시 경이 되어 식사가 나왔는데 대원들의 얼굴은 저마다 흥분과 침울한 표정을 감추지 못하면서도 대부분이 처음 맛보는 기내 식사니 만큼 모두가 즐거워했다.

그러자 비행기는 자유 중국의 타이페이 국제공항에 도착했다. 16시 30분이었다. 비행기가 고도를 낮출 무렵 타이페이 상공은 검은 비구름으로 덮여 있었다. 그 비구름을 뚫고 기체가 내려가면서 시내 건물이 눈에 띄기 시작했는데 그 가운데 낯익은 것이 보였다. 1970년 말 첫 해외 여행으로 이곳에 와서 묵었던 이른바 그랜드 호텔이었다. 이 건물을 하늘에서 보고 알 수 있는 것은 그것이 단청으로 채색한 중국식 고층 건물이기 때문이다. 그래서 타이페이가 나에게는 조금도 낯설지 않았다. 그런데 이곳은 경과 지점이었다. 우리는 비행기가 한 시간 가량 기착하는 사이 소위 트랜짓 룸에 나가서 기다려야 했다. 우리는 비뿌리는 음산한 공항 내를 잠시 이동했지만 공항이란 어디나 그러하듯 구경거리가 하나도 없었다.

이륙 시간이 되어 우리는 홍콩으로 떠났다. 김포를 떠날 때 텅 비다시피 했던 좌석이 중국 사람들로 가득 찼다. 자유 중국과 중국 본토 사이는 오가지 못하나 홍콩은 자유항이라 이렇게 가는 사람이 많았다. 비행기가 고도를 높여 자기 궤도에 들어가자 저녁 식사가 나왔다. 이상하게도 식욕이 없었다. 하기야 점심 먹은 지 두 시간 정도 지났으니 그럴 수밖에. 그런데 부산에서 온 곽수웅 대원만은 그렇지가 않았다. 대원들이 한바탕 웃었다. 그러나 이 웃음은 곽 대원의 식욕에 놀라서 나온 것만은 아니다. 대원들의 굳었던 마음이 풀리면서 이제 웃을 여유가 생겼다는 것이 아닐까.

18시 58분 우리는 홍콩에 도착했다. 손목 시계가 19시 58분을 가리키고 있었다. 서울과 홍콩의 시차를 말해 주고 있었다. 하늘에서 내려다보이는 홍콩은 그야말로 휘황찬란했다. 홍콩은 사실 별 것 아닌 곳이지만 여행이 자유스럽지 못했던 당시로서는 홍콩은 매력 있는 곳임에 틀림없었다. 그 야경을 내려다보았을 때 그 곳은 누구에게나 별천지로 보였으리라.

그러나 이러한 홍콩에 와서도 우리는 밖에 나갈 수가 없었다. 타이페이에서와 같이 공항 내에 머물렀다가 19시에 태국의 방콕으로 떠났다. 중국 사람들은 생각했던 대로 홍콩에서 거의 내리고 서양 사람 한 떼가 그 자리를 메웠다. 이처럼 많은 외국 손님이 있는 것을 보면 홍콩은 역시 국제 도시다웠다. 홍콩에서 방콕까지는 제법 멀었다. 에어

버스는 1만 미터로 고도를 높여서 시속 900킬로미터로 나른다고 기내 방송이 알렸다. 하늘과 남태평양이 닿는 곳이 저녁 노을에 물들며 저물어 갔다. 밖이 점점 어두워졌다. 스튜어디스가 어디가는 길이냐고 말을 걸어왔다. 그녀는 오빠가 산에 미쳐 알프스에서 돌아오지 않고 있다고도 했다. 나는 그의 오빠 되는 사람이 누구인지 알만했지만 더 이상 묻지 않았다.

조용했던 내 마음이 산란해졌다. 몇 해전의 일이다. 한국산악회에서 샤모니에 있는 프랑스 국립 스키 등산 학교에 연수생 여섯 명을 보낸 일이 있다. 1차 6명은 잘 다녀왔는데 2차로 간 젊은이들 가운데 둘이 현지에 남았다. 그들의 마음은 알고도 남지만 그것은 여권법 위반으로 처벌 대상일 뿐 더러 그런 일이 있으면 뒤에 다른 사람들이 외국에 나갈 수가 없게 된다. 특히 당시는 좀처럼 외국에 나가지 못할 때고 등산 명목으로 해외에 간다는 것은 행정부의 관리들 눈에는 사치요 외화 낭비로 되어 있던 때였다. 그런 시대에 한국산악회에서 어려운 결단과 추진력으로 멋진 일을 했던 것이다. 그런데 그 가운데 몇 사람이 이탈했으니 그것은 큰일이 아닐 수 없었다. 이 사고로 당시 이들의 해외 여행을 추천한 대한산악연맹에서는 외무부로부터 계속 문책을 당하고 있었다.

등산의 상징은 자유다. 그러치 않아도 자유가 난무하다 싶이하는 프랑스 알프스의 중심, 그 매력적인 등산 기지촌 샤모니, 계곡을 병풍처럼 두르고 있는 에귀유… 에귀유… 에귀유…로 이름난 하늘을 찌르는 침봉군. 그것을 보고 돌아가고 싶지 않은 사람이 어디 그들뿐이겠는가! 그런데 스튜어디스의 이야기를 듣고 얼마 오래지 않아 에베레스트 베이스에 가 있을 때 우리는 알프스에 남은 두 친구 중 하나가 등반하다 떨어져 죽었다는 소식을 들었다. 알고 보니 그가 스튜어디스의 오빠는 아니었지만…

타이랜드 방콕에 도착한 시간은 밤도 깊은 22시 50분이었다. 에어컨디션이 된 기내에 있다가 밖에 나오니 무더위가 온몸을 엄습했다. 역시 방콕에 왔다는 느낌이었다. 원정대의 많은 짐을 이미 배편으로 보냈는데도 우리와 같이 비행기로 온 것이 그렇게 많은 데는 새삼 놀라지 않을 수가 없었다. 대원들이 핸드캐리한 짐들 아니고도 더플백 크기로 20개나 되었다. 그런데 이 짐들은 그대로 네팔로 갈 것이니 방콕 시내까지 가져가지 않고 공항에 놓아두었다가 우리가 비행기를 갈아탈 때 같이 싣고 가면 됐다.

사실 공항에 잠시 짐을 맡기는 일은 흔히 있고 간단한 일인데 우리처럼 한꺼번에 많은 짐을 위탁하려면 그런 대로 절차가 복잡하기 마련이다. 게다가 우리에겐 먼저 언어의 장해가 있으니 일이 순조로울 리가 없었다. 그러나 대원들은 공항의 담당 실무자와 만나 뭐라고 중얼거리며 그 많은 짐을 척척 처리해 나갔다. 이렇게 짐을 맡기는데 한 시간이나 걸린 것으로도 그 일 처리가 어떠했겠는가 짐작된다.

그러다보니 밤도 깊었고 공항에는 사람이 없었다. 세관원들도 모두가 버렸다. 산에 간다고 몰려온 산사람들의 행낭을 일일이 들여다볼 흥미가 없었는지 모른다. 우리는 텅 빈 공항 건물을 나와서 처음 보는 시내를 달렸다.

숙소는 선발대가 예약해 둔 라쟈 호텔이었다. 호텔은 방콕이라는 국제 도시의 호텔로서 조금도 손색이 없었으나 오래된 건물이며 신관이 붙어 있었다. 이런 호텔을 산에 가는 사람들이 든다는 것부터가 잘못이나 뜻밖에 교포의 호의로 여기에 묵게 되었는데 숙박료도 50퍼센트나 할인 받았다. 그래도 우리는 경비를 덜 들이려고 구관에 들었다. 호텔 체크인을 마쳤을 때에는 자정이 지나고 있었다.

태국이 겨울이 없는 더운 나라임을 우리는 알고 있었지만 7월 초순의 방콕은 견디기 어려울 만큼 무더웠다. 우리는 방콕에서 비행기를 갈아타기도 하지만 여기서 할 일이 적지 않았다. 그것은 주로 등반 활동에 써야 할 과일 통조림과 초콜릿, 분유 그리고 차 종류 등 간식물과 기호품을 사들이는 일이었다. 이러한 음식물은 우리 나라에도 얼마든지 있었지만 부산에서 캘커타까지 한달 이상 배로 수송하는 동안에 변질 할 우려가 있었고, 과일 캔은 부피와 무게 때문에 장거리 수송에 적지 않은 문제가 있었다. 뿐만 아니라 과일 중에서도 파인애플이나 흐룻츠 카테일 같은 것은 국내에서는 구할 수가 없었다. 그래서 이러한 점들을 고려 할 때 방콕은 우리에게 아주 편리한 곳이었다.

방콕에는 뉴코리아라는 한국식 식당이 한 군데 있었다. 태국 여자와 결혼한 교포가 경영하는 이 곳은 대한항공 직원들을 위한 식당이라고 할만큼 그 음식이 우리에게 맞았다. 다행히 이 식당에는 마이크로 버스가 있어서 우리는 이것으로 호텔과 식당 사이를 오가게 되어 아주 편했는데, 교포 주인이 고맙게도 이 차로 거리 구경까지 시켜주어서 얼마나 고마운지 몰랐다.

방콕에는 Central Super Market 과 DAIMARU 백화점이 있다. 지난 1975년 에베레스트 1차 정찰 임무를 띠고 여기에 온 경험이 있는 한정수, 이원영 대원들이 앞장서서 우리가 필요로 하는 물건들은 이곳에서 모두 마련했다. 그 물건들의 무게가 1.5 톤이나 됐는데, 백화점에서는 포장과 공항까지의 수송을 맡아 주어 원정대는 큰 힘을 덜게 되고 시간에 여유마저 생겼다.

7월 4일 이었다. 방콕에 있는 한국 대사관에서 연락이 왔다. 박 근 대사가 우리 원정 대원들과 만나고 싶다는 이야기였다. 박 대사는 나와 대학 동문일 뿐만 아니라 한국전쟁 때까지 청량리에 있는 대학 기숙사에 같이 있었고 전공도 같았다. 그는 미국에 유학하면서 전공을 바꾸어 외교관이 되었는데, 1975년 내가 유럽에 갔을 때는 스위스 대사로 있었다. 그때 나는 알프스를 구경하느라 그의 신세를 진일도 있었다. 그런데 이번에는 에베레스트로 가는 길에 이렇게 다시 만나게 되어 더욱 반가웠다. 우리는 시내 중국 음식점에서 박 대사가 베푼 오찬에 나가 뜻밖에 좋은 음식을 먹으며 즐거운 시간을 보냈다.

시내에서 볼일을 보고 호텔에 돌아오니 한국에서 원정대를 찾아온 사람이 있었다. KBS의 무비 카메라맨이었다. 이름은 김광남. 38세의 그는 기록영화를 만들기 위해 원정대를 따라 온 것이다. 이번의 에베레스트 원정은 한국일보가 유일한 후원 기관으로 되어 있고 따라서 한국일보에서 사진부 차장과 체육부 차장을 보도 요원으로 파견했다. 그런데 이렇게 도중에 난데없이 KBS에서 특파원을 보내게 되면 어떻게 되는가? 한국일보가 그대로 있을 리 만무하니 앞으로 KBS와 문제가 생기지 않을까 염려가 됐다.

그런데 KBS 특파원의 이야기를 들으며 나는 이런 생각도 했다. 그의 기술은 동사진을 찍는 일이었겠다 — 우리에게는 이런 전문 인력이 없다 — 그래서 써 본 적도 없는 8미리 무비 카메라 두 대를 이번에 가지고 가는데, 여기에 진짜 무비 카메라맨이 나타났으니 우리 원정대로서는 기록을 제대로 영상으로 담게 된 셈이어서 마음 한 구석에 다행이라는 생각이 들었다.

그런데 여기 한 가지 염려되는 것이 있었다. 그것은 바로 김 특파원의 산행 경험이었다. 우리는 그와 처음 만났으니 그에 대해 아는 것이 하나도 없었다. 한국일보에서 파견된 보도 요원의 경우는 조금 달랐다. 김운영 사진부 차장은 처음부터 에베레스트 등반 훈련에 참가해서 그 능력이 평가되고 있으며 이태영 체육부 차장은 이번에 처음 나타난 젊은이지만 단순한 보도 요원이니까 높은 데까지 어려운 등반을 하지 않아도 된다. 그러나 김광남 특파원의 경우는 이들과 또 다르다. 그는 동사진을 찍어야 하니 대원들을 따라 갈 수 있는 데까지 가야 한다. 어떻게 보면 대원들보다도 활동이 민첩하고 행동 반경이 넓어야 한다.

나는 김 특파원을 앉혀 놓고 이야기를 나누었다. 산에는 어느 정도 다녔으며 가져온 장비들은 무엇인가 물었다. 그는 설악산은 고사하고 서울 근교에 있는 북한산도 가본 적이 없다고 솔직히 말했다. 방송국의 일은 언제나 바쁘며 국회니 청와대니 중앙청이니 돌아다니는 신세다 보니 주말에도 거의 시간이 없다고 하며 나중에는 시내 한 가운데 있는 남산도 오른 적이 없다고 묻지도 않은 말까지 했다. 그는 솔직하고 가식이 없었다. 남산? 높이가 300미터도 안되는데… 잠시 대화가 끊어졌다. 이런 사람이 에베레스트에 따라 가겠다는 것이다. 나는 말을 이을 용기마저 잃었다..

특파원은 키가 작은 편이고 몸에는 군살이 없었다. 그의 얼굴은 햇빛에 타서 검은 편이고 몸 전체에서는 그런 대로 다부진 데가 엿보였다. 결국 나는 이 점을 살수밖에 없었다. 그는 KBS에서 일본에 나가 있는 특파원에게 부탁해서 에베레스트에 가는 데 필요한 장비를 모조리 구해 놓도록 했으니 장비만큼은 좋을 것이라고 은근히 자랑했다. 그러나 아무리 장비가 좋아도 쓸 줄 모르면 무슨 소용이 있겠는가? 나는 대원들을 불러 새로운 식구를 소개하고 장비 담당인 한정수, 김명수 두 대원에게 김 특파원이 준비해 온 장비들을 체크하고 앞으로 우리가 하려는 에베레스트 원정이 어떤 것이며 김 특파원이 알아두어야 할 일들을 대충 알려주도록 했다.

이렇게 해서 이날부터 김 특파원은 우리와 정식으로 합류하게 됐다. 그때 김은 KBS로부터 지급 받은 해외 출장비를 원정대 참가금조로 내놓았다. 원칙적으로는 이처럼 KBS가 동사진 부문을 독점해서 보도의 자료로 할 생각이라면 처음부터 원정대와 정식으로 계약을 맺고 스폰서가 됐어야 했다. 물론 취재 보도의 자유라는 법적 근거로 따라 붙을 수도 있겠지만 장기간에 걸쳐 과격한 등반 활동이 벌어지는 에베레스트 원정을 그렇게 취재하는 데는 문제가 한두 가지가 아니다.

그런데 원정대의 입장에서는 이런 모든 문제를 따지지 않는다 하더라도 한국일보 측이 KBS의 취재 활동을 어떻게 하려는 지 그 문제가 그대로 남아 있었다. 그리고 신문사가 방송국에 대해 특별히 신경을 쓰는 데는 당연한 이유가 있었다. 에베레스트 원정 보도를 한 언론 기관이 끝내 독점하기가 어려울 것을 한국일보 측에서 처음부터 각오했겠지만 이렇게 텔레비전이라는 강력한 전파 메디아를 가지고 있는 KBS가 나서면 활자 메디아로서의 한국일보가 당장 보도전에서 뒤질 것은 뻔했다.

나는 KBS 특파원 이야기를 한국일보 측에 알리지 않았다. 알려야 어떤 답이 올 것이며 이 문제를 적절히 처리할 길이 없을 것으로 내다보았기 때문이다. 그리고 이 문제는 어차피 한국일보사에서 파견한 원정대 보도 대원을 통해서 자세한 이야기가 이미 본사에 전달됐을 것으로 보았다.

7월 5일이 되어 오전에 우리는 방콕의 유명한 수상시장을 구경하고 오후에는 호텔 실내 수영장에서 한가로운 시간을 보냈다. 방콕의 섭씨 40도 가까운 기온에 습도까지 높아서 거리를 나돌아다니기가 무서웠다. 그러나 이제 우리는 여기서 해야 할 일들을 모두 끝냈다.

7월 6일. 새벽 5시 기상. 비행기는 TG 311편으로 8시에 떠나지만 공항에 위탁한 짐과 방콕에서 산 짐을 합치면 그야말로 엄청나니 그 많은 짐들을 탁송하려면 시간이 많아야 했다. 그래서 우리는 아침 식사를 커피 한잔으로 때웠다. 비행기에 오르면 바로 식사가 나오기도 하니까.

우리는 이날도 역시 뉴코리아 식당의 마이크로 버스 신세를 지고 공항으로 갔다. 대사관 직원이 나와서 통관 수속을 도와주었다. 그런데 방콕에서 사들인 그 무게가 1.5톤이나 되어 공항에서는 그대로는 안된다고 한다. 공항 실무자가 그렇게 말하는 것은 너무나도 당연했으며 이에 대해 우리가 으례 오버 챠지를 물어야 하는 것도 또한 상식이다. 그렇긴 한데 그 탁송료가 엄청나며 우리에게는 그런 여유가 없었다. 한국일보의 사정으로 예비비가 없어진 판국에 처음부터 일이 이렇게 틀어진다면 앞으로 어떻게 되는지 걱정이었다. 우리는 생각 끝에 마지막 수단을 찾아냈다. 그것은 이곳의 대한항공 지사장 힘을 빌리는 일이었다. 이때 만일 그분이 없었다면 이 문제로 우리는 적지 않게 애를 먹었을 것이다. 우리는 항공사와 공항과의 관계를 잘 모르지만 여하튼 이 엄청난 짐을 그때 그대로 싣게 되었으니 대한항공 지사장의 노고에 대해 어떻게 감사해야 할지 몰랐다.

비행기는 예정보다 20분 늦게 이륙하였고 10시 20분에는 캘커타 공항에 도착했다. 캘커타 공항은 이 비행기가 잠시 내렸다가 뜨게 돼 있었다. 이렇게 비행기가 기착하는 경우 그 시간은 대체로 한 시간이고 어느 공항에나 트랜짓 룸이 있어 승객이 자리를 옮겨 쉴 수 있도록 해주는 것이 국제적인 관례다. 그런데 캘커타 공항은 무슨 영문인지 사람들이 비행기에서 밖에 나가지 못한다고 한다. 밖을 내다보니 공항의 공기는 그야말로 삼엄했고 군인같이 보이는 사람들만이 서성거리고 있었다. 마치 계엄령이라도 내린 듯 했으며 인도의 정치적 정세를 반영하고 있었는지도 몰랐다.

승객들은 좁은 기내에서 우왕좌왕 하는 것이 고작이었다. 이때 이기용 대원이 문이 열린 비행기 승강구에서 카메라를 들여다보고 있었는데 밖에서 느닷없이 인도의 관리같이 보이는 사람이 뭐라 지껄이며 트랩을 뛰어 올라오더니 이 대원의 카메라를 빼앗았다. 내가 달려가서 이 사람은 사진을 찍지 않았다고 항변했지만 그는 다짜고짜 카메라의 뚜껑을 열고 필름을 빼내더니 카메라만 돌려주었다. 그야말로 순간적인 일이었다. 촬영 금지 구역인 모양이니 카메라를 만지작거린 우리

쪽이 잘못이라면 잘못이었을까 어처구니 없어서 순간 기내에 침묵이 흘렀다. 그러자 11시가 되어 비행기는 캘커타를 떠났다.

앞으로 1시간이면 네팔의 서울 카트만두에 도착한다. 창밖으로 멀리 눈을 뒤집어 쓴 산들이 나타나기 시작했다. 카메라 사건으로 우울했던 대원들의 얼굴이 자기도 모르게 밝아졌다. 히말라야의 연봉에 틀림없으니 혹시 에베레스트가 보이지 않을까 하는 막연한 기대마저 있었다.

히말라야가 가까워지면서 가벼운 흥분이 일어났다. 이윽고 눈 아래 갈색의 도시가 나타났다. 카트만두였다. 비행기는 고도를 낮추며 하늘을 크게 돌았다. 주위는 산이고 카트만두가 그 속에 파묻힌 듯이 보였다. 이를테면 분지라고나 할까. 그래서 카트만두 밸리라고 하는 모양이다. 하늘에서 보는 거리는 생각과 달리 온통 붉은 벽돌집으로 되어 있어 마치 몇 세기 전 도시를 파낸 것 같은 느낌마저 들었다.

카트만두의 14일간

김 영 도

1977년 7월 6일 12시 4분. 우리는 서울을 떠난 지 4일 만에 카트만두에 도착했다.

카트만두는 네팔 왕국의 수도며 네팔에 들어가는 사실상의 입구다. 외부에서 카트만두에 이르는 길은 인도로부터 산길을 넘지 않는 한 비행기로 이곳 국제공항에 내리는 길밖에 없다. 따라서 네팔 히말라야를 찾아오는 외국의 등반대는 모두 공로로 입국해서 카트만두에 머물다가 저마다 목적지로 떠나간다.

그동안 등산대들은 네팔 관계 당국과 행정적인 일을 처리하고 환전하여 물건을 사들이고 원정 하는 동안 같이 일할 셸파와 포터들을 고용하게 된다. 우리 원정대는 이런 일들 외에도 부산에서 선편으로 보내온 방대한 짐을 인도 캘커타에서 찾아 육로로 카트만두로 끌고 오는 일이 있었다.

그런 일들을 해내기 위해 우리는 이곳에서 10여일 묵을 예정이어서 선발대가 와서 숙소를 마련해 놓고 있었다. 이 무렵은 바로 몬순 계절이어서 날씨가 어떨까 하고 염려했는데 카트만두는 뜻밖에 맑았고 시원한 바람까지 불었다. 트랩을 내리며 앞을 바라보니 활주로 저편에 공항의 낮은 담 너머로 태극기와 네팔 깃발들이 나부끼고 사람들이 이 쪽으로 걸어오고 있었다. 장문삼 등반 대장과 네팔의 언론인 비나야 씨 그리고 김운영. 이태영 등 보도 대원들이었다. 그들과 우리가 서울에서 헤어진 지는 며칠 안되지만 몇 년 만에 만난 듯이 반가웠다.

공항에는 주 네팔 홍수희 대사와 최종봉 영사. 정 창 참사관을 비롯해서 바로 이 공항을 건설한 고려 개발의 박장성 소장과 이 견 씨 등 여러분이 우리가 오는 것을 기다리고 있었다. 이밖에도 앞으로 우리와 에베레스트에서 생사 고락을 같이 할 셸파들이 우리를 환영했는데 태극기와 네팔기를 흔든 주인공이 바로 그들이었다.

대원들이 통관 절차를 받는 동안 나는 비나야 씨와 단독 인터뷰를 했다. 그는 에베레스트에 온 이유와 특히 등반 활동에 어려움이 예상되는 포스트 몬순에 대비한 내용 등을 중점적으로 물었다. 옆에서 홍대사가 이번 원정대는 훈련이 잘 됐고 장비도 우수한 원정대라고 원정대장이 할 대답을 스스로 대신했다. 홍 대사의 답변을 들으며 나는 마음이 착잡했다. 대사와 우리는 만난 일이 없을 뿐만 아니라 그는 등산에 대해서 그리고 이번 원정에 대해 전혀 알고 있을 리가 없었다. 그러한 그가 이번 원정대의 장비가 어떻고 훈련이 어떻고 하며 긍정적으로 이해하는 데는 그 나름대로 까닭이 있으리라고 생각했다.

홍수희 대사가 네팔에 부임하던 날 그는 뜻밖의 일로 곤경에 빠졌다고 들었는데, 그때가 바로 김정섭 대장이 이끄는 제2차 마나슬루 원정대가 눈사태로 15명의 희생자를 낸 지 얼마 안돼서 였다. 그런데 이들 가운데 10명이 현지인이어서 그 유가족이 보상을 요구하고 한국 대사가 묵은 숙소에서 연좌 데모를 벌렸다는 것이다. 이 사건은 두 나라 사이의 외교 문제로 비화하여 당시 우리 나라 정부는 하는 수 없이 원정대를 대신해서 이 배상금을 물어주었다.

네팔은 전근대적인 왕국으로 에베레스트를 위시하여 세계의 고산군을 가지고 있는 나라니 만큼 이 나라로서는 국제 등반대들의 활동이 나라를 선전하는 큰 상품이고 따라서 여기 와 있는 외국 공관들로서도 본국의 원정 활동이 공관 업무에 큰 비중을 차지할 것으로 보인다. 그런데다 홍 대사는 지난날의 마나슬루 원정의 후유증을 겪었으니 만큼 이번 에베레스트 원정에 대한 바램이 어떠했겠는가 짐작하고도 남음이 있었다.

비나야 기자는 우리 원정대와는 각별한 관계가 있었다. 그는 일찍이 미국에서 공부한 이를테면 네팔의 지식인으로 외신을 다루는 기자였다. 그는 몇 차례 우리 나라도 다녀갔고 지난 날 김정섭의 마나슬루 등반대와도 관계를 맺어 그 당시의 상황을 잘 알고 있었다. 그래서 더욱 우리 에베레스트 원정대에 거는 그의 기대도 컸다.

공항의 통관은 예상했던 대로 순조롭지 않았다. 듣기로는 최근 미국 원정대가 밀수로 걸려 세관 검사가 무척 까다로워졌다는 것이다. 이런 때에 우리가 왔으니 공항의 세관에서 우리 짐들을 모조리 끌러 보겠다는 것도 이해 못할 바가 아니었다. 물론 우리로서는 문제 될 것이 하나도 없었지만 이 많은 짐을 하나하나 풀고 다시 싼다는 것은 간단한 일이 아니었다. 이때 비나야 기자와 고려 개발의 이 견 씨가 앞에 나서서 세관원들을 설득했다. 그래서 우리는 쉽사리 풀려 나왔다.

나는 고소 포터들을 지휘하게 될 앙 푸르바와 아이스 폴 일대를 맡을 니마 체링과도 만났다. 그런데 앙 푸르바 셀파는 이번에야말로 에베레스트에 오르겠다고 단단히 마음을 굳히고 있다고 한다. 그 까닭은 그는 지금까지 각국 원정대를 따라 8,000미터 고소를 여러 번 넘어섰는데 그때마다 산소 기구가 고장나는 악운이 덮쳐 끝내 써미터가 돼보지 못했다는 것이다. 그러니 이와 같은 앙 푸르바의 결의도 결의지만 이미 몇 차례나 에베레스트 정상 근처를 체험한 그의 경력은 우리에게 다시없는 값진 것으로 나는 생각했다. 한마디로 이번 우리 원정대의 커다란 행운이 아닐 수가 없었다.

이렇게 해서 한숨을 돌리고 나는 비로소 셸파들과 만났다. 이들과는 서로 말이 통할 리 없고 도대체 처음 얼굴을 대하는데 조금도 어색하지 않으니 이상했다. 천생연분이라는 말이 있지만 잘 만났다는 뜻일까. 그런데 특히 베이스 캠프 매니저라고 하는 락파 텐징의 인상은 처음부터 내 마음에 들었다. 게다가 놀라울 정도로 영어를 잘했다. 알고 보니 그는 1975년 이탈리아 원정대를 따라 정상에 섰으며 그 공로로 이탈리아에 여행까지 한 보기 드문 국제적 산악인이었다. 그러면서도 그에게서 풍기는 인상은 조금도 거세거나 그런 공을 자랑하는 것이 없었다. 한마디로 제대로 생긴 온후한 신사다. 누가 그를 네팔의 고산족인 셸파라고 보겠는가? 니마 체링의 억세고 단단하게 생긴 그 몸매와 쾌활한 웃음에 나는 마음이 든든했다. 나는 니마 체링과 서로 껴안고 그의 등을 두들겼다.

카트만두의 국제 공항은 이름 뿐 어느 시골의 버스 터미날같은 인상을 주었다. 건물이며 주변의 시설이며 오가는 사람들이 모두 초라하게 보였다. 그리고 그러한 분위기에 알맞게 택시와 승용차 그리고 짐차 몇 대가 청사 앞에 머물러 있었다.

우리는 대사관에서 나온 차와 이 견 씨와 비나야 씨 차에 올라탔다. 그리고 우리 뒤로 짐차가 따랐다. 때가 7월 초니 카트만두도 한 여름인데 생각과는 달리 무덥지 않았다. 2년 전에 알프스의 샤모니에 갔던 일이 생각났다. 그때도 같은 7월인데 표고 1,000미터에 있는 샤모니는 그다지 덥지 않았다. 알고 보니 카트만두의 높이가 바로 샤모니와 비슷하다. 게다가 이곳은 남태평양처럼 가끔 소나기가 지나가며 한결 시원하다는 이야기였다. 그런데 하늘에 뜬 구름마저 마치 한국의 초가을 느낌을 주었다. 우리는 공항에서 바로 우리 숙소로 정해진 곳으로 달렸다. 장문삼, 도창호 등 선발대가 와서 마련한 숙소였다.

원정대가 서울을 떠날 때까지를 1차 준비 기간으로 치면 카트만두에 체류하는 14일간은 2차 준비 기간에 해당한다. 이 동안에 우리는 마스터 플랜에 따라 새로운 일을 하는 한편 지금까지 해 온 일에 대한 마지막 점검과 보완 작업을 하여야 했다.

카트만두에 마련된 원정대의 숙소는 300평 정도 되는 잔디밭이 있는 넓은 뜰과 샤워 시설이 달린 2층 건물로서 원정대가 묵기에는 여러모로 편리했다. 18명이라는 인원이 호텔에 든다면 식사와 숙박비 만 해도 큰돈이 들지만 많은 짐들을 싸 놓고 정리하려면 넓고 행동이 자유로운 장소가 있어야 했는데 싼 전세로 얻은 이 집은 이런 문제들을 모두 해결해 주기에 충분했다.

숙소는 바니 포칼라라는 곳에 있었다. 근처에는 미국 대사관과 일본 대사관 등 여러 나라 공관이 모여 있는 깨끗하고 한적한 곳이어서 대원들은 좋아했다.

7월 7일

날씨는 가끔 흐리고 한 때 비가 왔다. 이날 처음으로 일본에서 구입한 장비를 점검했다. 그리고 트레킹 때 써야 할 륙색, 헤드 램프, 스위스 아미나이프, 매트레스, 보온병 등을 대원들에게 지급했다. 그런데 고소용 이중화(二重靴)를 각자 신어 보았더니 개중에 크기가 맞지 않는 것이 있었다. 서울에서 대원들의 발을 재 가지고 일본에서 구입했는데 어째서 이렇게 됐는지 알 수가 없다. 그러니 이것은 큰 문제였다. 결국 등산화 몇 켤레를 카트만두에서 사는 수밖에 없었다.

한국 원정대에서 여러 가지 물건들을 사 드린다는 소문이 나면 시내의 상점에서 물건값이 오를 테니까 원정대의 영문(英文)이 박힌 셔츠나 모자는 당분간 착용하지 않도록 했다. 그리고 다음날부터는 새벽에 로드웍을 해야 하기 때문에 운동화를 사서 대원들에게 나누어주었다.

매일 새벽 다섯시에 10킬로미터의 달리기로 몸을 계속 다졌다.

한국에서 미처 여기까지 생각 못한 점이 한스러웠지만 도리가 없었다. 이 운동화는 인도 제품으로 값은 한화로 600원 정도였는데 모양은 우리 나라 것만 못했다.

지난 5월 28일 부산항을 떠난 18톤의 원정대 짐이 7월 4일 인도 캘커타에 도착했다는 반가운 소식이 들어왔다. 37일 걸린 셈이다. 예정보다 다소 늦은 감은 있었으나 이만하기도 다행이었다. 그런데 이 짐을 찾아서 가져오기 위해서는 수송을 맡은 대원이 현지에 가야 한다. 인도에서 네팔로 오는 수송 수단은 대체로 철도와 트럭에 의한 두 가지 방법이 있는데 철도편은 도난 우려가 있고, 트럭 편은 길이 험해서 도중에 침식이 불편할 것은 뻔했다. 나는 통관 절차와 수송 등에서 예상되는 여러 가지 어려움을 생각하지 않을 수가 없었다. 그래서 장문삼 대장과 상의하여 한정수, 고상돈 두 대원에게 트럭 수송 일을 맡기고 통관 절차를 고려하여 장 대장과 비나야 씨가 같이 가 보도록 했다. 그러자 수송 담당이 아닌 한정수 대원으로서는 다소 불만이었다.

7월 8일

05시 기상. 어제 밤에는 장마철답게 밤새 비가 줄기차게 쏟아졌는데 아침에 일어나 보니 하늘은 비교적 맑았다. 이윤선 대원의 구령으로 준비체조를 한 뒤 약 한 시간 동안 달렸다. 우리가 달리는 변두리에는 민가가 없었고 새벽에 오가는 차도 적었다. 첫 날 구보에는 셸파 가운데 앙 푸르바 혼자 우리를 따라 나섰고 김운영 보도 대원과 김광남 특파원은 사진 찍기에 바빴다. 그러나 그들도 자기 체력을 단련해야 하기 때문에 무겁고 거추장스러운 카메라를 든 채 달렸는데 옆에서 보기가 민망했다.

지난 2월 동계 훈련을 마치고 나서 준비에 바빠 오랫동안 운동을 못하다 이제 갑자기 10킬로미터 거리를 달린다는 것은 쉬운 일이 아니었다. 숙소로 돌아온 우리는 잔디밭에 앉아서 키친 보이가 끓여다 주는 홍차를 마시며 땀 흘린 몸을 식혔다. 네팔의 홍차는 유명한 립튼 티에 밀크를 듬뿍 넣은 영국식 홍차였으나, 차를 나르는 네팔 소년이 불결하게 보여 처음에는 차를 마실 기분이 나지 않았다. 우리는 차를 마시고 나면 바로 샤워하고 아침 식사를 했다. 카트만두의 하루 일과는 언제나 이렇게 시작했다.

이 날 장문삼 등반 대장과 한정수, 고상돈 대원이 부산에서 온 짐을 찾으러 비행기로 캘커타를 향해 떠났다. 비나야 기자도 같이 갔다. 인도의 통관과 육로 트럭 수송에 여러 가지 어려움이 예상되기 때문에 이런 때 힘이 될 비나야 씨를 동행하게 한 것이다.

바니 포칼리에 자리한 원정대 숙소 넓은 뜰에서 대원들이 일일이 장비 점검을 하고 있다.

총무를 맡은 이윤선 대원이 새 운동화를 사다 주어 내일부터 그것을 신기로 했다. 오후에 집주인 아난드 씨 내외가 찾아왔는데, 그들은 한국 에베레스트 원정대가 자기 집에 머물게 되어 기쁘다고 말했다. 아난드 씨는 인도 태생으로 여객기 조종사 일을 하는데 휴가로 집에 와 있었다. 나는 답례로 인삼차와 담배를 내놓았다.

7월 9일

05시 기상과 동시에 구보. 아침 식사를 마치고 침낭과 우모복 등의 품질을 점검했더니 특히 침낭은 고도 7,500미터 캠프 4부터는 사용하기에 부적합하겠다는 느낌이 들었다. 이 침낭은 유명한 프랑스 제품이었지만 유럽 알프스에서라면 몰라도 높이가 2배나 되는 히말라야 고소 용으로는 적합하지 않았다. 그뿐만 아니라 일본에서 수입한 물건이다

보니 이윤선, 김명수 같이 키가 큰 대원에게는 길이도 짧았다. 그래서 카트만두 시내 장비점에서 미제 침낭 다섯을 추가로 사들였다.

이 날 대사관의 최종봉 영사와 UNDP에 근무하는 김진옥 씨 그리고 통일벼 연구가인 서울대 농대의 허문회 교수 가족 일행이 김치와 맹고 (이 지방의 특산 과일)를 가지고 찾아왔다. 한편 대사관에서 국내 신문을 보내주어 우리는 둘러앉아 재미있게 읽었는데 특히 한국일보에 보도된 우리 원정대의 김포 공항 출발 기사와 트랩에 오르는 사진을 보고 모두 감개무량 했다.

7월 10일

집에 처음으로 편지를 보내고 홍수희 대사의 안내로 네팔 국회의장을 예방했다. 내가 국회의원이고 원정 대장이라고 해서 홍 대사가 특별히 고려한 것 같다. 오후에는 카트만두 교외에 있는 박타푸르를 구경했는데 그 주위는 역시 불결했지만 수세기의 역사를 그대로 간직하고 있는 웅대하고 정교한 목조 건축물에서 받은 인상은 이태 전에 이탈리아 폼페이 폐허에서 받은 것보다 더 강렬했다. 저녁 식사를 마치고 고려 개발의 이 견 과장과 같이 쏠티 호텔에 가서 커피를 마시고 네팔의 민속 무용을 감상했다.

7월 11일

맑은 날씨였다. 07시 20분 캘커타에서 비나야 씨가 전화를 걸어왔다. 일이 잘 진행되고 있으며 13일에 돌아오겠다는 이야기였다. 어려운 일이 있었겠지만 잘 풀렸으니 우선 마음이 놓였다.

7월 12일

아침부터 비가 왔다. 그러나 이날도 달리기를 계속했는데, 도창호 대원이 무릎이 아프다고 해서 무리하지 말고 쉬도록 했다. 그는 우리 가운데 전명찬 대원 다음으로 나이가 어리지만 지난 1976년 문제의 설악산 토왕성 빙폭 하단을 마침내 초등하여 기록을 세운 유능한 클라이머다. 그런데 그가 며칠 달리고 쉬어야겠다니 이해할 수가 없었다. 아침 식사에 김운영, 이태영 두 보도 대원이 배탈로 나타나지 않았다. 이래서 아침 식탁에 처음으로 다섯 사람이나 대원 얼굴이 보이지 않아 몹시 쓸쓸했다.

이윤선 대원이 은행에 가서 미화 28,000달러를 네팔 루피로 찾아왔다. 이 돈은 앞으로 트레킹과 등반을 위해 고용한 포터와 셀파들에게 지불할 노임이다. 돈을 모두 소액의 지폐로 준비했더니 그 부피가 큰 여행 가방 두개 분이나 되었다. 그러니 이렇게 많은 돈을 앞으로 한달 동안 끌고 다닐 일이 벌써부터 큰 걱정이었다.

한편 대원들은 셀파의 집을 두루 찾아다니며 론손 라이타와 매트레스를 18개 확보했다. 일본에서 사들인 물건들은 오랫동안 히말라야의 눈과 얼음에서 쓰기엔 너무나 조잡했다. 매트레스는 시내 장비점에도 물론 있었지만 값도 비싸고 우리가 필요한 만큼 수량이 없었다. 카트만두는 외국 원정대가 처분하고 가는 각종 장비가 많은 곳이지만 포스트 몬순에 우리 원정대가 제일 먼저 입국했기 때문에 시장에 나와 있는 등산 장비의 종류와 수량은 그렇게 많지 않았다.

오후에 카트만두 라이징 네팔 기자 두 명이 인터뷰를 청했다. 의례적인 질문이었지만 나중에 한 사람이 좀 색다른 말을 던졌다. 에베레스트 정상에 중공 원정대가 세워 놓은 삼각대가 있는데 이것을 한국대는 철거할 생각이냐는 것이었다. 확실히 정치적 발언이었으나 순간 나는 그것이 알피니즘의 표식이므로 손댈 생각이 없다고 대답했다. 외신 기자들은 웃으며 돌아갔다.

저녁에 캘커타로부터 장문삼 대장이 전화를 걸어왔다. 그제야 나는 모든 일이 잘 진행되고 있다는 확신이 갔다. 홍수희 대사가 우리 전대원을 대사관저 만찬에 초대했다. 우리는 오랜만에 식사다운 식사를 했다. 네팔의 생활 수준은 낮고 빈곤했지만 외국 대사관 관저는 수준 높은 서구식 저택이니 이상한 느낌이 들었다.

7월 13일

장문삼 대장과 비나야 씨가 돌아오는 날이어서 오전에 김운영 대원과 함께 공항에 두 번이나 나갔으나 오지 않아 헛걸음 했는데, 그들은 오후 13시 30분 비행기편으로 드디어 돌아왔다.

대원들은 종일 트래킹 준비로 바빴다. 일본서 온 장비와 지난 1975년 정찰대가 이곳에 남겼던 장비들도 같이 점검했다. 이렇게 짐을 정리하다 보니 고소 모자와 스키 고글이 마음에 걸렸다. 히말라야와 같은 혹한 지대에서 그리고 온통 눈보라치는 백색 세계에서 절대로 없어서는 안될 물건들인데 아무리 생각해도 그때 가서 제 구실을 해줄 것인지 매우 의심스러웠다. 그러나 이제 어찌하랴? 이 장비들은 직접 구입한 장문삼 대장의 말로는 제 철이 아니어서 일본에도 이런 것밖에 없었다는 이야기다. 자금이 제 때에 마련되지 않았기 때문에 우리가 필요로 하는 장비를 사 드리는 시기를 놓친 것이다.

7월 14일

나는 대사관의 도움으로 랜드로바를 얻어 김병준, 곽수웅 대원을 인도 네팔 국경 도시인 비르간즈로 보내서 고상돈, 한정수 대원이 끌고 오는 수송 차량을 맞도록 수배했다.

비르간즈에는 세관이 있고 우리 대원들로서는 처음 가는 길이어서 비나야 씨가 유능한 젊은 셀파 한 사람을 소개해서 같이 갔다. 이들은 11시에 숙소를 떠났는데 목적지까지 여섯 시간이나 걸린다. 그런데 비르간즈는 높은 지대에 있는 도시로 도로 사정도 좋지 않다니 차로 오가는 일이 적지 않게 걱정이었다. 옛날 대관령 길 생각이 났다. 어느 외국 원정대에서는 트럭이 굴러 큰 사고가 났다고 한다. 나는 비가 많이 오면 어떻게 하나 또한 걱정이었다.

저녁부터 갑자기 설사가 나면서 기운이 없어 밤새도록 잠을 설쳤다. 나만 그런 줄 알았더니 거의 대원 모두가 같은 고통을 겪고 있었다. 전날 대사관의 색다른 음식 때문이거나 더운 지방이어서 생선에 문제가 있었는지 모르겠다는 것이 대원들의 말이었다. 그러나 의무 대원이 아직 오지 않았으니 우리도 각자가 알아서 자기 몸을 돌보는 수밖에 없었다. 다행히 자정이 지나면서 설사가 멎었다.

7월 15일

장문삼 대장이 선발대로 와서 수배해 놓았던 셀파들이 오늘 비로소 한자리에 모였다. 나는 장 대장과 함께 셀파의 명단을 놓고 그들을 한 사람씩 면접했다. 셀파들은 거의 영어를 몰랐으며 더러는 외국 원정대를 따라다닌 증명서 같은 종이 쪽지를 가지고 있었다. 그래서 락파 텐징이 옆에서 우리를 도왔다.

락파 텐징은 1974년 이탈리아 원정대를 따라 에베레스트에 오른 유능한 사다로서 제법 인품이 있고 영어도 잘했다. 사실 그는 이번 원정에서 우리가 고용한 셀파 등 수많은 현지인을 관리하는 총 책임을 맡고 있었다.

이때 면접은 간단했다. 요는 외국 원정대에 따라갔던 경험을 알아보는 일이었는데, 우리가 제일 알고 싶은 것은 그들이 얼마나 높이 올라갔었는가 하는 점이었다. 대원들은 옆에서 셀파들은 관찰하고 그들의 성격과 체력 등을 읽었다.

여기 면접에 나온 셀파들은 락파 텐징과 앙 푸르바를 각각 두목으로 하는 조직에 속해 있었으며 이 두 사람의 손을 거쳤기 때문에 그들을 추리는 데 큰 문제는 없었다. 우리가 쓰려는 셀파는 25명이었는데 면접에서는 23명을 추렸다. 부족한 두 명은 훗날 캐러밴을 떠나기 직전에 락파 텐징이 추천해서 그대로 고용했다.

이렇게 해서 합격한 셀파들에게는 그 자리에서 장비 값으로 4,500루피(1루피가 한화로 40원이니 18만원꼴)와 원정대 마크가 박힌 T셔츠 두 벌씩 주었다. 그런데 전해 미국 원정대에서는 이들에게 5,500루피를 주었다며 처음에는 6,000루피를 요구했다. 그러나 우리는 이 선에서 그들과 타협을 보았다.

그러자 비르간즈로부터 트럭 일곱 대 가운데 여섯 대가 통관을 마치고 카트만두로 떠났다는 전화가 왔다. 트럭은 밤 11시 경에는 이 곳에 도착할 예정이고 나머지 한 대는 대열에서 떨어져 뒤에 따라오는 모양이었다.

저녁에 UNDP의 김진옥 씨가 우리를 집으로 초대했다. 교포라고는 대사관 직원 외에 2, 3 세대밖에 없는 가운데 그중 가족과 떨어져 혼자 조용히 살고 있는 김씨는 우리 원정대를 위해 정성 어린 저녁 식사를 마련했다. 그런데 대원들은 이틀째 계속되는 배탈로 그 좋은 음식을 거의 즐기지 못하고 담소로 시간을 보냈다. 대원들은 훗날 에베레스트에 오르며 먹는 것이 시원치 않을 때마다 그때 김진옥 씨가 베풀었던 만찬 생각을 하고 곧잘 그날 저녁 이야기를 화제로 삼았다.

7월 16일

어젯밤에 돌아온다던 수송대가 오늘 아침에야 도착했는데 역시 트럭 여섯 대가 먼저 왔다. 까닭을 물어 보니 뒤에 처진 한 대는 끝내 보이지 않았다는 것이다. 먼저 온 고상돈 대원은 한정수 대원이 그 트럭에 타고 있으니 괜찮을 거라고 했다. 그러나 처음 오는 먼 산길에서 무슨 일이 있을지 안심이 되지 않았다.

비르간즈에는 김병준 대원이 한정수 대원을 기다리고 혼자 남아 있었다. 그러자 캘커타로부터의 수송 용역을 맡은 스카이랜드 회사의 책임자라는 인도 사람이 찾아와서 통관 수수료를 달라고 했다. 그런데 우리로서는 아직 트럭 한 대가 도착하지 않았고 또한 그가 요구하는 금액은 처음에 계약한 액수와도 달랐다. 문제는 이것뿐이 아니었다. 트럭의 짐을 내리다보니 값비싼 최고소 식량이 들어 있는 짐 몇 개가 파손되고 안의 물건들이 온데 간데 없었다. 그래서 나는 그 인도 사람과 한바탕 승강이를 벌렸다.

정오 가까이 되어 서울에 혼자 떨어졌던 조대행 의무 대원이 타이 인터내셔널 편으로 도착했다. 대원들은 일손을 멈추고 모두 환성을 올리며 조 대원을 환영했다. 불과 10일만에 만난 우리였지만 서로 그렇게 기뻐할 수가 없었다. 조대행 대원은 집의 편지를 전해 주었는데 나는 식구마다 쓴 편지를 읽으며 혼자 몇 차례나 눈물을 닦았다. 이 나이에 너무 감상적인 듯 했지만 어려운 일을 앞에 둔 처지에서 멀리 떨어진 고향 소식이 그처럼 반가웠다.

그런데 한편 한국일보 김창열 편집국장한테서 KBS 특파원을 원정대에 따라가게 한 데 대한 항의 편지가 왔다. 그래서 나는 기분이 언짢아 바로 이에 대한 답장을 썼다. 생명의 위험을 안고 가고 있는 우리에게 위로는 못할 망정 지나친 꾸지람이 아니냐는 내용이었다. 그리고 KBS에도 편지를 내고 특파원 문제는 서울에서 두 보도 기관 사이에 해결을 보라고 했다.

조대행 의무 대원은 도착하자 바로 배탈로 고생하는 대원들을 진찰하고, 이것은 세균성 이질이라고 판단, 대원들에게 항생제와 지사제를 나누어주는 한편 셀파들에게 음료수는 반드시 끓이고 식기와 취사장을 소독하도록 지시했다.

7월 17일

아침에 김병준 대원이 실종 중이던 트럭을 확인하고 비르간즈에서 비행기로, 같이 갔던 펨바 라마는 트럭으로 각각 돌아왔다. 조 대원은 셀파들의 건강 진단을 했다. 집단 생활에 의사 한 사람이 있어서 이렇게 움직여주니 바니 포칼리 원정대 숙소에는 갑자기 활기가 넘쳤다. 셀파들은 의사의 진단에 합격하자 더욱 용기를 내며 열심히 일했다. 그들은 이날 일본에서 온 짐과 카트만두에서 사들인 물건들의 포장을 모두 끝냈다. 비로소 트레킹 떠날 준비가 완료된 셈이다.

바로 이때 김진옥 씨가 캔 맥주를 보내 줘서 우리는 둘러앉아 자축 파티를 열었다. 저녁에 네팔 외무성의 등산 담당관인 쟈 씨를 시내 레스토랑에 초대하여 환대했는데 이 자리에는 장문삼 등반 대장과 비나야 씨가 배석했다. 그 자리에서 쟈 씨는 한국 원정대를 위해 유능한 정부 연락관의 파견을 약속햇다. 물론 연락관 파견은 네팔 정부의 규정 사항이지만 그 인품과 능력은 원정대에 중요한 영향을 미치기 때문에 쟈 씨의 이러한 말은 우리로서 다행한 일이었다.

7월 18일

드디어 카트만두의 마지막 날이 됐다. 지난 6일 우리가 와서 그 동안 10여일을 묵으며 에베레스트로 떠날 준비에 바빴는데 이제 계획했던 모든 일이 비교적 원만히 진행되어 마음이 홀가분했다.

아침 식사 때 전대원이 한자리에 모여 성경의 시편 121편을 봉독하고 하나님께 감사 기도를 드렸다. 내일 새벽 카트만두를 떠나면 에베레스트에서 돌아올 때까지 우리 원정대는 매일 매일 어떠한 어려움 속에서 지내게 되는지 아무도 모른다. 세계에서 제일 높은 에베레스트에 올라야 한다는 우리의 사명도 사명이지만, 대장으로서는 수많은 인명의 안전이 무엇보다도 염려됐다. 대원들이 트럭에 짐을 싣고 출발 준비를 최종 점검하느라 바쁘게 움직였다. 한편 나는 비나야 씨 집에 가서 일본 도쿄의 미쯔이 스포츠에 국제 전화를 걸어 아직 도착하지 않은 산소의 소식을 알아보았다.

그런데 일본측의 이야기로는 프랑스 본사에서 산소 50 통을 이미 카트만두로 발송하여 7월 17일 도착 예정이었으나 덴마크 코펜하겐 공항의 노무자 파업으로 다소 늦어지고 있으니 원정대는 계획에 지장이 없도록 트레킹을 시작하라는 것이었다. 그리고 미제 산소통과 프랑스제 레규레이터를 연결하는 코넥터는 일본 상사 사람이 가지고 7월 20일 이후에 직접 카트만두로 오겠다고 했다.

일이 이쯤 되었으나 나는 그 쪽 말만 믿고 19일 예정대로 떠날 수밖에 없다. 처음에 우리는 7월 16일에 카트만두를 떠나 한달 뒤인 8월 15일 베이스 캠프 예정지에 들어가려고 했는데, 부산에서 캘커타를 거쳐오는 식량과 장비의 수송이 늦어졌기 때문에 다소 계획과 어긋나게 됐다. 나는 비나야 씨에게 산소통과 코넥터가 도착하는 대로 포터 편으로 보내 주도록 부탁하고 이에 필요한 통관 비용과 포터 노임 등을 그에게 맡겼다.

원정대의 짐은 전부 합쳐 24톤이나 됐다. 평균 30킬로 단위로 포장해서 자그마치 800 개가 되는데, 이 짐들을 트럭에 차근차근 쌓는 일도 그리 쉽지 않았다. 특히 길이가 3 미터씩 되는 알루미늄 사다리가 100 개 들어 있어 더욱 애를 먹였다. 그러니 머리를 써서 짐을 싣지 않으면 트럭의 대수가 늘어나 운임에 차질을 가져온다. 종일 해도 끝날 것 같지 않은 엄청난 작업에 대원들 중에는 19일 출발을 며칠 연장하는 것이 좋겠다는 의견도 있었다. 그러나 장문삼 대장의 생각은 달랐다. 19일에 포터 650명과 한곳에서 만나기로 했으니 이날 가지 않으면 포터들은 일이 없고 우리로서도 그들에게 그날 노임을 주어야 한다는 것이다. 그러니 우리는 무슨 일이 있어도 19일에 떠나야 했다.

대원과 셀파들이 모두 한자리에 모였다. 전체 40명이 300평이나 되는 넓은 뜰에 가득한 그야말로 산적된 짐에 들어 붙었다. 그 모습은 마치 개미 떼를 방불케 했다. 이렇게 해서 아침부터 시작하여 짐을 모두 트럭에 옮긴 것은 자정이 지난 19일 새벽 한 시 경이었다.

3

통관과 수송 작전

통관과 수송 작전

한 정 수

원래 우리 나라에서 부친 물건을 찾아오는 일은 선발대가 했어야 하는데 본대가 네팔에 입국한 뒤에도 우리 짐을 실은 배가 캘커타에 도착했다는 소식이 없었다. 그러던 것이 오늘에야 운수회사에서 7월 4일 배가 들어왔다는 통보가 왔다. 수송 담당은 김병준 대원과 곽수웅 대원이다. 그런데 김 대장은 난데없이 나에게 인도에 갈 준비를 하란다. 물론 장문삼 등반 대장과 비나야 씨가 같이 간다고 하지만 나는 장비 담당으로 카트만두에서 구입할 물량이 많았다. 특히 30일간 예정인 트레킹 동안과 베이스 캠프에서 써야 할 취사 용구는 모두 이곳에서 준비해야 했다.

장비를 맡은 대원 중에서 카트만두의 사정을 아는 대원은 나뿐이었기 때문에 나는 이곳을 떠날 수가 없었다. 나는 캘커타에 수송 담당인 김병준 대원을 보내는 것이 좋겠다고 김 대장에게 건의했다. 그러나 김 대장은 무조건 나더러 가라는 것이었다. 나는 하는 수 없이 떠날 준비를 했다.

우선 1차 정찰대 때 취사구를 구입했던 상점으로 쿡으로 고용한 밍마 노르부와 같이 갔다. 이 상점은 카트만두에서 가장 큰 아탄 시장에 있으며 식기류 판매를 전문으로 하는 도매상이었다. 주인이 나를 알아보았다. 또 왔으니 잘해 달라고 하고 일단 대원들의 식사를 준비할 알루미늄 솥과 압력솥 그리고 식기류를 구입했다. 우리는 카트만두에 묵는 동안 매식하지 않고 자취를 계획하고 있었다. 이밖에 필요한 물품을 구입하는 일은 모두 김명수 대원에게 일임했다.

7월 8일

13시 우리 일행은 인도 항공편으로 캘커타로 출발했다. 18명 가운데 우리 3명만이 처음으로 인도 땅을 밟는 셈이다. 비나야 씨도 원정대의 짐을 찾으러 캘커타에 가는 것은 처음이란다. 캘커타에 도착하니 인도인들의 표정부터 마음에 안들었다. 당시 인도의 정치적, 사회적 불안에서 그랬는지 모르나 그들이 우리를 보는 눈초리가 몹시 불쾌하다. 공항에서 택시로 들어오면서 보니 거리가 지저분하기 짝이 없다. 무더위와 이상한 냄새는 카트만두보다 더한 것 같았다.

그래이트 이스턴 호텔(Great Eastern Hotel)에 여장을 풀고 장 대장과 비나야 씨가 오리엔탈 트랜스포트(Oriental Transport) 운수회사로 가자 나는 고상돈 대원과 저녁 식사 겸 시내로 나갔다. 컴컴한 거리에 더운 열기가 확 들어온다. 사람들은 많은데 옷차림하며 거리의 불결함이 무척 심하다.

호텔 옆의 골목길로 들어가 음식점을 찾으니 있기는 있으나 너무 지저분해서 다시 호텔로 들어와 식사를 마치고 목욕을 했다. 호텔은 큰데 물 사정 또한 형편없다. 머리를 감으니 머릿결이 빳빳해진다. 더운 물인데도 그렇다. 정말 희한한 곳이로구나 생각하며 장 대장 오기만 기다리며 시간을 보냈는데 그는 늦어서야 돌아왔다.

7월 9일

아침에 운송 회사에 들려 그 회사 직원과 같이 항구 창고로 갔다. 멀리 상자들이 야적 돼 있는 것이 보인다. 우선 사다리가 눈에 띄어 너무 반가워 뛰어갔다. 분명 우리 사다리였다. 일단 짐의 수를 확인했다. 짐은 여기 저기 흩어져 있었지만 마음이 놓였다. 통관은 7월 10일에 해야 하므로 우리는 다시 시내로 돌아왔다.

고상돈 대원과 나는 식량을 준비하려고 시장으로 갔다. 트럭에 짐을 싣고 카트만두로 가는 동안 먹을 음식이었다. 시장은 꼭 우리 나라 남대문 시장과 흡사했다. 식량 구입 후 그 곳에 젊은 사람들이 많이 모일 듯한 다방 같은 곳에 가서 식사를 하고 바로 숙소로 돌아왔다. 날씨도 덥고 또 지저분한 분위기에 더 오래 있을 수가 없었다.

7월 10일

오늘은 일요일이라 할 일도 없고 해서 아침 늦게 일어나 호텔에서 쉬고 오후에는 영화를 보았으나 무슨 영화인지 모르겠다.

7월11일

어제 저녁부터 장 대장이 아프다고 했는데 아침이 되며 더 심하다. 오늘 운수회사에 가기로 했는데 안되겠다 싶어 의사를 부르고 비나야 씨와 고 대원하고 셋이 운수회사로 갔다. 어디가 어딘지 모르겠다. 시장 안 같은 데를 한참 헤매다 보니 2층에 운수회사 사무실이 있다. 그 곳에서 오래 이야기하고 다시 부두 창고로 가란다. 도중 세관이란 곳으로 직원이 안내하더니 서류를 만들어야 된다며 마냥 기다린다. 너무 시간이 오래 걸리다 보니 무척 짜증스럽다. 비나야 씨에게 물으니 인도 사람들은 거의 가 그렇단다. 날씨도 무척 덥다. 이곳에는 먹을 만한 것이 없어 음료수만 사서 벌컥벌컥 마신다.

한참 있다가 직원이 와서 함께 창고로 갔다. 오늘부터 물건을 찾을 수 있느냐고 물으니 아니란다. 오늘은 서류만 창고에 접수시키고 내일 찾는다고 한다. 그래도 내일이면 짐을 찾을 수 있다는 말에 우선 안심이 된다. 다시 창고에 가서 물건을 확인하고 운수회사에 들려 차량편을 예약하고 숙소로 돌아왔다. 장 대장은 여전히 아픈 모양이라 호텔에서 푹 쉬고 있어야만 했다. 저녁에 비나야 씨의 안내로 세계적으로 유명한 쇼카르(P.C.Sorkar)란 마술쇼를 보았다.

7월 12일

장문삼 대장은 오늘도 호텔에서 휴식을 취했다. 물건을 찾게 된다는 생각에 마음이 바빴다. 그런데 아침 일찍 보내 준다던 운수회사의 차가 오지 않아 직원에게 물으니 곧 올거라고 한다. 창고에서는 우리 짐을 찾아 세관원은 물건이 무엇인지 확인을 해야 겠다며 상자를 모두 열어보란다. 그러나 그 많은 상자들을 연다는 것은 말도 안된다. 그리고 이 물건은 이곳 인도에서 쓰는 것도 아니고 단지 경유 할 뿐인데 무슨 이야기냐고 항변하고 우리의 에베레스트 원정대에 대한 이야기를 해주었더니 그 친구는 자기 나라도 에베레스트에 등정한 일이 있다며 자랑한다. 나도 알고 있다고 추켜세워 주었더니 싱글벙글 한다.

얼마간 이야기가 부드럽게 오고 가자 서로 편지 연락이나 하자고 주소도 적어주면서 자기 집에 초대를 하겠다고 한다. 고마운 이야기지만 우리는 시간이 없기 때문에 빨리 돌아가야 한다고 하니 알았다면서 그럼 상자 2개만 풀어보잔다. 훨씬 일이 수월하게 되어 잠깐 사이에 상자를 열면서 이 상자 안에 무엇이 있냐고 물으니 순간 대답이 난처했다. 우리가 갖고 간 자료에는 몇 번 상자에 무엇이 들어 있나 하는 것이 없었기 때문이다. 순간 기억을 더듬어 식량이다라고 대답하고 상자를 뜯어보니 정말 기적같이 쌀(알파미)이 나왔다. 세관원은 고개를 끄덕이고 또 하나의 상자를 뜯어보고 일이 끝났다.

이렇게 해서 검사가 끝나자 그 넓은 창고에 산재해 있는 우리 짐을 밖으로 내다 한 장소에 모았다. 농담도 하고 구차한 설명도 하며 일하는 사람들을 부지런히 움직이게 한다. 일부는 차에 적재를 하고 또 창고 안에서 짐을 밖으로 운반하느라 시간이 어떻게 가는지 모르겠다. 창고의 짐을 꺼내다보니 밖에서 차에 싣는 크레인이 일률적으로 우리 짐만 작업하고 있지 않지 않은가. 물어보니 너의 물건이 너무 많아 다른 짐들이 기다리는 시간이 너무 길어 공동으로 서로 좋게하기 위한 것이란다. 어처구니가 없다. 순서란 말은 이곳에서 안 통한다. 속에서 불이 나고 시간은 자꾸 가는데 짐을 다 싣지 못하면 출발이 또 하루 늦어진다. 좌우간 오늘 꼭 출발을 해야 되니 빨리 해 달라고 담배도 주고 콜라도 사주며 사정을 한다. 그러나 인부들은 실실 웃기만 하며 느릿느릿 움직인다. 우리를 돕겠다고 따라온 비나야 씨의 신세가 안타까운 생각이 들었다. 대원도 아닌 그의 고생이 말이 아니다. 비나야 씨도 인도 노무자들의 일하는 태도를 몹시 못마땅해하는데 마침 운수회사 사람이 왔다. 나이가 꽤 많아 보인다. 빨리 실어 달라고 하니 아차아차하고 고개만 옆으로 흔든다.

　　이곳의 마감 시간은 오후 5시. 아무리 보아도 시간 안에 끝날 것 같지 않다. 아침을 가볍게 먹고 점심도 걸렀으니 지친 데다 더워 물만 마신다. 거의 마감 시간이 다 됐을 때 이곳의 총 책임자가 나타났다. 아침에 창고 사무실에서 인사를 나눈 적이 있기에 우리의 사정 이야기를 하고 한 시간 작업 시간을 연장해 달라고 간청하니까 자기네 나라에서는 시간에 대한 규율이 엄격하기 때문에 절대로 안된단다. 울화가 치미는 것을 억제하고 애원하다시피 했으나 역시 안된다는 것이다. 마감 시간이 다 되었으나 트럭 다섯 대 밖에 싣지 못했다. 문제는 그뿐만이 아니었다. 우리가 보기에는 모두 여섯 트럭이면 충분할 줄 알았는데 두 트럭분이 남아 있었다. 운수회사 사장에게 항의하니 또 아차

아차란 말 뿐이고 그만이다.

드디어 마감 시간이 되었다. 비나야 씨와 상의 끝에 할 수 없이 다섯 대만 먼저 출발시키기로 했다. 숙소로 돌아와 장 대장에게 오늘 일을 보고하고 누가 선발대로 갈 것이냐 상의 끝에 고상돈 대원이 먼저 출발하기로 했다. 고 대원은 나하고 인도와 네팔의 국경 도시인 비르간즈에서 만나기로 하고 밤 아홉 시에 출발했다. 장 대장과 비나야 씨와 나는 고 대원이 선도하는 수송 차량이 안보일 때까지 서 있다가 숙소로 돌아왔다.

7월 13일

장 대장과 비나야 씨는 네팔로 돌아갈 준비를 갖추고 아침에 운수회사로 갔다. 운수회사 사장과 마주 앉아 오늘의 마지막 담판을 짓는다. 말을 듣다보니 대화 중에 자기네들이 지금 최선을 다하고 있다고 해 화가 났다. 우리의 급한 상황을 그렇게 설명을 해주고 부탁을 했건만 약속을 제대로 이행하지 못하고도 큰 소리만 친다. 결국 한 마디를 했다. 이유가 있다고해 들어보니 전혀 타당하지가 않다. 나는 이 일이 지금까지 어떻게 진행 돼왔는가를 잘 알지만 사장은 사무실에 앉아 있어 잘 알지도 못하면서 말만 그럴듯하게 늘어놓으니 속에 울화가 치민다. 한 마디로 그 이유를 묵살하니 답변할 도리가 없는지 또 최선을 다 하겠다는 말만 한다. 장 대장은 그러지 말란다. 옆에서 괜히 잘못 건드렸다가는 더 일이 늦어질 줄 모를꺼라는 생각이었으리라. 하지만 내 생각은 전혀 다르다. 이것도 하나의 상거래인데 거래상 할 수 있는 정당한 말이고 당연히 짚고 넘어갈 일인 것이다. 답답하다. 사장은 오늘은 꼭 끝내겠다고 대답한다. 일단 이 정도로 이야기를 끝내고 장 대장과 비나야 씨는 공항으로 떠나고 나 혼자 이곳에 남게 되었다.

운수회사 직원과 함께 다시 항구 창고로 가서 나머지 짐 싣는 작업이 시작되었다. 예상한 시간보다는 일찍 끝내고 이제 드디어 출발이구나 하고 기다린다. 출발 예정 시간이 다 되어간다. 사무실에서는 출발 시간에 떠나야 시가지를 벗어날 수 있다고 했는데 이러면 또 늦어지겠구나 싶어 담당을 찾으니 사무실에서 잠깐만 기다리면 된다고 한다. 먼저 사무실로 돌아와 기다리니 시장끼가 느껴져온다. 깡통 쥬스를 하나 마신다. 속이 안좋다. 어제 식사도 제대로 못하고 더위에 콜라만 몇 병 마셨더니 속에 탈이 난 것 같다. 갑자기 비가 무섭게 쏟아지더니 대로가 개천으로 삽시간에 변한다. 또 물었더니 차가 항구에서 이곳으로 출발했다고. 16시에 차들이 도착해 운전기사들이 멀리 가니까 준비하러 집에 갔다오느라 늦었단다. 아무래도 좋다. 이젠 출발이다 싶어 재촉한다. 이리하여 캘커타를 떠난 것은 16시 20분이었다.

　정말 지겨웠던 곳이었다. 비가 계속 내리는 가운데 차는 시가지를 순조롭게 벗어나 계속 달려 한숨이 놓인다. 어디를 달리는지 방향조차 모르겠다. 뱃속은 여전히 좋지 않다. 그러나 참는 수밖에 없다. 밤이 깊어가는데 차는 계속 달린다. 운전수와 조수 모두 영어를 전혀 모른다. 어디쯤인지 어떻게 가는 것인지 도저히 분간할 수 없어 답답했다. 비는 계속 내린다. 차는 캄캄한 밤길을 계속 달려 한참 가다 선다. 23시가 조금 지나 한 곳에서 잠을 자는 줄 알았더니 운전수가 볼 일이 있단다. 언어가 통하지 않으니 캄캄이다. 차에서 내려 그 곳 사람들에게 여기가 어디냐 물어보니 도대체 영어를 알아듣지 못한다. 간신히 한 주유소에서 영어를 조금 아는 사람을 만났는데 고 대원이 어제 여기서 자고 오늘 새벽에 떠났다고 하니 무척 반가웠다. 나보고도 이곳에서 자고 가라지만 시간이 없어 운전수에게 손짓으로 가자하니 늦장을 부리며 출발한다. 24시 가까이에도 비는 계속 내렸다. 또 한참 가다가 길가에 여인숙이 있어 자고 가자고 한다. 길 옆에 나무로 만든 침대 위에서 하늘을 쳐다보며 자는 바람에 나는 트럭 안에서 자는 둥 마

98

는 둥 했다. 비는 멎었다. 뱃속이 영 좋지 않다. 이곳에서도 도착하자 마자 길가 아무데나 화장실이다. 오늘 어떻게 기적같이 캘커타를 빠져 여기까지 왔는지 생각하니 그저 꿈만 같다. 별이 총총하다.

7월 14일

밤새 잠을 설쳤다. 운전석의 긴 좌석에 침낭을 펴고 잤는데 모기떼 와 냄새에 시달려 심신이 고달팠지만 다시 출발한다. 시간은 새벽 3시 30분. 어제 점심부터 먹은 것이 없는데 설사만 하고 몸에 힘이 없다.

새벽 동이 트면서 주위 풍경이 눈에 들어오는데 까마득히 펼쳐진 평 야다. 우리 나라 호남평야는 비교도 안되는 망망한 들판에 산도 없다. 스쳐 지나가는 마을들은 정말 오지에 들어온 기분이다. 13시가 되어 운전사와 조수는 길가 노천식당에서 식사를 하고 나는 포도 쥬스를 하 나 먹었다. 식욕은 없었으나 어제부터 지금까지 속이 비었기 때문에 겁이 나서 먹는거다.

점심을 먹다가 뜻밖에 서양 사람이 눈에 띄어 반갑기도 하다. 내게 다가오더니 담배를 달란다. 어디서 왔느냐고 하니 불란서에서란다. 보 니 여자도 있어 신혼부부라는데 꼴상은 말이 아니다. 거지라도 정말 초라하기 그지없는데 신혼여행을 다니는 중이란다. 그러면서 인도인은 무척 나쁜 놈들이라 하며 자기들은 혼이 났다한다. 담배 한 갑을 주고 조심해 잘가라 하고 다시 출발. 배 속에서는 여전히 꾸룩대는 소리가 났다. 견디다 못해 한 마을에서 잠깐 차를 멈추고 약을 샀다. 약방 주 인이 영어를 몰라 손짓 발짓 해가며 설명하니 약을 내준다. 내 생각에 도 꼭 벙어리가 수화로 말하는 기분이다. 약을 먹고 계속 똑같이 생긴 들판을 달린다. 어떤 곳은 새까만 땅인데 하늘에 케이블이 지나가 석 탄 광산인 것 같았다. 정말 넓다. 몇 시간을 달렸는데도 계속 까만 들 판이다. 인도란 나라는 지하 자원이 무진장 할거라는 생각이 든다.

밤이 되어 멀리까지 전기불이 환하다. 가로등이 아주 넓은 범위를 밝히고 큰 공장 지대 같았다. 24시가 되어 큰 도시 입구에서 또 일박을 하잔다. 역시 어제와 같은데 모기가 더 기승을 부린다. 이곳에서도 역시 잠을 설쳤다. 낮에 약을 사먹었더니 설사 기운은 좀 괜찮은 것 같아 밖으로 나오니 열기가 대단하다.

7월 15일

03시 35분 출발. 운전수와 조수가 참 기특도 하다. 잠자는 시간은 몇 시간 안 되고 차가 계속 움직이니 나에게는 큰 도움이다. 새벽 오랜만에 콩 통조림을 열고 먹는다. 먹을 것 같더니 도저히 먹히지 않는다.

차가 멎고 세면할 시간이다. 인도인의 아침 세면은 참 재미있다. 오른손으로 물을 묻혀 얼굴을 몇 번 찍고 길가에 있는 나뭇가지를 꺾어 이빨을 닦으면 이것이 세면이다. 남자들이 소변을 보아도 이곳에서는 앉아서 본다. 도티라는 남자 옷은 꼭 치마를 둘러 바짝 여민 것 같은 형태인데 걷고 앉으면 볼일 보는 것은 참 간단하다. 네팔에서도 네팔인의 일상 생활을 보았지만 인도는 더 지저분하기 이를 데 없다. 네팔인의 생활 풍습이 인도의 영향이 크다고 하더니 바로 이런 것으로도 알 수 있었다.

가면서도 산이 보고 싶은데 보이질 않으며 오직 망망한 들판뿐이다. 아마 쌀은 무진장 생산되리라. 라줄(Raxul)이 거의 다 온는 듯 하더니 멀리 산군들이 눈에 들어오며 곧 검문소가 나온다. 그 전에는 전혀 없더니 첫 검문소다. 군인도 영어가 안 통해 기사에게 손짓으로 설명하라 하니까 저희들끼리 무어라 떠들더니 곧 출발한다.

아마 다 온 것 같다. 라줄은 인도와 네팔 국경에 있는 인도 마을이다. 그러니까 두 나라 국경선에는 두 마을 즉 인도의 라줄과 네팔의 비르간즈가 접해 있다. 몹시 기쁘다. 장장 2박 3일을 꼬박 달려왔다.

라줄에 닿으니 먼저 출발한 차가 몇 대 보인다. 운수회사 지사에 들어가니 그 곳 책임자가 반갑게 맞으며 어제 도착한 고상돈 대원의 이야기를 해준다. 그리고는 먼저 비르간즈로 가 있으란다. 우선 국경선 초소에서 네팔 입국 허가를 얻은 다음 비르간즈로 건너갔다. 걸어서도 몇 분 걸리지 않는 거리에 있는 세관에 김병준 대원이 있었다. 고상돈 대원 그리고 펨바 라마도 있어 몹시 반가웠다. 서로 지난 이야기를 돌려 가는데 내가 캘커타에서부터 끌고 온 차 가운데 한 대가 아직 오지 않았다.

한참 후에 차가 도착했으나 어제 고 대원이 몰고 온 차중의 하나다. 좀 걱정이 됐으나 김병준 대원이 자기가 남아 처리할 터이니 우선 6대를 먼저 데리고 출발하란다. 좌우간 대원들을 만나고 나니 심하던 설사도 멎은 것 같다. 김 대원과 펨바 라마를 비르간즈에 두고 고상돈 대원과 나는 다시 차 여섯 대를 끌고 출발하였다. 고 대원과 가면서 서로 지난 이야기 속에 피곤한 줄도 몰랐다.

이제부터는 산길이다. 팻말을 보니 이 도로는 소련이 놓아준 아스팔트길인데 높은 산길로 이어진다. 가장 높은 곳을 통과했는데 해발 2,800 미터 고지였다. 저 밑의 골짜기가 까마득하다. 여기서 구르면 산산조각이다. 고지를 넘어 한참 내려가다 중간에서 취침. 비가 또 온다.

7월 16일

05시 출발. 조식 없이 다시 차 행렬이 이어진다. 세 시간 정도 달리자 드디어 카트만두 근교에 왔다. 급한 마음에 차를 세우고 초소에 들어가 양해를 구하고 우리 숙소에 전화를 했다. 몹시 반갑게 들려온다. 숙소에 도착하니 전 대원들이 환성을 지르며 반갑게 맞아줘 피곤하지만 힘이 솟구친다.

도착한 짐을 내리며 보니 트럭 한 대가 보이지 않는다. 분명히 카트만두 시내까지 같이 온 것을 보았는데 이상하다. 마침 비나야 씨가 왔다. 장문삼 등반 대장과 같이 비나야 씨 차로 운수회사로 간다. 스카이랜드(Sky Land) 운수회사 직원을 만나 이야기 하니 적반하장으로 이젠 돈을 내란다. 차 한 대가 아직 비르간즈에 도착하지 않았고 또 한 대는 카트만두에서 행방불명이 됐는데 차를 찾아 줄 생각은 않고 돈부터 달랜다. 나중에 알고 보니 한 차는 운수회사 차고로 바로 갔단다. 비나야 씨의 중개로 결국 나머지 그 차도 하역 완료. 드디어 이것으로 인도와 네팔 간의 화물 수송 작전이 끝났다.

그러나 아직 도착 하지 않은 한 대 소식이 궁금하다. 물론 김병준 대원이 잘하리라는 생각에 안심을 하지만.

4

380 킬로미터 도보행진
후발대의 후발대로

380 킬로미터 도보 행진

김영도

7월 19일

트럭에 짐을 싣고 나니 새벽 한 시가 지나서 잠깐이라도 눈을 붙이기로 했다.

모두 곯아떨어질 수 밖에 없었다. 그런데 트럭 운전사들이 와서 일어나라고 한다. 떠날 시간이 됐으니 가자는 것이었다. 출발 예정 시간이 새벽 03시 였는데 벌써 35분이 지나고 있었다. 종일 그야말로 중노동을 하고 이제 겨우 두 시간 정도 눈을 붙인 셈이니 잠이 모자라 죽을 지경이다. 그러나 일어날 수 밖에 없었다.

홍수희 대사를 비롯하여 대사관 직원과 교민들이 캄캄한 이 시간에 찾아왔다. 그들은 우리가 카트만두에 머무는 동안 틈만 있으면 찾아와서 격려하며 일을 도와주었다. 그러니 우리로서는 고마움을 넘어서 이제는 그저 미안하고 죄송스러운 생각뿐이었다. 우리야 산이 좋아 이런 고생을 사서 한다고나 하겠지만 그들은 무슨 고생인가? 그전에도 우리나라에서 마나슬루 원정대가 여러 차례 이곳을 다녀갔는데 그때마다 얼마 안되는 대사관 직원과 교민들이 그들을 자기 일처럼 성원하고 도와주었으리라. 그런데 그 원정이 한번도 뜻을 이루지 못했고 그들의 수고는 보람이 없었으니 얼마나 실망했을까 짐작이 갔다. 그런데 그 마나슬루 원정과 비교가 안되는 규모의 이번 에베레스트 원정대를 그들은 어떻게 보고 있을는지 생각하지 않을 수가 없었다.

어둠 속을 대원들과 셀파들이 분주하게 왕래하는 것이 마치 불난 집 같다. 모두 자기 짐을 챙기며 마지막 점검을 하고 있었다. 나는 나대로 손님들을 맞이하고 이제 작별 인사를 나눌 참이었다. 그런데 홍수희 대사가 느닷없이 돈 이야기를 꺼냈다. 우리가 에베레스트에서 돌아오면 바로 등정 축하 파티를 열어야 하니 그것을 준비할 돈을 주고 가라는 것이었다. 나는 깜짝 놀랐다. 이런 생각은 일찍이 해본 적이 없기 때문에 처음에는 그가 무슨 이야기를 하는지 알아듣지 못했다. 그래서 나는 자세히 물었다.

대원들은 빨리 떠나고 싶은데 인사가 길어지니 조급해 하면서도 분위기가 심상치 않은 것을 느끼는 것 같았다. 대사는 어느 나라나 외교상의 관례로 원정대가 성공하면 파티를 크게 열고 이곳 정부 인사와 각나라 외교관들을 초청하고 있으니 우리도 그렇게 해야겠다는 이야기였다. 듣고 보니 있음직한 일이나 내 생각은 달랐다. 지금 에베레스트로 떠나는 마당에 무슨 성공 축하 파티의 준비냐고 이에 반대했다.

그러나 대사는 후퇴하지 않았다. 파티를 준비하려면 서울과 달라 돈이 있다고 당장 되는 것이 아니고 인도 등 외지에 가서 물건들을 사드려야 한다며 미리 돈을 주고 가라고 언짢은 표정까지 지었다. 그래도 나는 끝내 응하지 않았다. 거기에는 까닭이 있었다. 대사가 요구하는 돈은 적지 않았는데 우선 원정대 자금에는 그런 여유가 없었다. 서울을 떠날 때 한국일보의 사정으로 장기영 사주가 약속했던 지원금 가운데 1,000만원을 받지 못했기 때문에 원정대는 처음부터 자금 압박을 받았다. 그리고 에베레스트 도전 길에 나서며 어떻게 성공을 전제로 많은 돈을 사전에 써 버릴 수 있겠는가 하는 것이었다. 더구나 대장은 대원과 셸파 등 큰 식구를 거느리고 먼 길을 떠나 60여 일을 살아야 하는데 그렇지 않아도 예비비가 없어 걱정이 이만 저만이 아니었다. 결국 시간은 가고 내가 응하지 않자 홍수희 대사는 좋다며 자기 요구를 철회했다.

우리는 먹히지 않는 식사를 간단히 하고 모두 버스에 오르기 시작했다. 그런데 버스는 사람 지나갈 자리도 없이 좌석은 물론 통로까지 잡다한 짐으로 메워있었다. 뿐만 아니라 그 짐과 짐 사이를 셸파들이 비집고 들어가 앉아 우리가 앉을 자리는 한군데도 없었다.

나는 눈에서 불이 나서 참을 수가 없었다. 나는 모두 내리라고 소리쳤다. 사정을 볼 때가 아니며 이런 식으로 가다가는 앞으로 셸파들을 통솔하기가 어렵겠다는 생각도 있었다. 다행히 셸파들이 겁에 질린 듯이 모두 내려갔다. 나는 버스 안의 짐들을 버스 지붕 위로 옮겨 싣도록 했다. 이제 대원과 셸파가 모두 탈 수 있게 됐다. 이렇게 해서 버스한 대와 트럭 여섯 대가 한 동안 정들었던 바니 포칼리를 떠났다. 새벽 04시 30분 이었다.

카트만두의 거리는 아직 새벽잠에 고요했고 달리는 차의 창가를 스치는 바람은 차가웠다. 드디어 먼 길을 떠난다는 마음의 긴장보다는 그 동안 쌓이고 쌓였던 피로가 한꺼번에 내 몸을 덮쳤다. 흥분 속에 떠들썩하던 차 안이 조용해졌다. 피로에 지친 대원, 셸파 할 것 없이 곯아떨어진 것이다. 원정대의 행렬은 중공 원조로 건설됐다는 이른바 차이나 로드를 카트만두에서 80킬로미터 떨어진 램상고를 향해 속력을 내며 달렸다. 길은 군데군데 몬순 철의 폭우로 산사태가 나고 갓길이 무너져 위험했다.

동이 트기 시작하며 주위의 경치가 눈에 들어오고 논에서 일하는 사람들의 모습도 보였다. 반세기 전 한국의 농촌 풍경과 다를 바 없었다. 이국 만리 히말라야 산악지대에서 이런 농촌 풍경을 보리라고는 미처

380킬로미터의 캐러밴은 장마 속에 계속됐다. 태극기를 단 선두는 고상돈 대원.

생각 못했다. 단순한 여행길이라면 틀림없이 나그네다운 감상에 젖었 겠지만 지금 내 마음은 흥분보다는 긴장 속에 있었다. 실은 긴장도 아 니고 불안과 불쾌감이 앞섰다. 잠 못자고 먹지 못한 것도 사실이나 대 사와의 언쟁도 그 원인 중의 하나였으리라. 결국 이런 문제도 대장의 자리에 있기 때문인데 대장의 짐이 어디 이런 일 뿐이랴. 에베레스트 에 가는 길, 그 길은 나 혼자 가는 길이 아니지만 에베레스트 원정의 중압감을 결국 대장 이외 누가 그토록 느낄 것인가?

카트만두를 떠난 지 4시간 남짓해서 더럽고 초라한 집들이 나타났 다. 실질적인 380킬로미터를 걸어가기 시작하는 램상고다. 마을 사람들 이 모여 들었다. 그냥 보아서는 단순한 주민들인지 우리가 고용한 포 터들인지 분간이 안가는데, 그 옷차림은 한마디로 가난을 넘어 비참했 다. 물론 이러한 인상은 카트만두에 도착한 이래 계속 받은 것이니 새 삼 느끼는 일은 아니었다.

우리가 버스에서 내려 버스 안의 짐들을 부리는 동안 여섯 대의 트럭은 강가에 있는 넓은 풀밭으로 방향을 돌렸다. 그들은 인도인이 경영하는 카트만두의 운수회사로 네팔을 찾아오는 각국 원정대의 짐을 많이 다루고 있어서 이런 일에 익숙한 모양이었다. 풀밭은 넓고 아름다웠는데 그 옆으로 흐르는 강물은 산골 계류처럼 물살이 빠르고 물빛도 뿌옇다.

그런데 이 풀밭에 모여 있는 포터들을 보고 우리는 깜짝 놀랐다. 650명으로 예정했던 짐꾼들이 200여명 밖에 모이지 않았으니 말이다. 카트만두의 셀파 조합이 650명 고용에 따르는 선수금을 받고 계약을 지키지 않은 것이다. 그런데 조합에서 나온 직원의 변명은 이러했다. 일단 18루피의 노임으로는 일꾼들을 모을 수가 없었으며 설상가상으로 때가 농촌의 모내기로 일손이 딸린다는 것이다.

이유야 어떻든 문제는 커졌다. 나를 짐은 쌓여 있고 갈 길이 멀다. 오늘부터 걷기 시작하기로 한 계획은 처음부터 선발대와 후발대 두 팀으로 나누기로 되어 있었다. 이렇게 대를 나눈 데는 피치 못할 사정이 있었는데 그것은 600명이 넘는 사람들이 묵을 장소가 우리가 지나갈 산 속에 없었기 때문이다. 그런데 우선 포터가 제대로 모이지 않았고 앞으로 그 모자라는 수가 어떻게 채워질지 모르니 짐을 나르는 일과 이에 따라 대원들을 배치하는 일을 새로 고려하지 않을 수가 없었다.

우선 나는 선발대로 1진을 먼저보냈다. 장문삼 등반대장을 선두로 김명수, 곽수웅, 조대행, 고상돈, 이원영, 이기용, 전명찬 그리고 보도대원 셋이다. 이밖에 앙 푸르바를 비롯한 셀파 10명, 쿡 3명, 메일 러너 1명이 붙었고 우선 모인 포터 243명이 짐을 지고 같이 갔다. 오전 11시 반이었는데, 그들은 오늘 중으로 1,840미터 고소인 바카르로 올라가서 첫날을 묵는다. 이렇게 헤어진 우리는 앞으로 15일 뒤 표고 3,800미터 당보체에서 비로소 만나게 된다.

램상고에 남은 후발대는 초원에 막영 준비를 했다. 뒤늦게 온다는 포터들은 기다렸다가 짐들을 나눠야 했기 때문이다. 1진이 떠나가고 주위가 조용해진 느낌이다. 그제야 이곳의 산세가 눈에 들어왔다. 표고차 1,000미터가 넘어 보이는 산들이 솟았고 산 허리에는 여기 저기 크고 작은 폭포가 걸려 있었다. 벌써 한국에서 보던 풍경이 아니다. 저녁 여섯 시 무렵 해서 비가 쏟아졌다.

7월 20일

밤새 비가 내리던 날씨가 아침이 되어 다행이 맑았다. 아홉 시쯤 해서 걱정했던 포터가 200여명 모였다. 부족수의 반도 되지 않지만 이제는 그때그때 문제를 처리하는 수밖에 없었다. 그래서 그들에게 30킬로 단위의 짐과 비닐 한 조각씩을 나누어 주었다. 이 농예용 비닐은 비가 올 때 우비로 쓰라는 것인데 네팔에서는 비싸기 때문에 포터들은 여간 고마워하지 않았다. 대원들은 짐을 나누어 줄 때 짐표의 번호와 같은 번호표를 포터 목에 걸어 주었다. 그리고 별도 대장에 번호들을 기록해서 짐의 행방을 분명히 하도록 했다.

그런데 이렇게 짐을 나누고 보니 알루미늄 사다리가 그대로 남았다. 사다리를 지려는 사람이 없었던 것이다. 사다리는 무게가 15킬로그램 밖에 되지 않지만 길이가 3미터이니 등에 지고 걷기가 불편할 것은 누가 보아도 안다. 이런 짐을 다른 짐과 같이 생각한 것이 우선 잘못이라면 잘못이었다. 포터의 하루 인건비가 18루피, 우리 돈으로 720원인데 사다리 운임도 같은 값이라면 아무도 지려고 하지 않을 것은 당연한 이야기다. 나는 이제서라도 사다리 운임을 올리기로 하고 20루피를 주겠다고 했다. 그러나 포터들은 들은 척도 하지 않는다. 20루피를 23루피로 올렸지만 역시 반응이 없다. 결국 25루피까지 가서 간신히 한 사람 두 사람 사다리를 지고 먼 길을 떠났다.

남은 2진 가운데 김영한, 이상윤 두 대원이 두 번째로 떠나는 포터들을 따라 나섰다. 하여간 문제가 이렇게라도 풀리니 우선 마음이 가벼워졌다. 그러나 돈 몇 푼에 그 구차한 사다리 짐을 지고 나선 짐꾼들의 뒷모습이 한없이 처량했다. 그들은 앞으로 험한 산길을 며칠이고 가야 했다. 이렇게 해서 짐 행렬이 떠난 것은 대낮이 되어서다.

여하튼 제2진을 떠나보내니 오늘은 할 일이 없었다. 날은 더웠는데 건너편 산 중턱 숲 속으로 물이 흐르는 것이 보였다. 이제 남은 우리들은 폭포 있는 곳으로 올라갔다. 이 산의 이름은 닷도바니(더운 물)라한다. 산 속에 온천이 있는지 모르겠지만 흐르는 물은 몸을 담글 수 없을 정도로 차다.

찬물에서 한참 놀다가 내려오니 길가에 사다리 두 개가 팽개쳐 있었다. 포터가 3일분 노임만 받아가지고 도망친 것이다. 사다리를 두고 간 것만으로도 감사한 일이긴 하지만 일을 시작하면서 처음부터 당하고 보니 화가 나고 기분이 우울했다. 이곳에서 이런 사람들과 일을 할 때 있음직 하기도 하지만 지금까지 전혀 예상하지 못했던 일이었다.

나는 텐트 밖에 젖은 수건을 걸어놓고 잠시 눈을 붙였는데 얼마 후 일어나보니 밖에 널었던 수건이 온데 간데 없다. 마을 사람들이 막영지 부근을 오락가락 하더니 그들 가운데 누가 가져간 것이 틀림없다. 그로부터 우리는 정신을 바짝 차리고 주위를 경계하기로 했다. 수건 정도는 문제가 아닐 성 싶지만 우리에게는 수건도 여유가 없었다. 저녁 일곱 시경 부터 또 비가 내렸다.

7월 21일

어제 저녁부터 내리던 비가 아침이 되서도 멎지 않았다. 행여나 하고 기다리던 포터는 오늘도 나타나지 않았다. 선발대 제1진은 어제 아침 예정대로 바카르를 떠났겠지만 어제 바카르로 올라간 200여 명의

영어 잘하고 매너가 좋은 정부 연락관인 21세의 젊은 타파 중위가 원정대 대장을 그림자 같이
따라 다녔다. (사진은 김병준 제공)

포터들은 어떻게 되었는지 궁금했다.

　나는 기약 없는 포터를 마냥 기다릴 수도 없고 먼저 떠난 두 팀의
일도 마음에 걸려 이윤선 대원과 정부 연락관을 데리고 뒤따르기로 했
다. 셀파들의 통솔 책임을 맡은 베이스 캠프 매니저인 락파 텐징이 끝
까지 남겠다고 한다. 그도 현지서 고용된 포터의 문제가 걱정이 되었
던 모양이다. 이렇게 해서 뒤에 박상렬, 한정수, 김병준이 텐징과 같이
남아서 어떻게 되든 뒷 문제를 수습하도록 했다. 박상렬은 이번 원정
에서 부대장 자리를 맡았지만 1971년 로체 샬(8,383m) 원정 경험이 있
고 다른 두 대원도 지난날 현지 정찰대로 여기 온 일이 있으니 이들이
유능한 사다와 같이 뒤에 남는 것이 누가 보아도 마음 든든했다.

　우리는 램상고 마을을 지나 출렁다리를 건너 산길로 접어들었다. 바
로 뒤에 정부 연락관인 타파 중위가 따랐다. 그는 21세의 젊은 청년
장교인데 네팔 사람치고는 보기 드물게 영어를 잘하고 매너가 좋았다.

카트만두에서 관광성 관리가 우수한 장교를 보내주겠다고 하던 이야기가 생각났다.

산길을 빗속에 우산을 받고 걷기란 쉬운 일이 아니다. 배낭은 영국의 가리모 제품이었는데 무거운 짐이 어깨를 파고든다. 한참 오르다 잠시 쉬려면 타파 중위도 그 자리에서 걸음을 멈추었다. 말하자면 연락 장교는 내 앞은 고사하고 옆으로도 나오지 않았다. 매사가 군대식으로 절도가 있고 예의 범절이 철저했다. 그는 이를테면 원정대 대장을 상관으로 깍듯이 모셨다.

나는 그에게 고산을 오른 적이 있는가 물었더니 이번이 처음이어서 자기로서는 좋은 기회라고 명쾌한 답변을 했다. 고산병을 아느냐는 질문에는 5,000미터 고지대가 자기 고향인데 늘 낮은 곳에서만 살았기 때문에 잘 모르겠다고 했다. 나는 20대라는 그의 젊은 나이가 은근히 걱정스러웠다. 20대는 고도에 약하기 때문이다. 그러나 캐러밴을 하며 차차 고도에 순응이 되면 괜찮을 꺼라고 그를 안심시켰다.

1,800 고지 중턱에 올랐을 무렵 위에서 내려오는 메일 러너를 만났다. 우리가 고용한 통신 연락원 가운데 한 사람이다. 그는 대원들의 편지와 보도 자료를 가지고 카트만두로 가고 거기서 원정대 앞으로 오는 우편물들을 받아서 다시 원정대로 돌아오는 고된 일을 한다.

그런데 이 메일 러너는 이틀 째 막영지인 슈르케에서 보도진의 기사와 필름을 받아 카트만두로 내려가는 길에, 바카르에서 2진과 만나서 200명의 포터들이 짐을 놓고 모두 가버렸다는 김영한의 편지를 받아 전해주었다. 순간 눈앞이 캄캄해졌다.

나는 타파 중위와 상의했다. 그는 즉시 관광성에 보내는 보고서를 쓰고 나는 뒤에 남은 사다 텐징에게 대원을 데리고 바로 카트만두 셀파 조합에 가서 대책을 요구하도록 통신문을 보냈다. 그리고 급한 마음에 무전으로 램상고를 호출했으나 반응이 없었다. 그럴 수밖에 없는 것이 우리는 떠날 때 서로 무전 연락 약속을 하지 않았던 것이다.

1,800 고지에 올라서는데 비가 그치고 날이 개면서 눈앞에 아름다운 고원이 나타났다. 지난 1975년 처음 가본 스위스의 고소 목장 알름을 연상시키는 풍경이었다. 넓은 초원에는 소들이 누워있고 양떼를 치는 목동들이 우리가 쉬고 있는 곳으로 몰려왔다. 우리 나라 시골 생각이 났다. 나는 김포 공항에서 가지고 온 작은 태극기를 그들에게 주고 간식도 나눠주었다. 바카르의 막영지는 여기서 멀지 않았다.

7월 22일

밤새 내리던 비가 아침에는 멎었다. 기온은 섭씨 20도. 1,800미터 고원이라 그런지 램상고보다 확실히 더위가 덜하고 기분이 상쾌하다. 그러나 막영지에 포터를 잃은 짐들이 제멋대로 쌓인 것이 눈에 띄자 기분이 우울하고 한심한 생각이 들었다.

나는 우선 남아있는 포터들에게 짐을 나누어 주고 대원 둘과 셀파 6명, 키친 보이 하나를 따라보냈다. 결국 여기서 또 한 팀이 둘로 쪼개지게 됐다. 이들이 떠나자 도망쳤던 포터 몇이 돌아와서 사다리를 지겠다고 했다. 사다리의 운임이 많아진 것을 누구한테 듣고 돈에 욕심이 난 모양이었다. 그러나 얼마나 다행한 일인지 모르겠다. 하기야 포터들에겐 죄가 없었다. 그들이 도망친 이유를 알아보았더니 포터의 책임자라는 나이케(일종의 십장)들이 전적으로 나빴다. 즉 포터의 노임은 나이케들이 관장하는데 이들은 우리한테서 미리 받은 3일분의 포터 노임을 혼자 착복하려고 도망친 것이다. 결국 우리는 산 속에서 마을을 찾아다니며 짐꾼을 새로 모아야 했다. 따라서 노임도 이중으로 들게 됐다.

문제는 이것만이 아니었다. 포터들은 목에 걸어 준 플라스틱 짐표를 지닌 채 그냥 가버렸으니 다시 만들어야 했다. 물론 서울에서 여분으로 준비하기는 했으나 이렇게 많은 숫자가 필요할 줄 누가 알았겠는가? 이 짐표는 별것 아닌 것 같지만 앞으로 한 달을 써야 하고 더구나 장마철에 견디는 질긴 것이어야 하는데 산 속에서 플라스틱 같은 재료를 어떻게 구한단 말인가? 우리는 하는 수없이 두꺼운 종이 상자를 오려서 매직펜으로 번호를 적었다. 그리고 목에 걸어야 땀에 견디지 못하니 주머니에 넣어주며 이것을 잃으면 돈을 못 받는다고 손짓으로 알려주었다.

한편 램상고와 연락해서 사다 텐징과 한정수 대원이 카트만두 셀파 조합에 이 사실을 알리고 대책을 강구토록 했다. 나는 새로운 사태에 직면해서 바카르에서 셋이 하루를 더 묵었다.

7월 23일

밤새 줄기차게 내리던 비가 아침녘에는 간간이 뿌렸다. 새벽 다섯 시경 램상고에서 메일 러너가 한정수 대원의 메시지를 가지고 왔다. 내용은 락파 텐징과 같이 카트만두에 가서 셀파 조합에 포터가 계약했던 대로 모이지 않았다는 것과 짐을 나르던 포터들이 도중에 도망친 사건에 대해서 항의하고 대책을 요구했는데, 첫째 문제는 장문삼 등반 대장이 포터 150명을 추가 요청하며 이에 대한 선수금을 지불하지 않았다는 해명이었으나 여하튼 조합의 사무장인 앙 체링이 포터 160명을 동원하는 한편 먼저 50명을 이끌고 램상고를 떠났다는 것이었다.

한편 바카르에서는 포터 100명이 있어야 하는데 때가 농번기라 인근 마을에서 간신히 12명을 끌어냈을 뿐이었다. 오후 네 시 경이 되어 포터들을 데리고 램상고에서 올라왔는데 램상고에서는 포터 문제가 여전히 풀리지 않고 있다고 했다. 그러니 내일의 수송 문제가 큰 일이었다. 이 무렵 선발대는 벌써 토세, 창마를 지나고 있었고 2진도 바카르를 떠난 뒤였다.

이 무렵에 정말 암담했던 것은 모르긴 몰라도 2진을 맡았던 김영한과 이상윤 두 대원이었으리라. 모두 온순한 성격에 외국에 나갔던 경험이 없고 말도 전혀 통하지 않는데 느닷없이 산중에서 포터 도망 사태가 벌어졌으니 그들로서는 그야말로 눈앞이 캄캄했을 것이다. 그러나 이때 펨바 노르부라는 셀파가 나타나서 그들을 도와주었다.

펨바 노르부는 근처 마을을 돌아다니며 사람들을 끌어모았다. 바카르의 인구는 고작 해서 100명 정도라니 결국 이웃 부락까지 찾아 다녀야 했는데, 그래도 그의 힘으로 197명이 모였다. 물론 나이케 역할을 하는 한 사람을 중심으로 이 많은 사람들이 모아들었던 것이다.

그런데 이들이 토세에 이르자 앞장 섰던 나이케까지 모두 달아나고 말았다. 이때에는 대원보다 펨바 노르부 자신이 분개했다는데 그래서 무슨 소용이 있겠는가?

김영한과 이상윤 두 대원이 이렇게 악전 고투하고 있을 때 앞에 가던 선발대에서 이기용, 전명찬 두 대원을 지원차 보내주었다. 그래서 이들은 용기를 얻고 펨바 노르부와 함께 토세에서 다시 인력을 보충하여 사다리 15개와 200 덩어리나 되는 짐을 옮기게 됐다.

7월 24일

간밤에도 억세게 비가 쏟아졌지만 아침에는 날씨가 갰다. 여섯 시 기상. 기온은 20도.

캐러밴 시작한 지 닷새가 되었는데 우리는 아직도 첫 막영지인 바카르를 떠나지 못한 채 포터 문제로 고민하고 있으니 불안하기 짝이 없었다. 그러나 한 가지 다행한 것은 밤에만 비가 오고 낮에는 으레 개이는 일기였다. 그처럼 억센 비에도 국산 천막이 비가 새지 않는 것이 큰 위로가 됐다.

오늘로써 장문삼 대장이 인솔하는 A대와의 사이가 5일 분이나 멀어지고 우리 B대에서 갈라져 나간 김영한, 이상윤 팀과 벌써 2일간의 거리가 벌어졌으니 마음이 초조했다. 일이 이쯤 되면 각 대에서 무슨 일이 벌어져도 서로 알기 힘들고 도울 수도 어렵게 된다. 그래서 나는 더 이상 떨어지지 않도록 박상렬 부대장을 바카르에 남기고 다음 캠프지인 슈르케(Surke, 1,750m)로 떠나기로 했다. 오전 10시 였다.

그런데 바카르에는 짐이 150 덩어리 그대로 있었다. 나는 사다리의 운임을 25루피에서 30루피로 올렸다. 그랬더니 포터들이 이번에는 저마다 사다리를 지고 먼저 나섰다. 일당 720원과 1,200원과는 물론 차이가 크지만 사다리를 지고 산길을 가는 고생을 마다하는 그들의 신세가 한편 처량했다.

바카르를 떠나서 고개를 넘자 산허리를 깎아서 만든 큰 도로가 나왔다. 여기를 지나가려는데 갑자기 비가 억수같이 쏟아졌다. 누더기 옷을 걸친 데다 거의 맨발인 포터들은 우리가 나누어준 비닐 조각을 머리에 쓰고 그 폭우 속을 걸어갔다. 나는 타파 중위와 길가에 있는 찻집에 들어가서 뜨거운 차를 마시며 잠시 비를 피했다. 찻집은 말 뿐, 외양간 같은 엉성하고 초라한 판자집이다. 따끈한 차 한잔이 스산한 기분을 멀리 쫓아버렸다.

그러나 비는 좀처럼 멎을 기색이 없어 우리는 그대로 걷기로 했다. 새로 내고 있는 길은 램상고에서 지리(Jiri, 1,850m)라는 곳까지 뚫릴 계획으로 공사 중이었는데, 지리는 지형이나 기후가 마치 스위스와 같아 스위스 정부에서 목장 지대로 개발하려고 이렇게 큰 길을 내고 있다고 한다. 그렇지 않고서야 가난한 네팔 정부가 여기까지 개발의 손길을 뻗기 힘들 것은 뻔하다.

도로 공사장을 벗어나 산길을 오를 무렵에 비가 개기 시작했다. 나는 이윤선 대원에게 바카르와 무전 교신을 해보도록 했다. 그 때 아직도 램상고를 떠나지 못하고 있는 한정수 대원이 다시 포터 충원 문제

116

로 카트만두에 가려고 한다는 달갑지 않은 소식을 알았다. 그가 아직 뒤에 남아 있다는 이야기는 후발대 B대가 그야말로 사분 오열 됐다는 기막힌 이야기였다. 완전히 네 조각이 난 것이다.

지난날 카트만두에 머물며 우리는 앞으로 써야 할 돈을 은행에서 모두 지폐로 환전했는데 그 돈 뭉치가 자그만치 큰 여행 가방 두 개나 됐다. 그래서 겉보기에도 색다른 이 짐을 캐러밴 하는 동안 같은 포터에게 지우고 그 뒤를 이윤선 대원이 따르기로 했다. 그리고 이 짐만은 그날의 행정이 끝나면 대장 천막에 넣어두곤 했다. 그런데 돈 가방을 진 포터를 따르던 이윤선 대원이 뒤에 늘어선 짐의 행렬을 독촉하겠다며 나더러 돈 가방을 감시하란다. 사람 손이 달리니 도리없는 일이었다. 나는 더욱 신경이 날카로워졌다.

열 두시경이 되어 어느 산마루턱에서 잠시 쉬며 점심을 먹기로 했다. 배낭을 내려놓고 풀밭에 앉았더니 사방에서 거머리가 모여들었다. 이곳의 거머리 이야기는 영국 원정대 기록에도 나와 있어서 잘 알고 있었지만 막상 이렇게 부딪치니 끔찍하고 소름 끼친다. 거머리는 옛날 우리 농촌에도 많았지만 지금은 거의 볼 수가 없는데 네팔에는 논이 아니라 이런 산길에 깔려있으며 주로 가축의 피를 빨아먹고 있었다. 이 거머리는 바카르에서 슈르케를 가는 도중에 처음 나타났지만 표고 2,000미터 부근에서 3,500미터 고지대 사이에 있다고 했으니 앞으로 10일간 우리는 거머리와 신경전을 벌려야 했다.

거머리는 햇빛이 쪼일 때는 보이지 않지만 굳은 날씨에는 풀밭과 나뭇잎에 붙어 있다가 사람이나 가축이 지나가면 달려든다. 거머리한테 물려야 아프지는 않은데 징그럽기 짝이 없다. 영국 원정대 기록에는 거머리는 퇴치 방법이 없으니 친구로 대하라고 했다. 1975년에 정찰대로 이곳에 왔던 대원들은 거머리를 멀리하는 방법으로 팬티 스타킹을 입으라고 말했다. 그래서 우리는 이번에 이 희한한 방법을 쓰기로 하고 서울에서 여자들이 입는 까만 팬티 스타킹을 준비해왔다.

어느 마을을 지날 때 어린아이의 상처를 치료해 달라는 사람이 있어 대원이 가지고 있던 약을 바르고 붕대를 감아주었다. 산길은 폭우로 곳곳에 사태가 나서 걷는데 애를 먹었다. 우리는 비를 맞으며 물디(Muldi, 2,550m)를 지나 정글을 뚫고 나가 16시경에 슈르케에 도착했다. 고도계를 보니 1,830 미터를 가리키고 있었다. 슈르케에는 이상윤 대원이 남겨놓은 편지가 있었는데, 포터 노임과 담배를 보내 달라는 내용이 적혀 있었다.

7월 25일

5시 기상. 맑은 날씨에 기온은 20도. 처음으로 어제 밤에 비가 오지 않았다. 여섯 시에 이상윤 대원이 요구한 돈과 담배를 셀파 편으로 먼저 보냈다. 지도를 보니 오늘 가야 할 곳은 기란티찹(Kirantichap, 1,350m)인데 어제 온 것보다 먼 길이었다. 그러나 도중에는 높은 산이 없어 다행이라고 생각했더니 마실 물도 없는 멀고 먼 길이어서 걷기가 지루하고 오히려 힘이 더 들었다.

아침 여덟 시에 슈르케를 떠난 우리는 여느 때보다 자주 쉬며 16시경에 기란티찹에 도착했다. 막영할 곳은 마을 한 가운데 있는 넓은 공터였는데, 수 백년 묵은 보리수 거목 두 그루가 우거진 가지를 펴고 있었다. 주위는 말할 수 없이 불결하고 몸 씻을 곳도 없었다. 물이 흐르는 계곡까지는 30분 거리나 된다고 하니 그대로 참기로 했다.

포터들은 짐을 캠프 싸이트 한 곳에 싸놓고 뿔뿔이 흩어졌다. 도대체 침구도 없이 그들은 어디서 어떻게 하루 밤을 지내곤 하는지 모르지만, 들리는 말에는 농가의 처마 밑이나 외양간 구석에서 잔다고 했다. 하기야 그럴 수 밖에 없겠는데, 어떤 집에서는 처마 밑에서 잘 경우 1루피(40원)를 받는다는데, 이 돈 때문에 승강이가 벌어지는 것을 본 일이 있다.

네팔 사람들의 생활은 이렇게 측은했다. 포터들에게는 외국에서 히말라야를 찾아오는 원정대의 일을 돕는 것이 큰 돈벌이라는데, 그들과 생활하는 동안 에베레스트 원정처럼 대규모의 활동이 사실상 이 원주민들의 생계를 크게 좌우한다는 것을 뼈저리게 느꼈다.

7월 26일

어제처럼 아침 다섯 시에 눈이 떴다. 카트만두를 떠난 지 한 주일이 지나면서 우리 뜨내기 생활도 차차 제 자리를 잡아갔다. 오늘은 일곱 시 사십 분에 떠났으니 아침 출발 시간도 빨라졌다.

기란티찹을 떠나 900미터 정도 밑으로 내려가노라니 큰 계곡이 나타났다. 보오테 코시(Bhote Kosi) 라는 곳인데, 다행히 통나무 다리가 아니고 튼튼한 출렁다리로 계곡을 건너도록 돼있었다. 깊은 골짜기를 흐르는 물은 히말라야 특유의 석회질이 많은 뿌연 물이었다. 이 물은 음료수로 사용하지 못하며 마시면 배탈이 난다고 한다. 다리를 건너면 1,500 고지인 남두(Namdu)까지 오르막길인데, 오르는 데는 힘이 들었지만 우거진 소나무 숲 속에는 곳곳에 샘터가 있어 틈틈이 쉬어가기에 좋았다.

고도를 높일수록 동쪽으로 넓은 목장 지대가 나타났다. 비교적 부농인 듯 했는데 방목하고 있는 소들이 유난히 살쪄 보였다. 처음에 우리는 야루샤(Yarsa)라는 곳까지 가려고 했지만 셸파들이 거기는 막영할 곳이 적당하지 않다고 해서 카브레(Kabre, 1,800m)에서 머물기로 했다. 선발대가 묵었던 자리가 나타났는데 그것을 보니 무척 반가웠다. 마을에서 닭 세 마리를 사다가 처음으로 식사다운 식사를 했다. 주위에는 맑은 물이 흐르고 있어 기란티찹에서 밀렸던 목욕을 하고 모처럼 간단한 빨래도 했다. 저녁에 마을 부녀자들이 몰려와서 저마다 약을 달란다. 원정대는 마을을 지날 때마다 으레 대민 진료 봉사를 하기로 되어 있다. 그래서 우리는 회충, 두통, 설사, 감기 그리고 외상에 쓰는 약들을 준비하고 있었다. 외상 같은 것은 조치하기가 간단하지만 설사의 경우 말이 통하지 않으니 무턱대고 약을 주기도 어렵다. 선발대에는 의무 대원이 있었는데 우리 팀에서는 이런 일에 다소 경험이 있다는 이윤선 대원이 의사 역할을 했다.

7월 27일

캐러반 5일 째 되는 이 날 행정은 30킬로미터에 이르는 먼 길인데다 도중에 높이 2,520미터의 치소바니 고개(Chisopani Pass)를 넘어야 했다. 한국에서 한라산(1,950m) 밖에 오른 적이 없는 우리로서 이런 고도를 넘기는 처음이어서 우선 마음이 긴장했다. 그러나 아침 8시 40분에 카브레를 떠난 우리는 야루사를 지나 문제의 고개를 넘고 저녁 여섯 시에 토세에 도착했다. 길은 멀고 험했지만 긴장했던 때문인지 어제처럼 물이 먹히지 않고 생각했던 것보다 힘도 덜 들었다. 사람 일은 마음 먹기에 달려 있다는 것을 새삼 느꼈다.

선발대에서는 캐러반 하면서 배탈이 난 김명수 대원을 치소바니 고개를 다 내려와서도 설사가 멎지 않아 배를 움켜잡고 그 자리에 주저 앉았다. 그때 뒤따르던 곽수웅 대원이 그를 번쩍 안아서 일으켜 자기 등에 업었다고 한다. 그러나 이것은 어디까지나 친구를 생각하는 마음에서 였지 자기보다 키가 크고 무거운 김 대원을 등에 업고 갈 수는 없는 일이다.

토세로 가는 도중 오랜만에 앞에 가는 A대와 맨 뒤에 처진 B대의 4조가 보낸 편지를 받았는데, B대 4조가 드디어 램삼고를 떠났다는 소식이어서 그 일이 무엇보다도 반가웠다. 이로써 그 동안 걱정거리였던 짐 나르는 문제가 풀렸는데 그들과 우리와는 벌써 4일간의 시간 거리가 생긴 셈이다.

선발대 장문삼 대장의 편지에는 토세부터 길이 험해지니 배낭을 포터에게 지우고 홀몸으로 조심해서 오라고 적혀 있었다. 토세에서 우리는 초등학교 뜰에 천막을 치기로 되어있었다. 포터들이 교정에 짐을 내려놓자 비가 쏟아지기 시작했다. 우리는 지고 온 사다리를 물이 고이는 교정에 깔고 그 위에 짐을 올려 쌓았다. 그리고 물구덩이에 천막을 칠 수가 없어 교실을 사용하기로 했다. 이런 때 마치 건물이 있으니 얼마나 다행인지 몰랐다. 지난 19일 카트만두를 떠난 후 처음 천막 아닌 집 안에서 하루 밤을 지나게 됐다. 그런데 교실이란 말 뿐이고 더러운 창고나 다름없었다. 그러나 여러 대원이 한방에 모여서 잔다는 것이 그렇게도 즐거웠다.

원정대가 왔다는 소식을 듣고 교장과 교사들이 4, 5명 찾아왔다. 그 중에 그런대로 영어를 이해하는 사람이 있었는데, 나는 교장실로 안내를 받아 그들과 잠시 환담했다. 그러나 방에 등이 없어 우리가 가지고 있는 양초로 실내를 밝혔다. 우리는 교실을 쓰게 해준 데 대한 사의로 학교에 약품을 몇 가지 주었다. 선생들은 그래도 선생이라 포터들과는 비교가 안될 만큼 말쑥한 옷차림을 하고 있는 것이 인상적이라면 인상적이었다.

밤이 깊어서 갑자기 배가 아팠다. 원인을 알 수 없으니 그대로 참는 길 밖에 없었다. 몸이 불편하면 마음도 약해지는 법인데 멀리 서울의 집 생각도 나고 나이답지 않게 눈물이 핑 돌았다. 캄캄한 교실에서 대원들은 깊이 잠든 지 오래며 밖에서는 여전히 비가 쏟아지고 있었다.

7월 28일
밤새 내리던 비가 어느새 멈추고 맑은 날씨였다. 오늘의 예정을 보니 창마(Changma, 2,250m)까지 가는 도중에 높이 2,750미터가 되는 고개를 넘게 되어있다.

토세에서 포터 부족으로 29 덩어리의 짐이 남아서 이 사실을 메일 러너 편으로 뒤따라 오는 팀에 알리는 한편 이윤선 대원에게 그 짐들을 맡기고 나는 여덟 시가 좀 지나서 토세를 떠났다. 뒤에서 사람이 오겠지만 이런 외딴 산속에 이윤선 대원이 혼자 떨어져 있을 생각을 하니 가슴 아팠다. 그러나 어찌하리! 배낭에는 침낭과 매트레스 외에 수통과 파인애플 그리고 김밥이 들어있어 무게는 별것 아니지만 오늘 따라 어깨에 부담이 갔다. 필경 어제 밤부터 몸이 좋지 않았기 때문이리라. 그래도 나는 기를 쓰고 2,750 고지를 넘어섰다. 기운이 빠지고 식욕이 없는 것을 보고 같이 가던 연락장교가 길가의 찻집에서 계란 후라이를 해다 주었다. 도중에 복숭아 파는 것이 있어 1루피 주고 여섯 개를 샀지만 아무 맛도 없었다.

해가 질 무렵 창마에 도착하자 비가 뿌리기 시작했다. 라마교 사원 건물이 있었는데 기독교를 믿는 나로서는 기분이 내키지 않았지만 하는 수 없이 사원 건물 안으로 들어가 잠자리를 마련했다. 넓은 마루에 매트레스를 깔고 침낭을 펴니 이런 때 잠자리 치고는 호화롭다는 생각마저 들었다.

7월 29일

아침에 눈을 뜨니 바깥이 소란스러웠다. 포터들이 돈을 달라는 것이었다. 총무를 맡은 이윤선 대원과 포터들의 인솔 책임자인 나이케 두 사람이 토세에 남아 있는 짐 때문에 뒤에 처지는 바람에 이들에게 주어야 할 노임을 제때 주지 못했던 모양이었다. 나는 이렇게 된 사정을 포터들에게 알리고 그들이 보는 앞에서 셀파 한 사람에게 편지를 써서 들려 토세로 보냈다. 그제야 포터들은 저마다 짐을 지고 다음 예정지 쎄테(Sete, 2,575m)로 떠났다.

조대행 의무대원은 현지 주민을 진료하느라 바쁜 나날을 매일 같이 하고 있다.

　오늘 우리는 창마에서 일단 리쿠 콜라(Liku Khola, 1,550m)까지 내려 갔다가 다시 쎄테로 고도 1,000미터를 올라가야 했다. 에베레스트 베이 스까지 캐러밴 380킬로미터를 줄곧 오르막 길이라도 문제였겠지만 매 일 이런 식으로 오르락내리락 하며 가기도 여간 신경 쓰이고 힘드는 일이 아니었다.

　리쿠 콜라 냇가에 찻집이 두 곳 있었고 창마에서 여기까지 쉬지 않 고 내려온 대원과 포터들이 모두 이곳에서 잠시 숨을 돌리고 있었다. 그때 회장님 시원한 차 한잔 들고 가시죠 한다. 앞서 가던 김병준 대 원이었다. 나는 그것이 차가 아닌 것을 알았지만 나도 잠시 그들 틈에 끼어 쉬어가고 싶은 생각에 김병준 대원이 내놓는 글라스를 받았다. 그것은 예상했던 대로 네팔의 토산주인 창(Chang)이었다. 그런데 나도 목이 말랐던 때여서 창 한잔을 들이키니 순간 기분이 상쾌했다.

찻집을 지나자 바로 가파른 산길이 이어졌는데 얼마 오르지 않아서 몸에서 자기도 모르게 힘이 빠지기 시작했다. 처음에는 까닭을 몰랐지만 창을 마셨기 때문인 것이 분명했다. 역시 술과 인연이 없다는 것을 알았지만 이제 무슨 소용이 있겠는가! 나는 창을 입에 댄 것을 내내 후회하며 고생 끝에 2,300미터 지점까지 기를 쓰고 올라갔다.

나는 캐러밴 하는 동안 스위스 제품인 토오멘 고도계를 목에 걸고 이따금 고도를 확인하곤 했다. 시계를 보니 13시가 지났다. 우리는 이곳에서 점심을 먹기로 했는데, 이 고소에 찻집이 또 한 채 있었다. 5루피(200원)를 주었더니 홍차에 계란 후라이, 알감자 한 접시 그리고 복숭아까지 준다. 값도 값이지만 산 속에서 이런 점심은 처음이었다. 식사를 하고 나니 지금까지의 피로가 싹 가시고 기운이 났다. 이날 저녁 우리는 바칸제(Bhakanje) 초등 학교에 천막을 쳤는데 교사가 자기 방에서 같이 자자고 했다.

16시 경에 토세에서 나이케가 도착했다. 아침에 보낸 편지를 받고 달려온 것이다. 또 비가 내리기 시작했다.

7월 30일

다섯 시 기상. 나이케들에게 지난 28일부터 오늘까지 3일분 노임을 지불하고 일곱 시에 쎄테를 떠났다. 오늘의 목적지인 준베시(Junbesi, 2,675m)에 가려면 도중에 높은 람쥬라 고개(Lamjura Pass, 3,530m)를 넘어야 한다. 1975년 정찰대로 이곳을 지나간 경험이 있는 대원들은 람쥬라 고개에는 고산 식물이 아름답고 이 고지에서 바라보는 전망은 그야말로 장관이라고 극구 찬양했다. 이 말에 힘을 얻었는지 몰라도 이상하게도 이날 나는 건강 상태가 좋아 타파 중위와 앞에 서서 3,500미터 고개를 한번도 쉬지 않고 올라갔다. 고개에 올라서니 넓은 고원이 나타났으나 고원에 있다던 꽃밭은 보이지 않았다. 게다가 날씨가 흐려서 전망도 좋지 않았다. 꽃이 없는 것은 계절 탓인 듯 하다.

고원에 싸리로 엮어 두른 주막 같은 곳이 있어 들어갔더니 밀크를 판다고 했다. 지금까지 홍차만 마셨기에 여기서는 밀크를 마시기로 했다. 목장의 우유가 되어서 그런지 그 우유의 신선한 맛은 확실히 달랐다. 물론 고생하며 오른 뒤에서 그렇게 느꼈는지도 모르지만……

여기서 준베시까지는 계속 내리막길이었다. 그날 우리가 도착한 시간이 14시 경이었으니 비교적 일찍 도착한 셈 인데, 준베시의 모습은 마치 스위스처럼 아름다웠다. 산 허리에 빽빽이 들어선 전나무 숲, 1953년 에베레스트에 초등한 영국 원정대의 힐라리가 세운 학교가 있었다. 우리가 학교에 도착하자 비가 쏟아졌다. 그러자 학교측에서 교정을 사용하려면 100루피를 내란다. 돈 대신에 약품을 주겠다고 했더니 돈이 필요하다는 것이었다. 나는 다른 곳으로 옮겨갈 생각으로 대원들에게 천막 칠 만한 곳을 찾으라고 했다. 그런데 이 근처에는 공터가 없을 뿐더러 거머리가 많아 갈 곳이 없다는 것이었다. 비바람이 몰아치는 가운데 포터들이 맨발로 떨고 있는 모습이 보기에도 딱했다. 나는 학교측과 다시 이야기해 50루피에 교정을 쓰기로 했다.

16시 경, 뒤에 처진 이윤선 대원과 박상렬 팀으로부터 메일 러너 편으로 소식이 왔다. 그들은 포터의 부족을 간신히 메워가며 뒤따라 온다는 것이었다. 그 고생은 이만 저만이 아니리라는 생각이 들었다.

같은 7월 30일 선발대의 이기용 대원의 일기를 본다. ―

맑은 후 흐리고 한때 비.

마니딩마를 떠나자 눈앞에 갑자기 설산이 나타났다. 앞으로 지겨울 정도로 보게 될 설산 이지만 눈에 덮인 산은 언제 보아도 좋다.

두코시(Dudh Kosi, 1,580m)강을 건너 잠깐 햇볕이 난 틈을 이용해서 목욕을 했다. 기분이 한결 상쾌하다. 셸파니(여자 포터)들은 힘도 안 드는지 오르막 길에서 셋이 휘파람을 불며 노래하고 게다가 하모니카까지 불어가며 잘도 걷는다. 경사가 심한 고갯길을 맨발의 포터들이 거추장스러운 사다리를 지고 걷는 폼은 보기에도 딱하다. 날카로운 돌뿌리에 발뒤꿈치가 뜯긴 사람, 무거운 짐짝에 쓸려 등에 피가 맺힌 포터… 그러나 이들은 고통스러운 표정 하나 없이 묵묵히 걷기만 한다. 먹는 것과 잠자리가 보기에도 딱할 정도로 비참한 그들에게 어디서 그런 힘이 솟는지 모르지만 카리 콜라(2,073m)가 내려다 보이는 고개에 올라서자 라마라니가 나타났다. 라마교의 경문이 새겨진 돌들이 싸인 돌담 같은 라마라니를 지날 때는 반드시 왼쪽 길을 가란다.

여기서 얼마 동안 밑으로 내려간 곳에 Mother Hotel(마더 호텔)이란 간판이 붙은 셀파의 집이 있었다. 문득 서울의 가족들 생각이 떠올라 에베레스트에서 최선을 다하겠다고 스스로 다짐하며 카리 콜라의 이날의 막영지에 도착했다.

부슬비가 내리는 속에 엉성한 주방에서는 저녁 준비가 한창이었다. 쿡에게 헨(암탉)을 사오라니까 알아듣지 못하길래 걸 치킨이라고 했더니 쿡이 배꼽을 움켜쥐고 웃었다. 네팔 사람들은 예스와 노를 말하는 고개 짓이 우리와 정반대여서 처음에는 혼동을 일으켰다.

몸이 불편하거나 상처를 입은 포터들을 상대로 하려면 으레 멀쩡한 사람들까지 몰려들어 무조건 손을 내민다. 말이 통하지 않으니 무슨 약을 주어야 할지 고민거리다. 하루의 행군을 마치고 일찍 텐트 안에 누워 있으면 포터들이 찾아온다. 같은 사람이 다음날도 나타나는 것이 보통인데, 이런 때 귀찮은 생각도 없지 않으나 그래도 그들의 순박한 마음씨에 우선 호감이 간다.

저녁에 포터들이 어떻게 지내는가 하고 어떤 집을 들여다 보았더니 넓은 방에 모여있었다. 나는 셀파에게 20루피를 주고 창을 사오도록 했다. 포터들은 흥겨운 노래를 부르며 춤을 추었다. 셸파니 3인조의 노래와 춤이 기가 막히게 포터들을 압도했다. 이렇게 해서 이들과 자리를 같이 한 뒤에는 영락없이 몸이 근질거렸다. 벼룩이 옮아 온 것이다.

　주위가 어두워 갔다. 내일 넘어야 할 카릴라(3,140m)가 시커멓게 눈앞에 보인다. 물이 불어난 계곡을 급류가 소리를 내며 흘렀다. 아직도 갈 길이 멀다… 아니다 벌써 반은 왔지… 하며 나는 잠자리에 들었다.

7월 31일
다섯 시 기상. 맑았다 흐리고 저녁에 비.
오늘도 포터가 도망가서 짐이 스무 덩어리가 또 남았다. 하는 수 없이 나이케 세 명과 셸파 한 명이 남아서 이 문제를 처리하라고 하고 마니딩마(Manidingma, 3,200m)로 떠났다.

　전나무 숲을 뚫고 산 허리를 돌아가노라니 멀리 눈에 덮인 히말라야 연봉이 나타났다. 캐러밴을 시작하고 처음 보는 설산인데 참으로 장관이었다. 도중에 다신두라(Tragsindho, 3,100m)를 넘고 정글 지대를 뚫고 나가 14시 경에 마니딩마 초등학교에 도착했다.

8월 1일
맑은 후 한때 비.
　이날은 그야말로 생각지도 않았던 이변이 일어났다. 지금까지는 아침마다 눈을 뜨면 포터들의 도망 사건으로 고민 해왔는데, 이날은 포터들이 서로 짐을 지겠다고 야단이었다. 마니딩마 마을에서 새로 남녀 포터들이 모여든 것이다. 그러나 나는 여기까지 먼 길을 힘들게 따라온 포터들에게 먼저 짐을 나누어 주었다. 그동안 도망간 포터의 수는 수 백 명이나 되지만 짐을 잃은 적은 한번도 없었다. 이것만 보아도 포터들은 순박하고 정직한 편이었다. 지금까지 멀고 험한 길을 사다리를 지고 따라왔던 한 늙은이가 여기서 돌아간다고 인사를 했다. 고향이 멀어져서 돌아간다는 것이다. 그런가 하면 원정대 주방에서 설탕값을 안받았다고 달려온 자에게 달라는 대로 6루피를 주었더니 쿡의 말로는 이미 청산했다는 이야기였다. 도대체 어느쪽 이야기를 믿어야 하는 건지 알 수가 없었다.

마니딩마를 뒤로 700미터 가량 내려가니 깊숙한 골짜기가 나타났다. 두코시(Dudh Kosi, 1,580m)였다. 주위 일대 숲이 우거지고 야생 원숭이떼가 눈에 띄었다. 튼튼한 현대식 출렁 다리를 건너가자 백인 남녀 트레커와 마주쳤다. 두코시 계곡에서 약 500미터 올라간 곳이 이날의 목적지인 카리 콜라(Khari Kola, 2,100m)였다. 오늘의 여정은 비교적 짧아서 우리는 12시 경에 막영지에 도착했다. 시간이 이르니 더 가고 싶어도 그러기에는 다음 막영지가 멀었다. 나는 두코시에서 내의와 양말을 빨고 모처럼 몸도 씻었다. 저녁이 되면서 역시 비가 오기 시작했다.

8월 2일

흐리고 오후에 비. 역시 다섯 시에 일어나 일곱 시에는 막영지를 떠났다. 카리 콜라에서 푸이양에 이르는 길은 10킬로미터 정도의 짧은 거리지만 그 사이에 높이 3,140미터의 카르테 고개를 넘어가야 했다. 그러나 나는 타파 중위와 1,000미터의 높이를 거의 쉬지 않고 올라갔다. 어제 일찍부터 쉬어서 그런지 조금도 피로를 느끼지 않았다.

카리라 고개 밑에 마칼루 호텔이라는 이층 집이 나타났는데, 알고 보니 셸파 쌍게의 집이었다. 쌍게로 말하자면 지난 1975년 1차 현지 정찰대의 안내를 맡았던 셸파로 1976년 설악산 동계 훈련 때 눈사태로 조난사한 최수남을 무척 따랐고 1977년 에베레스트 원정에는 자기가 꼭 셀파 책임자로 같이 가겠다고 기다리던 사람이다. 그런데 그는 1976년 2차 정찰대가 네팔에 왔을 때 당시의 장문삼 대장에게 최수남 씨가 죽었다는 소식을 전해 듣고 쌍게는 몹시 슬퍼했다는 이야기가 생각났다. 나는 쌍게를 만나보려고 했으나 마침 그는 딴 지방에 가고 호텔에는 그의 부인과 아이들 뿐이었다.

이날 나와 타파 중위의 걸음은 여느 때보다 빨랐던 것 같다. 우리는 카리라 고개에서 우유와 크래커로 간단히 점심을 때우고 한 시간 정도 산을 내려가니 캠핑 했던 곳이 나타났다. 주위에 사람이 없으니 여기가 어딘지 알아볼 수가 없었다. 고도계는 2,750미터를 가리키고 있었다. 잠시 그 자리에서 쉬고 있노라니 지나가던 사람들이 눈치채고 여기가 막영지라고 알려 준다.

주위는 더러웠고 마음에 들지 않았으나 한참 있으니까 대원 하나와 쿡인 밍마가 뒤따라 와서 여기가 오늘 묵을 데 푸이양(2,835m)이라고 말했다. 시계를 보니 아직 정오가 안되었다. 어제도 오늘도 하루의 구간이 이렇게 짧았지만 수 많은 원정대가 정해놓은 막영지니 거기에는 까닭이 있으리라. 다시 말해서 이 산 속에 막영에 적합한 넓은 장소와 식수가 있는 곳이 따로 없다는 이야기였다.

밍마가 주방을 세우는 솜씨는 볼 만 했다. 한쪽이 뾰족한 긴 장대로 절구 찧듯이 해서 땅에 통나무 기둥을 몇 개 세우고 그 위에 포장을 덮으면 바로 주방이 됐다. 그리고 큰 돌을 모아다 솥을 올려놓고 물을 끓인다. 주방을 맡은 사람들은 제일 먼저 막영지에 와서 차를 한 솥 끓이는 일부터 시작한다. 대원과 셀파를 위해 언제나 따뜻한 차를 준비하는 것이다. 그리고 식량 담당 대원은 그날의 식단에 따라 재료를 쿡에게 내준다.

주방에서 장작불이 타오르자 비바람이 치기 시작했다. 엉성한 옷차림을 한 포터들이 덜덜 떨며 주방의 불 가까이 모여들었다. 그러면 밍마가 사정없이 그들을 밖으로 몰아냈다. 이름 뿐인 주방은 비좁고 이렇게 사람이 모여들면 일을 할 수 없으니 그의 심정도 알만하다. 그러나 그들의 모습은 한마디로 가엾고 처량했다. 그때 약삭빠른 젊은 포터가 물을 길어다 주거나 화목을 모아와서는 이글이글 타오르는 불 앞에서 몸을 녹였다.

나는 장문삼 대장의 말을 따라 토세를 지나서부터 배낭을 포터에게 맡겼는데 그 짐이 언제나 늦게 도착해서 불편을 겪었다. 먼저 와서 쉬노라면 땀이 식고 게다가 고도도 높아져서 공기가 싸늘하니 배낭에 들어있는 옷이 아쉽곤 했다. 이날도 비바람 속에 몸을 떨어가며 참아야 했다.

밍마의 고향도 역시 남체 바잘이었다. 그는 이틀 뒤에 고향에 간다며 매우 기분이 좋았다. 고향이란 누구에게나 그런 곳인가 보다. 이렇게 밍마가 즐거워 하는 것을 보니 날로 멀어가는 서울 생각이 한층 더했다.

8월 3일

네 시 삼십 분에 일어났다. 흐린 날씨였다. 우리는 여섯 시 사십 오분에 푸이양을 떠나 슈르케(2,200m)까지 내려오는 도중 경비행장이 있는 유명한 루클라(Lukla, 2,900m)를 오른쪽에 그리고 멀리 앞으로 샹보체(Thiangboche, 3,800m)를 바라보았다.

루클라는 카트만두에서 비행기로 45분이면 오는데 우리는 걸어서 14일이나 걸렸다. 그러나 이렇게 오랫동안 힘들게 걷는 데는 중요한 이유가 있다. 즉 고도에 순응하는 길은 이 밖에 없기 때문이다. 사실 카트만두에서 비행기로 루클라까지 온 사람들 가운데는 비행기에서 내리자 고산 증세를 일으켜 쓰러지는 예가 있으며, 한편 루클라에서 에베레스트 베이스까지 가는 도중에 역시 고도 장애에 부딪혀 목숨을 잃는 일도 적지 않다.

이날 막영 예정지인 박딩(Phakding, 2,650m)에 도착하니 첫 눈에 캠프 싸이트가 아주 마음에 들었다. 넓은 풀밭을 가운데 두고 숲이 우거져 한쪽으로는 계곡이 아름다웠다.

저녁 어둑어둑 해졌을 때 밖에서 포터들이 수십 명 모여서 소란을 피웠다. 무슨 일인가 하고 나가보았더니 한 여자 포터가 그동안 모았던 52루피를 도난 당했는데 그 돈을 훔쳤다는 어린 소년을 가운데 놓고 마구 때리고 있었다. 소년은 울며 돈을 훔치지 않았다고 했다. 무거운 짐을 져서 번 돈을 잃은 여자나 포터들한테 몰매를 맞고 있는 소년이나 모두가 한없이 가여워서 내가 그 돈을 갚아주겠다고 했더니 그들은 조용히 헤어졌다.

비가 쏟아지고 막영지에는 다시 정적이 깃들었다.

8월 4일

네 시 삼십 분 기상. 날씨는 맑고 기온은 섭씨 11도. 트레킹 시작하고 처음 보는 쾌청한 날이었다.

이른 아침에 캠프 주위는 아직 어두운데 멀리 하늘 높이 6,623미터의 탐세르크(Tamserk)가 모르겐로트로 붉으스레 물들고 있었다. 처음 보는 이 감격적인 대자연을 카메라에 담으려고 했으나 포터가 어느새 내 배낭을 지고 앞으로 가버렸다. 나는 급히 포터 뒤를 따랐다. 찬 아침 공기를 뚫고 숲 속을 한참 달려갔더니 내 짐을 진 여자 포터 일행이 마침 숲속에서 쉬고 있었다. 박딩에서 남체 바잘(Namche Bazarr)에 이르는 길은 진정 히말라야다운 분위기를 지니고 있었다. 전나무와 히말라야 소나무 등의 거목이 빽빽이 들어선 계곡 사이를 뿌연 물이 소리를 내며 흘러갔다. 이 일대의 풍경은 유럽 알프스에서도 찾아보기 힘들 것 만 같은 한 폭의 아름다운 풍경이었다.

계곡을 따라 올라가니 초라한 셸파의 집 한 채가 나섰다. River Side Hotel(리버 싸이드 호텔)이라고 쓰여있는 소박한 간판이 그 집 앞에 걸려 있었으나 사람이 사는 것 같지 않았다. 에베레스트가 보인다고 해서 〈에베레스트 뷰 호텔〉이란 이름이 붙은 유명한 호텔이 생각났다. 숲이 있고 계곡이 아름다워서인지 호텔이라는 건물들이 여기 저기 보였지만 모두가 한결같이 초라하고 인기척도 없었다.

그러자 3,200미터 능선에 올라서니 처음으로 에베레스트의 원경이 허공에 떠올랐다. 이 지점에서는 포터나 셸파 그 누구나 일단 걸음을 멈추었다. 계곡에 걸쳐놓은 나무다리를 넘을 때 누군가 마지막 다리라고 말했다. 드디어 새로운 지대에 들어섰다는 것을 알리는 듯 했다.

남체에 도착한 것은 열한 시 경이었다. 넓은 산비탈에 계단식으로 2층 연립 주택들이 정연하게 자리잡고 있었다. 남체 마을은 셸파의 고향으로 이름난 곳으로 네팔로서는 동북 방향으로 마지막 마을이다. 이곳에는 경찰 기관이 있어서 카트만두와 연결하는 무전 시설도 갖추고 있었다. 우리는 검문소에 들려 약 30분에 걸쳐 에베레스트 입산 허가증을 확인 받고 대원마다 허가 증서를 새로 받았다.

우리는 남체 마을이 내려다 보이는 높은 언덕에 천막을 치고 침낭 등을 햇볕에 내다걸었다. 그리고 이날은 시간이 많이 남아서 마을 구경에 나섰다. 곳곳에 등산 장비점과 외국인을 위한 간이 숙소가 있었다. 거기서 파는 장비라야 이곳을 다녀간 외국 원정대로부터 나온 중고품으로 이렇다 할 것은 눈에 띄지 않았지만 값은 제법 비싸다. 티베트의 교역 지점인 점에서 티베트 풍속을 알리는 은 장식품 같은 것이 특이한 물건이었으나 그런 것은 모두 값이 나갔다.

우리는 이번에 베이스 캠프 매니저 일을 맡은 락파 텐징의 집을 방문했다. 텐징은 우리 대열의 맨 뒤에서 따라오고 있는데 그의 가족은 우리를 반겨주었다. 카트만두에서도 셸파의 집을 구경한 일이 있지만 텐징의 살림은 역시 달라보였다. 그는 1973년 이탈리아 원정에 참가하여 정상에 오르고 그 공으로 이탈리아에 초청됐으며, 1974년에는 스페인의 원정 계획 일로 스페인에도 갔던 일이 있다. 뿐만 아니라 1975년 일본 여자대 원정에서는 역시 베이스 캠프 책임자로 인정받아 일본에도 한동안 체류하는 등 셀파로서 화려한 경력을 가지고 있었다. 그의 남체의 집은 겉으로 보아 다를 바 없었으나 안의 물건들은 확실히 그의 관록을 보여주고 있었다.

나는 텐징의 집에서 우연히도 셀파 앙 체링을 만났다. 앙 체링은 일본 여성대에 참가하여 다베이 중꼬와 같이 에베레스트 정상에 섰던 사람이다. 다베이 대원이 여성으로서 처음 세계 최고봉에 등정했을 때 일본 사회에서는 별의 별 억측이 나돌았다. 그러나 여하튼 여자가 성공했는데 우리 한국의 남자들이 실패하면 어떻게 되겠는가 하는 것이 대장으로서 나의 걱정이었다. 일본보다 등산의 역사가 50년이나 뒤진 우리 한국이지만 에베레스트 원정은 나와 우리 대원들에게는 착잡한 심정을 안겨 주고 있었다. 나는 앙 체링과 여러 가지 이야기를 했다. 나는 그가 다베이 대원과 함께 정상에 오르던 당시의 상황을 자세히 물었고, 올해 포스트 몬순의 에베레스트 기상에 대해 어떻게 생각하는지 알아보았다.

앙 체링은 9월 18일을 전후해서 예상되는 야르주를 특히 경계해야 한다고 말했다. 네팔에는 네 가지 달력을 쓰고 있는데, 그 가운데 셀파의 달력에 의하면 야르주라는 포스트 몬순이 끝나자 주기적으로 오는 폭설이 가장 위험하다는 것이었다. 그런데 그가 말하는 셀파의 달력은 우리 나라의 음력과 같아서 오랜 경험을 바탕으로 만들어진 것인데 4,000미터 고산 지대에 살고 있는 셀파들이 가장 믿는 달력이다. 이날 락파 텐징의 집에서 나는 앙 체링과의 대화에서 나는 중요한 시사를 받았다. 즉, 우리 원정이 성공하려면 9월18일 이전에 정상 공격을 끝내야한다는 점이었다.

8월 5일

다섯 시 기상. 기온은 6도. 맑음. 남체를 떠나 당보체(Tangboche, 3,876m)를 향했다. 첫 고개를 넘어서려는데 뜻밖에 장문삼 대장이 이쪽으로 오고 있지 않은가! 그와는 캐러밴을 시작한 램상고에서 7월 19일 헤어지고 지금 처음 만난 것이다. 그렇게 반가울 수가 없었다. 장 대장은 햇빛에 얼굴이 벌겋게 타고 수염이 제법 길었으며 아주 건장한 모습이었다. 그는 우리를 만나러 당보체에서 여기까지 내려왔다.

장 대장과 마주친 고개에서 멀리 에베레스트가 보였다.

우리는 그 동안 캐러밴에서 있었던 여러 가지 이야기를 나누며 함께 두코시(Dudh Kosi, 1,500m) 계곡으로 내려갔다. 그때 장 대 장이 슬픈 이야기를 전했다. 아이스 폴 사다로 우리가 고용한 니마 체링의 아내가 간밤에 쏟아진 억수 같은 비에 계곡 물이 갑자기 불어 떠내려갔다는 것이다. 니마 체링은 우리와 함께 오면서 고향에 들려 비로소 이런 사실을 알고 지금 슬픔에 잠겨 있다고 했다. 장문삼 대장은 졸지에 아내를 잃고 애통해 하고 있는 니마 체링을 어떻게 위로하면 좋겠는가고 나한테 물었다.

이 사건은 남의 일이 아니었다. 니마 체링은 내가 지난 7월 2일 카트만두 공항에 내려서 소개 받은 셀파로 앞으로 아이스 폴 지대를 책임지기로 했던 중요한 일꾼이다. 이제 그의 가정의 비극이 우리 아이스 폴 작전에 어떻게 영향을 미칠 것인지 새로운 걱정이 생겼다.

남체에서 내려가는 길과 당보체로 오르는 길이 마주치는 곳에 두코시 강이 흐르고 냇가에 앙 푸르바의 집이 있었다. 이 집도 에베레스트에 이르는 길가의 집들처럼 하나의 찻집으로서 많은 포터들이 여기서 쉬고 있었다. 우리가 찻집 안으로 들어갔을 때 앙 푸르바의 아내가 나

당보체에서부터 고산증세가 나타난다. 조대행 의무대원이 대원들의 건강을 진단하며 폐활량을 조사하고 있다.

와서 인사를 했다. 물론 그녀와는 첫 대면이지만 우리는 마치 오랜 친구인 것처럼 서로 반가워했다. 말은 통하지 않아도 생사와 고락을 같이 나눌 친구의 가족은 벌써 남이 아니었다.

앙 푸르바의 아내로부터 창과 감자 대접을 받고 있을 때 KBS의 김광남 특파원이 무거운 무비 카메라를 들고 매점 안으로 들어섰다. 김특파원과도 램상고에서 헤어지고 지금 처음 만나는 셈이다. 그런데 그는 대원들과는 달리 등산을 모르는 직장인 이어서 우리로서는 처음부터 그를 걱정했는데 의외로 건강하고 명랑했다.

당보체는 두코시 계곡에서 약 30분 정도 거리에 있었다. 비교적 완만한 경사를 오를 때 남체를 떠난 야크(Yak)의 대열이 우리를 앞질러 갔다. 그 무거운 짐을 싣고 그처럼 빨리 언덕을 올라가는 야크를 보니 이 고산 동물에 감탄하지 않을 수가 없었다.

135

나는 어릴 때 책에서 본 리빙스톤이 아프리카 탐험에서 즐겨 쓰던 것과 같은 헬멧을 쓰고 우산을 지팡이 삼아 짚으며 언덕을 올라갔다. 나는 니마 체링의 비극이 머리에서 떠나가지 않았다. 장문삼 대장도 같이 걸으며 말이 없다. 그때 뒤에서 누군가 니마 체링의 처가 살아있다고 소리쳤다. 우리는 깜짝 놀라서 걸음을 멈추었다. 니마 체링의 처는 물에 휩쓸려 떠내려간 것이 아니라 집이 물에 잠기자 재빨리 몸을 피하고 다른 데서 잠자고 있었다는 것이다. 우리는 모두 껄껄 웃었다. 두코시 계곡은 아름답고 히말라야 하늘이 한층 더 푸르게 보였다.

당보체의 넓은 초원이 눈앞에 펼쳐졌다. 그 한쪽에 자리잡은 우리 원정대의 울긋불긋한 천막촌이 표고 6,856미터의 아마 다브람(Ama Dabrahm)을 배경으로 한층 더 눈부셨다. 초원의 저쪽으로 라마교의 사원이 자리잡고 있었으나 나는 종교 관계를 떠나서라도 이 유명한 건물을 구경할 마음의 여유가 없었다.

당보체는 에베레스트 원정의 한 중요한 전략 지점이다. 어느 원정대나 일단 여기서 회동하고 전열을 가다듬는다. 그리고 3,800미터라는 고도의 의미가 또한 크다. 사람은 대체로 이 지점을 사이에 두고 고산증세가 나타난다는 것이 일반적인 견해다. 그래서 원정대는 당보체에서 주위의 고지대를 오르내리며 고소 적응에 들어간다.

우리도 램상고를 떠난 이래 전후로 흩어졌던 대열이 이곳 당보체에서 일단 만나기로 되어 있었다. 또한 지금까지 먼 길을 짐을 지고 걸어온 포터들이 여기서 모두 집으로 돌아간다. 고향이 멀어지기도 하지만 앞으로는 그런 옷차림과 맨발로서는 더 이상 가기 어렵기 때문이다. 그래서 짐꾼 대신 야크가 짐들을 나르게 되어있다.

이날의 당보체는 제법 활기에 넘쳤다. 오랫동안 헤어졌던 대원 셀파들이 다시 만나 기쁨을 나누고 포터들은 돈을 받고 집으로 돌아가니 모두 희희낙락했다.

캐러밴이 당보체에 진입하면서 우리의 걱정거리는 대체로 사라졌다. 그토록 지긋지긋하던 장마도 걷히고 징그럽던 거머리 떼는 이제 볼 수가 없다. 또한 날마다 도망쳐서 골머리가 아팠던 포터 문제도 더 이상 일어날 일이 없다. 그 대신 새로운 문제가 그것도 심각한 문제가 생겼다. 여기서부터 기압이 떨어지고 대기 속에 산소가 줄기 시작하기 때문이다.

저녁이 되어 또 비가 억수같이 쏟아졌다. 그야말로 찬 비였다. 나는 장문삼 등반 대장과 함께 밤 아홉 시가 넘도록 아이스폴 셀파 후보들을 면접하고 그들을 인선했다. 한편 대원들은 내일 페리체(Pheriche, 4,200m)로 떠날 준비에 바빴다.

나는 조용히 대원들의 움직임에 신경을 썼다. 가벼운 두통에서 시작하여 현기증, 식욕 부진, 불면증, 구토증을 일으키는 대원이 있는가 살피는 일이었다. 나는 서울에서 에베레스트 원정을 준비하고 있을 때 가까운 의사들에게 고산병에 관해 알아보았으나 그것을 아는 사람이 없었다. 결국 나는 책을 통해 단편적인 지식을 얻는 길이 고작이었다. 그리하여 내가 얻은 지식을 대원들에게 전달했다.

고산병은 뇌수종과 폐부종 이라는 무서운 증세를 일으켜 생명이 위독해진다는 것이다. 이에 대한 근본적 치료 방법은 아직 발견하지 못한 점, 건강한 체질과도 관계가 없다는 것, 고산 증세는 젊은 나이에 일찍 온다는 것 등등이 그 특색이다. 그리고 한 가지 대책이 있다면 순차적인 고소 순화 뿐이라는 이야기다. 그래서 우리는 당보체에 2, 3일 머무는 동안 옆에 있는 산을 오르내렸다. 그래도 머리가 아픈 사람은 대열에서 떼어 낮은 데로 내려보내는 길밖에 없었다.

지금까지 외국 원정대의 기록을 보면 대부분 이곳 당보체에서 10일 정도 묶으며 이러한 상하 운동을 한 것으로 나타나 있다. 우리도 380킬로미터를 걸어가는 기간을 약 30일로 잡고 그 속에 이런 시간 여유를 두고 있었다. 그런데 이상하게도 우리 대원들 가운데는 한 사람도 이상 증세를 호소해 온 사람이 없었고 모두 명랑하고 활발하게 움직였다. 따라서 우리는 처음 계획대로 이곳에서 고도 순화 운동을 실시하지 않았다. 그러나 조대행 의무 대원은 그 사이에 대원과 셀파의 건강 상태를 하나하나 체크 해 나갔다. 혈압, 맥박, 폐활량의 변화 등을 조사해서 고도에 따른 신체 기능의 이상 여부를 파악하고 있었다.

캐러밴 2진이 당보체에 도착하던 날인 8월 3일. 1진의 고상돈, 이원영 두 대원이 셀파 한 사람을 데리고 베이스 캠프로 떠났다. 당보체에서 베이스 캠프까지는 40킬로미터 정도니 지리산 천왕봉에서 노고단까지 종주길 보다 짧은 셈이다. 그러나 고도 3,800미터에서 5,400미터 사이의 이 길은 셀파들이 말하는 비스타리 작전으로 충분히 나흘 걸리는 거리다. 여하튼 천천히 서둘지 않고 걸어야 하는 구간이다. 그런데 그들은 쿰부 빙하 입구까지 30킬로미터의 거리를 하루 반 만에 갔다 왔다. 그야말로 달리다시피 했다.

내일이면 또 여기를 떠나 전진해야 하니 우선 그간에 필요한 장비들을 대원들에게 나누어주기로 했다. 즉 아침 저녁으로 제법 날씨가 쌀쌀하니 킬팅 코트와 덧바지, 스웨터와 순모 셔츠 등이다.

그런데 밤이 늦도록 찬 비 속에서 아이스 폴 셀파를 면접한 탓인지 내 몸이 이상했다. 마치 몸살 감기 기운이 있어서 조대행 의무 대원의 진찰을 받고 사리돈 정제 두 알을 먹고 자리에 누웠다.

8월 6일

다섯 시 기상. 맑은 후 구름, 기온은 5도. 밤새 비가 내렸으나 눈을 뜨니 역시 청명한 날씨였다. 천막 밖으로 나가보니 벌써 야크와 포터들이 모여들어 넓은 초원이 마치 시골 장날같이 붐볐다.

당보체에 먼저 와서 휴식을 취했던 선발대가 우선 떠나기로 했다.

내가 만나자 이별이라고 했더니 모두 웃었다. 뒤에 처진 4진 박상렬 부대장과 한정수 대원이 지금쯤 남체에 도착하리라 보고 사람을 남체로 내려보냈다. 그러자 카트만두에서 비나야 씨가 보낸 메일 러너가 서울의 가족과 한국산악회 이은상 회장, 홍수희 대사 그리고 비나야 씨의 편지 등을 기자고 왔다.

비나야는 프랑스 산소가 수일 안으로 원정대를 따라잡을 것이라는 고무적인 소식을 보내왔고, 이은상 회장은 한국산악회가 계획 중이던 안나푸르나 I봉(Annapurna I, 8,078m) 원정을 포기했다고 적혀있었다. 밤에 온몸에 땀이 나면서 감기 기운이 거의 사라지는 듯하여 기분이 가벼웠다.

이날 이태영 보도 대원은 일기에 아래와 같이 적었다. —

8월 6일

1진 11명이 셀파 10명과 함께 페리체로 떠난다. 이 날 동원된 야크는 93마리나 된다. 나이 많은 포터 하나가 카우보이처럼 휘파람을 불면서 야크를 몰고 간다. 송림 사이를 빠져나가 팡보체에 이르니 삭막한 돌밭이 눈앞에 펼쳐진다. 임자 콜라를 끼고 계속 오르는 동안 나무들은 자취를 감춘다. 세 시간 만에 당도한 곳이 페리체. 불모의 대협곡, 황량한 벌판이다. 해가 지고나니 차디찬 바람이 들판을 휩쓸고 지나간다. 뒷면에서 본 아마 다브람은 한층 우람하다. 바른 편으로 다보체, 소다체가 아마 다브람과 마주 서 있다. 이곳은 1차 정찰대가 전진 기지로 삼았던 곳이다. 당시의 대원들은 밍마의 집을 찾아갔다. 돌을 쌓아 지은 그의 호텔도 이제는 제법 그럴 듯하다. 밍마는 반색을 하며 대원들을 맞는다. 우유를 끓이고 불을 피워 감자를 삶는 등 부산을 떤다. 우리의 막걸리와 똑같은 창과 소주 같은 럭시를 가득 부어 술잔이 오간다.

8월 7일

아침 서울에 편지를 보냈다. 장문삼 대장은 앙 푸르바와 대원 몇을 데리고 먼저 앞으로 나아갔다. 맑던 날씨가 다시 흐려지며 오후부터 비가 또 왔다. 몸에 열이 나서 종일 침낭 속에 들어가 누워있었다. 저녁에 맨 뒤에 처졌던 박상렬 부대장과 한정수 대원 그리고 락파 텐징이 비나야 씨가 보낸 프랑스 산소통을 끌고 도착했다. 오랫동안 흩어졌던 원정대가 이로써 다시 한데 뭉치게 되어 기뻤는데 내 몸이 말을 안 들어 걱정이었다.

8월 8일

맑은 날씨에 기온은 5도.

히말라야 국립공원 관리 사무소에 근무한다는 뉴질랜드 사람이 찾아와서 한국 원정대가 자연을 더럽힌다고 말했다고 한다. 나는 이 소식을 듣고 기분이 언짢았다. 알고 보니 원정대가 나누어준 간식을 셀파들이 먹고 버린 포장지를 두고 한 말이었다. 나는 당장 그 외국인 직원을 만나 사정을 설명하고 캠프지에 흩어져 있는 야크 똥이며 취사장 근처를 깨끗이 치우도록 셀파들에게 지시했다.

나도 당보체에 사흘 동안 묵은 뒤 다음 막영지인 페리체로 떠났다. 길은 높은 고개 같은 데가 없고 완만한 기복의 연속이었다. 그러나 걷는 데 힘이 드는 것은 역시 4,000미터 고소에서 오는 현상에 틀림 없었다. 대기 속에 산소가 적어지니 몸을 움직이는 데 영향이 있을 것은 당연한 일이었다.

지금까지 본 일이 없는 에델바이스 무리가 나타났다. 처음 보는 히말라야 고산화다. 계절 때문인지 아니면 토질에서 오는지 몰라도 꽃은 꽃다운 매력이 없었고 게다가 찬 바람에 떨고 있는 모습이 가련하기만 했다. 그러나 에델바이스가 이렇게 많이 무리 지어 피어있는 것을

140

보니 비로소 우리가 상당한 높이에 이르렀다는 것을 알았다.

우리가 페리체에 닿은 시간은 11시 30분 경이었다. 아침에 당보체를 떠난 것이 여덟 시였으니 세 시간 삼십 분만에 400미터 고도를 높인 셈이다. 그런데 하루의 행정을 이렇게 마무리 짓기는 시간 낭비고 애석한 생각이 들지만 이제 부터는 그야말로 비스타리 전법으로 응하는 것이 무엇보다 중요하다. 그런 뜻에서 당보체부터 베이스 캠프에 이르는 구간의 막영지 설정은 누가 정했는지 몰라도 적절한 거리로 나누어져 있다고 생각된다.

페리체라는 곳은 넓은 들이며, 셸파의 집 두 채와 작은 석조 건물이 길을 사이에 두고 앙상하게 마주보고 있을 뿐 주위는 그야말로 삭막했다. 셸파 집은 잡석과 흙으로 벽을 둘렀고 지붕에는 큼직한 돌들을 올려놓아 바람이 세다는 것을 암시하고 있었다. 조그마한 창에는 비닐 조각이 유리를 대신해서 쳐있었다. 출입구는 허리를 굽힐 정도로 낮았고 얄팍한 판자에 〈밍마 호텔〉이라고 영자로 쓴 간판이 처마 밑에 붙어 있었다. 한쪽 셸파 집도 역시 찻집인데 문은 굳게 닫히고 인기척이 없었다.

열두 시가 가까운데 날씨는 스산하고 바람이 차다. 대원과 셸파들이 들 한가운데 천막을 치며 하루 묵을 준비를 했다. 대원들은 내가 열이 있는 것을 알고 오늘은 밍마 호텔에서 쉬라고 한다. 나도 고집을 부리느니 차라리 바람을 피해 빨리 건강을 되찾아야겠다는 생각이 들었다.

밍마 호텔 돌 담 옆에 이정표가 서 있었는데 나무 상자를 뜯어서 만든 초라한 이 표지가 아주 인상적이었다.

EVEREST　8,848m　20km

LOBUCHE　4,930m　8km

THYANGBOCHE　3,867m　10km

이러한 검은 글씨가 오랜 비바람과 눈 속에서 선명하게 남아있었다.

넉넉치 않은 재료 가지고 이렇게 도표를 만들어 세운 호텔의 주인 밍마의 마음씨가 한없이 갸륵하게 느껴졌다.

호텔 건너 편에 있는 작은 석조 건물 앞에는 '日本 東京醫科大學 高山病 研究所'라는 글과 그 밑에 DOCTOR ON DUTY 라고 쓰여있는 간판이 서 있었다. 그러나 연구소 건물의 문은 굳게 잠겨 있었다. 창문으로 안을 들여다 보니 아무것도 없었고 근자에 사람이 있었던 흔적이 보이지 않았다.

밍마 호텔 안은 흙바닥이었고 방 한가운데 드럼통으로 만든 난로가 있었다. 그리고 벽에 붙여서 흙을 쌓아올려 침대 겸 걸상으로 사용하게 만들어 놓았다. 나는 그 위에 매트레스를 깔고 침낭을 펴서 잠자리를 만들었다.

방 안은 마치 움막 같았다. 창문에 친 비닐 조각이 펄럭거리는 것을 보지 않는 한 밖에 바람이 부는지도 모른다. 어두워지면서 대원들과 사다 그리고 연락 장교가 찾아와서 난로에 장작불을 피웠다. 호텔의 숙박료는 2루피(80원). 가물거리는 석유등 밑에서 난로를 쪼이며 우리는 시간 가는 줄 몰랐다.

8월 9일

흐린 후 가랑비. 기온은 4도. 새벽 네 시에 눈을 떴다. 간밤에 잠은 잘 잤지만 몸은 여전히 개운치 않았다.

일정 대로 라면 오늘 로부체(Lobuche, 4,930m) 까지 가야 하는데 서두를 것 없이 여기서 하루 더 쉬기로 했다. 그래서 김병준 대원과 쿡 한 사람이 같이 있기로 하고 모두 앞으로 나갔다.

오늘 아침 로부체를 떠나기로 되어있는 장문삼 대장에게 이곳 소식을 알리려고 새벽 네 시 셀파 편으로 메시지를 띄었더니, 그는 일곱 시에 로부체에서 이상윤, 도창호 대원을 만나 편지를 전하고 돌아왔다.

한편 집으로 돌아가는 포터한테서 선발대가 오늘 베이스 캠프에 진입한다는 반가운 소식을 들었다. 카트만두를 떠난 지 21일. 1975년 영국 원정대의 기록적인 트레킹과 맞먹는 속도다. 우리가 예정을 10일이나 앞당겨 21일 만에 베이스 캠프에 들어가게 된 것은 대원들이 고도에 빨리 순화했기 때문이었다. 지금까지 우리 가운데 고산 증세를 일으킨 사람은 적어도 대원 사이에 없었다. 그런데 선발대가 벌써 표고 5,400미터 아이스폴 하단에 도달했다니 페리체에 혼자 떨어져 있는 나 자신의 신세가 처량했다.

저녁이 늦어서 느닷없이 조대행 의무 대원이 페리체에 나타났다. 그는 오늘 아침 선발대로 베이스 캠프 예정지에 도착했는데 장문삼 대장으로부터 내 소식을 듣고 바로 돌아서 달려왔다는 것이다. 베이스 캠프에서 이곳 페레체까지는 이렇게 내려올 때에는 오를 때와 사정이 다르겠지만 오늘 아침 고락셉에서 올라가자 바로 다시 여기까지 달려 내려온다는 것은 쉬운 일이 아니다. 조대행 대원이 그렇게 반갑고 고마울 수가 없었다. 의무 대원으로서의 책임도 책임이나 그것보다 우정이 앞서지 않고서는 해내기 어려운 일이리라. 나는 그때의 그의 노고를 평생 두고 어떻게 갚아야 할지 모른다. 여기 조 대원 일기가 있다. ―

8월 9일

오전 열 시 고락셉을 떠나 11시 30분 경 BC에 도착하자 장문삼 등반 대장으로부터 김 대장이 중환으로 페리체에 누워계시니 빨리 내려가서 치료하라는 명령을 받았다. 나는 12시에 BC를 출발하였다. BC에서 페레체까지는 올라올 때 3일이나 걸린 먼 길이다. 그러나 중환자를 왕진 가야만 하는 의사로서의 사명감 때문에 발바닥에서 불티가 나도록 내리 달렸다. 고락셉과 로부체를 지나면서 다른 대원들의 건강 상태와 고도 적응 상태를 확인하였다.

17시 30분 페리체에 도착하여 김 대장의 건강 상태를 검사하였더니 단순한 몸살 감기로 판명되어 안도의 숨을 내쉴 수 있었다. BC를 떠나면서 고산병이나 폐염 등 중환일 경우를 걱정하면서 정신없이 뛰어내려온 나는 그제서야 점심도 굶은 생각이 나서 갑자기 배고픈 것을 알았다.

8월 10일

흐리고 기온은 2도. 어제 밤에는 기침이 났지만 조 대원의 진단을 받고 약을 먹은 뒤 잠을 잘 자고 여느때 보다 시간 반 정도 늦게 일어났다. 식욕은 여전히 없었다. 매점 진열장에는 각국 원정대의 깡통 음식들이 놓여있었는데 그 가운데 몇 개를 골라 먹어 보았으나 별로 맛이 없었다.

낮에 김병준 대원과 타파 중위 하고 셋이서 200미터 정도 되는 앞산에 올라갔다. 그런대로 걸을 것 같았다.

인편에 전방 소식이 왔다. 선발대가 고락셉(Gorak Shep, 5,160m)으로 올라간다는 내용인데 따라서 B대 선두 팀도 그 뒤를 따라가고 있을 터이니 모든 일이 순조롭게 진행하고 있다는 이야기다. 이 편지를 받고 나니 더욱 마음이 초조해졌다.

8월 11일

오늘도 날씨는 흐리고 기온은 어제와 같은 2도 였다. 그러나 앞으로 기온은 내려가기 마련이다.

우리는 사흘 동안 묵었던 페리체를 뒤로 8킬로미터 앞에 있는 로부체로 떠났다. 호텔 주인 밍마가 장사가 안된다고 푸념하더라고 김병준 대원이 말했다. 페리체에서 호텔 문을 여는 것은 1년에 봄과 가을 두 차례, 그것도 외국 원정대가 지나가는 짧은 한동안이니 장사 재미가 있을 리가 없으리라. 딴 원정대에서는 페리체를 중심으로 대원들이 고도 순화 차 오르내리며 묵기도 하고 차도 팔아주는데, 이번 한국 원정대는 한번 지나가고 그만이라는 이야기인 모양이었다.

페리체의 들은 끝없이 넓은 듯 했다. 가도 가도 좀체로 들판이 끝나지 않았다. 넓은 들에는 얕은 돌담을 두른 곳이 여기저기 있었는데 가축을 방목하는 곳인 것 같았다. 걸음을 멈추고 뒤를 돌아보면 깎아지른 아마 다브람의 위용이 늘 그만한 거리에 보였다.

로부체까지 길은 기복이 심하지 않았으나 걷기가 몹시 지루했다. 황량한 산길에 돌집 두 채가 나타났다. 여기가 오늘의 목적지인 로부체란다. 그밖에 아무런 표적이 없으니 그런 줄 알고 우리는 수도 적으니 이 돌집에서 하루 신세를 지기로 했다.

돌집 안은 연기로 사람 얼굴을 가리기조차 힘들 지경이었는데 이글이글 타오르는 장작불 위에 시커멓게 그을은 큰 주전자가 소리를 내며 끓고 있었다. 우리는 짐을 내려놓고 우선 차를 달라고 했다. 안된 이야기지만 이런 데서는 거의 차 밖에 마실 것이 없다.

저녁 늦으막 해서 고락셉으로부터 이윤선, 김영한 두 대원이 내려왔다. 장문삼 대장이 나를 염려해서 우모 침낭을 보내주었다. 나는 천막 아닌 돌집에서 조대행 의무 대원한테 링거 주사 500cc를 맞고 처음으로 우모 침낭 속에 들어갔다.

8월 12일

날씨는 맑았으나 기온은 어제보다 떨어져 섭씨 1도를 기록했다.

아침 여덟 시가 되어 고랍셉으로 떠나려고 하는데 타파 중위가 들어오더니 내 앞에 엎드리며 갑자기 울음을 터뜨렸다. 그는 고락셉에서 머리가 깨질 듯이 아파서 견디다 못해 내려왔다고 했다. 그는 당보체에서 페리체로 올라 갔을 때도 고산 증세를 일으켰던 일이 있었는데

21세의 나이는 역시 고소에 적응하기에는 아직 어린 것 같았다. 지난 날 카트만두에서 연락 장교로 부임했다고 신고 했을 때 고소에 대해 자신 만만하게 말하던 청년 장교 타파 중위 얼굴이 다시 떠올랐다.

나는 그에게 100루피를 주며 로부체에서 며칠 쉬도록 하고 우리는 고락셉으로 떠났다. 여기서 로부체까지 고도차는 200미터 정도고 길도 평탄하지만 걷는 데는 역시 힘이 들었다. 페리체까지 오는 길에는 그 런대로 산꽃들이 피어있었는데 표고 5,000미터 가까운 로부체 부터는 꽃이라곤 거의 사라지고 에델바이스만이 앙상한 모습을 유지하고 있었 다. 고도가 동식물에 미치는 영향은 이처럼 분명하고 어김없었다.

고락셉은 까마귀 무덤이라는 뜻이라고 한다. 그렇지 않아도 황량하 기 그지없는 곳으로 주위를 둘러보아도 일대 불모지다. 앞에 보이는 것은 광막한 돌밭이다. 빙하 하단을 형성하는 이른바 모레인(Moraine) 지대다. 그 너머로 눕체(Nuptse, 7,879m), 뒤에는 푸모리(Pumori, 7,145m) 와 칼라 파타(Kala Patha, 5,600m) 급사면이 하늘 높이로 이어지고 있다.

고락셉 넓은 빈터에 지붕도 없이 돌벽 뿐인 집 한 채가 서있었는데 그야말로 살풍경이다. 모레인 지대 한가운데 넓은 물구덩이가 있었다. 그것은 마치 사해 같은 느낌을 주었으며 모레인과 호수의 배치는 이 고락셉의 풍경을 더 한층 황량하게 만들고 있었다. 히말라야 고산 식 물 중의 식물인 에델바이스도 고락셉이 그의 마지막 생존지였다.

고락셉에는 앞서 한정수, 전명찬 두 대원이 남아 있었는데 와보니 그들도 베이스 캠프로 올라가고 아무도 없었다. 우리가 고락셉에 도착 하자 김병준 대원은 계속해서 올라가겠다고 했다. 그렇게 서두를 것 없이 오늘 고락셉에서 하루 쉬자고 했는데 그는 괜찮다며 한사코 올라 가겠다는 것이다.

나는 김영한, 조대행 대원과 셋이서 고락셉에서 예정대로 하루를 묵 기로 했다. 그러자 BC의 장문삼 대장의 편지와 무전 연락을 받았다.

뒤늦게 도착한 프랑스 산소통과 레규레이터(산소 조절기)의 연결 나사가 맞지 않는다는 이야기였다. 한편 카트만두로부터 전문이 왔는데, 산악연맹의 김주명 사무국장이 스키 고글과 등산화를 가지고 카트만두에 도착했다는 소식이었다.

지난 7월 중순 카트만두에서 장비를 검토하다 김영한, 고상돈 대원 등의 등산화가 발에 맞지 않았고, 스키 고글이 너무 밝아서 쓸모 없으니 이 문제에 대해 서울의 사무국장에게 대책을 세우도록 지시한 일이 있었다. 그래서 김 국장은 부랴부랴 일본에 건너가 새로운 물건들을 구해서 현지로 달려온 것이다. 사무 국장이 취한 조치는 잘 되었으나 산소통 문제는 이것이야말로 크나큰 걱정거리였다.

오후 늦게 김영한, 조대행 등 셋이서 모레인 지대를 거쳐 푸모리 숄더로 거슬러 올라갔다. 표고 5,600미터의 칼라 파타에 오르면 에베레스트 산군인 눕체와 로오체 그리고 에베레스트 웨스트 숄더 등 거봉이 한눈에 들어오며, 아이스 폴과 쿰부 빙하의 전경도 바로 눈아래 내려다 볼 수 있다는 것을 나는 알고 있었다.

칼라 파타에 오르는 사면은 순한 비탈이지만 고도가 고도니 만큼 숨이 여간 가쁘지 않다. 쉬어가며 천천히 고도를 높이자 아이스 폴 아래쪽 넓은 얼음의 세계에 자리잡은 천막촌이 쌍안경에 잡혔다. 우리 베이스 캠프였다. 시야에 들어오는 세계가 너무 넓다 보니 도대체 얼마나 먼 거리에 있는지 감을 잡을 수가 없었다. 에베레스트를 중심으로 펼쳐지는 일대 파노라마의 장관은 대자연만이 간직하고 있는 신비와 장엄의 극치였다. 이것이야 말로 창세기 이래 변함없는 그대로의 모습이 아닐까 싶었다. 극한이라는 말이 있지만 여기가 바로 그러한 극한의 세계일 것이다.

8월 13일

흐린 날씨였다. 우리는 8시 30분에 고락셉을 떠나 베이스 캠프로 향했다. 눕체를 오른쪽으로 바라보며 쿰부(Khumbu) 빙하를 따라 북쪽으로 거슬러 오르노라면 아이스 폴에 이르는데, 베이스 캠프는 바로 아이스 폴 하단부에 건설됐다.

쿰부 빙하는 모레인 지대로서 오랜 세월을 두고 빙하를 타고 내려온 흑갈색의 암석들이 광대한 지역에 쌓였고, 5미터에서 10미터 높이의 빙산들이 제멋대로 수없이 서있었다. 이러한 빙산의 숲 사이를 뚫고 우리는 네 시간 가까이 걸어가야 했다. 바닥이 딱딱한 등산화가 아닌 캐러밴용 신발은 고르지 않은 돌밭을 걷는 데 여간 불편하지 않았다.

고락셉을 떠나자 풀 한 포기 보이지 않았다. 동물이 눈에 띄지 않은 지도 이미 오래지만 완전한 불모의 지대, 침묵의 세계를 우리는 걷고 또 걸었다.

멀리 돌밭을 누군가 이리로 오고있었다. 몸매를 보아 포터나 셀파가 아니다. 가까이 와서 보니 김병준 대원이었다. 그는 어제 고락셉에서 쉬지 않고 베이스 캠프로 올라갔는데 밤새 머리가 아파서 밑으로 내려온다는 것이었다. 그러나 이것도 고소 순화 과정이니 걱정할 것 없다. 나는 로부체에서 연락 장교가 역시 고산 증세로 혼자 쉬고 있으니 거기서 같이 있도록 하고 헤어졌다.

베이스 캠프가 가까워질 무렵에 장문삼 등반 대장이 우리를 마중 나왔다. 그는 바로 위가 베이스 캠프라며 앞장 섰다.

우리는 11시 경에 드디어 380킬로의 긴 도보 여행을 끝냈다.

지난 7월 19일 램상고부터 시작하여 선발대가 8월 9일에 그리고 후발대의 맨 끝 팀이 8월 13일에 도착했다. 표고로 치면 750미터에서 5,400미터까지 오르는 데 380킬로미터 구간을 21일에서 25일에 걸쳐 마무리 한 셈이다.

베이스 캠프 건설은 이미 끝난 거나 다름 없었다. 선발대가 이곳에 올라와서 벌써 며칠 지났으니 그런대로 자리를 잡았다. 그런데 이곳 모습은 황무지에 갑자기 커다란 천막촌이 땅에서 솟아난 듯하다. 도대체 생명체라곤 찾아볼 수 없는 곳에 수십 동의 색색 가지 크고 작은 천막이 늘어서고 800 개나 되는 짐이 한쪽에 쌓였으며 그 사이를 대원, 셀파, 포터들이 분주하게 오가고 있었다. 모두가 바쁘다. 할 일도 많고 마음도 들떠 있었다.

짐을 정리하고 장비를 챙기며 편지를 쓴다. 셀파들은 무엇인지 모르지만 만국기 같은 장식을 하며 제단 만드느라 야단이다. 라마교의 종교 의식의 일종인 듯했다. 돌담을 두르고 큰 천막을 씌워 급조한 주방 겸 식당에서 연기가 오르고 있었다. 차를 끓이는 모양인데 보기만해도 평화롭다.

이러한 베이스 캠프는 말 그대로 등반 활동의 기지가 되기 때문에 앞으로 등반 활동이 벌어지는 기간 동안 이 기지를 유지하고 운영해야 한다. 따라서 대장의 정위치가 베이스 캠프며 셀파를 통솔할 사다 역시 이곳에서 같이 있게 된다.

베이스 캠프의 조건은 눈사태나 산사태의 위험 지대를 벗어나야 하고 급수원 가까운 곳으로 되어있다. 따라서 지금까지 에베레스트 원정대의 기지는 보통 아이스 폴을 벗어나서 그 아래쪽에 건설했다. 예를 들면 지난 날 스위스대는 5,160미터, 미국대는 5,250미터, 일본은 5,350미터, 서독은 5,450미터, 그리고 이번에 우리는 5,400미터로 잡았으니 대동소이 한 셈이다.

이 5,400미터 고소는 아이스 폴 설선에서 약 30분 거리 밑으로 내려온 모레인 지대로 큰 암석들로 덮여 있어 마치 광대한 채석장 같았다. 그래서 선발대로 먼저 도착한 대원과 셀파들은 큰 돌들을 치우고 얼음을 깨서 먼저 정지 작업을 해야 했다. 그리고 여기에 본부 천막과 대원용 천막 6동, 셀파용 10동을 세웠다. 주방과 식당은 규모가 크기 때문에 돌담을 쌓아서 두른 다음 그 위를 넓은 천막 포지로 덮고 그 한가운데 가는 통나무 기둥을 세웠는데 그 솜씨가 소박하면서도 빈틈없고 튼튼했다. 모두 오랜 경험에서 온 지혜요 기술인 셈이다. 이 정도면 웬만한 바람이나 눈에도 버틸 것 같았다.

본부 천막은 장문삼 등반 대장과 내가 같이 쓰기로 되어있지만 대원 전체가 모이기도 하기 때문에 10인용 대형 천막을 쳤고, 중요 장비들을 보관하기 위해서 또 한동 큰 천막을 세웠다. 이 밖에 이른바 상황실을 마련하고 그 안에 알라딘 중고품 석유난로를 피우고 무전기와 라디오 등을 비치했는데, 여기는 대원들이 언제나 모여서 차를 마시며 쉬는 휴게실을 겸하도록 했다.

이리하여 황량하고 생명 없는 불모 지대에 사람 냄새가 나기 시작했다. 기지가 서면서 한쪽으로 수 백 명의 포터와 100마리 가까운 야크가 날라온 엄청난 수량의 짐이 쌓였다. 그런데 이 많은 짐은 그대로 쌓는 것이 아니고 등반 활동에 따라 계획대로 어느 짐을 풀고 어느 짐을 위로 올려야 하기 때문에 누가 보아도 한눈에 알 수 있도록 정리되어 있어야 했다. 이렇게 짐을 정리하는 데 3일이 걸렸다.

일기는 8월 중순에 접어들며 눈에 띄게 달라졌다. 캐러밴 하는 동안 매일같이 오던 비가 페리체를 지나면서 멎은 듯 했고 기온은 섭씨 0도 전후로 내려갔다. 빙하를 흐르는 물은 손을 담글 수 없을 정도로 차다. 이따금 주위의 정막을 뚫고 우뢰 같은 소리가 사람을 놀라게 했다. 그 소리는 포성 같기도 하고 굉음이기도 했다. 이 모두가 눈사태와 산사태 소리였다. 사태는 주로 눕체와 에베레스트 웨스트 숄더, 롤라 능선과 푸모리의 급사면에서 일어났다.

베이스 캠프는 표고 6,000에서 7,000미터가 넘는 큰 봉우리들에 둘러 쌓여 있고 눕체와 웨스트 숄더 사이로 에베레스트를 오르는 길목으로 첫번째 난관이라는 아이스폴이 그 특이한 모습을 드러내고 있다.

에베레스트 날씨는 변덕스러웠다. 아침에 눈이 쏟아지던 하늘이 한 낮에는 맑게 개었다. 선발대가 이곳에 도착한 이튿날에도 진눈깨비가 멎지 않더니 하룻밤을 지나자 아이스폴이 맑은 태양 아래 눈부시도록 빛났다고 한다. 베이스 캠프의 기온은 최고 섭씨 20도까지 올랐다가 해가 지면 영하 5도로 떨어졌다. 한밤은 겨울이고 한낮은 여름인 셈이다. 그러니 이런 온도 변화에 적응하는 것도 큰 문제다. 밤새 쌓인 눈은 아침부터 녹기 시작하여 햇살이 퍼지는 열 시 무렵이면 자취를 감추어 버렸다. 아이스폴이 수시로 무너지며 모습을 바꾸는 것도 이렇게 기온이 변하기 때문이다.

후발대의 후발대로

한 정 수

7월 21일

아침 다섯 시 반 기상과 동시에 출발 준비에 바쁘다. 포터들이 모이기 시작한다.

짐을 나누어 주다 보니 그래도 포터가 모자란다. 앙 체링이 오늘 틀림없이 온다던 포터들이 오지 않는다. 열 시에 이곳에 있던 포터들에게 그래도 짐을 나누어주고 김 대장과 상의해서 결국 B팀을 다시 쪼개기로해 박상렬 부대장과 김병준 대원 그리고, 내가 사다 락파 텐징과 같이 남아서 뒷처리를 하기로 했다. 김 대장과 이윤선 대원과 정부연락관인 타파 중위는 포터들을 앞세우고 바카르로 떠났다. 앞으로 어떻게 되는지 남은 대원들과 걱정을 하며 보낸다던 포터들을 기다리고 있노라니 A팀에 동행했던 메일 러너가 편지를 가지고 왔다. 제 2 막영지인 바카르에서 어제 짐을 지고 갔던 포터 200여 명이 오늘 새벽에 짐을 두고 모두 도망쳤다는 소식이다.

바로 어제 사다리 문제로 실랑이하던 포터들이었다. 이게 무슨 날벼락인가. 급한 마음에 우선 지금 그곳을 향해 오르고 있던 김 대장과 무전으로 교신한다. 김 대장은 이 사건을 이미 알고 있었으나 속수무

책일뿐 남아있는 대원들이 알아서 조치하라고 했다. 외국 원정대에서도 포터 문제로 골치를 앓곤 했다지만 그것은 임금 인상을 요구하거나 짐을 분실한 사건이지만 우리처럼 많은 포터가 도망쳤다는 이야기는 듣지 못했다. 우리는 이 사태에 대해 많은 의논을 거쳐 락파 텐징과 내가 다시 카트만두의 셀파 조합으로 가기로 결정을 보았다. 그러나 문제는 한두 명도 아니고 200여 명이나 도망갔으니, 그렇지 않아도 100여 명 이란 포터 부족이 큰 걱정거리였는데 엎친데 덥친격이다.

카트만두에 가면 일이 잘 해결될지 그리고 또 바로 돌아오게 될지 모든 일이 막막한 생각뿐이지만 락파 텐징과 나는 무조건 버스에 올라 탔다. 얼마 안가서 많은 사람들이 버스에 올라 언뜻 살펴보니 한 나이케 얼굴이 눈에 띄었다. 락파 텐징에게 물으니 맞다고 하며 바로 어제 도망간 포터들이란다. 말하기도 역겹고 귀찮다. 이 친구들에게 이야기 해 봤자 무엇하랴! 버스는 계속 사람 수가 불어 나고 그들은 껄껄대며 즐거워하는 표정이 무척 밉다. 이것을 보니 속에서 불이 났지만 그러나 어쩔 도리가 없다. 빨리 카트만두에 들어가길 바랄 뿐이다.

검문소 마다 버스가 멈춰가며 저녁 여섯 시 반에 카트만두에 도착했다. 우리는 셀파 조합으로 갔으나 사람들이 보이지 않는다. 앙 체링이 곧 온다는 말을 듣고 하염없이 기다린다. 우선 대사관의 최 영사, 비나야 씨, 앙 체링 그리고 이곳 총지배인을 만나기로 하고 비나야 씨에게 전화를 거니 출타중이다. 부인에게 우리 이야기를 전하고 즉시 조합으로 오도록 부탁했다. 그리고 혹시나 하는 마음으로 한국 대사관 전화 번호를 물으니 가르쳐준다. 급하게 다이얼을 돌린다. 신의 도움일까 바로 통화가 된다. 최 영사님이냐고 하니 그렇다 하는데 결코 최 영사 목소리 같지 않았다. 이상해서 다시 물으니 분명히 최 영사라고 한다. 그래서 내가 에베레스트 원정 대원인 한정수라고 밝히니 잠깐 기다리란다. 잠시후 다른 사람이 전화를 받으며 여기는 조선 민주주의 인민

공화국 대사관이라 한다. 더욱 당황하여 덜컥 가슴이 내려앉으며 순간 전화기를 놓았다. 비나야 부인이 전화번호를 잘못 가르쳐준 모양이다. 나는 만일의 경우에 대비하여 조합의 직원들에게 주의를 준다. 만약 북한 대사관에서 나를 찾으면 당신들이 나를 보호해야 한다고 하니 몇몇 직원들이 대문 뒤에 숨어 경비를 선다. 나는 우리 대사관에 전화를 걸고 최종봉 영사와 통화하니 영사도 몹시 놀란다.

21시가 되어 최 영사, 비나야, 앙 체링 그리고 총지배인인 다와 노르부가 한자리에 모였다. 내일 당장 부족한 포터 수를 채워 투입시켜야 된다고 강조 하나 셀파 조합측에서는 당초 포터 고용 계약을 할 때 장문삼 등반 대장이 비나야 씨와 같이 600명분에 대한 어드반스 마니(선수금)을 지불하고 출발하기 전날 150명을 선수금 없이 더 부탁을 했다고 말하다. 선수금을 받지 않은 포터 계약은 무효가 다름없다는 말인 듯 했다. 그리고 지금은 트레킹 시즌이 아닌 농번기라 일손이 딸려 포터 고용이 힘든데 만약 장 대장이 빨리 결정했었다면 미리 손을 썼을 것이라고 한다. 그러나 이제 지난 일을 따져 무엇하랴. 당장 급한 것은 도망가서 모자라는 포터와 램상고에 남아있는 짐을 옮길 포터를 확보하고 도망간 포터들에게 지불한 선수금을 환불받는 일이다. 이에 대해 다와 노르부 총지배인도 이의 없이 빠른 시간 내에 이 문제를 수습하겠다고 했다. 우선 내일 카트만두에서 150명을 데리고 가고 램상고에서 100명을 그리고 바카르에서 100명을 확보할 수 있다며 걱정하지 말라고 한다. 이렇게 해서 우리가 셀파 조합을 나온 것은 밤 열 시가 넘어서였다.

최종봉 영사 집에서 내일 아침 식사를 하기로 약속하고 최 영사와 헤어져 락파 텐징, 비나야와 같이 우선 식당으로 갔다. 하지만 하루 종일 굶었던 속을 채우자니 잘 먹히지 않는다. 비나야 씨는 일이 잘 될 터이니 너무 걱정 말라고 위로한다. 락파 텐징과 같이 숙소에 와서 잠자리에 들으니 시간은 벌써 열 두 시가 넘었다.

7월 22일

여섯 시에 일어나 최 영사 댁으로 가 따뜻한 아침 식사를 하고 서둘러 조합으로 나가니 직원들이 부산하다. 이곳 저곳에 포터를 수소문하는 것 같다. 앙 체링은 아침 일찍 루클라로 가는 비행기로 그곳에 갈 예정이었으나 취소하고 우리 일을 마무리 해주기 위해 행동을 같이 했다. 포터들이 다 될 때까지 트레킹을 같이 하겠단다. 오후 네 시 버스에 포터들을 태워 램상고로 가기로 했다. 나는 이 소식을 빨리 본대에 알리고 싶은 생각에 대사관으로 가 홍 대사님께 우리 실정을 말하고 차편 협조를 부탁하였으나 대사관 차를 빌릴 수는 없었다. 오후 한 시 버스로 돌아가기로 하고 비나야 씨에게 뒷일을 맡기고 앙 체링과 같이 램상고로 돌아갔다. 비는 계속 내리는데 김병준 대원이 심한 설사로 고생하고 있었다. 박 부대장과 김병준 대원에게 상세히 설명을 하고 메일 러너를 통해 전문을 김 대장에게 보낸다. 김 대장은 바카르에서 기다리고 있었다. 앙 체링은 포터 수소문에 바쁘다.

오후 네 시에 출발한 버스가 도착했으나 약속한 포터들은 없다. 앙 체링에게 따졌으나 난처한 표정이다. 할 수없이 막차까지 기다려보지만 약속한 포터의 반도 안된다. 이제는 앙 체링도 몹시 당황해하나 이왕사 이렇게 됐으니 할 수 없이 현지에서 최대한 모집할 수밖에 없었다. 비가 계속 쏟아졌다.

7월 23일

06시 기상. 어제 왔던 포터들과 아침에 일부 또 포터들이 도착해 우선 김병준 대원이 이들을 데리고 출발해 다시 분산이 된다. 이들은 보내고 나니 허탈감이 엄습해온다. 결국 앞팀과 우리들과 차이가 일주일

정도 벌어졌다. 하루 간격으로 움직여야 할 일정이 일주일씩 벌어지고 또 앞으로 어떻게 될지 모르는 판이라 답답하기만 하다. 앞팀도 걱정이 되지만 박 부대장과 서로 격려하며 즐겁게 보내기로 했다. 하지만 한편으로는 야속하기도 하다.

앙 체링이 수소문한 효과로 오후 2시 45분에 김병준 대원이 뒤를 쫓아 램상고를 출발할 수 있었다. 몇 명의 포터는 짐도 없다. 이곳 램상고에서 드디어 출발을 하게 되다니 우선 마음이 산뜻하다. 가파른 길을 올라 지겨웠던 램상고를 뒤로하고 바카르에 도착한 시간은 저녁 8시 20분 세상이 캄캄하다. 몹시 반갑게 김 대장 본부팀 일행이 저녁식사를 들고 있었다. 지난 경과를 김 대장께 보고하고 즐겁게 저녁을 함께 마쳤다.

그 동안 이곳에서도 김 대장은 정부연락관인 타파 중위 도움을 받아 현지 포터들을 모집해 앞으로 밀어 붙였단다. 좌우간 처음부터 이 지경이니 김 대장도 무척 심려가 컸으리라.

7월 24일

06시에 기상. 짐을 나누어주고 남은 짐 때문에 박상렬 부대장과 내가 남기로 하고 모두 출발했다. 대장도 무척 안타까워하지만 어쩔 수가 없다. 본대가 떠난 뒤 박 부대장, 락파 텐징, 앙 체링, 나 넷이 포터들에 대한 의논을 했다. 가끔 한 두명씩 모여와 일부 포터 계약을 하기도 했다. 앙 체링은 바로 현지 포터 수소문 때문에 동네로 내려가 그냥 기다릴 뿐이다.

7월 25일

06시 기상 김 대장으로부터 아침에 셀파 편으로 포터들에 대한 일부 돈과 담배를 보내왔다. 그리고 어제 예약했던 12명의 포터를 딸려 되돌려 보냈지만 이러다간 도저히 안되겠다 싶어 넷이 협의해 내가 앙체링과 같이 또 카트만두로 돌아가야한다는 결론에 정말 미칠 지경이다. 우선 김 대장과 교신을 한다. 김 대장도 좋으면 그렇게 하란다. 이 상태로는 도저히 정상적인 운행이 될 수가 없다.

하산 준비를 마치고 출발하려는데 한 젊은 현주민이 와서 자기네 마을에 인원을 모으면 100명 이상이 된단다. 지금 이곳에 남아 있는 짐에 118 덩어리니 이같은 뜻밖의 희소식이 어디있나 하는 생각에 젊은이를 구세주 같이 잡고 물어본다. 전에는 이런 일을 해보지는 않았단다. 전적으로 이 친구 말을 믿을 수는 없지만 이야기하는 태도가 아주 순수하다. 일단 카트만두로 돌아가는 계획을 중지하고 젊은이에게 맡기기로 했다. 그 인원만 되면 나머지는 문제가 아니다. 박 부대장도 사다도 오랜만에 기쁜 표정이며 앙 체링도 다행이라며 좋아한다. 셀파조합의 직원으로써 자기 할 일은 다했지만 안되는 판에 뜻밖에 해결이 된다니 좋아할 수밖에.

점심을 하고 있는데 한 늙은 나이케가 오더니 자기도 30, 40명을 모을 수 있단다. 오늘은 정말 행운이다. 사다 말이 믿을 수 있는 나이케로 이 동네에서도 잘 알고 있단다. 아까 그 젊은이도 점심을 먹느라 아직 안가고 있었다. 두 사람이 말하는 인원이라면 한숨 돌릴 수 있을 것 같다. 젊은이가 얼마라도 좋으니 선금조로 좀 달라고하여 선뜻 내주었다. 나이케도 달라고하여 300루피를 주며 내일을 약속하고 보냈다. 마음이 한결 가볍다. 이 소식을 빨리 알리고 싶은데 교신을 하니 통화가 안된다. 박 부대장과 내일 일을 의논하느라 밤 늦은 줄 모른다.

취침을 하려고 박 부대장 매트레스를 들여다보니 텐트 바닥이 새까맣다. 자세히 들여다 보니 작은 불개미떼 수 만 마리가 우글거린다. 둘 다 깜짝놀라 짐들을 챙긴다. 소름이 쫙 끼친다. 둘이 밖으로 나와 잠자리를 찾으니 한심한데 모두들 꿈나라에 빠져 있다. 조심스럽게 맨땅에 잠자리를 깔고 졸지에 비박이다. 비만 오지 않으면 좋으련만 아직도 소름이 돋아있다. 앞팀들의 진행 과정이 눈에 선하다. 우리는 맨 뒤에서 별 일이 다 많구나.

7월 26일

05시 30분 기상. 날씨는 맑다. 젊은 친구가 약속을 지켜 포터들이 모인다. 짐을 분배 해주고 나니 또 사다리 진 포터들이 투정한다. 몇 명 안돼 30루피씩 주기로 하니 움직인다. 늙은 나이케는 안오나 젊은 친구가 데리고 온 포터들로 충분하다. 짐이 모두 분배가 끝났다. 어제 이곳에 도착한 메일 러너를 본진으로 보내고 락파 텐징에게 이곳 경찰에게 늙은 나이케 행동을 신고 하도록 했다. 앙 체링은 이일을 끝으로 카트만두로 돌아갔다.

출발이다. 이제 카트만두를 출발한 지 일주일이 넘어 이틀 코스인 슈르케로 향했다. 가는 길이 도로공사로 많이 넓혀 놓아 지리마을까지 차가 다닐 수 있게 했단다. 1975년도 길과는 많이 달라졌다. 슈르케에 18시 30에 도착하여 지난 1975년도 막영지보다 더 밑에 자리 잡았다. 날씨는 좋았으나 밤에 많은 비가 내렸다.

5

아이스 폴

김 영 도

아이스 폴의 고도는 6,100미터, 표고차가 약 800미터다. 그리고 그 넓이는 좁은 데는 1 킬로미터, 넓은 곳이 2 킬로미터에 이르며 평균 경사도는 약 30도다.

이 지대는 쿰부 빙하가 상부 웨스턴 쿰에서 흐르다가 6,100미터 고소에서 30도의 사면으로 꺾이며 광대한 쎄락과 크레바스 지대로 돌변하는데, 이때 빙하의 모습이 마치 폭포가 얼어붙은 듯하다고 해서 아이스 폴 (Ice fall) 즉 얼음 폭포라고 부르게 됐다.

빙하는 지구 위에 고도 4,000미터 부근부터 크고 작은 것이 있지만 에베레스트의 쿰부 빙하 아이스 폴 같이 그 규모와 양상이 특이한 곳은 한군데도 없다. 그래서 흔히 '아이스 폴'이라고 하면 바로 에베레스트 쿰부 빙하의 빙폭을 두고 말한다.

그런데 아이스 폴은 눈에 보이지 않지만 조금씩 이동하고 기온에 따라 쎄락이 무너지며 크레바스가 넓어졌다 좁아졌다 한다. 아이스 폴 지대에 언제나 위험이 도사리고 있다고 하는 것은 이때문인데, 이러한 위험은 특히 해가 떠서 기온이 오르는 낮 12시부터 14시 무렵이다. 그래서 이 시간대에는 될 수록 아이스 폴 지대에서 벗어나 있어야하며

160

부득이 행동하지 않을 수 없을 때에는 반드시 2, 3명이 한 팀이 되어 안자일렌 하고 빨리 움직이도록 한다.

위험한 것은 아이스 폴 지대만이 아니다. 빙하는 보기에 넓고 평탄하지만 곳곳에 히든 크레바스가 있는데, 이것은 크레바스가 눈에 덮여 입을 벌리고 있는지 모르는 수가 많다. 그래서 빙하를 갈 때에는 언제나 피켈 아니면 스키 슈톡으로 눈 위를 짚어 보아야한다.

에베레스트 등반 역사는 1921년에 영국 원정대가 처음으로 열기 시작했지만 이들 원정의 선구자는 초기에 아이스 폴이 있는 것을 몰랐다. 그들은 1938년 8차 원정까지 줄곧 북쪽 루트로 오르려고 하다가 1951년에 이르러 비로소 네팔 쪽으로 방향을 돌려 에베레스트에 접근했다. 그때 쉽튼 대장(E. Shipton)이 아이스 폴의 존재를 알고 이리로 길을 내보려고 했다. 그들이 1953년에 끝내 에베레스트 등정에 성공하게 된 것도 쉽튼 대장이 이 아이스 폴 루트에 눈을 돌린 데 바로 그 공이 있었다.

그런데 우리는 이 아이스 폴의 위험을 구체적으로 잘 알고 있었다. 그것은 1970년의 사태인데, 당시 일본의 프로 스키어가 사우스 콜에서 스키 활강이라는 세기적 드라마를 연출할 때 따라갔던 셸파 가운데 6명이 아이스 폴에서 갑자기 설면이 꺼지면서 크레바스에 말려들어가는 참사를 비졌다.

아이스 폴의 위험은 이밖에 또 있는데 그것은 바로 그 고도에서 오는 위험이다. 다시 말해서 고도 순화가 안된 상태에서 여기를 단숨에 오른다면 그것은 자살 행위나 다름 없다. 아이스 폴 루트는 도중에 비박을 할 수가 없기 때문에 그리고 언제나 해가 비치지 않는 오전 시간에 통과해야 하는데 그래서 베이스 캠프에서 상단부까지 한 번에 오르다가 끝내 폐부종을 일으켜 죽은 예가 있다. 물론 이런 경우가 아니더라도 아이스 폴 지대에서 희생자를 내는 일이 간간이 있어서 아이스 폴에 대한 공포나 경계는 어느 원정대에도 따라다니다 보니 결국 아이스 폴이 에베레스트 제 1의 관문이라는 말까지 생겼다. 그래서 대체로 이 관문을 통과하는 것을 보면 그 원정대가 잘 움직이고 있는지 그렇지 않은지 어느 정도 점치게 된다.

8월 11일

선발대가 지난 9일 베이스 캠프에 진입하고 이틀 동안 등반 기지로 서의 만반의 태세를 갖추자 이제 아이스 폴 정찰에 들어갔다. 이날 하루 대체적인 상황을 검토하고나면 내일부터 본격적인 등반 활동을 시작하려는 것이다.

아이스 폴에 첫발을 내디디는 대원으로 1975년에 현지 정찰 임무를 띠고 이곳에 온 적이 있는 이원영, 고상돈 두 대원과 펨바 노르부를 비롯한 셀파 다섯이었다. 정찰대는 새벽 네시 반에 일어나서 간단히 아침 식사를 마치고 이것저것 준비를 했다. 그러나 여섯 시가 되어 베이스 캠프를 떠나려는데 장문삼 등반 대장이 열 시가 되면 모든 행동을 중지하고 돌아와야 한다고 몇 번이고 강조했다. 그들은 다른 대원과 셀파들이 환송하는 가운데 베이스 캠프를 뒤로 하고 걷기도 힘든 돌밭 위를 한동안 지나 드디어 설선에 도착했다. 여기서부터 문제의 아이스 폴이 시작한다.

천막촌에서 눈 있는 데까지 도보로 약 30분 거리였다. 그들은 여기서 각자 등산화 밑에 살레와 아이젠을 달았다. 그리고 두셋 씩 로프로 묶은 다음 아이스 폴 눈과 얼음의 세계를 더듬어가며 조심조심 올라갔다. 아직 초입이 되어서 그런지 크레바스는 눈에 띠지 않았고 쎄락도 위험해 보이는 것은 별로 없었다. 그래서 얼마 동안은 깊고 굳은 눈에

거대한 건물이 질서없이 쓰러져 있는 듯한 마(魔)의 길목인 아이스 폴 전경 ▶

162

덮인 구릉 지대를 가는 듯 오르락 내리락 했다. 그러나 얼마 걷지 않았는데 숨이 가쁘고 힘이 몹시 들었다. 고도에서 오는 영향에 틀림없었다. 그러니 고도 5,000미터를 넘어서며 운동량이 극도로 제한 받는 것을 알 수가 있었다.

아이스 폴 중간 지대에 이르자 드디어 크레바스가 나타났는데, 여기서부터 아이스 폴과의 싸움이 본격적으로 벌어지겠지만 사다리가 있으니 이런데 루트를 뚫기는 그다지 어려워 보이지 않았다.

정찰대가 진출하는 동안 쎄락이 무너지는 일은 한 번도 없었고 앞으로도 루트 공작이 크게 문제될 것은 없어 보였다. 아이스 폴이 비교적 안정된 상태에 놓여 있으니 얼마나 다행인지 몰랐다.

정찰대는 넓은 크레바스가 앞을 가로 막는 바람에 더 이상 오르지 못해서 돌아서기로 했다. 장 대장이 당부하던 시간도 염두에 두어야 했다. 내려오는 길은 걸음도 가벼웠다. 고도가 낮아지기도 하지만 눈으로 아이스 폴 상태를 확인하고 마음도 가벼웠다. 그런데 그들이 설선 가까이 내려왔을 때 눈 속에 노란 물체가 보였다. 올라온 길을 따라 내려가는데 오를 때 보지 못했던 것이었다. 도대체 이런 곳에 물건이 있다는 것부터 이상한 일이지만 여하튼 가까이 가보니 그것은 프랑스에서 만든 유명한 산소통이었다. 그러자 그주위 여기저기에 같은 노란 통들이 흩어져 있었는데 모두 열 세 통이나 됐다.

산소통은 에베레스트 원정에 있어서는 전략 물자 가운데 전략 물자며 특히 우리도 이번 산소통의 일부를 프랑스에 주문해서 가져온 것을 대원들은 잘 알고 있었다. 그래서 정찰대는 이 사실을 바로 무전으로 베이스 캠프에 있는 장문삼 등반 대장에게 알렸다. 장 대장이 달려와서 조사해보니 한 개는 쓴 흔적이 있고 나머지 열 두 개는 뜯지도 않은 새 것이었다. 정찰대는 뜻밖에 횡재하여 개선 장군처럼 의기 양양해서 산소통을 모두 베이스 캠프로 가지고 내려왔다.

그 무렵 우리는 이번에 프랑스에서 사들인 50 개의 산소통이 레규레이터가 맞지 않아 크게 고민하고 있었는데, 이런 물건이 생겼으니 행운도 이만저만이 아니었다. 그런데 이 많은 산소통이 어떻게 되어 아이스 폴에 있었을까 하는 것이 한동안 우리의 화제였다. 아이스 폴은 물자를 비축하는 곳이 아니기 때문이다.

그러자 1974년의 일이 갑자기 머리에 떠올랐다. 그 해 가을 프랑스 원정대는 표고 6,100미터의 로라 능선에서 눈사태를 만나 대장 도바조와 셀파 다섯이 사망하고 원정대가 후퇴했다. 혹시 그때 그들이 가지고 있던 물건이 아닌가 하는 것이 대원들의 추측이었다. 이때 장문삼 대장이 서글픈 추억담을 털어 높았는데, 그가 1976년 현지 정찰 임무를 띠고 이곳에 왔을 때 로라 능선 아래쪽에 무엇이 보여서 셀파에게 확인시켰더니 누더기처럼 된 우모복으로 싼 덩어리였는데, 전체가 물에 흠뻑 젖어 있었고 이미 오랜 세월 그곳에 버려져 있었던 것이 분명했다. 장 대장이 그 물건을 헤쳐보았더니 일제 마미아 프랙스카메라와 필름들이었다는 것이다. 셀파들이 이것을 프랑스 원정대의 유품일것이라고 해서 장 대장은 1974년 도바조 대장 등의 조난을 상기했다. 그래서 그는 돌아오는 길에 카트만두 소재 프랑스 대사관으로 이 물건들을 보냈다는 것이다. 물론 확실한 것은 알 수 없으나 1974년 이후 영국, 미국, 일본, 뉴질랜드 등에서 원정대가 갔지만 그들이 산소통을 프랑스 제품으로 썼을 가능성은 거의 희박했다.

8월 12일

야외 생활에 익숙한 대원들도 이곳 베이스 캠프의 밤은 결코 즐겁지 않았다. 낮에는 반드시 그렇지도 않은데 주위가 어두워지며 사방에서 사정없이 들려오는 눈사태와 돌사태 소리는 사람을 긴장시키고 불안하게 만들었다.

165

이러한 하룻밤을 지내고 박상렬 부대장은 이원영, 이기용, 고상돈, 도창호 대원들과 앙 푸르바, 아이스 폴 사다 니마 등 18명의 셀파를 거느리고 드디어 아이스 폴 루트 공작에 나섰다. 휴대한 장비는 아이스 바일, 아이스 바, 자일 그리고 알루미늄 사다리 등이었다.

새벽 4시 20분에 그들은 헤드 램프를 밝히며 거친 돌밭을 지나 설선에 도착하자 저마다 아이젠을 달았다. 차차 동녘이 훤히 밝기 시작할 무렵인데 동쪽으로 병풍처럼 둘러서 있는 7,000미터급의 거봉들 때문에 아직 주위가 어두웠다. 공작대는 쎄락을 넘거나 돌아가며 히든 크레바스에 신경을 곤두 세우고 전진했다. 아이스 폴 아래쪽은 비교적 경사가 부드러워 아직 로프를 깔아놓을 필요가 없었다. 크레바스도 별로 없었고 설면은 얼어서 아이젠이 잘 먹었다. 그러나 발은 뗄 때마다 그 한 걸음이 힘들었다. 다리가 아픈 것이 아니라 몸 전체에 기운이 없었다. 고도의 영향인 것은 두말 할 것도 없다.

아이스 폴을 3분의 1정도 올라왔을까 했는데 갑자기 안개가 짙어지며 눈발이 날렸다. 물론 앞은 보기가 힘들었다. 이러한 날씨의 급변을 예측하고도 남음이 있었지만 언제 다시 개일는지가 문제였다. 그러나 루트 공작 첫날 치고는 적당한 고소까지 순조롭게 진출한 셈이다. 즉 그들은 사다리 네 개를 크레바스에 걸어 놓고, 100미터 사이를 두고 대나무 표식기를 등로를 따라 설면에 단단히 박아 세웠다. 오렌지 빛깔의 세모꼴 깃발이 그렇지 않아도 하얀 만년설 위에 유난히 선명했다. 한편 심한 비탈에는 로프를 깔고 잡고 오르내리도록 했다.

우리는 아이스 폴 돌파를 하기 위해 몇 가지 원칙을 세우고 있었다.
① 먼저 한두 사람을 내세워 쎄락과 크레바스의 상태를 조사한다.
② 길을 어디로 잡을 것인가 알아본다.
③ 대원들은 누구나 중간 지점까지 두세 번 올라간다.
④ 아이스 폴 안에서 행동하는 시간은 03시부터 12시 사이로 한다.

⑤ 강설 때와 신설이 내린 다음날은 모든 행동을 중지하고 쉰다.

셸파 가운데는 특히 아이스 폴 셸파라고 해서 아이스 폴 구간에서만 일을 하는 현지 고용인이 따로 25명 있었다. 그런데 그들은 두 팀으로 나누어 팀마다 이틀 일하고 하루 쉬며 우리 대원들과 함께 루트 공작을 하고 짐을 날랐다. 아이스 폴 셸파는 지금까지 아이스 폴을 넘은 적이 없으나 아이스 폴에 대해서는 누구보다도 사정이 밝았다. 그들은 몸놀림이 날쌔고 지칠 줄 몰랐다. 그래서 이 지대를 처음 가는 우리 대원들은 그들을 따라가기가 힘들었다.

8월 13일
날씨가 다시 흐렸다.

박상렬 부대장이 오늘도 앞장섰다. 그는 1971년 로체 샬 원정에 참가했던 만큼 사고나 행동이 원숙한 느낌을 주었는데 다른 대원들의 선배답게 확실히 강하게 보였다. 히말라야 등반에서는 30세 전후의 나이가 가장 적합하다고 하는데 그는 33세의 히말라야 유경험자였다. 이날 공작에는 이원영, 고상돈, 도창호 대원들이 나섰다.

아침부터 흐리던 하늘은 개일 줄 모르더니 끝내 눈발을 날리기 시작했다. 많은 눈은 아니었으나 기분이 좋지 않았다. 돈벌이로 일하는 셸파들의 반응은 빠르다. 그들은 두목인 사다의 지시를 따라 움직이지만 얼굴 표정이나 일하는 태도를 보면 잘 알 수 있다. 우리는 오늘같은 날에는 활동을 중지하고 싶은데 경험이 많은 그들은 이 정도의 날씨에는 까딱도 하지 않는다.

루트 공작대는 이날 표고 5,200미터 정도까지 무난히 진출했다. 이 부근에는 크레바스가 많아서 사다리를 한두 개 건너놓는 것은 별 문제 없는데, 그 이상 연결하여 다리가 길어지면 누구나 먼저 거기를 건너가길 꺼린다. 물론 사다리 위로 자일을 건너 매고 자기 몸의 안전벨트와 카라비나로 연결해서 안전을 기하지만 그래도 겁이 나기 마련이다. 그런데 우리 사다리는 외국 원정대들이 흔히 쓰는 듀라루민 사다리에 비해 덩치가 크고 무거워 다루기가 불편했지만 그만큼 튼튼해서 안전감이 있었다. 이 사다리들을 끌고 산길을 20여 일을 오느라 고생도 많았는데 이제 아이스 폴에 와보니 고생한 보람이 있었다.

깊고 넓은 크레바스에 사다리를 여러 개 이어서 간신히 걸쳤지만 셀파들이 건너기를 주저하고 있을 때 이원영 대원이 앞에 나서서 건너갔다. 안전하다는 것을 보여준 것이다. 박상렬 부대장은 높이 20미터 가량 되는 설벽을 돌파하여 그 위의 플라토 지대까지 나가려고 했다. 이 설벽을 대원들은 댐(dam)이라고 불렀는데 그 생김새는 말 그대로 저수지의 댐과 다른 바가 없었다 그런데 이것이 언제 앞으로 쓰러질지 항상 불안했다. 그래도 갈 길은 여기를 오르는 수밖에 없었다. 나는 박부대장의 댐 돌파 작전 이야기를 듣고 시간과 날씨와 높이를 고려해서 그 계획을 잠시 중지하고 오늘은 베이스로 돌아오도록 지시했다. 그들이 돌아온 것은 12시 무렵이었다.

지난 11일부터 연 사흘에 걸친 아이스 폴 루트 공작은 대체로 만족스러웠다. 따라서 아이스 폴을 넘어선 6,100미터 고소에 캠프 1을 설치하는 일도 큰 어려움 없이 계획대로 이루어질 것이라는 밝은 전망이섰다.

그런데 느닷없이 이중화(二重靴)여섯 켤레와 클라이머 고글 열두 개가 들어있는 짐이 없어졌다는 보고를 받았다. 그 많은 짐 가운데 하필이면 가장 중요한 장비들이 없어졌으니 일은 컸다. 우리는 산적해 있는 짐들을 샅샅이 뒤지고 또 뒤졌지만 헛수고 였다. 알고 보니 없어진 물건은 이것뿐이 아니었다. 다운 베스트 즉 우모 조끼 19벌도 온데간데 없다. 간편한 방한복인 다운 베스트는 없이도 견디겠으나 고글과 더불

부츠는 앞으로 등반 활동에 꼭 필요하다.

　나는 장문삼 등반 대장과 박상렬 부대장 셋이서 긴급 대책을 논의했다. 그렇다고 묘안이 따로 없었다. 결국 서울의 산악연맹 사무국장을 시켜 바로 일본에 건너가 그 물건들을 구해서 카트만두로 직접 가지고 오도록 했다. 그래서 나는 이런 내용을 전문으로 써서 메일 러너 편으로 남체 바잘로 내려보냈다.

전략회의

이 태 영

8월 13일

사흘째 루트 공작이 끝나고 나서 베이스 캠프의 본부 천막에서 처음으로 전략 회의가 열렸다. 회의는 주로 김 대장이 장문삼 등반 대장과 의논한 결과를 전체 대원들에게 알리는 형식을 취했다.

일반적으로 회의라면 의제를 놓고 토의하고 대원들의 의견을 조정하는 것이 관례인데, 원정대 지휘 본부에서는 그렇게 하면 여러 이야기가 나와 혼선을 빚을까 염려했던 모양이다.

"나와 장 대장이 앞으로 예상되는 문제들을 모두 검토하고 깊이 의논해서 결정할 것이니 여러분은 조금도 염려할 것 없다. 그러니 지시대로 움직여 주길 바랄 뿐이다."

회의가 열리면서 김 대장은 이렇게 말을 꺼냈다. 그러자 대원들의 얼굴은 굳어지고 화기애애해야 할 분위기가 처음부터 긴장하는 듯 했다. 그러나 오랫동안 같이 생활을 하고 평소에 대장의 성격을 잘 아는 대원들은 그저 조용히 듣고 있었다. 밖이 어두워서 넓은 본부 천막에는 한가운데 프랑스제 가스 랜턴을 매달고 그 등불을 중심으로 간부진과 대원들이 둘러앉고 있었다.

김 대장은 대원들의 저마다 일기당천의 기분과 능력을 가지고 있는 것을 잘 알고 있지만 결국 사공이 많으면 배가 산으로 올라간다고 했으니 여러분은 저마다 하고 싶은 말이 많아도 자중하고 나와 장 대장을 믿으라며 본론에 들어갔다.

이날 회의에서는 주로 공격 일정 문제가 토의됐다. 김 대장은 지금까지의 아이스폴 루트 공작 상황을 보고 정상 공격을 예정보다 앞당길 수 있다는 확신을 얻은 모양이었다. 원정대가 처음 계획했던 것을 8월 15일부터 등반 활동을 시작해서 10월 3일 개천절에 1차 공격을 시도하고 그것의 성공 여부와 관계없이 9일 한글날에 2차 공격을 계획하고 있었다. 이렇게 되면 등반 활동 기간이 50일 전후가 되는데 1975년 영국 원정대의 28일에 비하면 너무 길었다.

물론 우리는 지난날 일본대가 걸린 날짜를 고려에 넣었던 것인데, 1976년의 미국의 경우를 보면 사실상 32일밖에 걸리지 않았다. 그러니 앞으로 한달, 적어도 9월 10일까지는 우리도 할 수 있다는 전망이 섰다. 요는 셀파의 힘을 빌려 되도록 빨리 루트를 뚫는 일이고 먼저 8월 15일 까지 캠프 1을 건설하느냐 하는 문제가 일의 시작이었다.

이러한 김 대장의 말에 조용했던 천막 안의 분위기가 설렁거리기 시작했다. 이렇게 되면 당초 계획을 한달이나 앞당기는 대폭 수정을 뜻한다. 대원들은 놀라는 한편 의심하면서도 흥분을 감추지 못했다.

과연 그렇게 할 수 있을까?

그러나 대원들의 표정과 분위기에서 김 대장은 확신을 얻은 듯 했다. 그때까지 김 대장 만이 아는 고민이 풀린 것을 대원들은 뒤에 가서야 알았다.

국회의원인 김 대장은 국회의장으로부터 장기간 출국 허가를 받을 때 국회가 개원할 9월 20일 이전에 귀국한다는 조건으로 이번 원정에 참가했다. 그래서 본인은 원정대의 캠프 전진 상황을 보고 9월 초에 혼자 베이스캠프를 떠나 돌아올 생각이었고 이미 이에 대한 준비로 개인 막영구와 취사구를 원정대 장비와 따로 준비해 왔던 것이다.

김 대장이 이처럼 원정 기간에 귀국하는 일에 누구보다 신경을 쓸 사람은 바로 장문삼 등반대장이었다. 장 대장은 1971년 로체 샬 원정에서 돌아와 한때 산악계 일선에서 물러나고 있었는데, 동료인 최수남이 지난 설악산 눈사태로 조난사 하자 급기야 산악계로 복귀하게 되고 1976년에는 2차 현지 정찰대장을 그리고 이번에 등반대장이라는 중책을 맡았다.

에베레스트 원정대를 편성할 때 김 대장은 처음에 장문삼을 원정대장으로 하고 자기를 총대장이라는 명목으로 일종의 후견인 격으로 앉으려고 했다. 특히 그는 원정 시기가 국회 회기와 맞물려 국회가 개원할 때까지는 돌아와야 했기 때문에 그렇게 되면 사실상 원정대를 현장에서 지휘할 수가 없었다. 그러나 장문삼은 본인으로서의 분명한 입장이 있었다. 다시 말해서 자기의 참여가 일천할 뿐만 아니라 에베레스트 원정에 제문제를 처음부터 다루어온 김 대장이야말로 명실 공히 지휘자가 돼야 한다며 자신의 원정 대장 취임을 반대하고 거절했다. 김 대장은 하는 수없이 대장직을 맡고 장문삼을 등반대장으로 앉히게 되었다.

이와 같은 곡절 뒤에는 장문삼으로서 다른 생각이 있었다. 그것은 김 대장이 원정 대장의 자리에 앉을 경우 그는 결코 베이스 캠프에서 돌아가지는 않을 것이라는 것이었다. 다시 말해서 김 대장을 붙들어 두기 위해서는 그에게 실질적인 대장의 책임을 맡겨야 한다고 장문삼은 내다 보았다. 이번 에베레스트 원정에 있어서 김영도와 장문삼은 결코 떨어질 수 없었고 서로가 오른팔이나 다름 없었다. 그토록 이 두 사람 사이는 밀접했다.

결국 이날 전략 회의에서는 주요 의제였던 정상 공격 계획 문제 외

김영도 대장(왼쪽)과 장문삼 등반대장이 베이스캠프에서 대원들의 아이스 폴 루트 공작을 무전으로 지휘하고 있다. 전면의 아이스 폴은 서울의 북한산(800m) 만하다. 여기서 에베레스트는 보이지 않는다.

에도 그 동안 소리 없이 나돌던 김 대장의 도중하차 문제가 해결된 느낌이었다. 그래서 대원 가운데 누군가 그렇게 되면 회장님은 안가셔도 되겠네요 며칠 상관이니 끝까지 있을 수 있지 않나 하고 꼭 집어서 말했다. 대원들이 모두 웃었다. 굳었던 표정들이 웃음으로 바뀌며 딱딱했던 분위기가 활짝 풀렸다.

누구보다도 장문삼 등반대장의 얼굴이 밝아졌다.

그러나 정상 공격 시일을 앞당겨야겠다고 결정하기까지 김 대장은 여러 가지 문제를 검토하고 치밀히 계산했다. 우선 기상에 대해 락파 텐징의 의견을 들었다. 또한 수송 계획을 다시 검토하고 대원과 셀파들의 건강과 체력에 대해 지금까지의 상황을 분석 평가했다. 이러한 여

173

러 문제를 논의할 때 김 대장은 장문삼 등반대장과 사다 락파 텐징과 주로 의견을 나누었으며 경우에 따라서는 박상렬 부대장과 펨바 노르부 등과도 상의했다. 이들이야말로 원정대의 실질적이고 구체적인 전략과 그 운명을 좌우하는 사람들이었다.

그런데 정상 공격 계획을 한달이나 앞당겨 9월 15일 이전으로 정하는 데는 그럴 만한 이유가 또 있었다. 우선 이곳에서 청취한 인도 방송에 따르면 금년에도 예년과 다름없이 9월 18일게 야르주가 시작될 것이라고 했다. 이에 대해서는 셀파들도 같은 의견이었다.

"야르주는 보통 1주일간 계속되는데 이 동안 폭설이 그치지 않기 때문에 자칫 잘못 움직이다간 큰 변을 당합니다."

이것이 락파 텐징의 야르주에 대한 설명이었다. 그리고 그의 말에 따르면 야르주는 몬순이 끝날 무렵 거의 예외 없이 닥쳐온다고 했다. 그래서 보통 등반대들은 야르주를 피해서 9월 말이나 10월 초에 정상 공격에 나선다고 했다. 야르주를 모르거나 알아도 무시하고 행동한 등반대가 눈사태로 인명 피해를 당하거나 폭설로 해서 뚫어 놓은 루트가 묻히는 타격을 받기도 했다고 그는 자세히 말한다. 결국 김 대장이 속전속결을 기본 방침으로 세우게 된 것은 이러한 야르주가 오기 전에 등반 활동을 모두 끝내야 안전하겠다고 판단했기 때문이었다.

베이스캠프 찾아온 개

조대행

8월 13일

BC에 도착하자 본부로부터 노란 윔퍼 텐트를 의무실로 할당 받아 그곳에서 기거하게 됐다. 2, 3일이 지났는데 어디서 왔는지 서너 마리의 개들이 베이스캠프 주변을 어슬렁거리며 돌아다니고 있었다. 이들은 당보체나 페리체 부근의 마을에서 셀파나 포터를 쫓아 온 것 같았다. 처음에는 텐트 멀리서 대원들을 경계하는 듯 눈치를 살피며 먹다 버린 음식물을 물고 멀리 도망가곤 했다. 그러나 개들은 날이 가며 점점 텐트 가까이 와서 대원들을 따라 다니게 되었다.

그 중에 덩치가 큰 검정개 한 마리가 있었는데 이 개는 먹다 남은 야크 고기를 몇 번 주었더니 온종일 내 뒤를 따라 다니며 심지어는 급한 용무를 볼 때도 쫓아와 옆에 앉아 있었다. 그리고 밤에도 내 텐트 앞에서 떠날 줄 모르길래 아예 텐트 입구에 빈 식량 박스로 엉성하지만 개집을 마련해 주었다.

일주일이 지난 어느 날 새벽녘에 잠자리가 이상하여 눈을 떠보니 검둥이가 텐트 안에 들어와 내 옆에서 자고 있었다. 밖에는 진눈깨비가 휘몰아치고 가끔 돌사태가 일어나는 소리가 푸모리 쪽에서 들려왔다.

그후 내가 C1으로 진출할 때까지 시간이 남으면 검둥이와 놀고 때로는 같이 산책도 했다.

　8월 24일이 되어 캠프 1로 한정수, 김병준 대원과 함께 베이스 캠프를 출발하자 검둥이도 올라가려고 따라나섰다. 나는 검둥이를 쫓으려고 눈덩어리를 던졌지만 검둥이는 놀자는 줄 알고 더욱 신이 나서 이리저리 뛰어다녔다. 나는 쫓아올 수 있는데까지 와 보라고 내버려 둘 수밖에 없었다. 검둥이는 아이스 폴 사다리를 설치한 곳까지도 따라왔으나 처음 큰 크레바스가 있는 곳에 와서는 겁을 먹었는지 한참 망설이며 크레바스에 설치한 사다리를 건너려고 했다. 나는 혼자 사다리를 건너갔다. 쎄락을 여러 차례 돌아서 간격이 벌어지자 검둥이는 그 자리에서 머뭇거다가 베이스 캠프로 돌아갔다.

　캠프 2에 머무는 동안 베이스 캠프의 대원들로부터 검둥이가 주인없는 텐트를 혼자 지키고 있다는 소식을 종종 들었다.

　9월 17일이 되어 거의 25일 만에 베이스 캠프로 내려왔을 때 검둥이는 보이지 않았다.

대장의 일기 ①

김 영 도

8월 14일

03시 30분에 일어났다. 밖에는 눈이 내리고 있었다. 베이스 캠프에 와서 처음 맞는 눈이다. 천막 입구에 달아 놓은 온도계가 섭씨 0°를 가리키고 있었다. 눈이 오거나 기온이 내려가는 것은 일기의 변화를 뜻했다.

서로 얼굴도 보이지 않는 어둠 속에서 대원과 셀파들이 출동 준비로 서성거리고 있었다. 대장으로서 그들을 도와줄 일도 없었지만 출동 태세를 확인하는 뜻에서 나는 그들과 같은 시간에 일어났다. 침낭에서 새우잠을 자다 밖에 나오니 기분이 스산했다. 루트 공작대는 헤드 램프를 번쩍거리며 어둠을 뚫고 04시에 베이스를 떠나갔다.

오늘 장문삼 등반 대장이 처음으로 출동했고 KBS의 김광남 특파원이 그를 따라 나섰다. 장 대장과 김 특파원은 고도 순화를 위해 아이스 폴 중간까지 다녀올 계획이었다. 클라이밍 사다 앙 푸르바는 오늘로써 연 나흘이나 아이스 폴을 오르내리는데 그의 스테미너는 놀라울 따름이다.

8월 15일

쾌청, 영하 1도 오후 한때 진눈깨비.

베이스 캠프에 진입한 이래 처음으로 아이스 폴이 전체 모습을 들어냈다. 구름 한점 없는 새파란 하늘을 배경으로 오른쪽에 눕체와 왼쪽으로 에베레스트 웨스트 숄터가 드높이 솟았고 그 사이로 아이스 폴의 광대한 언덕이 그림처럼 아름다웠다.

멀리 상단부에 까만 점들이 움직이고 있는 것이 오늘은 육안으로도 또렷또렷 하게 관측됐다. 그러자 아이스 폴을 돌파하고 캠프 1의 예정지를 확인했다는 무전이 왔다. 이미 철수해야 할 시간이 다가오고 있었다. 오늘 그 정도까지 진출했다는 것은 아주 만족스러운 일이었다. 나는 모두 철수하라고 지시했다.

전 대원이 베이스 캠프로 돌아보자 그동안 로부체에서 고산 증세로 쉬고 있던 김병준 대원과 연락 장교 타파 중위가 드디어 우리와 합류했다. 이렇게 해서 처음으로 전체 대원이 한곳에 모인 가운데 8·15 광복절 기념 행사를 가졌다. 셀파들은 옆에 모여 우리의 경축행사를 지켜보며 그들도 베이스 캠프 진입을 축하하는 종교 예식을 벌렸다.

김병준 대원은 올라오며 야크 고기를 야크에 싣고 올라왔다. 원정대는 원정 기간 동안 현지 고소에서 야크를 사서 식용으로 할 계획을 세우고 있었는데 그 첫 일을 김병준 대원이 혼자 수고한 것이다. 덕분에 오랫동안 제대로 먹지 못한 우리는 처음으로 맛있고 즐거운 식사 시간을 가졌다. 8·15를 에베레스트 기슭에서 축하할 줄 미처 몰랐던 대원들은 모두 보기 드물게 명랑했다.

8월 16일

날씨는 쾌청, 영하 1도.

박상렬 부대장과 한정수, 이원영, 김영한 대원들이 캠프 1에 진출하기

위해 08시에 출동했다. 이보다 앞서 새벽 3시 장문삼 대장이 김명수,
전명찬 두 대원을 데리고 고도 순응 차 아이스 폴로 올라 갔다.

09시 카트만두로 떠나는 메일 러너 편에 우편물을 보내고 빙하의 물
줄기를 찾아 모처럼 손수건을 빨았다. 얼음 사이로 흐르는 물은 이루
말할 수 없이 차가웠는데 한마디로 손을 담그기조차 어려울 정도였다.
그러기 때문에 아무리 몸이 더러워도 목욕은 고사하고 세수나 양치질
도 제대로 하기 힘들었다. 며칠이고 이를 닦지 않는 것을 상상하기 어
렵지만 도리가 없었다.

이날 전명찬 대원은 아이스 폴 상단부에 있는 댐에 이르자 갑자기
두통을 일으켜 바로 하산하고 말았다. 대원 중에 가장 나이가 어린 25
세의 전 대원은 역시 고도에 약한 모양이었다. 그러자 장 대장으로부
터 댐을 넘어선 플라토에서 김명수 대원이 다리에 경련을 일으켜 꼼짝
못하니 지원대를 보내달라는 무전이 왔다. 곧 셸파를 파송하려는 찰나
김 대원이 자기 힘으로 천천히 내려가겠다는 연락이 다시 왔다.

장 대장 일행은 하오 4시경 무사히 아이스 폴을 내려왔다. 이날 저녁
조대행 의무 대원이 갑자기 설사를 일으켜 한동안 신음하기도 했다.
대원들은 의사 자신이 그렇게 누워버리면 우리는 어떻게 하느냐고 핀
잔을 주며 모두 웃었다.

공작대가 출동할 때는 주방에서 김밥을 싸주기로 하였는데 새벽에
떠나는 대원들이 점심을 못가져 갔다는 것이 뒤늦게 알려져 나는 주방
장인 셸파와 식량 담당 대원을 불러 처음으로 꾸짖었다.

밤 8시가 돼서 캠프 1하고 처음으로 무전 교신을 했다. 캠프 1을 건
설한 박상렬 부대장과 그 밖의 대원들이 모두 건재하지만 다소 피로를
느낀다는 이야기였다.

8월 17일

맑은 날씨에 기온은 0°. 마지막 고비인 것 같았다. 새벽 3시 30분에 셀파들이 캠프 1으로 올라가고 4시 30분에는 고도 순화를 위해 고상돈, 도창호, 곽수웅, 김운영 등이 그 뒤를 따랐다.

야크 고기가 식탁에 오르면서 식사가 좋아졌다. 점심에는 감자 후라이에 야크 비프 스테이크가 나왔다. 국내에서 가지고 간 쇠고기 통조림에는 고기보다 기름 덩어리가 많아서 고민하고 있던 때라 야크 고기로 대원들의 사기가 갑자기 올라갔다. 김병준 대원이 2,000루피(8만원)주고 잡아온 야크 한 마리의 고기는 70명의 대원과 셀파들이 한동안 먹을 수 있는 량이었다. 이것을 보고 눈치 빠른 이상윤 대원이 아이디어를 냈다. 야크 고기 장조림을 만들어 전진 캠프에 올리자는 것이었다. 정말 좋은 생각이었다. 그래서 이대원과 전명찬 대원이 둘이서 종일 고기를 간장에 조렸다.

캠프 1에서 루트 공작에 나선 박 부대장으로부터 무전 연락이 왔다. 캠프 2로 가는 웨스턴 쿰(Western Khum)빙하에는 넓고 깊은 크레바스가 겹겹이 가로놓여 있어 여기를 통과하려면 상당한 시간이 걸리겠고 그렇다고 이곳을 피하려면 천상 눕체 봉 밑을 통과하는 수밖에 없다는 것이다. 눕체쪽은 시간이 단축되지만 눈사태의 위험이 따른다. 일장 일단이 있는 이 두 루트를 놓고 셀파들 사이에서도 의견이 엇갈렸다.

박 부대장은 결정을 짓지 못하고 있었다. 특히 이 문제의 해결이 간단치 않았던 이유는 니마 쌍게라는 셀파 때문이었다. 쌍게는 지난 봄 서독 로체 원정대에 참가했을 때 그들은 크레바스를 피해 눕체봉 밑을 통과했는데 아무런 사고도 없었다는 것이다. 만일 설원 가운데를 뚫고 나가려면 폭이 넓은 크레바스에는 사다리를 설치할 수가 없기 때문에 크레바스 밑으로 내려가서 건너가야 하므로 많은 짐을 나르는데 큰 문제라고 했다. 이러한 근거에서 니마 쌍게는 눕체 쪽을 끝내 주장하고

180

나섰다. 나는 락파 텐징과 의논도 해봤지만 결국 안전 제일 주의로 나
가기로 결정하고 시간이 걸려도 중앙 루트를 택하도록 했다.

저녁 식사 때 김광남 특파원이 감자와 밀가루를 가지고 후라이 솜씨
를 부려 대원들을 즐겁게 했다.

처음 오른 아이스 폴

김 광 남

8월 15일

새벽 3시가 못되어 눈을 떴다. 눈이 조금씩 내리고 날씨가 흐린 듯
했다. 대원들은 서로 공격에 나서려고 했다. 모두 가고 싶은 눈치였다.
그러나 그런 의사를 표시하는 대원은 없었다. 장문삼 대장이 여러 가
지 상황을 고려해 대원들 중에는 한정수, 이기용, 도창호를 지명했다.
이날 공격대에는 박상렬 부대장 대신 장문삼 대장 자신이 나섰고 어제
갔던 고상돈, 이원영 대원이 여기에 끼어 모두 6명에 셀파들은 20여
명이었다.

정각 03시 베이스 캠프를 떠나 나는 무비 카메라와 니콘 카메라를
둘러 메고 이들을 뒤따랐다. 칠흑 같은 밤이지만 쌓인 눈의 반사로 그
렇게 어둡지는 않아도 플래시 없이는 단 한 발짝도 옮겨 놓기가 어려
웠다. 많은 사람들이 동행을 했지만 왠지 무서운 생각이 들었다. 앞서
가는 사람의 발자국을 따라 처음엔 멋모르고 자꾸만 걸어갔다. 얼마나
걸었을까 숨이 차고 쉬고 싶었다. 그러나 혼자는 쉴 수가 없으니 강행
군이다. 온 몸에서 땀이 비오듯 했다. 영하 4도쯤의 쌀쌀한 날씨에도
추위라고는 느껴볼 수 없었다. 그 동안 공격조들이 길을 내어 놓았어

도 조금만 길 밖으로 나가면 눈이 엉덩이까지 찼다. 빙판에 미끄러져 넘어지기를 수십 번, 무려 2시간 20분을 강행군 했다. 따라온 것을 후회할 지경이었다.

먼동이 훤히 트이는 것 같아 시계를 보니 5시 20분이었다. 점차 주위가 밝아 사방을 둘러보았다. 정말 끝없는 설원이 펼쳐졌다. 너무나 어머어마 했다. 말로만 들어오던 에베레스트에 정말 내가 온 것인가 의심스러웠다. 날이 밝아지며 날씨도 맑아왔다.

아래를 내려다 보니 출발했던 베이스 캠프가 빙산 사이로 가물 가물 보였다. 어둠 속을 따라가는 데만 정신이 팔려 주위를 살필 겨를도 없었지만 지나온 길 주변에 온통 크레바스가 입을 벌리고 있었다. 보지 않고 지나왔으니 무서움을 몰랐으리라.

아이젠을 달면서 간식으로 가져온 포도 캔을 따서 먹었다. 주위를 살펴보았다. 방금 내가 선 얼음덩이가 무너지는 것 같은 착각에 빠졌다. 눈 속에 파묻히면 죽는다는 무서운 생각이 왈칵 났다. 나뿐만 아니라 다른 대원들도 나같이 절실하지는 않아도 그래도 조금씩은 공포를 느끼지 않을까 생각해 본다. 보이는 것은 모두 빙벽 뿐. 그러나 두리번거리며 셀파들을 보는 순간 가슴을 죄던 무서움이 서서히 사그라졌다. 그들의 얼굴이 평온한 것을 보았기 때문이었다.

그러나 그것도 잠시 뿐 셀파 한사람과 로프를 함께 묶고 다시 출발했을 때 날씨가 갑자기 흐려지며 진눈깨비가 날렸다. 10미터 전방이 보이지 않아 무서운 생각이 들었다. 이제는 돌아갈 수도 없는 형편이다. 난생 처음 겪는 설원에서의 눈보라였다. 셀파와 로프를 함께 묶기 전에는 조금씩은 쉴 수가 있었는데, 두 사람이 함께 움직이도록 로프로 묶여져 있으니 셀파에게 끌려 다니는 꼴이 되었다.

베이스 캠프를 떠난 지 일곱 시간만인 오전 10시께 댐 부근에 도착했다. 30분 정도의 휴식 시간이 주어졌다. 나는 정신없이 카메라를 돌렸다. 대원들이 도착한 지점은 베이스 캠프와 표고차 400미터로 해발 5,800미터 지점이라고 한다.

일곱 시간을 걸어 3킬로미터밖에 못 온 것같다. 정말 에베레스트 등정이 어렵다는 것을 실감했다.

우리 일행은 11시께 베이스 캠프를 향해 하산했다. 중간쯤 내려왔을 때 비스켓을 먹으며 조금 쉬었다. 셀파들은 한낮이어서 눈사태가 겁난다며 하산을 재촉했다. 내려올 때는 올라갈 때보다 훨씬 쉬웠다. 위험하지 않은 곳에서는 미끄럼을 타면서 내려왔다. 오후 2시 쯤에야 베이스 캠프에 도착했다. 점심이 준비되어 있었으나 물만 들이키고 밥맛이 떨어져 점심을 굶었다. 너무나 피로해 텐트에 가서 쉬었다.

고독과의 싸움

이 태 영

　베이스 캠프가 완성되고 모든 활동이 궤도에 오르기 시작한 8월 15일 이후 진객이 찾아왔다. 언제 어디서 따라왔는지 다섯 마리의 개가 몰려든 것이다. 사람 사는 곳에서 얼마든지 볼 수 있는 동물이지만 초목도 없는 이 지구의 오지에서는 개도 반갑기만하다. 문명을 벗어난 이 높고 깊은 산 속에서 더구나 사방이 눈과 얼음과 바위 뿐인 황량한 골짜기에서 동물은 대원들의 외로움을 달래고도 남음이 있다.

　박딩이라는 곳에서부터 셸파를 따라온 작은 삽살개는 '터키'라고 불렀다. 77 KEE 작전의 성공을 기약하는 행운의 마스코트다. 이 재롱둥이는 평소 취사 천막을 지키다가 식사 시간을 알리는 종이 울리면 대원을 따라와서 식탁 밑으로 들어갔다. 그리고는 대원들이 던져주는 것으로 푸짐하게 배를 채운다. 이 삽살개가 하루하루 살쪄가는 것을 보며 우리는 모두 즐거워했다.

　그런데 다른 개들은 덩치가 커서 그다지 친밀감이 가지 않았으나 모두 유순하고 말을 잘 들었다. 그 가운데 한 마리가 어찌된 영문인지 조대행 의무 대원과 친해져서 그가 전진 캠프를 오르고 없는 동안 비어 있는 그의 천막을 지키고 있었다. 정이 많은 조 대원은 식사 때마다 먹을 것을 가져다주곤 했는데 이에 대한 보답인지는 몰라도 약을 달라고 셀파들이 몰려오면 이들을 쫓는 충견 노릇을 해서 사람들이 웃었다.

이런 정경을 보고 어느 셀파는 전에 스페인 원정대는 캐러밴 하며 개를 잡아먹은 일이 있다. 신은 아마도 그 벌을 내려 이들에게 실패를 안겨주었는지도 모른다. 그런데 한국 사람은 이렇게 개를 따뜻하게 아껴 주니 복을 받을 것이라고 말했다. 보신탕을 즐기는 대원이 없는 것은 아니나 지금 개를 보고 다른 생각을 하기엔 이곳은 너무나 거리가 멀고 이질적인 곳이다.

베이스 캠프의 주방일을 보는 쿡은 셋인데 그 가운데 스물 세 살인 파상 텐징이 요란한 몸짓을 하며 대원들을 웃겼다. 도대체 누가 대원이고 누가 셀파인지 알 수가 있어야지. 음식을 서로 바꾸어 먹는 판이니… 아무튼 한국 사람이 마음에 든다며 마냥 즐거워했다. 하기야 요새 와서는 우리 외모까지 원주민을 닮아 가고 있으니까.

셀파들의 주식인 감자로 만든 전이나 호떡을 닮은 파티라는 것은 대원들도 좋아했다. 셀파들은 수수 비슷한 곡물로 끓인 '달'이라는 죽을 먹는데 이런 것까지 찾는 대원도 있었다. 어떤 대원들은 빵이나 도넛을 만들어 케이크 파티를 열기도 했다.

"이런 줄 알았으면 요리학원에라도 가서 몇 가지 만이라도 배워 올 것을…" 식량을 담당한 부산 출신 전명찬 막내 대원의 말이다. 그런가 하면 대학에서 토목학을 공부한 이기용 대원의 식품에 대한 지식은 남달랐다. 그는 매일같이 쿡에게 고추장 된장국의 조리법이며 김 굽는 방법까지 일러주고 때로는 직접 부엌에 들어가 야크 고기를 요리하기도 했다. 그리고 이따금 셀파들과 네팔의 막걸리 격인 창이나 소주같은 럭시에 얼근하면 이상윤 대원과 함께 아리랑을 셀파들에게 가르쳐주곤 했다. 그러나 노래라면 누구보다도 김명수 대원이다. 그는 주로 홍

문의 노래를 즐겨 불렀는데 그의 명창은 대원들의 마음을 차분히 가라앉히고 피로를 풀어주는 데 크게 이바지했다.

베이스 캠프 한가운데 색다른 건물이 있다. 이른바 상황실인데 이것은 기성품 천막이 아니고 사다리와 기둥을 버티고 전면에 큰 비닐을 쳐서 아이스 폴 전모가 바라다 보였다. 물론 여기서 전진 캠프들과 무전으로 교신하고 그들의 활동을 일일이 지시하게 돼 있었다. 이런 곳이 어느새 〈아이스 폴 뷰 커피숍〉이라는 멋진 이름으로 불리기 시작했다. 대원들이 수시로 들려 따끈한 차를 마시고 음악을 듣고 환담했다.

이곳 실장은 임명한 일도 없는데 처음부터 곽수웅 대원이 자리를 굳혔다. 그는 전명찬 대원과 같이 부산 출신으로 우리 가운데 그 누구도 따라가지 못할 정도로 유머가 풍부하고 여러 가지 손재주가 있으며 특히 커피를 잘 끓였다. 그러니 그가 이곳의 주인이 된 것을 탓할 사람이 아무도 없었다.

그가 이렇게 이곳에 주저앉은 데는 특별한 까닭이 없지 않았다. 그 까닭인즉 그도 초전에 일찍이 아이스 폴을 돌파하고 표고 6,450미터 고소까지 진출했는데 거기서 돌아오자 어찌나 혼이 났던지 "부산 아나고 생각이 나서 다시는 안 올라가겠다"고 스스로 다짐했다. 이러한 곽 대원의 독단 이기적인 행동에 대해 까다롭고 엄하고 공평하기로 소문이 난 김영도 대장도 웃을 뿐 그를 제재하지 못했다. 제재하지 못했다기보다 김 대장으로서는 어차피 인간을 적재적소, 이 상황실을 맡아서 일 볼 사람은 결국 곽 대원밖에 없다고 일찍이 내다보았는지 모른다.

〈아이스 폴 뷰 커피숍〉에는 다양한 음식이 있고 여러 가지 차가 있으며 노래가 있었다. 그밖에 바둑이니 장기같은 오락물도 있었는데 이곳 지구 오지치고도 오지에 속하는 에베레스트 산록의 외로움과 날로 더해가는 향수를 씻어버리기는 어려웠다. 책은 머리가 아파서 읽히지 않으며 바둑 역시 사람을 피곤케 한다. 우리에게 즐거운 시간을 멀리 한국에서 온 신문과 편지가 도착했을 때다. 캐러밴을 떠나 처음 고국 소식을 받은 곳은 당보체 아니면 로부체였다. 한 주일이나 열흘만에 카트만두에서 돌아오는 메일러너가 이 선물을 안겨준다. 대원 중에는 한번에 십 여통의 편지를 받는 사람도 있다.

이 가운데 모든 대원에 고루 전해진 정성 어린 어린이의 격려 위문 편지가 있었다. 경상북도 월성군 모량초등학교 5학년 2반 학생들이 보낸 이 편지는 "저희들은 모두 에베레스트 꼭대기에 태극기가 휘날릴 날만 손꼽아 기다리고 있습니다. 여러분은 정말 장한 일을 하고 있어요. 국민 모두의 자랑이 될 것입니다. 꼭 성공해 주세요"라고 두번 세번 당부하고 있다. 대원들은 저도 모르게 미소를 띄면서 다시 한번 산을 바라보곤 했다.

빙설 속의 광복절

이 태 영

베이스 캠프에서 맞은 광복절은 여느 때와는 다른 감회를 우리에게 안겨주었다.

에베레스트를 배경으로 세계의 지붕에서 펄럭이는 태극기를 바라보는 대원들은 저 깃발을 정상에 올리기 위한 이 도전이 바로 자신의 꿈을 실현하는 투쟁이라고 하겠지만 그 성패가 국민에게 미칠 영향을 생각하고 저마다 감회가 깊었으리라.

아이스 폴을 성공적으로 돌파하고 캠프 1 예정지에 진출했다는 희소식이 전해진 이날 베이스 캠프는 온통 잔치 기분에 들떠 있었다. 맑았던 하늘이 오후부터 구름에 덮이면서 눈을 뿌리기 시작했으나 대원과 셀파들은 신바람이 나서 천막 주변을 싸돌아 다녔다.

이날은 마침 셀파의 달력으로 7월 1일 라마교의 제일로서 셀파들이 부처에게 그들의 소원이 성취되기를 기원하는 날이기도 했다. 셀파들은 에베레스트 원정 때 이날을 맞기는 처음이라며 더욱 반겼다. 베이스 캠프 매니저인 락파 텐징은 언제 준비했는지 50개나 되는 롱다르를 꺼내서 캠프 한복판을 가로지른 기다란 줄에 주렁주렁 달기 시작했다. 롱다르란 그들의 불경판을 찍은 5색의 천으로, 백색은 구름, 청색은 하

189

늘, 적색은 불, 녹색은 물, 그리고 황색은 흙을 뜻한다고 했다.

이 5색의 롱다르가 설산의 악귀를 몰아내고 원정대의 안전을 지켜줄 것이라고 그들은 믿고 있다. 길이 100미터나 되는 롱다르는 마치 초등학교 운동장에 걸린 만국기와도 같았다. 또한 셸파들은 그들이 만든 돌담 앞에 모여 향을 태우며 주문을 외웠다. 이날을 위해 마련한 음식이 제단에 오르고 향의 연기 사이로 쌀을 뿌리는 그들의 손길이 제법 바빴다. 캠프 1에 진출했던 공작대가 돌아오자 하오 3시에 국기 게양대 앞뜰에서 광복절 기념식이 거행됐다. 대원들은 아이스 폴을 오르내리던 복장 그대로 정열했다. 그러자 에베레스트 산록에 처음으로 애국가가 퍼지고 그 노래는 장엄하게 쿰부 빙하 위를 흘러갔다.

김 대장은 뜻깊은 광복절을 맞아 더욱 보람있는 에베레스트 도전의 결의를 다시 한번 다짐하자는 기념 식사를 하다 갑자기 울먹이고 말았다. 가슴에 맺히도록 염원해온 하나의 꿈이었기에 그의 말을 마디마디 흐느낌이 되어 무엇인가 호소하고 있었다. 김 대장은 기독교인이다. 출국을 며칠 앞두고 대원들이 모인 가운데 예배를 올리고 작은 「성경」책을 나누어준 일이 있었는데 기념식에서도 「시편」 121편을 읽고 기도를 드렸다. 신자가 아닌 대원들도 경건히 고개를 숙였다.

6

아이스 폴 돌파

박 상 렬

"여기는 베이스 캠프, 캠프 1 감잡아라, 오버!"

김영도 대장의 음성이 트랜시버를 통해 설원에 울려퍼진다.

"대원들의 건강 상태는 어떤가?"

"기상 조건과 적설 상태를 알려라!"

"대원들의 컨디션을 양호하다. 아침 온도는 여하 8도, 오버"

나는 베이스 캠프와의 무선 교신으로 캠프 1의 첫날을 맞이했다. 베이스 캠프와의 표고차는 800미터 가량인데 기온은 크게 달랐다. 그러나 해가 중천에 오르면서 바깥 온도는 영상 36도로 급상승하고 이 무렵 천막 안에서는 52도나 됐다. 그래서 대원들은 모두 천막 밖에 나와있어야 했는데, 바깥도 사실은 있을 곳이 못됐다. 기온이 이렇게 상승하는 것은 눈에 반사되는 태양의 복사열 때문이다. 그 뿐만 아니라 자외선은 보통 백사장의 3배나 되어 얼굴은 구리빛이 아니라 새까매진다.

캠프 1은 BC와 달라 돌밭은 없고 측정할 수 없는 두께의 설층 위에 자리잡고 있으며 바로 양쪽으로 눕체와 에베레스트 웨스트 숄더가 하늘을 찌르는 거대한 병풍처럼 서 있다. 특히 눕체의 북사면을 수놓은 히말라야 주름살이 아름다웠다. 베이스에서 쳐다보이던 푸모리가 아이

192

스폴 저 편에 거의 눈높이로 바라보였다. 사방을 둘러보아도 완전한 백색의 세계다. 그래서 우리는 아침부터 저녁까지 검은 고글을 끼고 있어야 했다. 설맹증으로부터 눈을 보호하기 위해서다. 높던 기온도 구름만 덮이면 10도나 내려가고 밖에는 영하 20도로 급강하 했다.

캠프 1에서 첫날을 지낸 우리는 캠프 2에 진출하기 위해 표고 6,300 미터 부근까지 루트 공작에 나갔다. 에베레스트와 로체의 산록까지 이어지는 이 관대한 설원은 "침묵의 계곡"으로 알려진 웨스턴 쿰 빙하 지역으로 곳곳에 폭이 10여 미터나 되는 크레바스가 첩첩이 가로 놓여 있었다. 그러기 때문에 적당한 루트를 찾는 일이 쉽지 않았다. 사다리로 건너지 못할 곳은 피해서 빙빙 우회하여야만 했다. 그렇다고 너무 돌면 눕체와 웨스트 솔더 급사면의 눈사태가 위험하다. 이 문제 때문에 한동안 셀파들 사이에도 의견이 갈라졌다. 설원의 중앙 지대를 가려면 크레바스가 많고 여기를 피하려면 눈사태의 위험 지대를 지나가는 수 밖에 없었다. 설원을 거슬러 올라가던 우리는 짙은 안개와 눈보라로 시야가 가리워 캠프 1로 되돌아 왔다.

천막 안에 들어가자 갑자기 고독과 무료함이 엄습했다. 베이스캠프로부터 식량과 장비가 계속 올라오고 있었다. 캠프 2에 이르는 루트 공작에 필요한 사다리, 자일, 아이스 바 등이 이 속에 들어 있다. 눕체와 에베레스트 웨스트 솔더에서는 이따금 굉음을 동반한 눈사태가 쏟아졌다.

대장의 일기 ②

김 영 도

8월 18일

맑은 날씨에 기온은 영하 1도.

04시 30분에 이윤선, 김명수, 이기용, 김병준, 이상윤 등 다섯이 캠프 1로 떠났는데, 그들 가운데 이기용과 이상윤은 이날 밤 캠프 1에서 묵고 다른 대원들은 일단 베이스 캠프로 돌아오기로 했다.

날씨도 계속 좋고 캠프 1진출도 별 어려움 없이 순조로와 얼마나 다행인지 모른다. 나는 09시 30분에 이태영 보도대원과 김광남 KBS 특파원과 같이 아이스 폴을 올라갔다. 앞으로 나는 ABC 즉 전진 기지로 예정된 표고 6,500미터 지점인 캠프 2까지 올라가야 하기 때문에 나도 고도에 순화할 필요가 있었다.

나는 밀레 배낭에 행동식으로 크래커, 쥬스, 깡통 등을 넣고 가벼운 차림으로 나섰다. 짐이라고 할 것도 없었다. 그런데 방수 처리된 오버복을 입고 그 위에 롱스파츠, 안전벨트, 아이젠을 착용하고 방한모에 고글을 쓰니 갑자기 몸이 둔해져 몸놀림이 거북했다. 이렇게 중무장하기는 생전 처음이다.

이날은 나로서 첫 행차였기 때문에 아이스 폴 행동 원칙에 따라 우선 3분의 1 정도까지 올라갔다. 그러나 실제 오른 고도는 고도랄 것도 없었는데 걸음을 옮길 때마다 그렇게 숨이 가빴다. 이론적으로 알고도 남음이 있는 고도의 영향이다. 그래서 고도 순화라는 말까지 있는 것을 실감했다.

같이 오르고 있는 두 보도 대원은 보니 이태영 대원은 그렇게 힘들어 하지 않았는데 감광남 특파원은 몹시 힘들어했다. 고소의 영향을 사람 따라 조금씩 차이가 있다고 했지만 김 특파원은 옆에서 보기가 애처로웠다. 우리는 산이 좋아서 왔지만 그는 지금까지 산과 관계없이 살아온 사람으로 직업상 따라붙었으며 남달리 거추장스러운 18미리 무비 카메라를 들고 있었다.

아이스 폴에는 그 동안 뚫어 놓은 길이 잘 나있었고 곳곳에 오렌지 빛 표식기가 바람에 날리고 있었다. 아직은 아이스 폴의 아래쪽에 속하는 데가 되어서 그런지 크레바스나 쎄락이 눈에 띄지 않았고 군데군데 빙하수가 고여 시퍼런 물구덩이를 이루고 있었다.

가쁜 숨을 돌릴 겸 이 빙하수를 쳐다보고 있노라니 만고의 정적이 우리 몸을 감싸는 듯 했다. 우리는 해가 중천에 떠오르기 전에 베이스 캠프로 내려갔다. 오를 때 걸음마다 숨이 차는 것과는 달리 내려 디디는 발걸음이 그렇게 가벼울 수가 없었다.

베이스 캠프에 내려와 쉬고 있노라니 박상렬 부대장과 한정수 대원이 드디어 캠프 2의 예정지인 6,450미터 고소까지 진출했다는 반가운 소식이 들어왔다. 지난 16일부터 시작한 루트 공작이 3일만에 성공한 것은 그야말로 고무적인 일이었다.

그런데 얼마 후 대원과 셸파들 사이에 싸움이 벌어졌다는 무전이 왔다. 나는 놀라서 한정수 대원을 무전으로 호출해서 사연을 알아보았다. 캠프 2 예정지에는 서독의 로체 원정대가 버리고 간 식량과 장비 등이 다소 남아있었는데 셸파들이 이것을 보자 막영 준비를 제쳐놓고 모두 그 물건들의 쟁탈전을 벌이고 있었다. 그래서 한정수 대원이 보다못해 셸파들을 나무랬다는 것이다.

싸움이 벌어졌다는 이야기는 어떤 상황을 두고 했는지 모르나 여하튼 대원과 셸파 사이에 불화가 있다는 것은 불행한 일이다.

나는 앞으로의 일을 생각해서 박상렬 부대장과 한정수 대원을 다음 날 캠프 1로 내려오도록 했다. 셸파는 우리가 고용했지만 그들의 협력이 우리에게는 절대로 필요하기 때문에 대원들은 그들과 잘 지내야 한다. 그렇지 않으면 손해 보는 것은 우리다.

나는 셸파를 통솔하고 있는 락파 텐징을 불렀다. 그리고 캠프 2에 있는 외국 원정대가 버린 물건을 모두 셸파의 것이니 걱정말고 우리 일을 도와주도록 부탁했다. 텐징은 염려할 것 없다며 오히려 나를 위로했다. 그는 다른 무전기를 들더니 C1에 남아 있는 셸파를 불러 한참 통화하고 나서 이렇게 말했다.

"셸파들의 잘못입니다. 그들이 만일 그 물건들을 가지고 내려오면 모두 압수하겠다고 말했습니다. 어차피 자기 것이 안될 바에 힘들여 가지고 오지 않을 겁니다."

락파 텐징은 셸파들 가운데서도 아니 네팔 사람으로 보기 드문 인물이며 성격이나 지식이 돋보여 대원들은 누구나 그를 마치 형님처럼 친근감을 느껴 왔다. 그런데 이번 일만 해도 고용된 원정대를 위해 그가 얼마나 충실한 태도를 취하고 있는가 잘 보여주는 하나의 예였다.

캠프 2의 기온은 영하 9도였다. 역시 고도는 무시 못한다. 텐트도 바닥이 얼고 쌀쌀했다. 밤하늘에는 별이 차가운 빛을 던지고 있었다.

8월 19일
맑고 영하 1도, 오후에 눈.
05시 경 캠프 1의 기온을 알아보니 영하 8도였다. 이윤선과 김명수, 김

196

병준 등 셋이 캠프 1에서 베이스캠프로 내려오고 박상렬 부대장과 한정수 대원이 셀파 6명을 데리고 캠프 2 예정지를 향해 출발했다. 이제부터 본격적인 전진 캠프의 설영 작업이 시작된 셈이다.

베이스캠프에서 캠프 1에 이르는 구간은 마의 길목인 빙폭지대였지만 그동안 매일같이 쳐다보고 눈에 익었으며 대원들이 고도 순화 차 오르내려서 친근해졌다. 그러나 앞으로 올라갈 웨스턴 쿰 지대는 우리 가운데는 아직 아무도 바라다본 사람이 없는 그야말로 미지의 세계다. 우리는 책을 통해서 그 구간이 특히 〈침묵의 계곡〉이라는 이름이 붙어 있는 것을 알 따름이었다.

캠프 1에서 캠프 2 예정지까지는 표고차가 350미터에 지나지 않고 거리로서도 1,500미터에 불과하다. 그러나 이 구간에 등로를 내려면 보통 7일에서 10일 걸린다고 했다. 물론 주로 일기와 적설량에 달려있겠지만, 우리는 4일만에 표고 6,450미터 캠프 2예정지에 진입할 수가 있었다.

캠프 2는 일명 ABC, 즉 Advanced Base Camp하고 하며 말 그대로 전진 기지다. 에베레스트 원정대마다 이곳에 ABC를 설치하는 데는 그만한 여유가 있었다. 이 지점에서는 BC는 물론 캠프 1에서도 보이지 않았던 중요한 지형과 산세들이 바로 눈앞에 병풍처럼 펼쳐지며, 특히 앞으로의 전진 캠프 예정지가 그대로 전면에 나타난다. 7,000미터에서 8,000미터 고소로 치솟는 루트가 지나가는 로체 훼이스의 급사면과 8,000미터 사우드콜에서 에베레스트 정상으로 이어지는 동남릉의 뚜렷한 선이 거의 한눈에 들어온다.

캠프 1의 건설은 에베레스트 등반 활동이 크게 나누어 제 2 단계에 접어드는 것을 뜻한다. 웨스턴 쿰, 그 〈침묵의 계곡〉은 오른쪽에 눕체 왼쪽에 웨스트 숄더 그리고 전면을 로체 훼이스가 가로 막고 있어서 지형상으로는 틀림 없는 계곡인데 실은 광대한 설원 지대다. 그리고 이 설원을 넓고 완만한 경사로 보이지만 역시 빙하 지대여서 넓고 큰 크레바스가 여섯 곳이나 되고 곳곳에 히든 크레바스가 있어서 이곳을 뚫고 나가기는 생각보다 어려웠다.

뿐만 아니라 고도가 고도니 만큼 걷기가 여간 힘들지 않으며 한낮에는 눈의 복사열 때문에 마치 사막을 가는 느낌이었다. 한번에 20보를 떼기가 힘들며 결국 100미터 전진 하는 데 30분이 걸렸다. 이런 구간에 박상렬 부대장과 한정수 대원은 셀파들과 같이 20개의 사다리를 연결해가며 예정했던 날짜보다 닷새나 앞당겨 루트 공작을 끝냈다. 이렇게 해서 대원 둘과 셀파 다섯은 18일 낮 12시에 제 2 캠프 예정지에 진입했는데, 이와 같은 속공은 무엇보다도 날씨가 좋았기 때문이라고 생각된다.

그들이 웨스턴 쿰 빙하 지대 설원에 길을 뚫는 동안 매일같이 사방에서 눈사태가 났지만 우리에게는 조금도 영향을 미치지 않았으니 행운 가운데 행운이었다.

오늘 베이스캠프에서는 모두 쉬도록 했다. 그리고 나는 전진 캠프에서 필요한 물자를 앞으로 사흘 동안 계속해서 캠프 2로 올리기로 락파 텐징과 합의했다.

캠프 1에서 내려온 대원들이 위에서는 성냥이 잘 켜지지 않아 애를 먹는다는 이야기를 했다. 히말라야 고소에서 이런 문제가 있다는 것을 우리는 알고 국산 가스 라이터를 300개 준비하고 있었다. 그런데 그 가스 라이터가 들어있는 짐이 온데간데 없었다. 산적한 짐들을 하나하나 뒤졌으나 라이터는 끝내 나타나지 않았다. 나는 하는 수 없이 대원들에게 나누어 주었던 라이터들을 모두 회수해서 우선 전진 캠프에 올려보내도록 했다.

베이스 캠프의 살풍경한 불모 지대에서 생활하는 동안 대원들은 긴장 속에서도 무료한 나날을 보내며 하루하루 말이 적어지고 웃음을 잃어 갔다. 그러던 어느 날 곽수웅 대원이 아이디어를 냈다. 그는 언제나 기발한 착상을 잘 하는 것으로 알려져 있는데 이번에도 남들이 미처 생각하지 못한 일로 상황실 천막에 다방을 꾸미자는 이야기였다.

차는 언제나 끓여 마시는 것이고 아침마다 주방에서 쿡이 따끈한 차를 공급하고 있으니 차를 마시는 다방이라고 새로울 것이 없겠지만 곽 대원이 제안한 다방은 새로운 의미를 가졌다. 원래가 상황실인 이 시설은 보통 천막이 아니고 양쪽 벽을 돌로 올려 싸고 외국 원정대가 버린 사다리를 주어다 기둥을 세워 그 위에 천막을 덮고 아이스 폴을 면한 쪽에 넓은 투명 비닐을 쳐서 마치 픽쳐 윈도우처럼 했다. 그래서 이 앞에서는 바로 아이스 폴의 전경이 그림처럼 바라다보였다. 그리고 한가운데 알라딘 석유 난로 두 개가 있고 그 위에서 언제나 물이 끓었으며 난로 주위에 식량 박스들이 놓여 5, 6명이 둘러 앉을 수가 있었다. 곽수웅 대원은 스스로 이 다방의 운영을 맡고 나섰다. 그는 여러 가지 차를 끓여 대원들에게 서비스했는데, 누구보다도 성격이 낙천적이고 익살을 부려 그의 말 한마디가 곧잘 사람들을 웃겼다. 그래서 대원들은 시간이 있을 때 여기 와서 차를 마시며 그와 마주 앉아있는 시간이 즐거웠다. 이 상황실 겸 다방에 어느새 〈아이스 폴 뷰 커피숍〉이라는 색다르고 멋진 이름이 붙었다. 그처럼 맑던 하늘이 차차 어두워지더니 오후부터 눈이 내리기 시작했다. 캠프 1, 캠프 2가 걱정이 되었다. 그쪽 하늘도 시커먼 것을 보니 필경 눈이 올 것 같았다.

8월 20일

아침에는 맑은 날씨에 기온은 영하 1도. 낮 기온은 10도였다. 오후가 되며 눈이 내리다 바로 비로 바뀌었다. 오늘도 베이스 캠프에서는 모두 쉬기로 했는데, 아이스 폴 포터들은 아침부터 짐을 날랐다. 캠프 2가 건설됐으니 베이스에 쌓여 있는 짐들을 빨리 그곳에 올려야 했다.

연락 장교 타파 중위는 별로 할 일이 없다보니 종일 자기 천막에 들여 박혀 아침 식사 때 아니면 얼굴을 보기가 힘들었다. 원정대의 정부 연락관이 하는 일은 원정대가 정부의 규정을 지키는가, 허가된 산행 외에 다른 활동을 하는가 감시 감독하는 일 그리고 자기 국민 즉 원주민 보호가 주목적이다. 그러한 타파 중위가 혼자 무료한 시간을 보내기도 지겨울 것 같아서 라디오를 주었더니 그는 네팔 노래만 들었다. 그래서 나는 타파 중위에게 매일 일기 예보를 들어서 보고하도록 했다. 원래 기상 예보를 체크하는 일은 대원이 할 일이지만 연락장교도 이제는 우리와 한 식구가 되어 무엇인가 일을 하고 싶어했다.

어젯밤 네팔 방송은 한국 원정대가 8월 16일 캠프 1을 건설했다고 보도했다. 이 보도는 타파 중위가 수시로 우리 활동을 네팔 정부에 보고한 데 근거를 두고 있음이 틀림 없었다. 그렇지 않고서는 지금 여기에는 그들의 취재원이 아무도 없었기 때문이다.

나는 베이스캠프 매니저인 락파 텐징과 클라이밍 사다 앙 푸르바를 상황실에 불러 장문삼 등반 대장과 넷이서 내일부터 벌리기로 되어있는 최고소 활동 계획을 종합적으로 검토했다. 그리고 아울러 9월 10일 이전에 에베레스트 등정을 마치기로 의견의 일치를 보았다. 이러한 안은 장 대장과 내가 먼저 상의하고 그 뒤에 사다 두 사람의 의견을 타진하는 형식을 취했는데, 그들도 우리 안을 만족스럽다고 받아주었다.

한편 캠프 2에서는 로체 훼이스에 캠프 3을 설영하기 위해 대원들이 정찰에 나섰다.

8월 21일

아침 맑고 기온은 영하 1도. 낮 기온 20도. 오후에 비가 조금 왔다. 새벽 04시 30분 장문삼 등반대장이 김명수, 곽수웅, 도창호 대원들을 데리고 셀파들과 같이 베이스 캠프를 떠났다. 05시에 캠프 1과 교신하여 그곳의 기온이 영하 9도인 것을 알았다. 캠프 1에서 김영한과 이기용 두 대원이 캠프 2로 진출했다.

09시가 되어 장 대장으로부터 일행이 아이스 폴 상단부 플라토에 무사히 도착했다는 무전 연락이 왔다. 도중에 눈보라가 쳐서 다소 고생했다고 했다. 베이스 캠프에서 그곳까지 4시간 30분이 걸린 것인데, 아이스 폴 구간의 활동은 무사하다는 연락을 받기까지는 언제나 걱정이 앞선다.

나흘 전 남체 바잘에 내려갔던 주방의 닝마가 클라이머 고글 네 개를 구해가지고 돌아왔는데 그가운데 하나는 단순한 썬글라스여서 쓸모가 없었고 다른 세 개를 65루피씩 주고 샀다. 그리고 닝마 편에 부탁했던 야크 고기는 4, 5일 뒤에 올라온다는 이야기였다. 값은 2,140루피로 처음에 김병준 대원이 샀을 때보다 140루피가 비싸다. 이 야크 고기는 원정 활동 기간동안 계획했던 다섯 마리 가운데 두 마리 째였는데 그들도 장사꾼이니 날이 갈수록 값이 오를 것은 뻔했다. 그러나 대원들은 야크 고기를 먹는 날이 기다려졌다.

캠프 3에 이르는 루트 공작이 시작될 무렵 한 가지 생각이 내 머리를 떠나지 않았다. 그것은 8월 3일 남체 바잘에서 만났던 앙 체링의 말대로 그로부터 45일 후에 3일간 야르주가 온다고 한 이야기였다. 앙 체링의 말이 사실이라면 야르주는 9월 18일부터 20일까지라는 계산이 된다. 그런데 앞으로 날씨만 순조로우면 정상 공격은 9월 7일에 할 수가 있다. 그렇게 되면 문제의 야르주보다 10일이나 앞당겨지니 얼마나 다행인지 모른다. 나는 하나님께 감사할 따름이었다.

점심에 김광남 특파원이 건포도와 파인애플을 넣고 빵을 만들어서 대원들을 깜짝 놀라게 했다. 그의 빵 굽는 솜씨는 마치 일류 제과점의 수준이었다.

8월 22일

아침에는 맑았으나 낮부터 눈이 내리고 기온은 영하 1도였다.
베이스 캠프에 어젯밤 내린 눈이 하얗게 쌓였다. 05시 이윤선 대원과
이원영, 전명찬 등 세 대원이 김운영, 이태영 보도 대원 그리고 KBS
김광남 특파원과 함께 캠프 1로 올라갔다. 그곳의 기온은 영하 9도라
고 알려 왔다. 한편 캠프 2에 묵었던 박상렬 부대장과 고상돈 대원이
05시에 캠프 2를 떠나 캠프 1을 거쳐 09시에 베이스 캠프로 내려왔다.

대원들은 일단 전진 캠프에 오르면 다시 밑으로 내려오기를 싫어했
다. 캠프마다 표고차는 대체로 500미터 안팎에 지나지 않으나 히말라
야에서 이 고도를 높이려면 여간 힘들지 않다. 그뿐만 아니라 표고
6,000미터 이상에서는 3일 넘게 체류하면 심한 체력 소모 현상이 일어
나며 몸의 무게가 하루 사이에 450그람씩 준다고 한다. 이것을 의학에
서는 Deterioration이라고 한다니 근거 없는 이야기가 아니리라. 그래서
대원들은 수시로 낮은 곳에 내려와 쉬곤 해야 하기 때문에 베이스 캠
프와 전진 캠프 사이를 자주 오르내리게 된다.

이날 박상렬과 고상돈이 캠프 2에서 베이스 캠프까지 네 시간에 내
려왔는데, 이것은 아무리 하산길이라 하더라도 그들의 체력이 뛰어나
게 강하다는 것을 말해 주었다. 그들은 서독 원정대가 남기고 간 것으
로 보이는 검은 빵을 내놓으며 한 번 맛보라고 했다. 나는 〈아이스폴
뷰 커피숍〉에서 박상렬과 이야기하는 가운데 그가 누구보다도 정상에
오르려는 자신에 넘쳐 있음을 알았다.

박상렬은 부대장의 위치에 있으면서 지금까지 언제나 앞장 서서 나
갔다. 그는 다른 대원이나 셀파들의 동태를 가장 잘 알고 있었다. 나는
베이스 캠프에만 있어서 고소에서 벌어지는 전반적 활동 상황을 무전
으로 알아보는 외에 더 이상 알기가 어려웠다. 그러나 솔직하고 가식
이 없는 박상렬 부대장의 이야기를 들으며 지금까지 생각하고 있던 정

상 공격 전략을 다시 검토해야겠다는 느낌을 얻었다. 이날 박상렬과의 대화는 이런 의미에서 긴요했다.

오후 두 시경에 메일 러너가 카트만두에서 돌아왔다. 서울의 대산련 사무국장 김주명 씨가 일본에서 스키 고글과 이중화를 구해가지고 드디어 카트만두까지 왔다는 소식이었다. 메일 러너는 그밖에 홍수희 대사와 비나야 씨의 서신도 가지고 왔다. 집에서 식구마다 보낸 편지도 받았다. 홍 대사와 비나야 씨는 원정대가 쾌조의 전진을 하고 있으니 꼭 성공할 것이라는 격려 인사를 보내왔다. 그러나 집에서 온 편지를 읽으며 나는 멀리 가족들을 생각하며 몇 차례나 안경을 닦았다.

많은 우편물 속에 한국일보 김창열 편집국장의 편지가 들어 있었는데, KBS 특파원이 원정대를 따라간 데 대해 한국일보사 측의 견해를 전해 온 것이다. 지난날 이 문제로 카트만두에서 나와 김 국장 사이에 좋지 않은 언사가 오가고 했었는데, 이번 편지에는 KBS 문제는 잊어버리고 등정 성공을 위해 노력해 달라는 내용이 담겨있었다. 그 동안 마음 한 구석에 맺혀 있던 불쾌감이 이제 깨끗이 씻어진 듯했다. 특히 김창열 국장의 편지에는 많은 독자한테서 격려 편지가 답지하고 있다고 적혀있었다.

저녁 때 사다 락파 텐징이 셀파가 캠프 2에서 주었다는 서독대의 쿠킹 셋트를 원정 기념물이라고 가져왔다. 이 물건은 언젠가 셀파들이 한정수 대원과 싸우며 얻은 것으로 생각됐다. 셀파들이 습득한 것을 그냥 받을 수가 없어서 그 값을 치르겠다고 했더니 대장에게 드리는 선물이라며 텐징은 받으려 하지 않았다. 쿠킹 셋트는 연기에 검게 그을리고 쭈그러져 있었다. 대·중·소 크기의 세 그릇이 한 셋트로 된 이 물건은 결코 좋은 품질이 아니었으나 외국 원정대가 히말라야 극지에서 사용한 것이니 만큼 기념물로서 가치가 있었고 한편 이 취사구에서 나는 같은 알피니스트의 애환을 느꼈다.

8월 23일

　종일 싸락눈이 내리고 기온은 0도였다.

어제 저녁부터 내리기 시작한 눈은 아침이 되어도 멎지 않았다. 그러나 다행이 싸락눈이어서 그렇게 걱정할 것은 없었다.

　이날도 새벽 이른 시간에 한정수. 김병준. 조대행 등 세 대원이 한 팀이 되어 캠프 1을 향해 떠났다. 06시가 되어 나는 캠프 1을 무전으로 불러 그곳 상황을 알아보았다. 캠프 1은 바로 나왔으며 무전기의 감도도 좋았다. 그곳에는 눈이 2. 3센티미터 정도 쌓였으며 도창호 대원이 보도 대원들과 캠프 2로 떠날 준비를 하고 있었다. 그런데 캠프 2는 아무리 불러도 대답이 없다. 이런 때 서로 연락이 안되는 것처럼 답답한 일은 없다.

　무전이란 알다가도 모를 일이다. 베이스 캠프와 캠프 1. 캠프 1과 캠프 2사이에는 아무런 장애물이 없이 훤하게 뚫려 있으나 베이스 캠프와 캠프 2는 한 가운데 에베레스트 웨스트 숄더의 거봉이 가로 막고 있다. 그런데 가끔 베이스 캠프와 캠프 1 사이의 교신이 안되고 베이스 캠프와 캠프 2가 오히려 더 잘 연결되기도 한다. 그래서 때로는 캠프 1의 상황을 캠프 2를 통해서 알아볼 때도 있다. 이날 캠프 1을 중개점으로 하여 캠프 2의 소식을 알리려고 했지만 캠프 2가 캠프 1에서도 잡히지 않았다. 그러던 것이 오후가 되어 갑자기 무전이 뚫렸다. 일기 불순에서 오는 일시적 현상이었는지도 모른다.

　그런데 캠프 2로부터 앙 푸르바와 펨바 텐징이 로체 훼이스의 캠프 4 예정지까지 루트를 개척했다는 소식이 들어왔다. 예상보다 빠른 전진이었다. 이 소식이 전해지자 대원과 셀파들은 모두 놀라면서 기뻐했다. 셀파들은 주로 경험을 통해서, 우리는 책을 읽어 로체 훼이스가 어떤 곳인가 잘 알고 있었다. 평균 경사도가 60도에서 70도 가량 되는 자체도 대단하지만 높이 8,500미터의 로체 정상 능선에서 7,000미터 고소의 웨스턴 쿰 까지 바로 떨어지는 대사면은 어제나 살인적인 눈사태의 위험을 안고 있다. 이러한 급사면의 바로 중간 지대인 7,400미터 고소에 우리의 캠프 4가 예정되어 있었다. 캠프 1에서 캠프 2로 웨스턴 쿰 빙하 지대를 오르노라면 로체 훼이스가 처음으로 그 웅대한 모습을 나타내는데, 표고 6,450미터인 캠프 2에 가까워질수록 로체의 대사면은 눈앞에 다가오며 우뚝 선다. 그것은 도저히 발붙일 곳이 있어보이지 않는 직벽이라는 것이 누구나 갖는 첫 인상이다.

웨스턴 쿰 빙하는 바로 이 로체 훼이스의 기슭으로부터 시작한다. 이곳은 표고 6,900미터 지점이며 원정대는 대체로 이 부근에 캠프 3을 건설하는데 우리도 그 관례를 따를 계획으로 있었다. 그런데 캠프 2에 올라간 박상렬 부대장은 로체 대사면을 보고 캠프 3의 예정지가 눈사태 길목이어서 불안하다고 알려왔다. 나는 장문삼 대장과 락파 텐징과 같이 이 문제를 검토한 끝에 캠프 3을 캠프 4 예정지로 올리고 그 자리는 물자를 임시 저장하는 데포 지점으로 사용하기로 합의했다. 캠프 2에서 로체 훼이스 중간 지점까지는 실제 표고차가 1,000미터나 되기 때문에 무거운 짐을 지고 이 높이를 한 번에 오른다는 것은 너무나 무리한 일이기도 했다. 히말라야의 고소에서 1일 등고 한계는 500미터가 가장 이상적인 것으로 돼 있으니 캠프 3을 캠프 4 예정지로 이동하는 것부터가 우리에게 무리한 일이었다. 그러나 눈사태의 위험을 알면서 그대로 있을 수는 더욱 없었다.

저녁께 캠프 2에서 김영한, 이기용, 이상윤 셋과 캠프 1에서 김명수 대원이 모두 베이스 캠프로 내려왔다. 김명수 대원은 가벼운 고산 증세를 호소했으나 별일은 없었다. 나는 캠프 3 건설을 눈앞에 두고 락파 텐징과 물자 수송 계획을 다시 검토하고 24일부터 셀파를 대거 투입하기로 합의를 보았다.

캠프 1의 화재

이 기 용

8월 18일

맑은 후 구름.

밤새 잠을 설쳤다. 바보 같은 짓을 했다. 아침 행동을 빨리 하려고 침낭을 배낭에 꾸려넣고 우모복만 입고 잤기 때문이다. 오늘 행동에 신경이 쓰인다. 04시 20분에 BC를 떠나 캠프 1까지 오를 예정이다. 차가운 밤하늘엔 별이 총총하다. 하늘 전체가 은하수나 다름없다.

아이스 폴에 들어서면 언제 어디서 무너져 내릴지 모르는 거대한 눈 더미들이 뒤얽혀 미로를 만들고 있다. 한순간 한순간이 삶의 마지막이 될지도 모르는 아이스 폴 속에서는 스스로 마음이 긴장하고 자기도 모르게 신경이 쓰인다. 이윤선, 이상윤, 김병준, 전명찬 등이 함께 두세 명 씩 안자일렌 하고 조심스럽게 전진한다. 처음엔 크레바스에 가설한 사다리를 건너려면 등골이 오싹했는데 차차 익숙해졌다. 크레바스가 있는 곳마다 사다리를 건너 놓았기 때문에 마치 다도해를 이 섬에서 저 섬으로 건너가는 느낌이다. 이윤선, 전명찬 대원은 도중에 BC로 돌아갔다. 햇볕이 내리쬐면 머리가 타는 듯이 따갑다가도 구름이 가리기만 하면 금방 추위가 덮친다.

아이스 폴에서 사다리로 크레바스를 건너고 있다.

12시 30분에야 아이스 폴 상당부의 와이어 로프 사다리가 설치된 곳에 다다랐다. 컨디션이 좋지 않은지 무척 힘이 들었다. 지난 1975년에 영국대가 설치했던 사다리가 오른 편 크레바스 설벽으로 삐죽 나와 있었다. 마치 격전이라도 벌어졌던 장소 같아서 기분이 언짢았다. 댐을 올라서니 김영한, 고상돈 두 대원이 마중나와 짐을 받아주었다. 무척 반가웠는데 그 순간 긴장이 풀리며 전신에서 힘이 빠지는 듯 했다. 약간 눈발이 날렸다. 에베레스트 서릉과 눕체 사면에서 눈사태가 나면서 1,000미터 흘러내렸는데 이런 데 휩쓸리지만 않는다면 자주 보고 싶은 멋진 광경이었다.

14시 50분에서야 6,100미터 고소인 캠프 1에 도착했다. 상당히 힘든 하루였다. 충분한 휴식을 취해야겠다는 생각이 들었는데 그렇다고 이상한 증세가 있었던 것은 아니다. 그런 일이 없으니 무엇보다 기뻤다.

캠프 1에는 박상렬, 김영한, 한정수, 고상돈, 이원영 등이 먼저 올라와 있었다. 나는 오늘 올라온 이상윤, 김병준 대원과 셋이 한 텐트에 들어 갔다. 알파미로 지은 밥에 야크 고기로 만든 육개장과 몇 가지 밑반찬이 오늘의 식단이다.

인삼차를 끓이고 나서 이상윤 대원이 휘발유 버너의 배기변을 열려고 하자 기화 가스가 분출하며 옆에 있던 촛불에 번져 붙었다. 순간 좁은 텐트 안이 시뻘건 불덩어리처럼 됐다. 깜빡 놀라 매트레스로 덮는다는 게 부채질을 한 꼴이 됐다. 마침 열려있던 텐트 입구로 버너를 내던지고 맨발로 밖으로 뛰쳐나와 몸으로 텐트를 덮치고 나서야 불길을 잡았다. 텐트와 매트레스 우모 양말 등이 타서 구멍이 났으나 다행이 배낭과 우모복은 괜찮았다. 이 추운 곳에서 그 정도로 끝났으니 얼마나 다행인지 모른다.

한숨 돌리고 나서 서로 얼굴을 쳐다보니 그 동안 자랐던 수염이 몽땅 타버리고 눈썹과 머리가 그을러 노랗게 됐다. 그밖에 다친 데가 없으니 또한 천만 대행이었다. 이날 우리는 이 사고를 BC에 알리지도 못하고 구멍 뚫린 텐트에서 덜덜 떨며 추운 밤을 맞이했다.

셀파 구타 사건

도 창 호

8월 23일

나는 김광남 특파원, 이태영 보도 대원 그리고 펨바 체링 등 셀파 네 명과 서로 안자일렌을 하고 광활한 대설원 웨스턴 쿰 빙하를 거슬러 올라갔다. 캠프 1을 떠나 캠프 2로 가는 길이었다. 이 등로에는 곳곳에 엄청나게 큰 크레바스가 가로지르고 있어 때로는 여기를 피하려고 먼 길을 돌아가기도 했다.

이 설원 지대는 비교적 평탄한 곳이지만 6,000미터가 넘는 고소에서 오는 산소 부족과 눈의 복사열 때문에 걷기가 정말 힘들고 지겨웠다. 나는 등산의 경험이 거의 없는 두 기자를 밀고 당기며 발걸음을 재촉했다. 간혹 크레바스를 건너거나 설벽을 오를라치면 어김없이 김 특파원이 뒤에서 소리를 질렀다. 그 장면이 좋으니 촬영을 하겠다는 것이다. 그러면서 그는 나더러 내려왔다가 다시 오르라고 부탁했다. 여기는 누구를 위해 연출하는 곳이 아니며 순간 순간이 생과 사를 판가름하는 곳인데 김 특파원은 당연하겠지만 무비 카메라맨으로서 직업의식만을 발휘한다. 그러나 나는 그의 요구를 들어줄 수가 없었다. 지금은 그럴 시간이 없으니 하산할 때 찍도록 하라며 김 특파원을 달랬다.

그러자 우리는 무섭게 커다란 크레바스 지대를 지나고 끝없이 펼쳐진 막막한 일대 설원에 들어갔다. 제 3의 극지는 상상을 초월한 현상을 나타냈다. 만물이 꽁꽁 얼었으나 영상 20도를 넘는 뜨거운 햇살이 우리의 피부를 파고들며 심한 갈증과 격한 호흡이 사람의 가슴을 터트리는 듯 싶었다. 히말라야 고산족으로 유명한 셀파들도 허덕거리는 판에 우리 같은 인생이야 견딜 도리가 없다. 특히 김광남 특파원은 거추장스런 16미리 무비 카메라를 메고 죽지못해 따라오는 표정이었다. 우리는 10미터 가서 쉬고 다시 10미터, 그러니 100미터마다 꽂아 둔 대나무 표식기 하나를 지나가는데 능히 30분은 걸렸다. 이러면서도 내 마음은 언제나 에베레스트 정상에 가 있었으니 어처구니가 없었다.

갑자기 구름이 하늘을 덮고 심한 눈보라가 일었다. 살인적인 더위는 사라져서 다행인데 그대신 앞뒤를 가늠키 어려운 상황이 벌어졌다. 짐은 더욱 어깨를 파고들고 숨이 턱에 닿았다. 펨바 체링이 펄썩 주저앉으며 더 이상 못가겠다고 했다. 어찌하면 좋을까? 나는 셀파를 달래보았다. 그리고 몇 번이고 일으켜 세우려고 했다. 그러자 펨바 체링은 체념한 듯이 그 자리에서 안자일렌을 풀어버렸다. 안가겠다는 이야기리라. 나는 화가 나서 피켈로 그의 엉덩이를 한 번 밀어 붙였다.

우리가 캠프 2에 도착한 것은 캠프 1을 떠나고 7시간 30분 뒤였다. 직선거리로 치자면 1.5킬로미터도 안되었지만 우리는 눈뜬 시체처럼 축 늘어져서 텐트 안으로 발을 옮겼다. 나는 캠프 2에서 이틀을 묵고 다시 베이스 캠프로 내려가고 있었다. 설원에는 식량을 나르는 셀파 일행이 올라오고 있었다. 서로 자주 만나는 사이지만 생사 고락을 나누는 이런 시기에는 언제 만나도 사람은 항상 반갑기 마련이다. 나는 셀파들에게 "나마스테"하고 인사를 건넸다. 그런데 그들은 여느 때와 달리 모두 굳은 표정으로 반응이 없었다. 나는 셀파들이 피로에 지쳐서 만사 귀찮아진 것으로 알고 그대로 지나가려고 했다. 그랬더니 그들중

두목격인 니마 쌍게가 갑자기 나를 붙들고 왜 펨바 체링을 때렸는가고 달려드는 것이다. 나는 언어가 다른 그들과 사건의 자초지종을 따질 수가 없어 그 자리를 피해버렸다.

베이스캠프에 내려오자 셸파의 총 두목인 락파 텐징에게 이 이야기를 했더니 그는 벌써 사건의 성격을 파악했는지 되려 나에게 미안하다고 했다. 펨바 체링은 원정대원과 같이 행동하다 낙오된 것을 숨기려고 동료들에게 거짓말을 한 것이다. 셸파의 체력이 낮춰 평가되는 날 그는 생존 경쟁이 심한 그들 사회에서 더 이상 일자리를 지키기 어렵게 되어 있었다. 이런 이야기를 들었을 때 나는 펨바 체링이 한없이 가엾게 여겨졌다.

BC에서 C2로

도 창 호

드디어 사우드 콜까지 길이 뚫렸다. 에베레스트 정상에 오를 날도 눈앞에 다가왔다.

베이스캠프에 내려와서 쉬고 있는 동안 내 마음은 언제나 사우드 콜에 가 있었다. 대원들은 누구나 높은 곳에 올라가 있기를 바라고 밑으로 내려오려고 하지 않았다. 캠프 하나를 올라가기가 그렇게도 힘들었으며 한편으로는 누구보다도 높은 데서 지내고 있어야 체력의 우수성을 인정 받기 때문이다. 그러나 에베레스트 등반에서 가장 중요한 것은 고도 순응이다. 이 고도 순응을 위해서 대원들은 본부의 계획에 따라 캠프와 캠프 사이를 로테이션 시스템으로 이동한다.

8월 29일이 되어 내가 고소 캠프로 오를 날이 왔다. 에베레스트도 보이지 않는 베이스에서 답답한 며칠을 보내다가 이제 높은 곳으로 오르게 됐으니 그것만으로도 마음이 들떴다.

쿡이 두들기는 징소리에 잠을 깼을 때 밖은 아직 캄캄했다. 새벽 네시였다. 부시시 눈을 비비며 간밤에 챙겨놓은 장비와 륙색을 들고 취사장으로 갔다. 키친보이가 퉁퉁 불은 라면을 주었지만 식욕이 별로 나지 않았다. 다른 대원들은 아직 일어나지 않았고 셀파들은 이미 떠

212

나간 뒤였다. 나는 어떻게 해야 할지 잠시 생각을 하다가 그들 뒤를 따라가기로 했다.

헤드 램프가 희미하게 앞을 비췄다. 어둠 속에 날리는 눈발이 얼굴에 부딪쳤다.

죽은 듯이 고요한 아이스 폴 지대를 혼자 건너며 이 시간에 곤히 잠들어 있을 집 생각이 났다. 간간이 멀리서 들려오는 눈사태 소리를 귓전에 흘러 보내며 정신없이 오르다 보니 먼동이 어느새 발밑에서 트기 시작했다. 지금까지 내 앞을 멀리 가는 줄만 알고 있던 셀파들을 나도 모르는 사이에 따라잡고 있었다. 고층 건물이 무너진 듯한 쎄락과 쎄락 사이를 헤매며 수 없이 입을 벌리고 있는 크레바스를 건너서 나는 죽음의 냄새가 나는 아이스 폴에 혼자 놓여있다는 것을 알았다. 이제는 믿을 것이 나 자신밖에 없었다. 정상으로 가는 길은 외롭다. 대원들은 누구나 이 외로움을 이기려고 말없이 걷고 있을 거다. 그리고 어느 누구보다도 먼저 전진 기지로 오르려고 갖은 애를 쓰고 있을 것이다. 이렇게 생각할 때 내 마음은 바빴다.

캠프 1에 도착하니 9시 경이었다. 캠프 1에 짐을 놓고 베이스 캠프로 내려가는 셀파들이 나에게 행운을 빌었다. 정상공격이 곧 있을 것을 알고 있는 그들은 내가 공격에 나서기로 돼 있는 줄로 알았는지 모른다. 나는 이윤선 대원이 끓여 주는 차 한잔을 마시고 다시 자리를 뜨려고 했더니 옆에 있던 대원들이 나를 붙들었다. 베이스 캠프에서 캠프 2까지 하루에 간다는 것이 거의 상식 밖의 일인 것을 그들은 알고 있었기 때문이다. 그러나 나는 그들의 만류를 뿌리치고 혼자 캠프 2로 떠났다.

웨스턴 쿰 빙하는 벌써 햇살이 이글거리고 있었다. 가도가도 끝없이 보이는 대설원을 혼자 걷는 내 모습은 마치 가정과 사회에서 버림받은 탕자의 말로 같이 느껴졌다. 호흡이 곤란하며 뜨거운 열기가 온몸을

213

둘러싸고 극도의 피로감이 엄습했다. 자기가 원해서 찾아온 길이기는 하지만 에베레스트가 원망스러워졌다. 며칠전에 이곳을 오를 때에는 앞뒤에 안자일렌한 친구들이 있었고 그 때 우리는 서로 고통을 나누었다. 광활한 웨스턴 쿰 빙하에 태고적부터 간직해 온 정적을 간간이 눕체에서 흘러내리는 눈사태가 깨뜨렸다.

지칠대로 지친 몸은 마음대로 움직여 주지 않았다. 이제 내 목표는 에베레스트가 아니라 100미터 앞에 보이는 하나의 대나무 표식기였다. 바람에 펄럭이는 빨간 표식기가 지나가고 또 지나갔다. 나는 그 숫자를 세지 않았다. 14시 30분 대설원이 사라지고 내 앞에 에베레스트가 하늘 높이 서 있었다. 새벽 일찍 5,400미터 베이스캠프를 떠나 6,450미터 캠프 2까지 9시간 30분 만에 올랐다. 그것은 처음으로 극복해 본 나와의 처절한 싸움이었다.

7

대장의 일기 ③

김 영 도

8월 24일

흐리고 한때 눈. 기온은 0도.

아침 7시에 캠프 1, 캠프 2와 교신하여 모두 별일 없는 것을 알았다. 어제 앙 푸르바가 로체 훼이스 중간 지점까지 휙스트 로프를 가설했는데, 오늘 새벽 다섯 시에 캠프 2를 떠나 캠프 3으로 향한 셀파가 보고한 것으로는 로체 훼이스에는 5센티미터 가량 눈이 내려 쌓였다는 이야기다. 쌓인 눈 위에 또다시 신설이 내리면 눈사태의 위험이 있으니 걱정이다. 그러나 날씨가 비교적 좋은 편이니 캠프 2에서 고소용 물자를 위로 올리기에는 별로 문제될 것이 없었다.

지금까지의 경험으로 보아 행동하는 데는 해가 나는 날보다 구름이 끼었을 때 체력 소모가 덜 한 것 같다. 히말라야 같은 백색 세계에서는 눈의 반사열이 상상 이상으로 강하고 사람을 아주 지치게 한다. 해가 쪼일 때 설원은 걷기가 힘든 것은 물론이지만 하는 일 없어 앉아 있기도 어렵다.

캠프 3부터 위의 전진 캠프에서 쓸 천막과 산소통 그리고 최고소용 식량 등이 집중적으로 올라가기 시작했다.

8월 25일

흐리고 한때 눈. 기온은 0도.

베이스 캠프에서 이틀 동안 휴식을 취한 박상렬 부대장과 고상돈 대원이 04시 30분에 캠프 1로 떠났다. 여섯 시에 캠프 1을 무전으로 불렀더니 간밤에 눈이 왔다고 한다. 캠프 2에서는 어제 내린 눈 때문에 오늘 예정했던 로체 훼이스 진출은 중지했다고 장문삼 대장으로부터 보고가 왔다. 서울에 편지를 썼다. 이것이 에베레스트에서 보내는 마지막 소식이 될 것 같았다.

오늘 베이스 캠프를 떠나는 메일 러너가 카트만두에 도착할 무렵이면 이미 에베레스트 정상 공격이 가부간 결정될 것이기 때문이다. 캠프 2를 떠나 베이스 캠프를 내려온다던 곽수웅, 도창호 두 대원이 아직 캠프 1에도 내려오지 않고 있어 걱정했는데 저녁 늦어서야 나타났다는 연락이 왔다. 한편 캠프 1에서 캠프 2로 오르던 조대행 의무 대원은 고글이 좋지 않아 설원을 걸을 수가 없어 캠프 1로 되돌아 왔다는 것이다. 나는 조 대원의 설안경을 주방장 닝마한테서 얻어서 내일 이상윤 대원 편으로 올려주겠다고 했다. 곽수웅과 조대행 두 대원은 하산 시간이 늦었기 때문에 캠프 1에서 묵으라고 했다.

캠프 2에서 이틀을 보낸 보도 대원 가운데 김광남 특파원이 캠프 1에 머물고 이태영 대원은 저녁 늦게 베이스 캠프로 돌아왔다. 이 대원은 의외로 건강했으나 입술이 온통 부어오르고 차마 보기 흉할 정도로 갈라져 피까지 맺혀 있었다. 요즘에는 대원들은 누구나 할 것없이 얼굴들이 아메리컨 인디언처럼 불그스름하다 못해 시커멓게 타고 눈 안경 썼던 데만 하얗다. 게다가 수염들이 덥수룩하게 길어 쳐다보기도 우스웠다.

8월 26일

흐린 후 진눈깨비가 내렸다. 기온은 0도.

간 밤에 눈이 멎고 새벽엔 짙은 안개가 베이스 캠프 일대를 덮었다. 아이스 폴도 눕체도 롤라도 보이지 않는 회색 세계다. 기분이 스산했다.

이른 새벽에 캠프 1로 떠난 김영한, 이기용, 이상윤 세 대원이 열 시경에 도착했다는 연락이 왔다.

흐린 날씨는 아침녘에 잠깐 맑았다가 열시 삼십 분 경부터 진눈깨비로 변했다.

캠프 1과 캠프 2가 무전으로 교신하고 있는 내용이 베이스 캠프에서 들렸다. 캠프 2에서는 07시에 이원영 대원과 셀파 네 명이 캠프 3을 건설하려고 로체 훼이스로 떠났다고 했다.

웨스턴 쿰 빙하에는 어젯밤에 내린 눈이 30센티미터나 쌓여 캠프 1에서 캠프 2로 짐을 나르는 고소 포터들이 애를 먹고 있다는 연락이 왔다. 그동안 냈던 눈길이 모두 메워진 모양이다.

캠프 2에서 하산한 이윤선, 전명찬 대원은 오늘밤 캠프 1에서 묵고 김광남 특파원은 베이스 캠프로 내려오도록 했다. 이날 베이스 캠프에 이란 대학생이 찾아왔다. 그는 우리 원정대로서 처음 맞는 트레커였다.

에베레스트 원정대로 해마다 봄과 가을 두 차례 행동을 개시하는데, 이 무렵에는 여러 나라 트레커들이 아이스 폴과 에베레스트 산군을 구경하려고 원정대의 베이스 캠프까지 올라온다. 트레킹을 하는 사람은 대개 알피니스트가 아니고 하이커들인데, 그들은 카트만두에서 루클라까지 비행기로 와서 닷 새나 한 주일 걸어서 에베레스트 산록까지 올라온다. 그들 가운데는 루클라 비행장에 내리자 고소 장애를 일으켜 비행장에 비치된 산소 기구의 신세를 지는 사람도 있는데 최악의 경우에는 생명에 위험이 있기도 한다. 그러니까 표고 5,000미터가 넘는 쿰부 빙하까지 올라오는 사람은 그만큼 심신이 건강한 셈이다.

원정대는 베이스 캠프를 찾아오는 이들 트레커를 귀한 손님으로 맞이하는 것이 국제적 관례로 되어 있다. 그리고 경우에 따라서는 그들에게 침식의 편의까지 제공한다. 트레커는 많은 짐을 지고 올 능력이 없기 때문에 대체로 가벼운 차림들이다.

이란 대학생은 본부를 찾아와 이틀 동안 묵게 해달라고 청을 했다. 텐트와 음식물이 있느냐고 물었더니 슬리핑 백 밖에 없다는 것이다. 나는 그에게 예비 천막을 내주고 식사를 대원들과 같이 하도록 했다. 대학생은 이란에서는 등산 장비가 비싸기 때문에 카트만두에서 사갈 생각이라며 묻지도 않은 이란의 정치 정세와 사회 분위기에 대해 불만을 토하기도 했다.

저녁 때가 되어 김광남 특파원이 캠프 1에서 내려왔다. 김 특파원은 캠프 2에서 이틀 묵고 돌아왔는데, 산을 모르는 그가 드디어 6,450미터나 되는 엄청난 고소에서 어떻게 지냈으며 무엇을 느꼈는지 흥미꺼리였다. 상황실인 〈아이스폴 뷰 커피숍〉에서 대원들과 만난 그는 건강하게 보였고 자신에 넘쳐 큰 소리까지 했다. 처음 그런 엄청난 체험을 해냈으니 그의 생각으로 원정 대원이 달리 대담하게 보이지 않았을지도 모른다. 햇빛에 그의 탄 얼굴은 유난히 까맣고 몸매는 다소 수척해 보였다. 그러나 우리들도 그가 해낸 일에 우선 감탄할 수밖에 없었다.

8월 27일

맑은 날씨였으나 오후에 약간 눈이 내리고 기온은 0도였다. 캠프 1 영하 4도, 캠프 2가 영하 11도를 기록했다.

지난 23일부터 계속 흐리고 눈이 내리곤 하던 날씨가 처음으로 구름 한점 없이 맑았다. 아침 여섯 시에 박상렬 부대장과 고상돈, 이원영 대원이 셀파 여섯 명을 데리고 제 3캠프로 전진했는데, 그들은 캠프 3에 도착하면 셀파 넷만 남고 모두 캠프 2로 돌아오도록 했다. 캠프 1에서 김영한, 이기용, 이상윤 세 대원이 캠프 2로 올라가고 캠프 1에는 이윤선과 전명찬 대원이, 캠프 2에는 한정수, 김병준, 조대행 대원이 각각 남기로 했다. 그러니 이날 베이스캠프에는 김명수, 곽수웅, 도창호 대원과 이태영 보도대원, 김광남 특파원 등이 나와 함께 남아있었다.

아침 식사를 하려고 징을 울리고 대원들이 식당에 모였다. 그런데 김광남 특파원이 보이지 않았다. 그때 같은 천막을 쓰고 있는 이태영 대원이 김 특파원은 간밤에 한잠도 못잤다고 말했다. 나는 그가 감기에 걸렸다는 소리로 들었다. 그런데 사정은 의외로 심각했다. 김 특파원은 항문에서 주먹만한 살덩어리가 빠져나왔다는 것이다. 처음에는 대변을 보려했는데 대변이 안나오고 살이 삐져나왔다는 이야기다. 그리고 이렇게 살덩어리가 나오면서 통증이 심해지며 눕지도 앉을 수도 없어 밤새도록 고생했다는 것이 이태영 대원의 말이었다. 어제 저녁까지도 김 특파원은 건강했고 큰 소리 쳤는데 밤새 이런 일이 생길 줄 누가 알았겠는가? 그가 밤새 신음하고 아침 식사도 하지 못할 정도라면 문제는 간단하지 않았다.

아침 식사를 마치자 대원들이 상황실에 모여 김광남 특파원에 대한 이야기를 계속했다. 처음에 우리는 그의 병상을 단순한 치질의 악화 정도로 알았다. 외국에서는 원정 대원은 아예 맹장을 떼어버린다고 하고 치질 있는 사람은 대원으로 뽑지도 않는다. 그러나 김 특파원은 원래 우리 대원이 아니고 우리와 관계없이 KBS가 파견한 사람이니 원정대로서는 그의 건강 진단을 한 적이 없다. 그런데 우리 상식으로는 만일 그가 치질이라면 일시적 현상으로 안심할 수도 있었다. 우선 본인에게 물어보았더니 치질은 없었다고 한다.

원정대의 의사인 조대행 대원은 캠프 2에 올라가고 여기에 없었다. 그래서 우선 동료 대원들이 더운 물로 찜질을 해주며 2, 3일 경과를 보기로 했다. 이날 김 특파원은 종일 천막에서 밖으로 나오지 않았다.

캠프 3에 진출을 시도했던 대원 셋이 로체 급사면 7,100미터 부근까지 고도를 높였다가 돌아왔다고 캠프 2에서 오후 네 시에 무전 연락이 왔다. 로체 훼이스에는 고정 자일이 설치되어 있고 대원과 셸파는 유마르를 사용하여 70도 가까운 급경사를 오르게 되지만 평지를 걷기도 어려운 7,000미터 고소에서 가파른 비탈길을 오르기란 상상할 수 없는 고역이다.

8월 28일

날씨는 맑고 기온은 영하 2도. 캠프 1 영하 5도, 캠프 2 영하 14도를 각각 기록했다.

캠프마다 추위가 더해가는 것이 분명했다. 캠프 2에서 박상렬 부대장, 한정수, 이원영 등 세 대원이 07시에 캠프 3으로 떠났고, 캠프 3에서는 셸파 넷이 사우드 콜에 이르는 루트 정찰에 나섰다. 이틀간 베이스캠프에 묵었던 이란 대학생이 아침에 베이스캠프를 떠나 하산했다. 그는 우리 대원을 따라 아이스 폴 지대를 올라가 보고 싶다고 청을 해왔지만 트레커의 행동 범위는 네팔 정부로부터 베이스캠프까지로 제한되어 있기 때문에 대장으로서도 그의 청을 들어 줄 수가 없었다. 한편 정부의 연락관이 원정대에 파견되어 있는 것도 이런 문제를 체크하기 위해서였으니 그것도 문제였다.

구름 한점 없이 맑은 하늘 아래 아이스 폴이 유난히 반짝거렸다. 이런 날씨가 계속한다면 9월 5일까지는 등정에 자신이 있어 보였다. 상오 열시 쯤해서 캠프 3으로 가던 한정수 대원으로부터 무전 연락이 왔다. 그는 7,000미터 고소 사면의 적설 상태가 좋다는 반가운 소식이었다. 대장이나 대원들이 걱정하는 것은 항상 눈사태인데, 로체 훼이스가 특히 그렇다. 한정수 대원의 보고대로 가장 위험하게 보고 있는 그 대사면의 눈이 안전하다면 원정대로서는 큰 장애 요소가 제거된거나 다름없었다.

이날 캠프 3 진출에는 박상렬 부대장과 이원영 대원이 어제에 이어 이틀 계속해서 나섰는데 박 부대장은 조금도 피로를 모르고 앙 푸르바, 펨바 노르부와 같이 쉬는 일도 없이 급사면을 올라갔다. 그러나 한정수 대원은 고도를 높이면서 약간 두통을 느꼈고 이원영 대원은 어제보다 힘들어했다. 표고 7,400미터 급사면은 눈 밑이 단단한 빙판이었고 여기를 비스듬히 깎아서 간신히 새운 세 동의 천막은 보기에도 불안전했다.

캠프 3에서는 에베레스트 남봉이 눈앞에 가까이 바라다 보였고 발밑에 펼쳐진 웨스턴 쿰 빙하에 캠프 2의 천막들이 마치 깨알같았다. 캠프 2에서 머리 위로 솟아 있던 눕체 봉우리도 지금은 거의 눈높이로 보였다. 그들은 식량 박스에서 우선 과일 캔을 찾아내어 목을 축이고 분유와 라면을 끓여 요리를 했다.

7,400미터 만해도 부탄 가스의 화력이 약해서 물을 끓이는데 시간이 많이 걸렸다. 그러나 그들은 다행히도 이런 고소에서 산소를 따로 마시지 않고 견딜 수가 있었다. 실은 산소를 마시고 체력 소모를 줄여야 하는데 우리에게는 그럴 만한 충분한 산소가 없는 것을 아는 대원들은 스스로 산소의 사용을 자제했다. 계획대로라면 세 대원은 이날 밤 캠프 3에 머물렀지만 한정수 이원영 두 대원은 오후 3시 30분에 캠프 3을 떠나 5시 10분에 캠프 2로 내려오고 결국 박 부대장이 혼자 캠프 3에 남게 됐다.

캠프 4에 이르는 루트 공작에 나섰던 앙 푸르바로부터 상오 11시경에 락파 텐징한테 무전 연락이 왔다. 그는 무릎까지 빠지는 눈과 싸우며 사우드 콜 중간 지점까지 고정 로프를 깔았다고 했다. 그러나 이 정도면 내일은 캠프 4까지 길을 뚫을 수가 있겠고, 늦어도 8월 31일에는 사우드 콜에 천막을 칠 수가 있을 것으로 보였다. 캠프가 캠프 3으로 전진하면서 식량문제가 새로이 대두했다. 국내에서 검토했던 고소별 식량 계획이 현지에 와보니 실제로 맞지 않는 것을 알게 됐기 때문이다. 조리하는 데 불편할 뿐만 아니라 고소에서 오는 식욕 부진 등으로 국내에서 포장한 짐 속에는 불필요한 것들이 많았다. 그래서 베이스 캠프에서는 사용에 편리한 고소 식품만을 골라서 다시 포장하기로 했다. 이날 김병준 대원은 캠프 2에서 캠프 1로 내려오고 캠프 1의 이윤선 대원은 내일 베이스 캠프로 돌아오도록 했다. 오후 6시 현재 캠프 3에서는 눈이 조금씩 내리기 시작했다는 보고가 왔다.

8월 29일

맑은 후 흐리고 한때 눈. 캠프 1 기온은 영하 5도, 캠프 2 영하 8도, 캠프 3 영하 16도를 기록했다. 고소 캠프의 기온들이 이렇게 어제보다 내려갔다. 동이 트기 전에 아이스폴 셀파 셋이 루트를 보수하려고 나가고 그 뒤를 이어 도창호 대원이 혼자 캠프 2를 향해 올라갔다. 이렇게 혼자 행동하는 것은 원칙적으로 금지하고 있었지만 대원들은 등로에 익숙해져서 혼자라도 가는 것을 허락했다.

아침 6시가 되어 캠프 3과 교신 했더니 박상렬 부대장은 간밤에 산소를 마시자 않고도 편하게 잠을 잤다고 한다. 이것은 분명 기쁜 소식이었다. 박 부대장은 캠프 4의 예정지인 사우드 콜까지 가보겠다고 의욕을 보였다. 나는 혼자 생각하는 것이 있었다. 그가 원하는 대로 하도록 맡겼지만 그 대신 등행 중에 산소를 사용하라고 지시했다. 그때 박 부대장은 자기가 알아서 하겠으니 안심하라는 답변이었다. 간밤에도 산소를 마시지 않았는데 그 몸으로 8,000미터 고소를 올라간다는 것은 쉬운 일이 아니었다.

박 부대장은 07시 30분에 사우드 콜로 떠났다. 이보다 앞서 캠프 2에서는 고상돈, 김영한, 이기용, 이상윤 등 네 대원이 셀파 여섯 명과

223

같이 캠프 3으로 떠났다. 그들은 네 시간만인 10시 30분에 목적지에 도달했으며, 다만 김영한과 이상윤 대원은 여유있게 쉬어가며 올라갔다. 이날 네 대원의 컨디션은 놀라울 정도로 좋았다. 캠프 3에서 사우드 콜로 가려면 로체의 광대한 급사면을 트래버스해야 한다. 트래버스는 클라이밍보다 힘이 덜 들 것 같지만 그 대신 발을 옮기는 데 신경을 더 써야한다. 머리 위로는 눈사태의 위험이 따르고 발밑은 절벽이나 다름없다. 펨바 노르부를 선두로 세우고 박 부대장은 피켈에 몸을 의지하며 무릎까지 빠지는 깊은 눈을 조심조심 헤쳐나갔다. 박 부대장이 제네바 수포(Geneva Supor)의 록밴드에 다다랐을 때 기온은 영상 15도로 기상 조건은 양호하다고 보고 했다. 이날 그는 산소 없이 표고 7,850 미터까지 진출했는데 같이 간 셀파들은 그 이상 가기를 원치 않았다. 외국 원정대에 참가한 경험이 많은 셀파들은 박 부대장이 산소 없이 8,000 고소를 오르내리는 것을 보고 놀란 표정을 지었으며 대원들 사이에도 큰 화제가 되었다.

이제 사우드 콜 진출은 시간 문제였다. 앞으로 하루 이틀 사이에 캠프 4 건설은 문제가 아니고 그렇게 되면 정상 공격용 물자를 빨리 올리는 동시에 공격팀을 조직해서 전진 캠프에 투입해야 했다.

드디어 지휘 본부가 캠프 2로 올라가야 하게 됐다. 나는 내일의 출동에 대비하여 류색에 짐을 챙기고 일찍 자리에 누웠다.

8월 30일

흐리고 베이스캠프의 기온은 영하 3도, 캠프 1 영하 6도, 캠프 2 영하 8도, 캠프 3 영하 12도. 간밤에 눈이 많이 왔다. 전진 캠프가 걱정이 되어 06시에 캠프 1을 불렀으나 교신이 안되고 대신 캠프 3이 나왔다. 박상렬 부대장은 건강한 목소리로 로체 훼이스의 상황을 보고하고 눈이 깊어서 오늘 사우드 콜 루트 공작은 힘들겠다는 이야기 였다.

간밤에 내린 눈은 원정대가 베이스 캠프에 진입한 이래 처음 보는 폭설이었다. 박 부대장이 보고한 것으로 볼 때 에베레스트 산군 일대에 눈이 깊은 것이 틀림 없었다. 나는 캠프 2의 장문삼 등반 대장을 불러 캠프마다 오늘 행동을 모두 중지하도록 지시했다. 그러나 베이스 캠프에서는 고소 포터 6명이 캠프 1로 떠났다. 그들은 내일 캠프 1에서 캠프 2까지 물자 운반을 담당하기로 돼있었다.

나는 ABC, 전방 지휘소로 진출하려던 계획을 하루 더 미루었다. 김광남 특파원의 병세는 호전되는 기색이 없으며 발병한 이래 며칠동안 식사도 못하고 계속 신음하고 있었다. 나는 캠프 2에 있는 조대행 의무 대원을 무전으로 불러 비로소 김 특파원의 병세를 알렸다. 내 말을 듣고 있던 조 대원은 놀란 듯 했지만 차분한 목소리로 이렇게 말했다.

"회장님 야단났습니다. 혼자 알고 계십쇼. 열흘 안에 살덩이가 들어가지 않으면 생명이 위험합니다." 내가 약이 없느냐고 묻자 조 대원은 치료 방법이 없다는 것이다. 그래도 무슨 대책을 세워야하지 않겠는가고 했더니 더운물 찜질을 해보는 길밖에 없다고 조 대원은 말했다. 그렇다면 이것은 보통일이 아니라는 생각이 들었다. 나는 조 대원은 의사니까 내려와서 환자를 돌보라고 하고 힘없이 무전기를 내려놓았다.

이날 캠프 2에는 11명의 대원이 올라가 있었고 정상 공격에 대비하기 위해 서둘러야 할 일들이 많았다. 이처럼 중요한 때에 의무 대원이 캠프 2에서 베이스 캠프로 내려온다는 것도 문제가 아닐 수 없었다. 나는 다시 무전기를 들고 조 대원의 하산 지시를 취소했다.

그리고 나서 얼마나 시간이 흘렀을까. 갑자기 밖에서 떠드는 소리가 들렸다. 나는 황급히 천막을 뛰쳐 나갔다. 대원들과 셸파가 모여 서서 한 방향을 쳐다보며 소리를 지르고 있었다. 눕체봉에서 대규모의 눈사태가 일고 있었다. 그것은 지금까지 없었던 엄청난 규모의 눈사태였다. 7,900미터의 거봉 눕체의 능선에서 발생한 눈사태는 마치 뭉게구름처럼 피어오르더니 삽시간에 아이스 폴 상단부 일대를 새뽀얗게 덮어 버렸다. 순간 나는 상황실로 뛰어 들어가 무전기를 들고 캠프 1을 불렀다. 이윤선 대원이 무전기에 나왔다. 캠프 1 일대는 눈가루를 뒤집어 쓰고 있는 순간인데 캠프는 안전하다고 이 대원은 말했다. 그리고 이 무렵에 웨스턴 쿰 빙하를 오르내리는 사람은 없다고 그는 덧붙였다. 참으로 다행한 일이었다.

정오가 되어 캠프 3의 상황을 무전으로 체크했더니 로체 훼이스는 신설이 온 뒤에도 불구하고 이 시간까지 눈사태가 없었으며 캠프 2에서 앙 푸르바와 셀파 3명이 보급 물자를 가지고 올라왔다는 보고였다. 산악의 지식으로서는 신설이 내린 다음날의 행동은 살인을 의미한다고 돼있다. 나는 이 지식을 히말라야에서 절대적인 수칙으로 삼았다. 그러나 셀파들은 웬만한 강설에는 개의치 않는 듯이 보였다. 그들은 원래가 고산족으로서 원정대를 따라다닌 경험도 풍부하다. 이밖에 고소 포터에게는 캠프 2에서 캠프 3까지 캠프 3에서 캠프 4 그리고 그 이상의 고소에서 활동하는 경우 고소별 보너스가 지급된다. 즉 그들은 캠프 3까지 하루 50루피, 캠프 4까지는 100루피 캠프 5에는 200루피를 더 받는다. 이 보너스는 그들에게 여간 큰돈이 아니다.

8월 31일
흐리고 기온은 0도.
간밤에도 눈이 많이 왔다. 05시에 무전으로 각 캠프를 불렀다. 캠프 1에는 20센티미터 가량 눈이 쌓였고 기온은 영하 8도, 캠프 2에도 역시 20센티미터 신설에 영하 9도였다.

캠프 3에서는 박 부대장이 대원으로서는 혼자 셀파 네 명과 같이 3일간은 지탱하고 있었다. 이틀 계속된 눈으로 모든 행동이 중지된 이때 캠프 들은 마치 대해의 고도처럼 고립된 느낌이다. 오늘 날씨로 보아 눈이 또 올 듯 했다. 나는 캠프 3에서 전원이 일단 캠프 2로 철수하라고 지시했다. 박 부대장은 7,400미터의 고소에서 3일 동안 무산소로 지냈다.

조대행 의무 대원이 조사한 대원들의 폐활량은 평균 4,000이었는데 박 부대장 만은 6,050이나 됐다. 그는 스쿠버 다이버로서 폐에 자신이 있었겠지만 이렇게 까지 뛰어난 체력을 가지고 있을 줄은 아무도 몰랐다. 그가 고산족인 셀파들을 놀라게 한 것도 당연한 일이다.

이날 06시에 아이스 폴 셀파 12명이 짐을 지고 캠프 1로 올라갔다. 그 가운데 6명은 캠프 1에 체류하고 나머지 6명은 캠프 1에서 캠프 2로 짐을 나르도록 했다. 이틀 계속된 강설로 아이스 폴의 루트 보수가 필요했지만 예상외로 큰 작업은 아니어서 다행이었다.

저녁 여섯 시경에 카트만두에 내려갔던 메일 러너가 우편물을 가지고 돌아왔다. 메일 러너의 말로는 낮은 지대에는 폭우가 쏟아져 길이 끊어지고 계곡에 걸렸던 다리가 떠내려가는 등 수해가 막심한 모양이었다. 고지대에 이정도 눈이 내렸다면 저지대에 비가 많이 왔을 것은 가히 짐작이 갔다.

9월 1일

간밤에도 눈이 왔는데 적설량은 어제와 그제보다는 적었다. 날씨가 여전히 흐리고 기온은 차이가 없었다.

새벽 다섯 시에 캠프 1과 교신, 적설량은 5센티미터로 베이스 캠프와 비슷하고 기온은 영하 3도였다. ABC 즉 캠프 2에는 눈이 오지 않았다. 연 3일 동안 불순했던 날씨가 오늘부터 차차 개이는 듯이 보였다. 나는 캠프 2에 진출하는 것을 하루 더 기다리기로 했다.

간밤에 눈이 내리지 않은 ABC에서는 장문삼 대장을 비롯해서 대원들이 무료한 시간을 보내기가 지겨웠던 모양이었다. 모든 행동이 중지

되어 그동안 하는 일없이 천막 속에 들어앉아 있다는 것도 활동적인 대원들로서는 견디기 어려운 일이다. 장 대장은 내가 언제 캠프 2로 이동하느냐고 물으면서 오늘부터는 활동을 재개해도 좋지 않겠느냐고 내 의사를 물어왔는데 그의 의견을 들어보니 괜찮을 것 같았다.

캠프 2에서는 고상돈 대원과 이원영 대원이 셸파 세 명을 데리고 캠프 3으로 향했다. 그 동안 나있던 길이 온통 눈으로 덮이고 로체 사면에 깔았던 자일은 눈 속에 묻혀 있었다. 한편 베이스캠프에서는 셸파 다섯 명이 사다리를 지고 아이스폴의 루트 보수 작업에 나섰다. 그리고 또다른 다섯 명을 산소통과 천막 등을 지고 캠프 1로 올라갔다. 캠프 1을 지키고 있는 두 대원은 20명의 고소 포터를 총동원하여 캠프 1에 쌓여 있던 짐들을 캠프 2까지 나르도록 했다.

9월 2일

눈을 떠보니 어제 밤도 5센티미터 가량 눈이 내리고 날씨는 처음으로 맑았다.

베이스캠프의 기온은 영하 5도, 지금까지 기온 중에서 가장 낮았다. 캠프마다 기온을 알아보았더니 캠프 1은 영하 8도, 캠프 2가 영하 15도 였는데 캠프 3이 이상하게도 영하 14도에 눈이 15센티미터 정도 쌓였다. 캠프 3에서 하루 밤을 지낸 고상돈과 이원영 대원의 기분은 밝지 못했다. 그들은 물론 7,400미터에 올라와서 산소를 마시지 않았는데 그 영향인 것이 틀림없었다. 고상돈은 이원영보다 통증이 가벼웠던지 셸파와 같이 06시에 사우드 콜로 올라갔고 이원영은 혼자 캠프 2를 내려왔다. 고상돈은 눈이 깊은 로체 급사면을 가로질러 10시 경에 표고 7,900미터인 제네바 스포의 록밴드를 지나갔다.

나는 베이스캠프에서 캠프 4로 진출하는 상황을 체크하고 고상돈의 체력이 크게 소모하지 않을까 걱정이 되어서 캠프 3으로 돌아오도록

228

했다. 정상 공격을 앞에 둔 이 때 대원들의 무리한 행동은 좋지 않았다. 지나친 체력을 소모하면 회복하는 데 시간이 걸리며 결국은 그만큼 인력을 낭비하게 될 뿐이다. 고상돈은 앞으로 30분 더 가면 사우드 콜이라며 돌아오기를 아쉬워하는 눈치였다.

한편 한정수, 조대행, 도창호, 김운영 등이 07시에 캠프 2를 떠나 캠프 3으로 올라갔다. 그들은 도중에 혼자 내려오고 있는 이원영을 만났는데 그때 이 대원은 창백한 얼굴을 하고 있었다. 캠프 2에서 오른 대원들은 제네바 스포에서 내려온 고상돈과 캠프 3에서 만났는데, 그때 고 대원은 몹시 지쳐 있었다. 이날 고상돈과 이원영은 캠프 3에 그대로 머물기로 돼 있었으나 고 대원도 낮은 데로 내려와서 쉬는 것이 좋겠다는 생각이 들었다.

나는 한정수와 도창호에게 캠프 3에서 묵으라고 했다. 그런데 이들의 이날 예정은 캠프 2로 돌아오기로 되어 있어서 슬리핑백과 매트레스 등을 가지고 가지 않았다. 캠프 3에는 마침내 침낭이 여분으로 있었지만 매트레스가 없었다. 텐트도 세 동이어서 그 사람들이 모두 묵기에는 자리가 넉넉지 않았다. 그러나 이들은 비좁고 여유가 없는 곳에서 눈 위에 깔 것도 없이 고생하기로 했다.

조대행 의무 대원이 7,400미터 고소까지 오른 데 대해 셸파들은 놀란 기색이었다. 다른 원정대에서는 의사가 이렇게 높이까지 오른 예가 없었다는 것이다. 일반적으로 원정대에 따라오는 의사는 클라이머가 아니다. 그러나 우리의 경우 조대행은 의과대학 출신의 전문의인 동시에 대학 산악부 책임자로 일찍부터 활동했다. 그래서 대원들은 그를 의사라기보다는 산악인으로 더 가깝게 지내 왔다. 오후가 되어 맑던 날씨가 흐려지고 눈발이 내렸다.

9월 3일

맑은 후 오후부터 눈.

사흘 동안 밤마다 내리던 눈이 간밤에 처음으로 멎었다. 기온은 더욱 내려갔다. 9월에 들어서며 히말라야의 날씨는 눈에 띄게 달라졌다. 이날 새벽에 캠프 1의 기온은 영하 13도, ABC 영하 18도, 캠프 3은 영하 23도까지 내려갔다. 하늘은 새파랗게 맑고 쌀쌀한 겨울 날씨였다. 포스트 몬순의 전형적인 기상이었다.

나는 새벽 3시 30분에 일어나서 떠날 준비를 서둘렀다.

김명수와 김병준 대원이 본부 천막에 와서 짐을 챙겼다. 05시 45분에 우리는 베이스캠프를 떠났는데 연락장교가 따라가고 싶어했지만 베이스 캠프에 남아 있으라고 했다. 이날 우리 일행이 떠나면 당분간 곽수웅, 이태영 그리고 누워 있는 김광남 특파원만이 베이스캠프를 지키게 된다. 나는 락파 텐징과 악수를 나누며 고소 포터들의 지원이 차질 없도록 부탁했다.

우리는 걷기 힘든 돌밭 모레인 지대를 한동안 지나 아이스폴이 시작하는 설선에 도착했다. 여기서 저마다 아이젠을 달고 셋이 로프로 안자일렌 했다. 나는 김명수와 김병준 사이에 들어갔다. 이미 해가 뜨는 시간을 지났으나 아이스폴에 햇살이 닿으려면 아직 멀었다. 우리는 햇빛이 비치기 전에 이 마의 지대를 돌파해야 했다. 안전을 위해서도 그렇지만 힘을 안들이고 오르기 위해서 더욱 그렇다. 이날 우리 컨디션은 의외로 좋아서 도중에 별로 쉬지 않고 계속 핏치를 올렸다. 보름 전에 처음으로 아이스폴 하단부를 올랐을 때 몹시 힘이 들었던 생각이 났다. 당시의 느낌으로서는 앞으로 캠프 2까지 오를 일이 한심스러웠다.

대원들이 '댐'이라고 부르는 곳에 왔을 때 나는 그 이름이 왜 붙었는지 알 것 같았다. 거의 90도로 선 절벽의 높이가 20미터나 되었으며 여기에 줄사다리가 걸려 있었다. 그런데 여기를 오를 때 방금이라도 절벽이 무너지지나 않을까 마음이 조마조마 했다. 넓은 크레바스에는 알루미늄 사다리가 서너 개 연결되어 있었는데 앞에 가는 셀파는 아예 무릎을 꿇고 기어갔다. 드디어 내가 건널 차례인데 나는 앉은뱅이 걸음으로 가는 것이 차라리 편했다. 크래바스는 골짜기가 얼마나 깊은지 눈대중으로도 알 수가 없었다. 우리는 네 시간 뒤에 드디어 폴라토에 올라섰다. 베이스캠프가 저 밑에 깨알같이 내려다 보였다. 거의 표고 차 800미터를 오른 셈이다. 이제 캠프 1까지는 직선 거리로 얼마 안되며 빤히 바라다 보였다. 그러나 실제로는 크레바스를 건너고 또 건너며 쎄락을 피해 돌아가기를 수 십 번 거듭해야 했다.

눈은 비교적 굳어서 아이젠이 잘 먹었다. 나는 피켈을 배낭에 달고 스키 슈톡을 짚으며 전진했다. 설산에서 피켈을 쓸 때가 따로 있지만 지금은 스키 슈톡이 아주 편리했다. 지칠 줄 모르고 아이스폴을 넘어선 사이에 완전히 녹초가 됐다. 스태미너를 아이스폴에서 빼앗겼는지 또는 6,000미터라는 고소에서 오는 장애 때문인지 몰라도 약 두 시간 동안 허우적거리며 캠프 1에 도착한 것은 11시경이었다.

맑았던 날씨가 어느새 눈보라로 변했다. ABC에서 18명의 셀파들이 캠프 3으로 짐을 날랐다. 캠프 3을 출발한 앙 푸르바, 앙 다와, 펨바 체링, 니마 쌍게 등 네 명의 셀파가 오후 두 시 무렵해서 사우드 콜에 도달하여 천막 두 동을 치고 다시 캠프 3으로 돌아왔다.

한편 한정수 조대행 도창호 김운영 등이 고도 순화 차 8,000미터 고소로 향했는데 그들은 7,900미터 부근에 있는 돌출 암부 제네바 스포까지 갔다가 되돌아 왔다. 이날 캠프 3에서는 김운영 대원과 캠프 2에서 올라온 이기용, 이상윤 등 세 대원이 남기로 하고 다른 대원들은 모두 캠프 2로 내려왔다. 처음 7,400미터 고소에 오른 이상윤은 머리가 아파서 밤새 고생했다. 그는 몸이 작은 편이나 활동적이고 단단한 체질인데 고도에 아직 적응하지 못한 것 같았다.

캠프 1에 처음 올라오자 가벼운 두통이 왔다. 고도 증세가 나타난 것이 틀림없다. 그러나 견딜 만하기 때문에 별로 걱정하지 않고 진정제 한 알을 먹고 침낭 속으로 일찌감치 들어갔다. 머리 아프던 것이 바로 없어졌다. 오후가 되어 흐리기 시작한 날씨는 끝내 저녁부터 눈을 뿌렸다.

9월 4일

맑게 개인 아침이었다. 한국의 가을 아침을 설악산에서 맞을 때 유난히 맑고 조용하며 아름다운 느낌을 주지만 여기는 6,100미터의 고소 백색의 세계다.

캠프 1에서 바라보는 눕체의 장엄함을 어떻게 표현해야 좋을지 모르겠다. 고도 7,900미터의 이 거봉은 지금까지 오랫동안 베이스 캠프에서 멀찌감치 바라보았는데 지금 여기서도 그 절벽처럼 선 북사면을 수놓은 눈주름이 바로 손에 잡힐 듯이 가깝다. 그 기하학적인 눈 주름의 정교한 미는 그야말로 자연의 경이이며 신의 조화라고 할 수밖에 없었다.

나는 08시 40분에 김명수, 김병준 대원들을 앞세우고 캠프 2로 향했다. 이제부터 오르는 웨스턴 쿰 빙하는 광대한 설원 지대여서 눈사태나 크레바스의 붕괴 같은 위험은 없지만 해가 중천에 뜨기 전에 통과해야 덜 지친다.

웨스턴 쿰 빙하는 눕체와 에베레스트 숄더의 거봉을 양쪽에 끼고 멀리 로체와 에베레스트 남벽 밑까지 펼쳐지고 있으며 경사는 비교적 완만하다. 1952년 스위스 원정대가 처음으로 이곳을 지나가며 〈침묵의 계곡〉이라고 불렀는데 계곡이란 이름 뿐, 광대하기가 이를 데 없다. 그러나 주위가 7,000 또는 8,000미터의 거봉에 둘러싸여 유난히 정적감이 감돌았다.

이 설원에는 아이스 폴과 같은 쎄락은 없으나 크레바스가 많아서 지나가는 데 생각보다 시간이 걸렸다. 그뿐만 아니라 고도에서 오는 산소 부족과 저기압 상태에 태양 복사열까지 곁들어 밋밋한 대설원을 장시간 행진하며 우리는 완전히 질려버렸다. 100미터 간격으로 세워놓은 빨간 표지가 설원을 배경으로 선명하지만 그 앞에 다가서기가 그처럼 힘들었다. 아마도 그 100미터 구간을 전진하는 데 30분에서 어떤 때는 한 시간도 더 걸린 것 같다. 우리는 행동할 때 언제나 크래커와 캔디와 쥬스가 들어 있는 깡통 몇 개를 배낭에 넣고 있었는데 지치고 지쳐서 도중에 이런 것들을 먹을 생각도 나지 않았다. 이렇게 해서 전진기지인 ABC에 도전한 것은 13시 40분이었다. 캠프 1을 떠난 지 다섯 시간 걸렸다. 경사라고도 할 것 없는 길을 1.5킬로미터 정도 가는데 이렇게 걸린 것이다.

이날 캠프 2에서 장문삼 등반 대장과 10여일 만에 만나니 우리는 서로 재회를 기뻐했다. 대원들은 2, 3일 마다 캠프를 오르내리지만 장 대장은 캠프 2에 올라온 이래 줄곧 같은 곳에 있었으니 그가 얼마나 지루하고 지쳤을까 짐작이 갔다. 장 대장은 그 사이 얼굴이 시커멓게 타고 수염도 많이 자랐다. 같이 있을 때는 별로 모르지만 며칠만 떨어져도 이렇게 몰라보게 사람의 모습이 바뀌는 것이 히말라야 고소의 위력이라면 위력인 샘이다.

캠프 2에서 나는 6인용 천막에서 장문삼 대장과 같이 지내기로 했다. 6인용 천막에 이렇게 둘이 있으면 안이 넓어 거주성이 월등 나을 것 같지만 여기가 바로 전진 기지의 지휘 본부이고 보니 천막 안에 각종 물건이 쌓이고 게다가 수시로 사람들이 들어와야 하기 때문에 결코 넓다고만 할 수가 없었다. 저녁 때 역시 가벼운 두통이 왔다.

그래서 캠프 1에서처럼 진정제 한 알을 먹었더니 바로 회복됐다. 고산병에는 약이 없다고 하는데 그래도 증세에 따라서 이런 효과가 있는 모양이었다. 또는 이 정도로 가벼운 두통은 굳이 고산 증세라고 까지 할 것이 아닌지도 모른다.

해는 서산에 지는 줄 알고 있었는데 여기서는 서산이 아니라 아이스 폴 밑으로 졌다. 이 당연한 사실이 여기서는 특이한 현상으로 인상적이었다. 해가 지면서 캠프 2의 기온이 급강하했다. 고도가 고도여서 역시 베이스 캠프보다 10도의 차가 있어 보인다. 대체로 이곳의 기온은 대낮에도 햇빛이 쪼이다가 구름이 잠깐 끼면 뚝 떨어진다. 그러니 저녁이 되어 해가 아주 지면 그때의 추위는 낮의 기온의 변화와 비교가 되지 않는다.

주위가 어두워지며 에베레스트 남벽과 눕체에서 눈사태의 굉음이 간간이 들려 왔다. 그런데 그 소리는 낮과 밤에 그렇게도 느낌이 다른 것도 새로운 체험이었다. 나는 앙 푸르바를 본 후 천막에 불러 장문삼 대장과 같이 앞으로 있을 정상 공격에 대한 의견을 나누었다. 드디어 결정적 순간이 다가왔다는 긴장 속에서 캠프 2의 첫날밤을 맞이했다.

고통의 밤 C3

이 상 윤

9월 3일이었다.

캠프 3으로 진출하라는 명령을 받고 이른 아침에 이기용 대원과 함께 캠프 2를 떠났다.

우리가 가려는 캠프 3은 로체 훼이스 한 가운데 있는 전진 캠프인데 그 고도는 7,400미터였다. 캠프 2에서 이 고소까지는 이른바 고도차가 1,000미터나 된다. 에베레스트에 오며 이런 고소에 오른다는 것은 누구나 각오한 바겠지만 다소 긴장이 된다. 이유는 간단하다. 즉, 한국에서는 체험할 수도 없던 6,500미터 고소까지 올라왔는데 여기서 1,000미터를 더 오르게 됐기 때문이다. 그리고 7,400미터라는 곳은 산소 마스크를 쓰고 행동하는 곳이라는 것도 우리는 알고 있었다.

그러나 우선 로체 훼이스의 대설사면이 시작되는 곳까지는 아주 완만한 사면을 이룬 대설원이어서 마음이 가벼웠다. 옆에서 말없이 걷고 있는 이기용 대원을 바라보았다. 그의 긴장된 얼굴을 보고 싶었던 것이다. 그런데 이 대원은 여느 때보다도 밝은 표정이었다. 그것이 그의 성격인지 또는 고소로 진출하게 되서 기쁜 것인지 모르나 그의 처지가 부러웠다.

웨스턴 쿰 상단부에 속하는 설원은 이상한 곳이다. 지금 우리는 완전 백설 세계를 가고 있는데 몸에서 땀이 날 정도다. 그러나 고소 장애를 느끼지 않으니 얼마나 다행한 일인지 모르겠다.

캠프 2를 떠난 지 얼마 되지 않은 듯한데 로체 훼이스 기슭에 도달했다. 7,000미터 고소다. 아침 일찍 떠난 덕분에 바로 햇살을 받지 않아서 덜 피곤했던 것 같다.

우리는 이제 8,000미터 두 봉우리 사이에 선 것이 아닌가! 머리위로 에베레스트와 로체가 하늘을 찌르는 듯이 솟아있다. 이런 고소에서 모든 것을 결정하는 것은 다름 아닌 지구력과 의지다. 강인한 체력과 정신력이 나 자신을 지배할 때 비로소 내가 살아남고 일을 해낸다… 나는 로체 훼이스의 60, 70도의 설사면을 오르는 동안 모든 생각을 버렸다. 같이 오르는 이기용 대원이 내 앞을 가는지 뒤에 오르고 있는지 생각할 여유도 없었다. 나는 그저 내 발끝만 바라볼 뿐이었다. 그러지 않아도 무거운 노르디카 등산화를 신고 살레와 아이젠을 단 내 발을 한걸음 한걸음 위로 옮겨놓고 있었다. 얼마나 올라왔는지 얼마나 더 올라가야 하는지도 모르며 그저 발을 옮겼다.

로체 대설사면에서 나는 처음으로 무한한 고독감을 느꼈다. 내가 느꼈다기보다도 어디선가 엄습해 온 듯했다. 나는 정신을 잃지 않으려고 굳게 마음을 먹었다.

"다 왔다!" 고 이기용 대원이 소리치는 것 같았다. 고개를 드니 머리위로 천막 두 동이 올려다 보였다. 순간 용기가 난 것이 아니라 몸에서 힘이 빠져나가는 듯했다. 긴장이 풀린 것이다. 나는 무거운 다리를 끌다시피 하며 천막 있는 데로 올라갔다. 우리의 상식으로 캠프 싸이트는 공간이 있는 법이다. 그런데 여기는 사정이 딴판이었다. 천막 자체가 불안한 느낌이였다. 로체 훼이스의 대설사면에 무슨 공터가 있겠는가? 결국 사면을 깎아서 간신히 천막 칠 자리를 만든 것이다.

문제는 그것만이 아니다. 만일 위에서 눈사태라도 쏟아지면 그것으로 모든 일이 끝장이다. 그러나 이제 그런 걱정 하고 있을 때가 아니다. 우리는 여기서 며칠 있어야 한다.

C3에서 김운영 보도대원과 도창호 대원이 있었는데 그들은 아주 건강해 보였다. 천막 안을 들여다 보니 그야말로 냉방이고 습기가 차서 들어갈 생각이 없었다. 그렇다고 물론 밖에서 있을 수도 없었다. 손발이 얼어오고 몸은 납덩어리처럼 무거웠다. 그리고 이상하게 머리가 아팠다. 지금까지 없었던 일이어서 나는 미처 고도 생각을 하지 못했다.

우선 천막에 들어가서 짐을 정리하고 식사 준비를 했다. 이렇게 몸을 놀리며 머리 아픈 것을 잊을까 싶었다. 그런데 통증은 시간이 가며 점점 더했다. 견디다 못해 이기용 대원에게 처음 말했다. 그는 이렇게 높이 올라왔으니 머리가 아픈 것은 당연하다며 상대도 하지 않는다. 그러나 내 생각은 달랐다. 이제 기나긴 밤이 오는데 이 두통으로 밤을 지낼 생각을 하니 무서웠다. 그것은 생지옥과 다름이 없었다.

내가 그대로 고통스러워하자 이기용 대원의 얼굴이 신중해졌다. 시간이 가면 날 줄 알았는데 더 심해지는 것 같아서 안되겠다는 생각이 들었던 모양이다. 이기용 대원은 나더러 더 어두워지기 전에 캠프 2로 내려가는 것이 어떻겠는가 했다. 하기야 그 길밖에 없어 보이는데 이렇게 고생해서 여기까지 왔으니 오늘 밤은 그대로 견디어 보겠다고 했다.

이렇게 해서 나는 생전 잊을 수 없는 무서운 밤을 지냈다. 그것도 히말라야 7,400미터 고소인 C3에서 지낸 것이다. 식자우환이라는 말이 있지만 이날 밤을 이렇게 지낸 것도 내가 무식했던 덕분이었다. 만일 내가 고산병에 대해 상세한 지식을 가졌던들 이러다가 폐부종이나 뇌수종 같은 무서운 증세로 발전하는 것이 두려워 당장 밑으로 내려갔을 것이다.

무섭도록 긴 밤이 지나고 밖이 밝아 왔다. 어두움이 사라지고 주위의 모습이 차차 드러나는 것을 보니 이제 살았다는 생각이 들었다. 그러나 그것은 단순한 느낌일 뿐 두통이 사라진 것은 아니었다. 셀파들이 사우드 콜로 떠날 준비를 했다. 이기용 대원도 따라가고 싶은 얼굴이었으나 대장 지시 없이는 마음대로 움직이지 못한다. 그러나 나는 이러한 움직임에 조금도 관심이 없었다. 머리가 아프니 그저 밑으로 내려가고 싶었다. 물론 나의 증세를 ABC에 알린다면 바로 내려오라고 했을터인데 나는 차마 그렇게 할 수가 없었다.

나는 에베레스트에 가고 싶어 김 대장을 찾아갔던 일이 생각났다. 그때 나는 집에서 이불도 덮지 않고 자며 아무리 추워도 장갑없이 지내는 등 평소 자기를 단련하고 있다고 말했던 것이다. 그리고 우리 대원들 가운데 지금까지 고소에서 나처럼 두통을 호소한 사람이 아무도 없었으니 나는 혼자 참을 길밖에 없었다.

그러나 옆에서 가장 괴로웠던 것은 이기용 대원이었다. 그래서 그가 보다 못해 ABC에 알렸다. ABC에서는 당장 산소를 마시되 수면용으로 조정하라는 것이었다.

나는 반신반의하며 산소 마스크를 얼굴에 썼다. 그리고 침낭 안에 들어가서 산소통의 밸브를 돌렸다. 순간 산소가 흘러나오는 소리가 들리면서 나는 마취 주사를 맞은 듯이 그렇게 심하던 통증이 가시는 것은 느꼈다. 도대체 생지옥이 어디 있었단 말인가? 내가 언제 머리가 아팠던가? 나는 완전히 거짓말을 했던 것이다… 그러는 동안에 나는 그대로 잠이 들었다.

이기용 대원이 산소 마시는 기분이 어떤가 묻는 것 같았다. 얼굴에 마스크를 썼으니 말하기도 쉽지 않을뿐더러 잠에 취해 말도 제대로 나오지 않았다. 그런데 갑자기 산소통에서 산소가 새는 듯한 느낌이 나서 벌떡 일어났다. 누군가 옆에서 산소통을 밖으로 던지라고 했다.

밖은 어두운데 셀파들이 웅성거렸다. 모두 일어난 것이다. 그러자 이기용 대원이 밖에 나가 산소통을 들고 돌아왔다. 문제는 별 것 아니었다. 산소통과 마스크를 연결하는 플라스틱 호스가 꺾여서 산소가 안전변으로 새어나온 것이다. 이런 부주의로 소중한 산소를 제대로 사용하지도 못하고 버리게 됐다.

이렇게 해서 그 무서운 고통의 밤이 다시 시작되는 줄 알았는데 그래도 산소를 마신 덕분인지 그전처럼 머리가 깨질 듯이 아프지는 않았다. 이제는 몸을 놀릴 일도 없으니 가만히 누워서 잠을 자면 그런대로 견딜 것 같았다.

9월 5일이 밝았다.

05시에 눈이 떴는데 유난히 기분이 상쾌했다. 이제 하루밤 고통을 겪고 나서 고소에 순응한 듯 했다. 그러나 앞으로 더 오를 자신이 없었다. 오르면 오르겠지만 그때마다 그런 고소 순응이 따른다면 그것이야 말로 문제다. 그래서 어느 원정대나 C3 즉 7,400미터 고소부터 산소를 사용하는 것을 실감하게 됐다.

ABC에서 무전이 왔다. 모두 내려오란다. 참으로 기쁜 소식이었다. 나는 짐을 챙기고 이기용 대원과 같이 C3를 뒤로 했다. 마치 지옥에서 탈출하는 기분이었다. 그러나 이기용 대원의 얼굴에는 희색이 보이지 않았다. 오히려 그는 이렇게 힘들게 올라왔는데 여기에 며칠 있다가 위로 오르고 싶은 눈치였다. 그렇지만 대장의 철수 명령에는 따르는 길밖에는 없었다. 우리는 말없이 로체 훼이스를 내려갔다. 나는 오를 때와 달리 뛰다싶이 하며 내려갔다.

나는 ABC에 도착하자 바로 조대행 의무대원을 찾았다. 그리고 악몽의 밤을 지낸 이야기를 말했더니 여기 내려왔으니 조금도 걱정할 것 없다며 진정제 몇 알을 주었다. 나는 그래도 무슨 후유증이라도 없는가 해서 더 좋은 약이 있으면 달라고 했더니 그는 더 좋은 약은 아예 베이스 캠프로 내려가는 것이라고 했다.

그런데 그날이 바로 1·2차 정상 공격조를 발표하는 날이었다. 그래서 모두 모이도록 했던 모양이다. 김 대장을 발표에 앞서 원정에서는 공격대원이나 지원대원이나 다같이 중요하고 필요하다고 전제하고 나서 1차 공격에 박상렬 부대장과 사다 앙 푸르바, 2차 공격에 고상돈과 한정수 대원으로 한다. 그리고 이곳 ABC에 남을 사람은 대장과 등반 대장, 의무대원, 보도대원 외 이상윤 대원 등 모두 일곱 명이라고 발표하는 것이 아닌가.

나는 놀라지 않을 수가 없었다. 나는 이제 조대행 의무대원 말대로 바로 BC로 내려가서 쉬려고 했는데 하필 내가 남게 됐으니… 그러나 한편 내가 이곳 ABC 전방 지휘소에 남아서 우리 원정대의 운명을 몸에 지니고 그 무서운 고도와의 싸움을 마다하고 죽음의 지대나 다름없는 에베레스트 정상으로 떠나는 공격대원들의 뒷바라지를 조금이라도 하게 됐다고 생각하자 나는 C3 고통의 밤을 깨끗이 잊었다. 나는 에베레스트에 온 행복감에 혼자 젖었다.

나는 더 오르고 싶었다

이 기 용

9월 4일, 흐림.

"여기는 캠프 1, 여기는 캠프 1. 캠프 3 감 잡아라. 오버."

"여기는 캠프 3. 감 잡았다. 오버."

"귀소 대원의 건강 상태는 양호한지 궁금하다. 오버."

캠프 1을 지키고 있는 이윤선 대원은 매일같이 새벽에 눈을 뜨면 캠프마다 전문으로 대원들의 안부를 묻는다. 이윤선 대원이 시키지 않는 일을 이렇게 하는 데는 그런대로 이유가 있었다. 그는 대원 가운데 제일 연배고 원정대의 살림인 총무를 맡고 있다. 그런데 그의 성격이 부드럽고 후배들 생각을 잘한다. 그러한 그가 C1에 있으면서 무척 외로운 나날을 보내다 보니 아침에 이렇게 무전으로 대원들과 교신하는 것이 크나큰 즐거움인 듯했다.

그런데 어제 C2에서 같이 올라온 이상윤 대원 때문에 나는 밤잠을 설쳤다. 우리는 어제 08시에 C2를 떠나 12시 경에 이곳 C3로 올라왔다. 고도차 1,000미터 가까운 고소를 이렇게 빨리 올라왔으니 나 자신 놀라지 않을 수 없었다. 우리가 에베레스트에 오며 걱정한 것은 다름아닌 고소 적응이었다. 이론적으로 잘 알고 있지만 현실적으로 과연 어

241

떨는지 걱정이었는데, 이제 이렇게 오르고도 이렇다할 증상이 나타나지 않으니 나로서는 기뻤고 다행한 일이었다.

그런데 이상윤 대원은 C3에 오르자 머리가 아프다고 했다. 나는 멀고 가파른 길을 고생하며 오를 때 그의 컨디션을 보고 안심했던 것이다. 그러던 그가 갑자기 두통을 호소하는 것은 누구에게나 있을 수 있는 고소증이니 그러다가 바로 해소할 것으로 보았다. 물론 이상윤 본인도 그렇게 생각하고 우선 견디어 보려고 했을 것이다.

우리는 고산병에는 약이 없고 두통이 심해서 견디기 어려우면 낮은 곳으로 내려가야 한다는 것을 잘 알고 있다. 이상윤은 힘들여 이 고소에 올라왔으니 어떻게 해서라도 참아보려고 하는 것 같았다. 그러나 만일 밤에도 계속 아프면 본인도 본인이지만 옆에 있는 사람들도 쉬지 못하니 큰 걱정이 아닐 수 없었다.

이상윤 대원은 두통으로 꼬박 앉아서 밤을 지샜다. 누우면 머리가 깨지는 것 같다고 했는데, 그는 하산 준비를 하다가도 하룻밤 더 버티어 보기로 했다. 옆에서 나도 죽을 지경이다. 시간은 정지한 듯 흐르지 않았다. 읽은 편지들을 되풀이해서 읽고 또 읽었다.

셸파 네 명이 ABC로 내려갔다.
하루나 이틀에 걸쳐 한 번씩 치루는 큰 일이 배설인데, 웨스턴 쿰에서 이곳 로체 훼이스로 몰아치는 눈가루 섞인 강풍으로 그럴 때마다 소름이 끼친다.

C3 장소는 천막 주변을 돌아다닐 공간도 없다. 로체 급사면을 깎아서 겨우 천막을 칠 정도니 완전히 감방에 들어앉은 신세다. 나는 하도 지리해서 캠프 4로 향하는 길로 산책을 나섰다. 앞에 저 멀리 거뭇거뭇한 돌출 지대가 보였다. 유명한 제네바 스포다. 저기를 넘어서서 가노라면 이른바 사우드 콜 C4다. 어느새 내 마음은 그곳으로 달렸다. 이대로 계속 간다면 나는 8,000미터 고소로 오른다. 지금 나는 산소 기구

도 없이 여기를 가고 있다…

나는 제 정신으로 돌아왔다. 나는 다시 돌아가야 한다. 나 혼자 이러다가 언제 날씨라도 악화하고 눈보라가 휘몰아친다면…

12시 30분 경에 펨바 라마와 우켄 도르지, 니마 텐징, 앙 니마 등 6명의 셀파가 짐을 지고 올라왔다. 그러자 ABC에서 과일 넥타가 많이 올라갔다고 알려왔다. 이제 살겠다며 짐을 뜯고보니 과일 캔이 네 개뿐이었다. 셀파들이 힘든 로체 훼이스를 오르는 동안 우선 뜯어 먹어본 모양이다. 그들의 고통을 모르는 바 아니며 이제 호통쳐서 될 일도 아니니 참을 수밖에 없었다.

셀파 여섯은 내일 C4 예정지인 사우드 콜로 진출한다고 했다. 내일은 나도 그들과 함께 갈 생각을 하니 용기가 났다. 나는 들뜬 기분으로 그들과 함께 C4로 올릴 식량과 장비를 챙겼다. 고소 식량 네 박스, 천막 두 동, 가스 스토브와 카트리지 등이다.

김 대장이 김명수, 김병준 대원과 함께 캠프 1에서 ABC로 진출했다는 연락이 왔다. 이제 김 대장이 ABC에서 장 등반대장과 합류하면 때가 때니 어떤 계기가 마련될 것이다. 드디어 결정적 순간이 다가오고 있다는 느낌이 든다.

이상윤 대원의 두통은 더 심해진 모양이다. 이대로 두어서는 안되겠다는 생각이 들어 ABC에 이 사실을 알렸다. 그러자 ABC에서는 수면용으로 산소를 사용해보라고 했다. 그래서 나는 머리맡에 산소통을 두고 호스로 연결해서 1분간에 0.5리터씩 산소를 마실 수 있도록 조정해놓았다.

이상윤 대원은 산소 마스크를 쓰고 자리에 누웠다. 그토록 죽겠다던 그가 순간 조용해졌다. 환자가 마취되어 잠든 느낌이다. 나는 신비할 정도로 당장 효과가 나는 산소의 위력 앞에 넋을 잃다 시피 했다. 나는 맛있는 음식을 먹고 있는 친구를 넘겨다보는 어린아이처럼 이상윤 대원을 바라보며 나도 한 번 마셔보고 싶은 충동을 받았다.

그런데 갑자기 압축 공기가 빠지는 요란한 소리가 나며 천막을 흔들었다. 순간 나는 눈사태가 덮치는 줄 알고 침낭에서 헤쳐 나왔는데 의외로 주위는 조용했다. 옆 천막에서 셸파들도 놀라서 일어났다. 산소통에서 산소가 새고 있었다. 급히 산소통을 잠그려고 했으나 얼어붙어서 움직이질 않는다. 나는 '불을 켜지 말라!'고 소리 지르며 산소통을 천막 밖으로 내던졌다.

산소통은 날카로운 소리를 내더니 조용해졌다. 가스가 다 나간 것이다. 빈 통을 들여다 조사해보니 레규레이터를 통과한 산소가 플라스틱 호스를 통해 입으로 들어가게 되어있는데, 이상윤 대원이 잠든 사이에 그 호스가 꼬여 가스 유출이 막혀 그 압력으로 호스가 빠진 것이다. 이상윤 대원은 기가 찬 얼굴이었다. 그는 지겨운 밤을 다시 보낼 수밖에 없었다.

9월 5일이 밝았다. 기온은 영하 18도였다. 이상윤 대원에게는 미안하지만 나는 오늘도 기분이 상쾌했다. 셸파들을 따라 사우드 콜까지 올라가 볼 생각을 하니 더욱 기분이 좋았다. 대원들은 누구도 그런 생각을 하고 이미 마음들을 굳히고 있겠지만 결국은 때가 맞아 떨어져야 한다. 나는 지금 사우드 콜 바로 턱밑에 있는 셈이고 어제 그리로 이어지는 비탈길을 조금 올라가 보아서 마음 한구석에 자신감도 있었다.

밤잠을 설친 이상윤 대원은 표정이 밝을리 없었다. 그러나 도창호, 김운영 대원은 옆에서 보기에도 원기가 왕성했다. 특히 도창호 대원은 며칠 전에 BC에서 C2까지 하루에 올라왔다는 이야기를 들었다. 우리 가운데 나이가 어린 쪽이어서 히말라야 고소에서 잘 견딜까 했는데 그런 기색이 전혀 보이지 않았다. C3의 이 비좁은 곳에서 우리는 모두 무엇인가 기다리는 눈치였다. 이곳에서 이틀 묵었으니 오늘쯤 무슨 이야기가 있을 것이라고 우리는 생각했다.

그런데 ABC에서 무전 연락이 왔다. 모두 내려오란다. C2에 전 대원이 집합한다는 것이다. 우리는 저마다 의아한 표정을 했다. 캠프와 캠프 사이를 오르내리는 것은 고소 적응을 위해 오늘까지 으레 해오던 일이나 오늘은 그것이 아닌 듯 했다. 대장과 등반대장이 있는 ABC에 전대원이 모인다는 것이다. 때가 때다. 9월 상순이고 에베레스트에 오르는 길목 사우드 콜에 전진 캠프가 섰다. 그렇다면 앞으로 남은 일은 물어보나 마나다.

　내 마음은 설렜다. 남이야 어떻게 보던 나는 마음이 착잡했다. 나는 여기까지 잘왔고 여기서부터 더 오르고 싶었다. 그런데 이제 ABC로 내려가면 다시 이곳으로 오르게 될 것인가 생각하니 눈물이 핑 돌았다. 나는 힘없이 짐을 챙겼다. 나는 더 오르고 싶다.

대장의 일기 ④

김 영 도

9월 5일

오늘도 맑았다. 기온은 어제와 큰차가 없는 영하 13도였다. 그러나 히말라야의 날씨는 믿을 것이 못되니 이러다가 언제 어떻게 바뀔는지 아무도 모른다. 한 가지 확실한 것은 이제 9월에 들어오며 포스트 몬순 계절이니 앞으론 당분간 안정될 것이라는 것이다. 그래서 이때가 바로 정상에 오를 기회라는 생각이 들었다.

6,450미터 고소에서 하루 밤을 지내고 눈을 뜨는 오늘이 처음이다. 산은 언제 어디서나 공기가 맑고 조용한 법이지만 이곳 ABC는 유난히 그런 느낌을 준다.

사실 에베레스트, 에베레스트 하지만 이 세계의 최고봉을 눈앞에 보려면 이곳 6,450미터 고소까지 오르지 않으면 안된다. 그때 그 유명한 남서벽과 로체 훼이스가 정면에 우뚝 선다.

내가 이곳 ABC에 오른 것은 대장으로 우리 대원들이 8,848미터 높이 에베레스트 정상에 오르는 것을 돕기 위해서다. 저 밑의 베이스 캠프에서는 에베레스트 산록이면서 에베레스트가 보이지 않는다. 그러나 여기서는 그 정상으로 이르는 루트가 한눈에 들어온다. 물론 그렇다고 그것으로 원정대의 정상 공격을 지휘할 수 있는 것은 아니다. 전진 캠프와 지휘본부는 언제나 무전으로 연락되지만 그것만으로 충분하지 않다. 다시 말해 진출하는 대원들, C3에서 C4로 나가는 그들의 모습을 육안으로 보게 되고 더 자세히 쌍안경으로 확인할 수 있다. 그래서 어느 원정대나 이곳 6,450미터 고소를 일종의 전략 기지로 삼고 있는 것 같다.

그런데 아침 공기 속에 서서 주위를 살펴며 느낀 것은 에베레스트 남서벽에 대한 의문이었다. 이 남서벽이 세계 등산계에 관심의 대상이 된 것은 지난날 일본과 영국이 여기를 오르려다 모두 실패하고 1975년 드디어 영국의 크리스 보닝턴 등반대가 개가를 올리면서 부터다. 이것으로 에베레스트에 새로운 길이 열린 셈이다.

그런데 과연 에베레스트 남서벽은 돌파됐다고 할 수 있을까 하는 의문이 오늘 내 머리를 스쳤다. 지금 눈앞에 보이는 남서벽은 그들이 오른 곳이 아니다. 진정한 남서벽은 8,500미터 고소에서 눈도 붙지 않은 검은 암벽으로 우뚝 서 있다. 영국 등반대는 이 암벽을 피해 오른쪽으로 돌아갔다. 그렇게 하는 수밖에 없었다. 그렇게 볼 때 에베레스트 남서벽은 영원히 돌파할 수 없는 최대 장애로 남을 것 같다.

한편 로체 훼이스의 대 설사면을 그야말로 우아하고 장대했다. 웨스턴 쿰 상단 7,000미터 고소부터 8,500미터 로체 정상까지 뻗은 그 설사면 한가운데 우리 C3이 섰는데 거기에 대원들이 여럿 올라가 있었다.

C3에서 사우드 콜로 오르는 길목에 거뭇거뭇하게 보이는 지대가 있다. 거기가 유명한 〈제네바 스포〉인 것은 외국의 원정기를 통해 알고 있었지만 눈으로 직접 보기는 이번이 처음이다. 지난 3일 C3에 오른 대원들이 모두 이 제네바 스포 부근까지 진출했다는 보고를 받았는데, 그때 그들은 산소없이 그리고 눈이 깊다고 아이젠도 달지 않고 갔다고 한다. 대원들은 현지 상황을 보고 그렇게 행동을 했겠지만 대장으로서

는 불안하고 한편 불만스러웠다. 물론 당시 C2에 있던 장문삼 등반대장은 이것을 알고 모두 C3로 돌아오도록 지시했다는 이야기였다.

나는 요 며칠 사이에 벌어진 C3을 중심으로 한 대원들의 움직임을 보고 받고 때가 이르고 있다는 확신을 가졌다. 그리고 어제 장문삼 대장과 클라이밍 사다 앙 푸르바와 셋이서 점검한 내용을 바탕으로 정상 공격 방안을 세웠다.

나는 ABC와 C1에 있는 대원들은 그 자리를 지키도록 하고 C3에 올라가서 밤을 샌 대원들을 모두 C2로 불러내렸다. 때가 때니 만큼, 그리고 그동안 고소를 몇 차례씩 오르내린 대원들이 이렇게 한군데 모이게 되자 모두 드디어 올 것이 왔다고 눈치를 채는 듯했다.

대원들이 삼삼오오 모여들었다. 날씨가 흐려 확실하지는 않았으나 오후도 늦은 시간이니 해가 아이스 폴 쪽으로 기울었을 것이다. 찬 바람이 일기 시작했다. 하루에도 몇 차례 변하는 날씨지만 더욱 음산한 느낌이다. 그것은 사람의 마음인지도 모른다. 이제 대장으로 하려는 일, 하지 않을 수 없는 일 때문이 아닐까 싶었다.

오늘은 전 대원이 모이지 않았지만 이렇게 모이기도 지난날 베이스 캠프에서 1차 전략 회의가 있는 뒤 처음이다. 그런데 그때보다 오늘 분위기는 어딘지 가라앉은 느낌이다. 대원들은 오랜만에 서로 얼굴을 대하고도 별로 말이 없었다. 누구나 얼굴이 수척했고 검게 탔으며 수염이 많이 자랐다. 한마디로 모두 지친 얼굴이다. 그런데 대원들은 모임의 목적을 알았던지 왜 모이는가 묻는 사람이 없었다.

나는 장문삼 대장과 함께 천막을 나와 그들 앞에 섰다. 나는 무슨 말부터 꺼내야 할는지 잠시 머뭇거렸다. 그러나 어짜피 입을 열어야 했다. 나는 여러분이 왜 이렇게 모였는지 알것이라고 전제하고 이제 때는 왔다고 말문을 열었다.

그런데 여기 무슨 긴 말이 필요하겠는가? 우리가 에베레스트의 꿈을 언제부터 어떻게 품고 길러왔으며 드디어 여기까지 오게 됐다고 새삼 털어놓을 것도 없었다. 나는 그저 그동안 모두 고생했다… 누구를 위해서가 아니라 각자 자기를 위해서 고생하며 여기가지 왔다… 우리는 누구나 세계 최고봉인 에베레스트에 오르고 싶다… 그러나 그렇게 할 수는 없지 않은가? 그래서 장문삼 대장과 내가 둘이서 생각하고 또 생각한 끝에 이렇게 결정했다.

나는 잠깐 말을 멈추고 한숨 돌리고 나서 다시 말을 이었다 ─ 우리는 누구나 에베레스트를 눈앞에 보고 에베레스트 정상으로 가는 길을 알았다. 그리고 그 길도 부분적으로 가 보았다. 이것은 우리 인생에 있어서 다시 없이 값진 일이다. 소중한 체험이다. 이제 남은 일은 여기까지 온 뜻을 끝내 이루는 일인데 그 일을 위해 이렇게 정한 것이니 모두 이해하고 따라주기 바란다.

여기서 나는 말을 계속할 수가 없었다. 갑자기 목이 메는 것을 느꼈다. 순간 눈물이 쏟아졌다. 대원들이 고개를 숙이거나 딴 데를 쳐다보았다. 저물어가는 웨스턴 쿰은 더욱 고요했다.

"정상 공격은 두 번에 걸쳐 감행한다. 1차 공격은 9월 9일에, 2차는 그 결과를 보고 날짜를 정하되 그 성공 여부와 관계없이 감행한다."

"1차 공격조는 박상렬 부대장과 클라이밍 사다 앙 푸르바, 2차 공격조는 고상돈과 한정수 대원으로 정했다."

이제 나는 더 이상 할 말이 없었다. 눈물을 딱는 대원들이 있었다. 나는 왜 우는가 묻지 않았다. 하고 싶은 말이 있으면 하라고도 하지 않았다.

장문삼 대장도 굳은 표정으로 서 있었다. 나는 오늘은 시간이 늦었으나 각자 내일을 위해 주변을 정리하라고 했다. 다시 말해서 공격조는 내일 아침 장도에 오르고 나머지 대원들은 모두 밑으로 내려간다. 이곳에는 조대행 의무대원과 김운영 보도대원 그리고 이상윤 대원이 남아서 공격조를 돕기로 했다.

나는 김명수, 김병준 두 대원을 캠프 1의 이윤선 전명찬 대원들과 교체하도록 하고 베이스 캠프에서는 원정대 철수에 대비하여 식량과 장비 등을 서서히 포장하라고 지시했다. 나와 장 대장은 9월 9일의 1차 공격의 성공을 거의 확실시 하고 있었다. 그리고 만일 2차 공격을 시도하게 되어도 산소의 여분이 있을 런지 의심스러웠고 기상 악화가 더욱 걱정이었다. 대원들 가운데는 공격조에 셀파를 끼지 말고 우리끼리 오르는 것이 어떻겠는가 이상론을 펴는 사람도 있었고 날씨가 허락하면 2차, 3차도 해보자는 의욕을 보이기도 했다. 그러나 장 대장과 나는 이미 마음을 굳히고 있었다. 다시 말해서 1차에 성공하면 2차 계획은 취소할 생각이었다. 그 이유는 간단했다. 1차 성공으로 2차 성공이 보장되지도 않지만 그것보다도 희생이 따르는 일을 가장 염려했던 것이다. 지난 1976년 국내 훈련에서 눈사태로 세 대원을 잃은 나로서는 더 이상의 희생은 감히 생각할 수가 없었다. 대원들은 세계 최고봉 도전에서는 어떤 희생도 감수해야 한다고 젊은이 다운 주장을 내세우겠지만 대장의 입장과 심정은 그렇지가 않았다. 18명 대원 가운데 누군가를 여기 만년설 속에 남겨두고 간다는 것은 상상조차 하기 싫었다.

대장으로서 또 다른 의견은 우리 원정대의 성공이 인류 최초의 쾌거도 아니고 등반 사상 어떤 기록을 세울 것도 아닐진대 요는 등정으로 족하다는 생각이었다.

대원들은 양순했다. 공격 계획의 발표가 끝나자 말없이 조용히 자기 천막으로 돌아갔다. 어느새 하늘에 별이 깔렸다. 내일도 맑은 날씨를 약속하는 듯 했다.

9월 6일

맑은 후 흐림. 기온은 아침 −9도.

오늘은 여느 때보다 일찍 눈이 떴다. 그야말로 쾌청이다. 에베레스트 정상에서 내려오는 동남릉과 사우드 콜 그리고 로체로 이어지는 스카이 라인이 맑게 갠 하늘 아래 예리하게 들어나고 있다. 남서벽과 로체 훼이스와 눕체 북사면은 아직 어둠에 잠긴 듯 하다.

오늘은 1차 공격조가 C3으로 진출하는 날이다. 박상렬과 앙 푸르바는 간밤에 잘 잤는지? 아니면 잠을 설쳤는지? 그럴 리가 없다. 두 사람 모두 역전의 용사요 보통 인간이 아니다. 그들은 지금까지 언제나 선두에서 스스로 알아서 자기 길을 열었다. 그래서 이렇게 1차 공격조로 뽑힌 것이다. 그 사실을 누구보다도 그들이 안다.

나는 이렇게 생각하며 나 자신의 불안과 회의와 흥분을 감추어 보려고 했다. 그런데 사실 나는 오늘 새벽에 이상한 체험을 했다. 꿈을 꾼 것이다. 나는 이것을 단순한 꿈으로 보지 않았다. 내가 이렇게 단순한 꿈으로 여기지 않은데는 그럴 이유가 있다. 지금까지 나는 꿈을 모르고 살아왔다. 잠자리에 누우면 다음날 일어날 때까지 누은 대로 깊이 잠들었다. 뿐만 아니라 에베레스트에 와서도 그동안 어렵고 괴로운 나날에 잠을 잘 잤고 꿈꾸는 일이 없었다. 그러던 내가 간밤에 꿈을 꾼 것이다. 그리고 그 내용이 또한 이상했다.

나는 기독교인으로 살아왔고 이번 장도에 오르면서 교회의 목사로부터 특별히 성서 구절을 받았다. 「구약성서」에 있는 시편 121편이 그것이다. 그런데 가까이 지내온 다른 교회의 목사로부터도 역시 같은 구절을 받았다. 이때 나는 이렇게 일치된 성서 말씀에 무엇인가 느끼는 것이 있었다. 그래서 나는 서울을 떠나 이 높이에 오를 때까지 아침 저녁으로 천막 속에서 혼자 기도 시간을 가졌다. 집을 떠날 때 아내가 준 작은 「성서」를 놓고 시편 121편을 읽으며 기도했던 것이다.

내 기도는 그야말로 간결했다—"주님이 지으신 세계 최고봉 에베레스트에 지금 우리는 오르려고 합니다. 그런데 원정대장은 제가 아니고 주님이십니다. 주님이 직접 지휘하시고 우리를 저 높은 곳에 서게 하소서. 그리고 그 영광을 받으소서. 아멘."

여기 무슨 중언부언이 있겠는가? 사실 나는 대장으로 이 큰 일을 앞에 두고 공포와 불안과 회의를 떨쳐버릴 길이 없었다. 그것은 믿는 자가 믿음으로 이기는 길밖에 없었다.

나는 서울 수유리 집에 혼자 앉아 있었다. 이상하게도 거실에는 벽이 없었고 이층으로 통하는 계단만이 공중에 뜬 듯이 보였다. 그런데 이때 그 계단으로 흰 옷을 입은 사람들의 무리가 내가 앉아있는 데로 내려 왔다…

나는 잠에서 깼다. 나는 물론 에베레스트 남서벽 밑, 웨스턴 쿰 상단부 설원에 친 천막 안에 있었다. 밖은 아직 어두웠는데 날이 새면 1차 공격팀이 정상을 향해 여기를 떠난다.

그러자 장문삼 대장이 눈을 떴다. 밖에서는 벌써 사람 소리가 나고 모두 부산하게 움직이는 것 같았다. 공격팀이 떠날 준비를 하고 대원과 셀파들이 이를 돕고 있는 모양이다.

나는 새벽녘 꿈을 이상히 여기며 침낭을 기어나와 천막 밖으로 나갔다. 나는 꿈 이야기를 같이 잔 장문삼 대장에게 알리지 않았다. 나는 이 꿈을 혼자 해몽하고 혼자만 알고 있고 싶었다. 그리고 곰곰히 생각했다. — 거실에 벽이 보이지 않고 공중에 뜬 듯한 계단. 그 계단으로 흰 옷을 입은 사람들이 아래로 내려왔다. 나 있는 데로. 내용은 그것뿐이다…

이것은 틀림없이 하늘에서 에베레스트 원정 지휘본부가 지상으로 이

동한다는 이야기다. 이것은 그간의 나의 기도가 그대로 이루어진 것을 말한다. 그외에 달리 해석할 길이 없었다.

박상렬과 앙 푸르바가 떠난다고 인사를 했다. 나는 그들에게 새삼 긴 말을 하지 않았고 할 말도 없었다. 다만 앙 푸르바에게 이번에는 성공할 것이라고 용기를 주었다.

대원과 셀파들이 두 사람을 가운데 두고 서로 손을 잡고 껴안았다. 대원 가운데는 무엇인가 그들 손에 쥐어주는 사람도 있었다. 필경 자기가 오르게 되면 쓰려고 비장했던 것들인지 모른다. 내 마음은 착잡했다. 얼마나 오르고 싶었겠는가? 그런데 대장이 마음대로 결정했으니 …

공격조는 우리들의 전송을 받으며 드디어 먼 길을 떠나갔다. 로체 훼이스로 가는 대설원에 한 줄기 길이 나 있었다. 그동안 대원과 셀파들이 남긴 발자취였다. 그 길을 따라 박상렬과 앙 푸르바가 천천히 걸어갔다. 길은 6,500미터 고소에서 7,000이터 고소까지 완만한 경사를 이르는데 그들의 모습은 얼마 안되서 우리들 시야에서 사라졌다. 우리는 서로 말없이 한 자리에 서 있었다. 주위는 유난히 조용했다. 나는 눈물을 보이지 않으려고 애를 썼다.

그들이 이곳을 떠난 것은 07시 30분이었다. 그로부터 이럭저럭 반시간 가량 지난 듯 싶었다. 아침 첫 햇살이 드디어 사우드 콜에 비치기 시작했다. 그때 사우드 콜 바로 위에 조그마한 구름이 나타났다. 그 구름은 엷은 솜덩어리처럼 떠있었는데, 그것이 점점 영롱한 무지개 빛을 띠었다. 나는 모로겐로트를 알지만 이런 구름을 보기는 처음이다. 순간 내 마음에 무지개는 하나님의 약속이라는 「구약성서」 구절이 떠올랐다. 그리고 그것은 바로 새벽에 꾼 꿈을 연상케 했다.

나는 옆에 서있는 김운영 보도대원에게 빨리 사진을 찍으라고 했다. 김 대원은 자기 천막으로 달려가서 카메라를 들고 나왔다. 나도 내 카메라를 돌려댔다. 그 아름다운 구름의 모습을 내 솜씨로 잡기는 의심스러웠으나 그렇다고 그대로 있을 수도 없었다.

이 조그마한 소란에 대원들이 내 주위로 몰려왔다. 나는 비로소 꿈 이야기를 했다. 젊고 패기에 찬 대원들은 거의가 교회와 거리가 먼 생활을 해왔을 터이지만 이번 원정에 임하면서 각자 마음에 느껴지는 것이 있었으리라. 그들은 이 엄청난 이야기를 그저 재미로 듣고 넘기지는 않았을 것이다. 그리고 나는 오늘 아침 첫 걸음을 내디딘 장도가 반드시 큰 결실을 가져오리라 믿고 의심치 않았다.

공격팀을 떠나 보내고 대원과 셀파들은 자기 주변을 정리하느라 모두 바쁘게 움직였다. 이것으로 일이 끝난 것은 아니지만 무엇인가 방향이 크게 틀어진 것은 사실이다.

그러자 12시 30분에 공격조가 C3에 도착했다는 연락이 왔다. 로체 훼이스에도 길이 나있고 거기에 고정 자일도 쳐있으니 처음에 그 길을 뚫었을 때처럼 힘들지 않았을 것이다. 그러나 오늘 주인공 두 사람은 육체적 고통보다 마음의 무거운 짐을 졌으니 그들의 걸음이 가벼웠을 리가 없다. 우리는 우선 출발이 잘 됐으니 결과도 틀림없이 좋을꺼라고 생각되어 긴장이 풀리는 듯했다.

베이스 캠프에서 무전 연락이 왔다. 내용은 문제의 프랑스 산소를 주선해준 일본상사 직원이 산소통과 레규레이터를 연결하는 코넥터를 만들어 가지고 카트만두에 도착하여 이제 베이스 캠프로 올라오겠다는 이야기였다. 그러나 나는 아무런 흥미도 느끼지 않았다. 이미 공격은 개시됐다. 그가 이곳에 도착하기도 전에 우리의 모든 작전은 끝나기로 되어 있었다.

9월 7일
이곳 C2에는 간밤에 눈이 많이 왔다. 기온은 -13도.

05시에 박상렬 부대장과 교신했는데 그 위에는 눈이 조금 왔다고 하니 한결 마음이 놓였다. 눈이 많이 왔으면 오늘 예정했던 행동에 들어가지 못할 뿐더러 눈사태의 위험이 있어서 그야말로 큰 일이다.

나는 셀파 7명을 사우드 콜로 올려보내라고 했다. 물론 공격조를 지원하기 위해 산소통과 식량등을 지고 오르는 것이다. 이들 고소 포터는 셀파 가운데서도 체력이 강하고 고소 경험이 많은 사람들이지만, 무엇보다도 그들의 인간성이 참되고 정답다. 그러지 않고서는 그런 고소를 온갖 위험과 싸우며 말없이 오를 수가 없다. 물론 이들에게는 고소 등반에 따르는 특별 수당이 있다. 그러나 아무리 돈이 좋아도 자기 목숨을 노리는 위험한 일을 즐겨 하지는 못하리라.

그들은 거의 공격조로 나선 사다 앙 푸르바의 사람이다. 다시 말해서 알 푸르바가 추천하여 이번 원정에 참가하게 됐다. 그들은 그들의 보스인 앙 푸르바의 과거와 현재를 누구보다도 잘 알고 있다. 그래서 그들은 이번에 앙 푸르바는 무슨 일이 있어도 에베레스트 정상을 밟아야 한다고 생각하고 있었다.

지금 C2는 근래에 보기 드물게 조용하고 안정된 분위기다. 큰 일의 한 고비를 넘겼기 때문이다. 나는 에베레스트에 온 이래 지금까지 순모 셔츠 위에 윈드 쟈켓만으로 지내왔는데 오늘 비로소 우모복을 입었다. 하늘은 맑게 개었지만 본격적인 추위를 느꼈다.

천막밖에 서서 무심코 로체 훼이스를 올려다 보고 있노라니 제3 캠프에서 제네바 스포로 이르는 대설사면에 검은 점들이 보였다. 그 점들을 일렬 종대로 조금씩 앞으로 나가고 있었다. 사우드 콜로 향하고 있는 공격팀과 지원팀 일행임에 틀림없었다. 그들 아니고서 지금 거기 누가 있겠는가? 그것은 바로 웅대한 대자연 한가운데 펼쳐진 숭고한 인생 드라마였다. 눈물이 핑 돌았다. 우리는 지금 무엇을 하고 있으며 왜 이렇게 하고 있을까?

우리는 눈 위에 둘러 앉아서 이상윤 대원이 끓인 콩나물 국을 맛있게 먹었다. 주방에서 네팔 사람들이 해다주는 음식보다 역시 우리가 만든 것이 입에 맞는 것 같다.

해가 중천에 떠오르자 기온이 급상승했다. 이때 천막 안은 한증막과 다름이 없다. 그래서 모두 밖에 나와 서성거리고 더러는 식량 박스를 깔고 앉는다. 그럴 때 물론 우모복을 벗어야 하지만 아무리 덥고 귀찮아도 검은 고글은 벗을 수 없으며 셔츠의 소매도 걷어올리지 못한다. 유난히 강한 자외선과 눈의 복사열은 그야말로 무자비하다. 그러다가 순간 구름이 햇빛을 가리면 바로 우모복을 걸친다. 이렇게 옷을 입었다 벗었다 하는 일을 하루에도 얼마나 되풀이 하는지 모른다. C2는 참 이상한 곳이다.

10시 무렵 해서 박상렬 부대장으로부터 제네바 스포를 지나가고 있다는 무전이 왔다. 여기만 통과하면 오늘의 목적지인 사우드 콜 진입은 문제 될 것이 없다. 모든 일이 순조롭게 진행하고 있는 느낌이었다. 그러자 12시 40분에 앙 푸르바가 마칼루와 초 오유의 경치가 아름답다며 사우드 콜에 도착한 인상을 전해왔다. 박 부대장은 카메라를 돌리기에 바쁘다고 여유있는 답변이었다.

사우드 콜에는 며칠 전에 루트 공작대가 세운 천막 두 동이 그대로 있었는데 그 사이에 눈이 내려 주위는 편편한 눈밭이었다. 에베레스트와 로체를 잇는 이 우묵한 안부 지대는 바람으로 유명하지만 눈이 적을 때에는 그 일대가 많은 원정대들이 버린 산소통들이 노출되어 보기에 추하다.

앙 푸르바는 지난날 몇 차례 이곳에 오른 적이 있어 조금도 염려되지 않았지만 박상렬의 경우는 달랐다. 그러나 이번에 박 부대장도 산

경사도 70도나 되는 로체 훼이스. 가운데 선이 굽는 곳에 캠프 3이 보이며, 8,000미터 캠프 4로 공격조와 지원조가 진출하고 있다. 왼쪽 위 검은 곳은 제네바 스포 록 밴드다. ▶

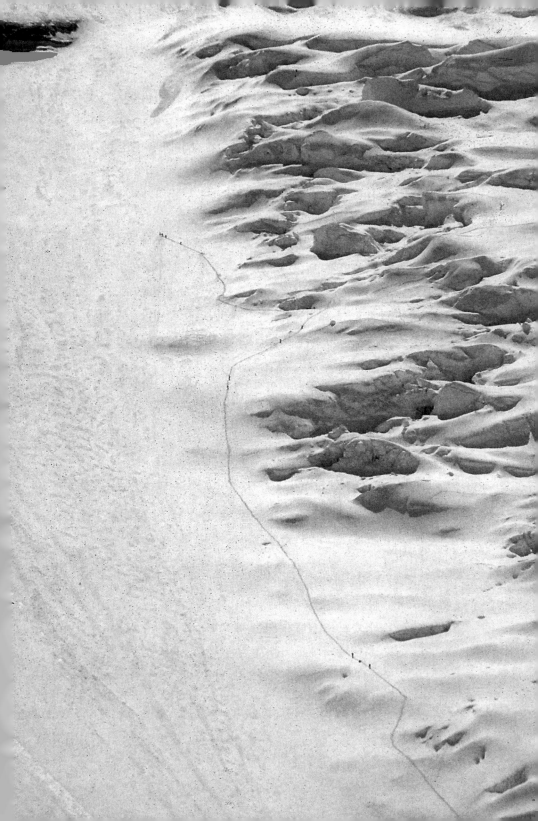

소를 마시지 않고 8,000미터 고소까지 올라왔으며 그러고도 그의 정신적 육체적 상태는 평소와 다름이 없었다. 나는 물론 그의 능력을 잘 알고 있지만 오늘 그는 이 고소에서 고도차 500미터를 오르며 특히 제네바 스포 록밴드를 지날 때 얼마나 힘들었겠는가 짐작이 갔다. 그도 인간이니 강하면 얼마나 강하랴? 워낙 곰같은 사나이여서 그 정도는 고생으로 여기지 않았을 따름이다.

공격팀의 이러한 진출 상황을 보고 나는 내일과 모래로 이어지는 앞으로의 작전을 눈앞에 보는 듯 했다. 즉, 돌발적 변화인 기상 악화만 일어나지 않는 한 C5의 진출은 순조로울 것이고, 9일로 예정된 에베레스트 정상 공격도 큰 어려움 없이 이루어지리라고 내다 보았다.

지난 날의 꿈과 아침의 영롱했던 무지개 구름이 문득 생각났다. 나는 날로 싸이던 피로감도 오늘은 잊다싶이 했다. 나는 박상렬 부대장에게 할 일도 없을 터이니 일찍 자라고 했다. 그리고 특히 산소를 아끼지 말고 잘 마시라고 거듭 말했다. 곰같은 그의 기질을 자제하는 일이 이 시점에서는 무엇보다도 중요하며 이것이 바로 대장에게 남은 우려이기도 했다.

오후부터 ABC에는 눈발이 날리기 시작했다. 그러나 사우드 콜은 여전히 맑았다. 어둠이 깔리면서 밤하늘에는 별이 총총했다.

9월 8일

변덕스러운 히말라야의 날씨가 걱정되었으나 간밤에는 눈이 오지 않았다. 아침 기온은 어제와 같이 영하 13도였다.

오늘은 특히 우리 원정대가 맞는 새로운 날이다. 지금까지 우리로서는 정찰대도 루트 공작대도 가보지 않은 데를 처음 오르게 된다.

사우드 콜에서 에베레스트 정상으로 바로 이어지는 이 동남릉은 이미 전통적이고 고전적 루트로 널리 알려져 있으며 지금까지 에베레스트 등정을 시도한 등반대는 모두 이 길로 올라갔다.

이 동남릉은 평균 경사도가 40도 가량으로 칼날 능선도 아니다. 심설에 덮이거나 강풍에 노출되지 않는 한 여기를 오르기는 그다지 문제될 것 없다. 그러나 나는 1952년 스위스 원정대가 인류 역사에서 처음으로 여기를 오른 일을 생각하고 적어도 박 부대장은 이 새로운 도전을 어떻게 받아들릴까 마음에 걸렸다.

에베레스트 정상 공격은 크게 나누어 C2에서 C3 진출이 준비 단계고, 사우드 콜 진출이 1단계, C4에서 8,500미터 고소 진출이 2 단계며 나머지가 최종 단계로 보고 싶다. 그래서 오늘 우리는 작전의 제2 단계에 들어간 셈이다.

다행히 날씨는 맑고 바람도 없다. 사우드 콜의 공격조는 간밤에 편안히 잠을 잔 모양이니 얼마나 다행인지 모른다. 그들은 현재 이상 없다며 06시 50분에 C5로 떠난다는 보고를 해왔다.

사우드 콜에서 8,500미터 고소인 C5 예정지까지는 보통 여섯 시간 등행길이다. 아무리 늦어도 오후 두세 시 무렵이면 오늘의 일정이 끝난다. 그리고 그 사이에 공격조로서는 특별히 보고할 일도 없다. 그래서 우리는 한가로운 기분에 젖어들었다.

에베레스트에 오면서 걱정이 되었던 눈사태나 쎄락, 크레바스 등의 붕괴도 없었다. 특히 근자에 와서 셀파들이 겁을 주었던 야르주에 대해서는 그때 가봐야 할 일이고 지금 진행되고 있는 일들은 순조롭기만 하다. 남서벽에서 이따금 가벼운 눈사태가 일곤 하지만 그것은 우리 관심 밖의 일이다.

C2에 오르면서 식욕이 눈에 띄이게 줄었다. 도대체 공복감이 없으며 탈수 현상이 심할 터인데 물도 많이 먹히지 않는다. 완전히 지친 셈일까? 죽음의 지대가 따로 없어 보였다. 식욕도 공복감도 없고 심신이 지쳤다면 사람이 산다고 할 수가 없다.

천막 안에 산적한 깡통 음식물들 — 한국에서 가져온 삼계탕, 밤, 양
갱, 인삼차, 생강차, 홍차, 쌍화차 그리고 태국 방콕에서 사드린 초콜릿,
흐룻츠 칵테일, 파인애플 — 이 귀한 것들을 우리는 거들떠 보지 않은
지 오래며 그저 우리는 생강차만 마시고 또 마셨다.

그러나 히말라야의 매력은 떨쳐버릴 수가 없었다. 눕체 북사면 밑으
로 첩첩히 갈라진 넓고 깊은 크레바스, 그리고 무엇보다도 치마 주름
같은 눕체의 눈주름 무늬는 기하학적 선의 미를 아낌없이 보여준다.
나는 이 눈주름에 덮인 북사면을 보며 이리로는 절대로 등반이 불능하
겠다고 공연한 생각을 했다.

어느새 정오가 지났다. 그런데 공격조로부터는 아직 연락이 없다. 물
론 시간은 넉넉하지만 공격조가 목적지에 도착할 시간이다. 로체 훼이
스를 오를 때와 달라 동남릉 등행은 육안으로는 물론 쌍안경으로도 보
이지 않는다. 그저 저 높은 경사면을 지금 공격조가 오르고 있을 꺼라
고 짐작할 따름이다.

날씨는 아침과 별로 달라지지 않았다. 이렇게 날씨가 안정됐다는 것
은 정말로 다행한 일이다. 그러자 방금 C5 예정지에 도착했다는 보고
가 왔다. 박상렬 부대장의 건강한 목소리다. 사우드 콜에서 일곱 시간
걸렸는데 능선에 눈이 많아서 오르는 데 힘이 들었다. 그리고 한가지
놀란 것은 목적지에 거의 올라섰을 때 바로 발 밑에서 판상 눈사태가
일고 넓은 설면이 그래도 무너져 내렸다는 이야기였다. 눈사태는
"펑!"하는 소리와 더불어 사우드 콜쪽으로 쏟아지며 흰 눈구름이 하늘
로 치솟았다고 했다. 만일 몇 분만 늦었더라도 공격조는 그 눈사태에
말려들고 말았을 것이다. 그러니 이 한가지를 보더라도 우리 원정대에
는 그야말로 운이 따르고 있다는 것을 알 수가 있었다.

나는 박상렬 부대장에게 이제 결정적 단계에 들어갔으니 오늘 밤 일
찍 자고 쉬라고 했다. 내일 새벽 네 시에 깨워줄 터이니 조금도 걱정

말고 산소를 잘 마시고 내일 작전에 지장이 없도록 하라고 마지막 부
탁을 했다.

어느덧 주위가 어두워지고 캠프 2의 밤이 다가왔다. 이 전방 지휘본
부에 남은 대원은 모두 다섯. 우리는 6인용 돔 형 천막 안에 둘러 앉
았다. 이대로 오늘 밤을 지새우기로 했다. 자명 시계도 없으니 밤잠을
자지 않고 있다가 약속 시간이 되면 무전으로 C5를 호출해서 깊이 잠
든 공격조 두 사람을 깨우려는 것이다.

천막 안은 앉아있기도 불편했다. 장소가 좁아서라기 보다도 천막 밑
바닥이 녹아 내렸기 때문이다. 한군데 오래 있으니 눈바닥이 녹는 것
은 어찌할 수도 없는 일이며 실은 그런 때 천막을 다른 데로 옮겨야
한다. 그러나 본부 천막안에는 너무 많은 물건이 싸여있어서 그렇게
하기도 쉽지 않았다.

우리는 가스등을 중심으로 둘러 앉아 주로 생강차를 끓여마셨다. 여
러 날 기나긴 시간을 같이 지내다보니 이제 우리는 서로 할 말도 없었
다. 시간이란 원래 기다릴 때 유난히 길게 느껴지는 법이지만 오늘 밤
에는 그 시간이 아예 멎어버린 듯 했다. 「The Longest Day」라는 영화제
목이 생각났다. 그러나 큰 일을 앞에 두고 있으니 아무리 길고 지루한
시간이라도 견딜 만했다. 물론 마음은 긴장하고 불안과 초조함도 있었
으나 수 일째 큰 변화없이 지속되는 좋은 날씨를 생각하면 내일 일이
그렇게 걱정되지는 않았다. 우리가 공격조를 새벽 네 시에 깨우기로
한 데는 분명한 이유가 있었다. 그러나 이렇게 이른 시간에 깨워도 새
벽에 C5를 떠나는 데 충반한 시간은 아니었다. 8,500미터 고소는 대기
속의 산소가 3분의 1밖에 되지 않으니 사람이 몸을 놀리기도 어려울
뿐더러 우선 가스 스토브의 화력이 약하다. 그런 불에 눈을 녹여 물을
만드는 데 여간 시간이 걸리지 않는다. 그러니 일찍 자고 그 시간에

일어나면 휴식도 그런대로 충분하고 준비 시간도 가지게 된다.

새벽 네 시에 라스트 캠프인 C5를 떠나면 남봉(South Summit, 8,750m)까지 한두 시간 그리고 거기서 쓰던 산소를 새 것을 바꾸고 쓰던 것을 그곳에 데포했다가 내려올 때 다시 쓴다. 남봉에서 정상은 바로 눈앞에 바라다 보이고 직선 거리로는 아주 가깝다. 그러나 루트는 여기가 가장 어려운 곳이다. 도중에 칼날 능선과 힐라리 스텝이 있다. 이 마지막 관문을 어떻게 돌파하는가에 등정의 성공 여부가 달려 있다. 그러니 이제 기상에 큰 변화만 없다면 세계 최고봉 에베레스트에 우리가 오르는 것은 시간 문제로 보였다. 아무리 늦어도 12시 무렵이면 박상렬과 앙 푸르바 두 사람은… 이렇게 생각하니 마음이 한결 가벼웠다. 말은 하지 않아도 모두가 같은 생각이었으리라.

우리는 서로 기나긴 밤을 보내며 검게 타고 수염이 덥수룩 한 얼굴들을 마주 보며 이따금 억지 웃음을 지었다. 그러면서 1977년 9월 8일 운명의 밤이 지나갔다.

조대행 의무대원은 그의 일기에서 이날 밤을 아래와 같이 적었다 ─

9월 8일

내일 정상 공격을 앞에 두고 캠프 5에 잠을 자고 있는 박상렬 부대장과 셀파 앙 푸르바를 위해 전 캠프 대원은 뜬눈으로 밤을 지새웠다.

나는 캠프 2의 본부 천막에서 김 대장과 장 등반대장과 같이 기나긴 밤을 보내는 동안 여러 가지 차를 써비스 하는 역을 맡았다. 차 종류는 커피를 비롯해서 홍차, 코코아, 계피차, 생강차, 쌍화차, 유자차 등 실로 아홉 가지나 됐다. 이렇게 많은 차를 마셔도 워낙 탈수 현상이 심하기 때문에 소변을 보러 밖에 나가는 일이 없으니 다행이었다. 거의 등정에 성공할 것으로 확신한 우리는 지나온 과거

제1차 공격 전날밤 ABC 본부천막에서는 새벽 4시에 공격조를 깨우기 위해 뜬 눈으로 기나긴 밤을 보냈다. 왼쪽부터 조대행, 김운영, 김영도(대장), 장문삼(등반대장).

를 회상하며 여러 가지 이야기 꽃을 피웠다. 이리하여 캠프 2의 밤은 깊어갔다.

9월 9일

맑은 후 눈보라.

길고 지루한 밤이 지나고 04시 약속했던 시간이 됐다. 조용하던 천막 안이 설레었다. 나는 급한 마음으로 무전기를 들었다. 캠프 5가 바로 나왔다. 순간 천막 안이 더욱 고요해진 듯 싶었다. 모두 그만큼 긴장한 셈이다.

공격조가 호출과 동시에 응답한 것은 그 시간에 벌써 깨어 있었다는 이야기일까? 혹시 다른 일은 없었던가? 간밤에 제대로 잠을 자지 못했던 것은 아닐까?

나는 박 부대장에게 오늘 아침 컨디션이 어떤가부터 물었다. 그러자

그는 몸이 좋지 않다고 평소와 달리 기운 없는 소리였다. 나는 깜짝
놀랐다. 컨디션이 괜찮다고 해도 안심이 안될 터인데 정상 공격을 눈
앞에 두고 그게 무슨 말인가?!

박상렬은 어제 8,500미터 그 고소를 일곱 시간이나 오르고도 피로를
모르고 자신에 넘쳐 있었다. 그런데 하룻밤 사이에 그처럼 달라질 그
가 아니었나? 필경 무슨 까닭이 있었을 게다. 나는 다그쳐 물었다. 결
국 그는 간밤에 산소를 마시지 않았다는 것이다. 나는 왜 산소를 마시
지 않았는가 묻지 않았다. 이제 그것을 따져 봐야 소용이 없었다. 그것
은 뒤에나 물어 볼 일이다.

나는 박 부대장에게 앞으로 행동할 때 산소를 충분히 마시고 조심
해서 올라가라고 말하고 힘없이 무전기를 내려놓았다. 이제 기대했던
1차 공격은 끝났다고 보았다. 박상렬과의 간단한 대화를 듣던 장문삼
대장과 대원들은 말이 없다. 기나긴 밤을 지샌 그들은 따질 기운도 없
었으리라.

서울을 떠나기 전에 나는 산소 사용에 대해 몇 가지 중요한 요령을
알려주었다. 그래서 대원들은 산소 사용 방법을 잘 알고 있었을 터이
다. 즉, 산소는 잠자는 동안 충분히 마시면 다음날 행동할 때 다소 적
게 마셔도 큰 지장이 없다. 그러나 전날 밤에 산소 없이 잠을 자면 이
튿날 아무리 마셔도 효과가 적다. 이것을 박상렬 부대장이 모를 리가
없었다. 필경은 그가 자신의 능력을 너무 믿었을 것이다. 사실 그는 폐
활량이 다른 대원들과 비교가 안될 정도로 컸다. 대원들의 폐활량이
평균 4,000인데 비해 박은 6,000이 넘었다. 뿐만 아니라 그에게는 곰같
은 성격도 있어서 대원들이 놀려대고 그렇게 어울리길 좋아했다.

하기야 에베레스트 등정에 산소를 사용하느냐 않느냐는 지금까지 반
세기를 끌어온 문제며 아직 그 가부론이 어떤 결말을 내지 못하고 있
다. 그러나 누구나 자신 있는 등산가는 한 번 쯤 산소를 마시지 않고

에베레스트에 오르고 싶어하리라. 그러니 우리 박상렬도 하지 말라는 법은 없다. 그는 8,000미터 고소에서 산소 없이 밤을 새웠으니…

공격조는 캠프 5를 떠나기 전에 무엇인가 아침 요기를 해야 했다. 그러나 그것도 말처럼 간단하지 않은 일이다. 물이 없는 그곳에서 우선 눈을 녹여야 했는데 얼어붙은 그 높이에서 가스 스토브의 화력이란 정말 믿을 것이 못되었다. 그러나 그밖에 불이 없으니 시간이 걸려도 그 불로 눈을 녹여 물을 만들어 차를 마시며 크래커를 씹어야 했다. 그토록 간단한 알파미 밥이나 라면도 만들어 먹기가 쉽지 않은 곳이 히말라야 고소다.

어려움은 이것뿐이 아니다. 우모복 위에 안전 벨트를 차고 발에 롱 스파츠와 아이젠을 착용하는데 몸이 가볍게 움직여주지 않는다. 메고 갈 짐은 주로 산소통이지만 방한모에 산소 마스크를 쓰고 목에 카메라를 몇 개씩 걸고 피켈로 디디며 깊은 눈 속에 발을 떼기란 말처럼 쉽지만 않을 것이다. 이런 시련의 시간이 박상렬 공격조를 기다리고 있었다.

그들은 05시에 캠프 5를 떠날 예정이었는데 결국 여섯 시가 지나서야 행동을 개시했다. 밤을 꼬박 새운 우리는 졸음도 오지 않았다. 날이 밝으면서 대원들은 모두 답답한 천막에서 밖으로 나갔다. 별로 해야할 일이 있는 것도 아니었다. 말은 안해도 모두 불안하고 초조하기만 했다. 장 대장과 나는 시계만 쳐다보았다.

박상렬은 남봉에 도착하면 무전을 치겠다고 했는데 오후 1시 45분이 되어도 소식이 감감했다. 캠프 5에서 남봉까지는 세 시간이면 충분히 오른다는 것을 우리는 알고 있었다. 그런데 공격조는 이미 일곱 시간이 지났는데도 연락이 없다. ABC에서 동남릉과 남봉은 빤히 올려다보인다. 물론 망원경으로도 그곳에 사람이 움직이는 것은 보이지 않지만. 이런저런 생각이 머리속을 오락가락한다.

나는 답답한 가슴을 안고 천막 주변을 서성거렸다. 그때 나무 자루에 박상렬이라는 글씨가 적혀 있는 피켈이 눈에 띄었다. 공격에 나선 박 부대장이 알피니스트의 중요한 무기인 자기 피켈을 안 가지고 갔을 리가 없는데… 하고 그 물건을 들어봤더니 그것은 피켈이 아니고 아이스 바일이었다. 그런데 그 아이스 바일이 웬 일인지 끝이 부러져 있었다. 순간 불길한 생각이 머리를 스쳤다. 나는 장 대장과 다른 대원들을 불러 이것이 어떻게 된 일인가 물었다. 그러나 아무도 아는 사람이 없었다.

그러자 무전기가 울렸다. 방금 남봉에 도착했다는 박상렬의 음성이었다. 그는 능선에 눈이 가슴까지 차서 길을 내는 데 너무나 시간이 걸렸다고 했다. 그러면서 그는 앞으로 두 시간이면 정상에 올랐다가 남봉까지 돌아올 수 있겠다고 했다.

우선 늦게나마 연락이 왔고 공격조의 소신까지 말했으니 그 동안 우려했던 점이 조금은 가셨다. 그러나 장 대장과 나는 박상렬의 말을 그대로 믿지 않았다. 첫째는 최종 캠프에서 남봉까지 진출하는 데 일곱 시간이나 걸렸는데 남봉에서 정상을 두 시간에 왕복하겠다는 것은 말도 안되었다. 그가 그렇게 이야기한 데는 이유가 있었다. 남봉에서 바라보이는 정상은 바로 눈앞이나 다름없다. 그러나 그것은 직선 거리고 등로도 별 것 아닌 것 같았으리라. 그리고 둘째는 공격조가 휴대한 산소량은 그러기에는 너무나 부족하다는 것을 우리는 알고 있었다.

공격조는 NASA 산소통을 두 개씩 가지고 있었는데 1,576리터가 든 이 산소통은 1분에 4리터 마시면 6시간 35분 사용한다. 이러한 사실은 박상렬 스스로가 잘 알고 있을 터지만 그가 지금 산소 문제를 자세히 체크할 마음의 여유가 있을는지도 극히 의심스러웠다. 그래서 나는 박 부대장에게 산소 계기를 잘 보고 산소가 떨어지기 전에 캠프 5로 돌아와야 한다고 강조했다.

맑았던 날씨가 오후부터 눈보라로 변했다. 그리고 에베레스트 정상 부근에는 검은 구름이 몰려가고 있었다. 심상치 않은 기상이다. 시간이 흐르고 또 흘렀다. 그리하여 오후 네 시가 되었는데도 공격조로부터 아무런 연락이 없다. 두 시간이면 갔다 온다던 그였었는데… 대원들은 눈 바닥에 놓여 있는 무전기 주위를 떠나지 않고 말없이 서성거리고 있었다.

16시 40분이었다. 이때 무전기가 설원의 고요를 깨뜨렸다. 나는 급히 무전기를 들었다. 앙 푸르바의 목소리였다.

"미스터 앙 푸르바! 윗 해픈?" 하고 나는 소리를 질렀다.

"노 옥시젼! 베리 타이어… 아이 헝그리… 아이 다이…"

앙 푸르바의 숨가쁜 소리가 수화기를 통해 들려왔다. 드디어 산소가 바닥난 것이다. 나는 박 부대장은 어디 있느냐고 물었다. 그는 옆에 쓰러져 있다고 앙 푸르바가 간신히 말했다. 이제 더 이상 물을 것도 없다. 일은 끝났으며 큰 일 난 것이다.

"미스터 앙 푸르바! 유 머스트 캄 다운 투 더 라스트 캠프! 유 머스트… 이프 유돈 유 다이!"

"아이 트라이, 아이 돈 노오!"

이제는 다 틀렸다. 나는 혼자 외쳤다. 아무도 말이 없다. 밖은 어두웠고 천막 안은 절망과 공포의 분위기로 돌변했다.

도대체 8,500미터나 되는 고소에서 어째서 산소를 마시지 않고 잔단 말이냐… 미련한 곰같은 놈!… 미쳤어, 미쳤어!… 나는 혼자 중얼거렸다. 아무리 이해하려 해도 이해가 가지 않았다. 여기까지 와서 이게 웬 일인가? 주위는 여전히 말이 없었다.

베이스 캠프에서 이태영 보도 대원이 무전으로 나를 찾는다. 이 대원은 지금 이 상황을 본국에 타전할 것인가 대장의 의견을 묻고 있었다. 순간 나는 망설였다. 사실은 정확 신속하게 보도하는 것이 그의 임무

요 책임이다. 그러나 이제 아무런 전망도 대책도 없이 이 엄청난 사태만을 알린다면 멀리 고국에서 사람들은 얼마나 놀라며 안타까와 할 것인가? 더욱이 가족들의 심정은 어떻겠는가 생각하니 얼른 판단이 떠오르지 않았다. 나는 무전기 앞에서 이것저것 생각 끝에 하루 더 기다렸다가 역경에 빠진 공격조의 실태를 파악하고 새로운 대책을 세운 다음 모든 일을 한꺼번에 알리는 것이 어떻겠는가고 말했다. 이태영 대원이 좋다며 내 의견에 호응했다.

이날 밤 우리는 어제와 마찬가지로 앉은 자리에서 밤을 지샜다. 어제 밤에는 그래도 희망을 안고 있어서 견딜 만했는데 오늘은 눈앞이 그야말로 캄캄했다. 침도 목구멍을 넘어가지 않았다. 침울한 시간만이 흘렀다. 마주 앉은 대원들의 얼굴이 흥하기만 했다.

나는 장문삼 대장과 대책을 논의했다. 8,700미터 고소에서 비박하는 일은 있을 수 있으나 영하 40도 가까운 이 추위에서 산소 없이 그들이 살아 남을 것 같지 않았다. 먹을 것이 없는 것도 문제였지만 산소를 마시지 않으면 우선 정신이 몽롱해지고 당장 손발에 동상이 온다. 그러나 장 대장과 다른 대원들은 박상렬이라는 사람과 앙 푸르바는 보통 인간과 다르니 견딜지도 모른다고 했다. 그렇다면 얼마나 좋겠는가? 이 밤에 구조대도 갈 수 없고 설사 보낸다 해도 이제 사고 현장까지 오르려면 사우드 콜에서도 밤새 올라야 한다. 그런데 그런 행동은 실제로는 불가능하며 지금까지 그런 역사가 없다. 그리고 더 심각한 문제가 있었다. 만일 죽었다면 그들의 시체는 어떻게 할 것인가?

밤이 깊어갔다. 공격조로부터는 아무런 소식이 없었다. 나는 혼자 밖으로 나갔다. 구름이 덮인 하늘은 계속 눈을 뿌렸다. 나는 천막에서 좀 떨어진 눈 위에 엎드려 기도를 드렸다. 나는 지금까지 아침 저녁으로 기도 생활을 해왔지만 이날 밤 기도는 더욱 간절할 수밖에 없었다. 지금 이 순간 그야말로 생과 사의 갈림길에서 헤매는 박상렬과 앙 푸르바를 위해 내가 할 수 있는 일은 이것 뿐이었다.

자정이 지나 이번에는 소변을 보려고 천막 밖으로 나갔다. 눈보라가 어느새 멎었으며 하늘에는 구름이 걷히고 별이 수도 없이 반짝거렸다. 영하 20도나 되던 추위가 사라지고 포근한 날씨가 아닌가. 순간 이상한 생각이 들었다. 내 착각일까? 아니다 분명 기상의 돌변이었다. 나는 천막으로 돌아와서 대원들에게 밖에 나가보라고 했다. 내가 기도했더니 날씨에 이변이 일어났다. 이 정도의 날씨라면 박상렬과 앙 푸르바는 살아서 내일 돌아올테니 두고보라고 말했다. 사람들이 이런 말을 믿을 리 없겠지만 여하튼 꽁꽁 얼어붙었던 천막 안 공기가 다소 풀린 듯 했다

9월 10일

악몽의 밤이 가고 아침이 밝았다. 간밤에 약간 눈이 내렸으나 이상하게도 봄날처럼 포근했다. 지난 8일 저녁부터 오늘 아침까지 꼬박 뜬 눈으로 지냈는데 이 며칠 동안은 나의 생에서 영화 제목처럼 그야말로 가장 긴 날이었다.

내 머리에는 오늘 아침에 어떤 조치를 취해야 할는지 아직 아무런 생각도 떠오르지 않았다. 나는 밖으로 나갔다. 본부 천막 앞에 버려진 채 있는 끝이 부러진 박상렬의 아이스 바일이 여전히 불길한 생각을 던지고 있었다. 바람은 차지 않았으나 찌푸린 날씨가 우리의 기분을 한층 더 무겁게 해주었다.

죽은 듯이 고요한 설원에 갑자기 무전기가 울렸다. 앙 푸르바의 목소리가 아닌가! 09시 였다. 공격조가 살아있었다. 대원과 셀파들이 모두 무전기 앞으로 달려왔다. 지금 박상렬과 앙 푸르바가 같이 캠프 5로 내려와 있다는 것이다. 우리는 "와아! 살았다, 살았다!" 하고 함성을 질렀다. 베이스캠프, C1 할 것없이 무전을 들었다며 연락이 왔다.

나는 즉각 사우드 콜 캠프 4에 연락해서 셀파 둘이 보온병에 더운물을 넣고 라면과 산소통을 가지고 캠프 5로 올라가도록 지시했다. 그러나 그들이 캠프 5에 닿으려면 적어도 여섯 시간이 걸릴 것이다. 간밤에 8,700미터 고소에서 죽음의 비박을 한 공격조는 지금 거의 빈사 상태에 있을 것인데 구조대가 갈 때까지 과연 견디어 줄 것인지 극히 의심스러웠다. 그러나 그 길밖에 달리 방법이 없지 않은가? 나는 일단 이와 같은 조치를 취하고 나서 장문삼 등반 대장과 바로 2차 공격에 대해 의논했다.

그런데 2차 공격을 시도하려면 공격조를 다시 검토하는 일 외에 셀파의 지원과 산소 문제가 고려되어야 했다. 그렇다면 사다 락파 텐징의 조언이 필요하다. 그래서 나는 베이스캠프에 있는 락파 텐징을 이곳 캠프 2까지 빨리 올라오도록 무전 연락을 했다.

텐징은 아침 일찍 아이스폴을 넘고 캠프 1에 올라오자 그 길로 캠프 2로 향했다는 연락이 왔다. 그는 역시 유능한 셀파로서 자기의 사명을 알고 원정 대장의 지시를 말없이 따른 것이다. 그러나 그는 캠프 1에서 캠프 2로 오르다가 눕체로부터의 눈사태가 위험해서 캠프 1로 되돌아간다는 연락이 왔다. 이것은 어찌할 도리가 없었다.

저녁 늦게 박상렬과 앙 푸르바가 무사히 사우드 콜로 내려왔다는 연락이 왔다. 그제서야 우리는 깊은 안도의 숨을 내쉬었다. 온 종일 눈보라가 일고 천막이 바람에 흔들렸다.

8

1차 정상 공격
지옥에서 돌아왔다
대장의 일기 ⑤
정상에 섰다

8 1차 정상 공격

박상렬

9월 6일은 정상을 등정하기 위해 전진 캠프를 향하는 날이었다. 대원들과 일일이 악수를 나누고 대장한테 인사를 할 때만 해도 나는 자신이 넘쳐 있었다. 셸파들도 성공을 빈다고 말하고 라마교의 의식에 따라 내가 걸어가는 앞길에 쌀을 뿌렸다. 꼭 성공해야겠다는 생각에 가슴이 메이는 듯 했다.

앙 푸르바와 나는 안자일렌하고 캠프 3으로 떠났다. 로체 훼이스 하단부에 도착하자 미리 설치해 놓은 휙스트 로프에 유마르를 걸고 경사가 급한 설면을 올라갔다. 이 사면은 로프에 의지해서 한 걸음 한 걸음 발을 옮겨야 하는 힘든 길이다. 우리는 그야말로 악전 고투 끝에 캠프 3에 도착했는데 전진 기지를 떠난 지 다섯 시간만인 12시 30분경이었다. 며칠 전에 쳐 놓은 천막이 그간의 폭설로 반쯤 묻혀 있었다.

이곳 7,500미터 지점은 산소를 마시지 않고서는 견디기 어려운 곳으로서 외국 원정대에서도 거의 산소 기구를 사용하는 것이 통례로 되어 있다. 그러나 우리 대원들은 모두 산소 없이 버텼고 나는 캠프 4 즉 8,000미터 가까이 까지도 그대로 올라갔던 일이 있었기 때문에 고도장애는 조금도 걱정이 없었다. 다만 캠프 3이 70도 가까운 경사면에

272

위치하고 있어 눈사태에 대해서는 각별히 신경을 써야 했다. 셀파들은 염려할 것 없다고 하지만 내가 보기엔 만일의 경우 700미터나 밑으로 떨어질 것은 분명했다. 이러한 불안감 때문에 밤에 잠을 이루지 못했다. 이날 밤 나는 1971년 로체 샬(8,383m) 원정 때 눈사태를 만나 강호기 부대장과 천막에서 탈출했던 일이 생각나 머리맡에 칼을 준비하였고 천막 출입문의 끈이 쉽게 풀리도록 해 놓았다.

9월 7일 사우드 콜로 진출하는 아침, 눈을 녹여 삼계탕을 끓였으나 식욕이 나지 않아 먹지 못했다. 07시 30분 8명의 지원 셀파들과 같이 캠프 3을 떠나서 위로 향했다. 며칠 전에 설치한 휙스트 로프와 러셀한 등로가 눈에 덮여 흔적만이 남아 있었다. 경사 50도 이상 되는 설벽을 기어오르면 스위스 원정대가 〈제네바 스포〉라고 이름을 붙인 암부가 나타나는데 여기를 통과하기란 정말 힘이 들었다. 암부에서는 아이젠을 벗는 것이 원칙이나 그럴 수도 없어서 그대로 한 걸음씩 천천히 스텝을 옮겼다. 무거운 짐이 어깨를 누르고 숨이 가쁘며 팔에서 힘이 빠지기 시작했다.

이 돌출 암부를 넘어서 경사가 완만한 지대에 이르렀을 때 심호흡을 하며 밑을 내려다보니 캠프 3의 천막과 셀파들이 움직이는 것이 까마득하게 보였다. 그러자 곧 짙은 안개가 시야를 가렸다. 전방에 사우드 콜이 나타나고 에베레스트 정상까지 바라다 보였다. 내일이면 캠프 5에 도착하고 그 다음날은 드디어 정상에 오르게 될 것을 생각하니 한결 걸음이 가벼워진 듯했다. 이때 "펑"하는 소리가 나서 쳐다보니 멀리 정상 부근에서 눈사태가 일어나고 있었다. 눈사태는 눈보라로 변하면서 분설이 하늘을 휘날려 마침내는 무지개를 폈다.

사우드 콜에 도착한 것은 12시 40분이었다. 티베트 지방의 산과 마칼루, 잭슨 피크 그리고 멀리 초 오유가 하늘 높이 솟아 있고 아마 다브람은 발 밑에 내려다보였다. 비로소 사우드 콜이 8,000미터의 고소라는 실감이 났다. 사우드 콜은 세계에서 가장 높은 곳에 있는 쓰레기장으로 알려져 있지만 각국 원정대가 버리고 간 산소통과 기타 오물 등은 눈에 덮여 보이지 않았다. 그 동안 쌓인 눈은 무릎까지 빠졌다. 거센 바람의 통로로 유명한 이 황량한 설원은 죽은 듯이 고요하고 어느새 어둠의 장막이 깔리기 시작했다.

셸파가 끓여 온 차를 마시고 천막 안으로 들어갔다. NASA 산소통에 레규레이터를 끼우고 일곱 시쯤부터 자리에 누웠다. 수면 때 산소 사용량은 1분간에 0.5리터 그러나 나는 산소를 아끼려고 0.2리터로 했더니 산소량이 적어서 그런지 좀처럼 잠을 이룰 수가 없었다. 대원들과 떨어져 혼자 있으니 온갖 생각이 머리를 스쳐 간다. 정상에 서면 첫 교신을 뭐라고 할 것인가. 나를 올리기 위해 전 대원이 그렇게 고생을 했는데… 결국 나혼자 오르지 않고 우리 모두가 같이 오르는 것이다. 정상 바로 밑에서는 앙 푸르바와 손을 잡고 올라가야지. 별의 별 상념에 잠기다가 밤 10시 경에야 잠이 들었다.

날이 밝아 06시 50분, 마지막 캠프 설치 예정지인 표고 8,500미터 지점을 향해 사우드 콜을 떠났다. 파란 하늘 아래 모르겐로트로 붉게 물든 아마 다브람이 그 위용을 자랑하며 발 밑에 펼쳐져 있다. 에베레스트 정상은 얼마나 높은 곳에 있는가… 스스럼없는 경외감이 온몸을 엄습했다. 나는 정상 공격에 꼭 필요한 장비와 식량만 가지고 8명의 지원 셸파와 같이 사우드 콜을 뒤로한 것이다. 산소통 12개, 3인용 천막한 동, 공격조의 식량 8식분, 무전기 한 대, 무비카메라 한 대 그리고 35미리 스틸 카메라 두 대가 우리의 주요 장비였고 이밖에 가스 스토브, 연료, 보온병과 예비 방한구를 휴대했다.

사우드 콜의 깊은 눈을 헤치고 정상으로 이어진 가파른 동남능을 올랐다. 선두가 러셀에 지치면 다음 사람이 교대했다. 모두 숨을 몰아쉬며 한 걸음 두 걸음 발을 옮겼다. 나는 앙 푸르바와 안자일렌 한 채 피켈로 스텝 커팅을 하노라면 위에서 눈이 무너져 내리기도 했다. 눈사태는 아니지만 그럴 때마다 가슴이 섬뜩하다. 이렇게 설릉을 오르는 것이 쉬운 일이 아니었다. 몇 번이고 휴식하고 싶은 생각이 들었지만 나는 그대로 묵묵히 전진했다. 투지력이 대단하다고 셀파들에게 소문이 난 나로서. 그래서 공격조로 뽑힌 나였기 때문에 셀파더러 쉬자는 말이 나오지 않았던 것이 사실이다. 그러나 심장의 고동은 더욱 빨라지고 가슴은 터질 것 같았다. 마스크를 통해 흘러나오는 신선한 산소도 별 도움을 주지 못한 듯 했다. 의식이 몽롱해지면서도 서둘지 말고 천천히 올라가야겠다는 생각을 버리지 않았다.

사우드 콜을 떠난 지 일곱 시간만에 우리는 캠프 5 예정지에 도착했다. 산소통이 든 무거운 짐을 내려놓고 가능한 한 눈사태의 위험이 적고 바람을 피할 수 있는 곳을 찾아야 했다. 이런 목적에 알맞은 장소는 이 부근에 있을 리가 없다. 셀파들은 적당한 경사면을 골라 제설 작업을 시작했다.

10분쯤 지났을까. "펑"하는 소리와 함께 바로 발아래 3미터 지점부터 폭 100여미터, 두께 1미터 가량의 대설전이 떨어져 나가면서 엄청난 눈사태가 일어났다. 정말 순간적인 일이었다. 우리는 멍하니 제자리에서 꼼짝도 않고 서 있었다. 눈사태는 우뢰같은 소리를 내며 사우드 콜 쪽으로 밀려 내려갔다. 능선 일대에 하얀 눈가루가 구름처럼 피어오르며 삽시간에 새뽀얘졌다. 눈사태의 위세는 저 밑에 있는 캠프 4 캠프지를 휩쓴 듯이 보였다. 그러나 천만 다행이었다. 사우드 콜은 넓고 평탄한 곳이어서 눈사태는 거기까지 밀려내리지 않고 도중에 멈췄다. 이때 셀파들은 눈사태가 발생한 장소로 재빨리 이동했다. 한 장소에서 두 번 눈사태가 나지 않는다는 것이었다.

셀파들은 서로 떠들며 기뻐했다. "참 운이 좋았다. 10분만 늦었더라도 우리는 눈사태를 당했다. 지원 온 셀파가 빨리 내려갔더라면 모두 끝장났을 것이다" 그들의 말은 대충 이런 내용이었다.

　이윽고 급사면에 가냘픈 캠프 5가 설치됐다. 외로이 선 한 동의 천막은 바람에 금새라도 날릴 듯이 보였다. 셀파들은 "바라 사부 틀림없이 성공할 것입니다"하며 내 몸에 쌀을 뿌리고 하산했다. 내가 산소 레규레이터를 점검하는 동안 앙 푸르바는 가지고 온 향나무를 태우며 "오아이마메홈"을 되풀이하며 기도를 했다. 나는 캠프 2 지휘 본부와 무전 교신을 했다. 김 대장은 내일 새벽 4시에 깨워줄테니 빨리 자라고 했다. 그러자 오후 일곱 시경 산소통을 수면용으로 갈아 끼우고 침낭 속에 들어갔다. 자정이 지나 산소가 떨어져 잠이 깼다. 기온은 정확하지 않으나 영하 30도 전후로 내려간 듯 했다. 침낭 속에서 꼼짝하고 싶지 않았다. 산소통을 새것으로 바꾸어야 했지만 호흡에 별 지장이 없었는지 나는 다시 깊은 잠에 빠지고 말았다.

지옥에서 돌아왔다

박 상 렬

9월 9일

04시 정각 무전기 소리에 잠이 깼다. 드디어 운명의 날이 왔다. 온몸이 이상하게도 피로했다. ABC의 김영도 대장은 몸의 컨디션이 어떤가고 첫 마디에 물었다. 나는 뭐라고 대답해야 할지 망설였다. 간밤에 산소를 계속 마시지 않은데 원인이 있어 보였다. 그러나 이제 어쩔 수도 없었다. 부탄 가스 스토브 불이 잘 타지 않았다. 가스 카트리지가 꽁꽁 얼어서 가스의 분출이 신통치 않은데다가 성냥은 열 개피를 그어야 한 번 점화할까말까 했다. 산소가 저지대의 3분의 1정도밖에 안되는 곳이니 당연한 일이다. 삼계탕으로 아침 식사를 하려 했으나 식욕이 없어 먹히지 않았다. 앙 푸르바는 라면을 끓였지만 국수가 익지 않기 때문에 국물만 마셨다. 식사를 준비하고 아이젠을 착용하는데 약 두 시간이 걸렸다. 동작을 아무리 서둘러도 행동 자체가 극도로 둔화해서 어쩔 도리가 없었다.

나는 산소통 두 개와 무전기, 무비 카메라, 스틸 카메라, 과일 쥬스 두 통과 고소식 등을 가지고 앙 푸르바와 같이 캠프 5를 떠났다. 06시 20분이었다. 행동 중에 산소는 1분간 3리터로 했다. 남봉(8,750m)에 가까워질수록 적설량은 허리에서 가슴으로 육박했다. 러셀을 한다는 것은 말뿐이었다. 눈을 밟고 가는 것이 아니라 눈 더미를 무너뜨리며 기어올라가는 것이다. 10미터를 전진하는데 30분 이상이 걸리는 것 같았다. 점차 시간이 걱정됐다. 우리는 남봉을 70미터 앞에 두고 산소통을 새 것으로 바꾸고 쓰던 것을 그 자리에 데포했다. 11시 40분경부터 짙은 안개가 밑에서 올라오더니 삽시간에 시야가 가렸다. 남봉의 모습이 보이지 않고 눈보라가 치기 시작했다. 그러나 우리는 방향 감각을 잃은 채 앞으로 나아갔다.

남봉에 도착한 것은 오후 1시 50분이었다. 캠프 5를 떠나 표고차 200미터, 거리 500미터를 오르는 데 무려 일곱 시간 이상 걸린 셈이다. 나와 앙 푸르바는 지칠 대로 지쳐 털썩 주저앉았다. 나는 ABC에 남봉 도착을 알렸다. 김영도 대장은 "그렇게 지쳤는데 정상까지 갈 수가 있는가… 확실히 이야기해보라… 고집을 부리면 안된다"고 불안한 어조로 말했다. 그때 정상 쪽을 바라보니 적설량도 적은 듯 해서 앞으로 두 시간이면 갔다 올 것으로 생각됐다. 내가 대장에게 결의를 표시하자 김 대장은 산소가 떨어지지 않도록 특별히 조심하라고 했다.

중식을 먹으려고 류색에서 쥬스를 꺼냈더니 깡통은 돌덩어리처럼 얼어서 식사도 못하고 우리는 아무말 없이 눈 속을 헤치며 앞으로 나아갔다. 이미 시간은 늦었으나 앙 푸르바도 이대로 돌아갈 생각은 없는 것 같이 보였다. 만일 캠프 5까지 돌아가게 되지 못할 경우 극한적인 비박까지 고려했었는지 모른다. 우리는 어느새 칼날 같이 선 나이프 릿지를 통과하고 있었다. 칼날 능선은 오른쪽이 경사 90도나 되는 티베트이고 왼쪽은 70도로 네팔에 면하고 있었다. 날씨만 좋으면 네팔 쪽으로 2,000미터 밑에 캠프 2가 내려다 보였을 것이다. 나와 앙 푸르바는 왼쪽 급사면으로 등로를 찾았다. 걸음을 옮기자 발판이 무너져 작은 눈사태가 나곤 했다. 나이프 릿지를 지날 때 나는 거의 시간을

278

의식하지 않았다. 온 정신은 스텝에 있었기 때문이다. 여기서 실족하는 날에는 그야말로 그만이다.

그러자 마지막 험난한 통로인 힐라리 스텝에 이르렀다. 여기만 넘어서면 정상에 오르는 것은 시간 문제였다. 아아 나와 앙 푸르바는 드디어 정상에 서는 것이다. 우리는 극도로 지친 몸을 재촉하며 조심스레 힐라리 스텝 설벽에 발을 내딛었다. 바로 이때였다. 갑자기 눈앞이 캄캄해지고 현기증이 나면서 호흡이 가빠졌다. 벌써 산소가 떨어진 것일까 레규레이터의 계기를 들여다보니 지침이 0을 가리키고 있었다. 앞에 가던 앙 푸르바가 뒤를 돌아보았다. 그의 산소도 다된 모양이었다. 순간 우리는 서로 쳐다보며 묵묵히 서 있었다. 오후 4시 40분 바로 이때 무전기에서 우리를 찾고 있는 듯한 소리가 어렴풋이 들려 왔다. 앙 푸르바가 기진맥진한 목소리로 김 대장에게 보고를 했다.

"노 옥시젼… 헝그리… 베리 타이어드…"

김 대장은 즉시 하산 명령을 내렸다. 눈보라는 계속하고 있었다. '이젠 끝장이다, 하늘도 무심하다' 이렇게 생각하면서도 이대로 쓰러질 수 있겠는가 하는 생각이 났다. 나는 서울을 떠나올 때 큰 고모님한테서 성모상 목걸이를, 작은 고모님으로부터 부적을 그리고 대장 사모님에게서 「성경」책을 받아 몸에 지니고 있었다. 나 자신은 종교를 갖지 않았지만 이 분들의 고마운 성의를 생각하니 힘이 생기는 듯 했다. 어디서 그런 힘이 솟구쳐 오르는지 알 수가 없었다. 나는 순간적으로 '내가 세계 최초로 무산소 에베레스트 등정자가 돼 보자'는 생각이 나서 벌떡 일어났다. 앙 푸르바도 같이 일어섰다. 앙 푸르바는 네팔에서 알려진 셀파다. 그는 1976년 미국 독립 2백 주년 기념 등반대를 따라 정상에 도전하다 산소 기구가 고장나서 결국 되돌아선 경험의 소유자다. 그래서 푸르바는 이번에는 꼭 성공하겠다는 의욕에 불타 있었다.

오후 6시쯤이나 됐을까 우리는 힐라리 스텝의 가파른 설벽과 싸우다

279

아무것도 보이지 않는 상태에서 문득 고도계를 보았다. 8,860미터였다. 그럴 리가 없는데… 고도계마저 고장인가 또는 내 시력에 이상이 생겼나… 나는 갑자기 불안해졌다. 그러나 8,848미터의 정상이 얼마 안 남았다는 느낌도 들었다. 이때 앞서가던 앙 푸르바가 "여기가 정상이다" 하고 소리쳤다. 그도 사막에서 신기루를 본 것처럼 뭔가 정신이 흐려진 듯 했다. 여기서 발걸음을 돌리지 않으면 정말로 죽음을 재촉할 뿐이라는 생각이 들었다. 갑자기 추위와 공복과 공포감이 엄습해왔다. 주위의 어둠이 더한층 두려워졌다.

남봉에 도착했을 때는 거의 주위를 분간하기 어려울 정도로 아무것도 보이지 않았다. 설맹증이 아니라 산소 부족에서 오는 의식 불명과 시력 약화가 주된 원인이었을 것이다. 그러면서도 나는 데포해둔 산소통을 찾으려 암중 모색했다. 천신만고 끝에 찾아낸 산소통은 마개가 얼어붙어 있었다. 우리는 해가 있을 때 캠프 5로 돌아올 생각으로 헤드 램프를 준비하지 않았었다. 조금이라도 짐을 덜 생각에서였다. 나는 하는 수 없이 하산 길을 더듬어야 했다. 그때 갑자기 몸이 가벼워지는 것을 느꼈다. 뒤를 돌아다보니 앙 푸르바의 모습이 안보이고 그와 안 자일렌한 로프만이 줄줄 당겨졌다. 푸르바가 카라비나에서 자일을 풀어버린 것이 분명했다.

그러나 이 지경에서 앙 푸르바를 버리고 갈 수는 없었다. 나는 절망적인 상황에서 내려온 길을 거슬러 올라갔다. 앙 푸르바는 눈 위에 엎드린 채 나 혼자 가라고 손짓을 할뿐이었다. 우리는 더 이상 걸을 수가 없었다. 나는 앙 푸르바를 이끌고 적당한 비박 장소를 찾았다. 남봉과 캠프 5 중간인 듯한 지점에서 눈을 헤치고 피켈을 설면에 박았다. 이제 우리에게는 천막도 물도 불도 먹을 것도 없었다. 제트 기류가 부는 듯 했다. 깜박이는 의식이 가느다란 바람 소리에 간신히 이어지곤 했다. 나는 혼수 상태에 빠졌다. 대원의 얼굴이 보였다. 어머니와 고모들의 모습도 스쳐 갔다. 형님이 생선회를 들고 와서 '너 뭣하나. 일어나서 이것 먹어라'고 했을 때 나는 정신을 차렸다.

얼마나 시간이 흘렀는지 몰랐다. 그렇게 어둡던 주위가 훤해진 듯 싶었고 극성을 부리던 날씨도 풀린 것 같았다. 기나긴 밤이 지나고 동이 트고 있었다. 점차 시야가 넓어지면서 약 200미터 밑에 천막이 보였다. 캠프 5를 의식하는 순간 나는 다시 정신을 잃고 말았다. 이윽고 눈을 떴을 때 나와 앙 푸르바는 아이젠을 신은 채 천막 안에 쓰러져 있었다.

9월 10일이었다. 앙 푸르바가 간신히 몸을 일으켜 무전으로 텐징을 호출했다. 그가 교신하는 사이에 나는 코펠에 눈을 담아서 버너에 녹이려 했으나 마음뿐이고 그 자리에 쓰러져 깊은 수면에 빨려 들어갔다. 셸파의 음성에 눈을 떴다. 사우드 콜에서 구조대가 올라온 모양이었다. 오후 한 시가 지난 시간이었다. 셸파 두 사람이 산소를 입에 물려주며 빨리 내려가자고 했다. 산소를 마시자 어느 정도 의식이 돌아오고 심한 허기증을 느꼈다. 그러나 먹는 것보다 빨리 낮은 곳으로 내려가야 산다는 생각이 앞섰다. 캠프 4로 내려가는 발걸음은 허공에 뜬 기분이었고 도중에 몇 번이나 쓰러졌다. 그럴 때마다 뒤따라오는 셸파들이 힘을 내라고 소리쳤다. 밑에 내려가면 대원과 셸파들이 기뻐할 것이라고 하며 나를 격려해 주었다.

캠프 4에서 기다리던 셸파들이 우리를 껴안고 눈물을 흘렸다. 나는 그저 살았다는 생각과 반가운 마음뿐이고 아무 말도 할 수가 없었다. 그리고 천막 안에 쓰러지고 말았다. 산소가 떨어져 잠이 깬 모양이었다. 정신이 들어보니 침낭도 없이 등산화를 신은 채 새우잠을 자고 있었다. 주위는 죽은 듯이 고요하고 천막 입구가 약간 벌어진 사이로 찬 바람이 들어오고 있었다. 천막 문을 젖히고 밖을 내다보니 하늘에는 별들이 반짝이고 에베레스트 정상으로 이어지는 능선이 어둠 속에 뿌옇게 떠오른다. 허기와 한기에 못 이겨 펨바 노르부를 불렀지만 소리가 제대로 나오지 않았다. 그래도 나는 있는 힘을 다해서 "펨바 노르부! 배가 고프고 춥다"고 소리쳤다. 그러자 노르부가 달려와서 라면을 끓여 주었다. 따지고 보면 하루 반나절을 꼬박 굶다시피 했는데도 라면이 먹히지 않았다. 나는 국물만 몇 모금 마시고 버너 불에 손을 녹이며 웅크리고 앉아 시련의 기나긴 밤을 지새워야 했다. 천막 안에서의 비박이었다.

9월 11일 아침이 밝았다. 지난 8일 정상을 향해 정상을 향해 사우드 콜을 떠날 때 나는 오로지 희망에 넘쳐 있었을 뿐, 이렇게 비참한 모습으로 이곳에 앉아 있으리라고는 생각지도 않았다. 주위를 둘러보고 눈이 밝아진 것을 알았다. 에베레스트 정상을 앞에 두고 산소가 떨어지면서부터 잃었던 시력이 이제야 되살아난 것이다. 로체 급사면에 자리잡고 있는 캠프 3이 또렷이 내려다 보였다. 문득 굴러 떨어지고 싶은 충동이 일어났다. 이때 락파 텐징이 펨바 노르부를 부르는 소리가 무전기에서 흘러나왔다. 그들의 이야기 내용은 뻔했다. 빨리 나를 캠프 2로 끌어내리라는 것이다. 그래야 회복이 빨리 되고 자신도 살아난다. 그러나 내 발은 아무리 내딛어도 허공에서 허우적거리며 몸은 천근 만근 무겁기만 하다. 도저히 걸을 수가 없다. 나는 몇 발자국 떼기도 전에 힘없이 눈 바닥에 주저앉는다. 그러면서도 휙스트 로프를 쥐고 안간힘을 다했다. 그러나 로프를 잡은 손과 팔에 힘이 없다. 미칠 듯이 목이 탔다. 견디다 못해 자일에 의지한 채 주저앉으면 앞에 선 노르부와의 안자일렌이 팽팽해진다.

"쉬어 가자 노르부, 도저히 못 가겠다"

펨바 노르부는 걸음을 멈추고 나를 부축해 일으켜 주며 하산을 재촉했다. 노르부의 고생도 이만저만이 아니었다. 이렇게 해서 캠프 3까지 내려온 나는 천막 안에 쓰러지고 말았다. 셸파가 끓여 온 차를 몇 모금 마시며 말라붙은 입술을 적셨다. 긴장이 풀린 나는 다시 혼수 상태에 빠지고 말았다. 누군가 나를 흔들어 깨웠지만 나는 꼼짝하기가 싫었다. 주위가 다시 조용해졌다. 시간 관념이 전혀 없었다.

찬바람에 정신이 들었다. 누군가 옆에 있는 것 같은데 눈을 뜨니 펨바 라마의 근심스러운 얼굴이 쳐다보였다. 라마는 내 이중화에서 아이젠을 벗기고 쥬스를 권했다. 쥬스를 마시고 나니 다소 기운이 났다. 빨리 캠프 2로 내려가야겠다는 생각이 들었다. 주위가 어두워갔다.

캠프 3을 떠나 펨바 라마의 부축을 받으며 로체 페이스의 급사면을 거의 내려왔다. 비교적 완만한 경사를 보니 표고 7,000미터 부근인 듯했다. 그러자 고상돈, 한정수 두 대원이 마중 나왔다. 두 대원은 나를 껴안자 큰 소리를 내며 울음을 터뜨렸다. 고 대원과 한 대원이 양쪽에서 부축했을 때 비로소 나는 깊은 한숨을 내쉬었다.

대장의 일기 ⑤

김 영 도

9월 11일

기온이 영하 13도로 내려가고 날씨가 다시금 쌀쌀해졌다. 그러나 해가 에베레스트 위로 얼굴을 내밀자 눈의 복사열로 추위는 온 데 간 데 없고 갑자기 뜨거워졌다.

박상렬과 앙 푸르바는 간밤에 사우드 콜 캠프 4에서 휴식을 취했다. 나는 그들이 오늘 캠프 2까지 내려오라고 무전 연락을 했다. 죽음의 지대에서 무산소 비박을 한 두 사람의 건강이 지금 최악의 상태에 놓여 있을 것은 뻔했다. 이런 몸을 이끌고 캠프 4에서 캠프 2까지 내려오기란 여간 어려운 일이 아닐테지만 그들을 살리는 길은 한시라도 빨리 낮은 지대로 끌어내리는 수밖에 없었다. 앙 푸르바는 에베레스트 원정에 참가한 경험이 많은 셀파니 만큼 박상렬보다 덜 지친 듯 했다. 이날 아침 캠프 4의 셀파들이 축 늘어진 두 사람을 부축하고 로체 급사면을 내려왔다.

나는 그들의 동태를 무전으로 확인하고 이제는 살았다고 안도의 숨을 내쉬었다. 오늘 중으로 캠프 2까지 내려오면 그들의 생명에는 지장이 없었기 때문이다.

284

에베레스트의 날씨는 비교적 좋았다. 나는 장 대장과 2차 공격에 대해 의견을 나누고 있었다. 시계를 보니 벌써 오후 두 시가 지났다. 그런데 하산 길에 있는 박상렬 앙 푸르바의 소식이 없다. 이미 그들의 캠프 3에 도착할 시간이 지나고 있었다. 그러나 나는 별로 걱정하지 않았다. 그들의 걸음은 빠를 리가 없을 뿐더러 열 걸음에 한 번씩 쉬고 있을 지도 몰랐다.

그러자 무전기가 울렸다. 나는 무심코 수신기를 들었다. 박상렬이었다. 박 부대장과의 대화는 지난 9일 그가 죽음의 시련에 부딪치고 나서 처음이었다. 나는 너무 반가워서 "상렬인가?"하고 소리쳤다.

나는 쇠뭉치 같은 사나이 박 부대장의 목소리를 듣고 싶었다. 그런데 그의 첫마디는 너무나 의외였다. 박상렬은 캠프 3에서 도저히 못 내려가겠다고 했다. 그게 무슨 소리냐고 다그쳐 물었지만 역시 그는 죽어 가는 목소리로 한 발자국도 옮길 수가 없다는 것이었다. 박상렬의 심정이야 빨리 캠프 2로 내려와서 대원들 앞에서 쓰러지고 싶었을 게다. 그러나 그의 몸은 도저히 움직여지지 않았던 모양이다.

나는 셀파를 바꾸라고 했다. 그리고 옆 천막에 있는 펨바 라마를 불러 캠프 3의 셀파와 이야기를 시켰다. 펨바 라마는 영어가 통하는 오직 한 사람의 셀파였다. 나는 그에게 박 부대장을 슬리핑 백에 넣어서 자일로 묶어서 끌고 내려오라고 지시했다. 한편 한정수, 고상돈, 조대행 세 대원과 펨바 라마를 로체 훼이스의 하단부 6,900미터 지점까지 올려보내 박 부대장을 대기하도록 했다. 그들이 이제 캠프 3까지 오르기에는 시간이 늦었다. 조대행은 만일의 경우를 고려해서 응급 조치에 필요한 약품과 주사 기구를 휴대했다.

그리고 몇 시간이 흘렀다. 해가 푸모리 위로 넘어가고 밖은 벌써 어두워졌다. 나는 장문삼 대장과 말없이 천막 안에 마주 앉아 있었다. 그때 갑자기 무전기가 울렸다. 나는 별다른 생각 없이 수신기를 들었다.

285

그 순간 무전기에서 느닷없이 대성 통곡하는 소리가 터져 나왔다. 나는 깜짝 놀라 "누구냐?"고 소리쳤다. 고상돈이었다. 그 순간 불길한 예감이 머리를 스쳐가며 온몸이 오므라들었다. "상렬이가 드디어 갔구나…?"

박 부대장이 캠프 3에서 죽어도 못 가겠다고 하던 말이 생각났다. 나는 고상돈에게 왜 우느냐고 소리쳤다. 그때 고 대원은 박 부대장을 만나니 너무 반가워서 울었다고 하지 않겠는가? 이 말에 나는 화가 머리끝까지 치밀어 올랐다.

"야! 이놈아! 지금이 어느 때길래 통곡을 하는가?" 이렇게 고 대원을 나무랐지만 나도 그의 심정을 이해 못하는 것은 아니었다. 솔직히 말해서 나는 고 대원이 박 부대장의 시체에 업드려 통곡하는 줄 알았다. 나는 힘없이 그러나 안심하고 무전을 끊었다.

주위는 마치 태풍이 지나간 뒤처럼 다시 고요를 찾았다. 그로부터 얼마나 시간이 흘렀을까… 천막 밖에서 갑자기 떠드는 소리가 났다. 드디어 박상렬과 앙 푸르바가 돌아온 것이다. 오후 5시 30분이었다. 마주 앉아 있던 장문삼 등반 대장이 나더러 나가보지 않겠는가고 했다. 그러나 나는 자리를 뜨지 않았다.

한정수 대원과 펨바 라마가 거의 실신 상태에 빠진 박 부대장을 양쪽에서 부축하고 돌아왔다. 장 대장, 이상윤, 김운영 대원 그리고 셀파들이 우루루 몰려갔다. 그들은 박 부대장을 본부 옆에 있는 천막으로 데리고 들어가는 것 같았다. 눈물이 비오듯 쏟아졌다. 그토록 믿었던 박 부대장이 스스로 저지른 실수에 대한 분노와, 그러나 그가 죽음의 세계에서 생환한데 대한 고마움과 기쁨이 모두 뒤섞인 착잡한 심정에서 쏟아지는 눈물이었다.

무산소로 8,700미터 고소에서 비박으로 버틴 곰같은 박상렬 부대장이 기적같이 살아 돌아왔다. ▶

이날 밤 조대행 의무 대원과 이상윤 대원은 1,000 cc의 링거 두 병을 잇따라 주사하며 박 부대장 옆을 떠나지 않았다. 캠프 1과 베이스캠프에서는 박 부대장의 건강 상태를 묻는 대원들의 무전이 귀찮을 정도로 왔다. 나는 장 대장과 락파 텐징하고 셋이서 2차 공격에 대한 계획을 최종적으로 마무리졌다. 조대행 의무 대원은 그의 일기에서 다음과 같이 적고 있다.

9월 11일

사우드 콜로부터 박 부대장과 앙 푸르바가 캠프 2로 돌아온 날이다. 12시 30분 앙 푸르바가 도착하여 신체 검사를 하였으나 별 이상을 발견하지 못했다. 18시 30분 박 부대장이 캠프 2에 도착하였다. 몹시 피로해 보였으며 심한 탈수 상태를 보이고 있었으나 혈압, 호흡, 맥박, 체온 등 심폐 기능은 정상이었다. 시력은 약간 저하했고 일시적인 설맹 상태를 나타내고 있었다. 이것은 저산소 상태에서의 산소 부족이 망막에 작용하여 이러한 현상이 일어난 것으로 보였다.

또한 왼발 뒤꿈치와 발가락에 2도의 동상이 걸려 암적색을 띠고 있었다. 먼저 심한 탈수 현상으로부터 회복시키기 위해 5퍼센트의 포도당 1,000 cc와 0.9 퍼센트 생리식염수 1,000 cc를 6시간 동안에 정맥주사를 하였으며 다량의 과일 쥬스를 섭취시켰다. 동상 부위에는 수포가 생겨났으나 35°~40° 온수로 찜질을 계속하며 말초혈관 확장제를 투여하였다. 그러나 동상 부위에 염증이 생겨 항생제의 투여에도 화농이 되어 나중에는 배농 절개를 하였으며 귀국하면 피부 이식 수술을 받아야 했다. 시력은 점차로 회복하여 삼일 만에 정상으로 돌아갔다.

9월 12일

맑은 후 눈이 내리고 기온은 영하 8도였다. 아침에 일어나자 박상렬 부대장이 누워 있는 옆 천막으로 갔다. 그의 건강은 하루 밤새 많이 회복한 듯했다. 조대행 의무 대원은 박 부대장과 앙 푸르바는 몹시 지쳐 있을 뿐이고 그밖에 아무런 이상이 없다고 말했다. 다만 박 부대장의 왼쪽 발가락과 뒤꿈치가 동상으로 시커멓게 죽었는데 절단해야 할 정도는 아니라고 했다. 그러니 얼마나 다행한 일인가! 다른 사람의 이야기가 아니라 의사의 진단 결과니 놀랄 수밖에 없었다.

등산은 '무상의 행위'라는 유명한 말이 있다. 우리의 에베레스트 원정도 분명 무상의 행위다. 그러나 만일 박상렬 부대장이 동상 때문에 다리의 절단 수술을 받아야 한다면 그 이상 큰일이 어디 있겠는가?

지난 2, 3일 동안 쌓였던 심신의 피로가 오늘에야 풀리는 듯 했다. 그리고 에베레스트의 시커먼 그림자에 짓눌렸던 나의 의욕이 다시금 서서히 고개를 들었다.

락파 텐징은 먼저 고소 셀파의 지원 태세를 정비했다. 그는 지금까지 오랫동안 6,500미터 이상에서 일을 해 온 22명의 셀파 중에서 극도로 지친 6명을 골라내어 아이스 폴 셀파와 교체했다. 그리고 새로 고소를 맡게 된 6명의 셀파에게 이중화를 지급했다. 그들은 매우 즐거운 표정이었다. 고소 셀파는 아이스 폴 셀파보다 일당이 많은데다 그들이 오르는 캠프에 따라 보너스까지 주기로 되어 있었다.

애당초 장문삼 대장과 나는 2차 공격일을 9월 16일로 잡고 있었다. 그러나 락파 텐징은 야르주가 오기 전에 등정을 마쳐야 한다며 공격일을 하루라도 당기자는 의견을 내놓았다. 우리가 가져온 사다리는 모두 아이스 폴에 가설하여 남은 것이 거의 없다. 만일 야르주를 만나 폭설이라도 쏟아지게 되면 아이스 폴에 뚫어 놓은 루트가 망가져서 베이스 캠프로 돌아갈 길이 어떨지 모른다. 그렇게 되는 날 캠프 1 이상 고소에 있는 대원과 셀파는 오도 가도 못한다. 이와 같은 상황 판단 아래 우리는 락파 텐징의 의견을 받아들여 D-데이를 하루 당겨서 9월 15일로 정했다.

다음에는 공격조를 편성하는 일이다. 지난 5일 공격 계획을 발표했을 때 2차 공격조는 고상돈, 한정수 두 대원이 지명돼 있었다. 그런데 그 당시는 1차 공격의 성공을 전제로 한 편성이었다. 그러나 1차 공격에 실패한 지금은 사정이 달랐다. 대장으로서는 2차 공격마저 실패하면 큰 일이라는 생각을 안 가질 수가 없었다. 그래서 장 대장과 나는 안전하고 성공률이 높은 방향을 모색한 끝에 대원과 셀파의 2인조를 택하고 고상돈 대원과 능력이나 인간성이 높이 평가되고 있는 펨바 노르부로 결정했다.

우리는 끝으로 산소를 체크했다. 먼저 2차 공격에 필요한 산소량을 계산했더니 27통의 산소가 있어야 했다. 그런데 수중에 있는 산소통은 1차 공격에서 남은 것 15통과 아이스 폴에서 습득한 12통이었다. 참으로 이상한 생각이 들었다. 프랑스에서 보내 온 산소통 50개가 사용할 수 없게 된 이때, 만일 8월 11일 아이스 폴에서 산소 12통을 발견하지 않았다면 어떻게 되었을까? 이것이야말로 하늘이 도운 것이다. 이때 나는 2차 공격은 반드시 성공하리라는 예감을 가졌다.

장문삼 대장과 나는 고상돈이 공격에 나가기 전에 박상렬 부대장의 경험을 참고로 그야말로 만반의 태세를 갖추도록 신경을 썼다. 구체적인 사례로는 박상렬 부대장이 남봉에서 과일 쥬스를 먹으려고 했더니 꽁꽁 얼어서 버리고 말았다고 했는데 이것은 작은 일을 대수롭게 여겼던 탓이었다. 다시 말해서 과일 쥬스를 그대로 가지고 가면 그 고도에서 어는 것이 너무나 당연하다. 그래서 고상돈이 오를 때에는 쥬스를 처음부터 보온병에 넣도록 했다.

내가 다시 강조한 것으로는 정상에는 1965년에 중공 등반대가 북방 루트로 올라와 정상에 측량용 삼각대를 묻은 것이 남아있으니 반드시 그것을 정상에 오른 증명으로 할 수 있도록 사진을 찍을 때 화면에 넣는 것을 잊지 말라고 타일렀다. 정상 증명으로는 마칼루와 롱북 빙하 등 내려다보이는 주변의 두드러진 지형을 넣는 것이 보통이나 정상이 안개 속에 묻히거나 하면 이런 증명 사진은 찍을 수가 없다. 그러나 꼭대기에 남아 있는 삼각대만은 어떤 경우에도 카메라에 담을 수가 있었다.

2차 공격조는 같이 가지 않고 오후 2시 30분에 고상돈 대원이 먼저 캠프 3으로 떠났다. 이때 평소 고 대원과 가까이 지내던 젊은 셀파 라마가 캠프 3까지 고상돈의 길동무가 되어 주겠다고 자진해서 나섰다. 참 안된 이야기지만 우리 대원 가운데 그를 돕겠다는 사람이 없을 뿐만 아니라 대장이 도와주라고 해도 거절하기 쉬운 이때 셀파가 그 오르기 힘드는 데까지 가겠다고 나선다는 이야기다. 그러니 나는 펨바 라마의 우정에 눈물이 핑 돌 정도로 감탄했다.

9월 13일
맑은 후 눈, 기온은 영하 18도.

수은주가 많이 내려갔다. 새벽 5시 30분, 셀파 20명이 2차 공격을 지원하기 위해 산소통을 지고 캠프 2를 떠났으며, 30분 뒤에 공격조인 펨바 노르부가 사우드 콜을 향해 출발했다. 캠프 3에서 하루 밤을 지낸 고상돈은 펨바 노르부가 올라오는 것을 기다렸다가 같이 캠프 4로 떠났다. 펨바 노르부의 체력은 대단했다. 그는 오늘 6,450미터 고도에서 8,000미터 가까운 사우드 콜까지 오르게 된다. 이와 같은 체력은 어느 원정대에서도 찾아보기가 힘들 것이며 셀파의 세계에서도 드물 것이다.

날씨는 다행히도 맑고 바람이 없었다. 따라서 공격팀의 진출은 순조로왔다. 우리는 그들이 캠프 4에 오르는 동안 비교적 한가로운 시간을 보냈다. 모처럼 마음의 평온을 찾은 하루였다.

9월 14일

맑은 날씨에 기온은 영하 15도였다. 간밤에 캠프 2에는 눈이 많이 쌓였다.

걱정이 되어 캠프 4를 부르니 사우드 콜은 그렇지도 않았다. 박상렬 부대장의 건강은 날로 좋아져 이제는 동상을 입은 발을 끌며 텐트 주위를 다녔다. 그는 베이스 캠프로 내려갈 수 있겠다고 했다. 박 부대장과 앙 푸르바는 차라리 베이스에 내려가서 푹 쉬도록 하는 것이 내 마음도 가뜬했다.

고상돈 공격조가 오늘 마지막 캠프지인 캠프 5로 오르고 박상렬 등이 베이스 캠프로 하산하게 되면 이 지겹고 무거운 지휘 본부의 공기가 다소나마 가벼워질 것 같았다.

사우드 콜의 공격조는 08시 50분에 캠프 5로 떠났다. 셀파 6명이 산소통과 식량 등을 지고 공격조의 뒤를 따랐다. 1차 공격팀이 동남능의 비탈길을 오르던 날 커다란 눈사태가 능선을 쓸어버렸다고 했는데 그 뒤라서 그런지 고상돈 일행은 쾌조의 핏치로 전진했다.

에베레스트의 하늘은 높기만 하고 바람도 없었다. 공격팀이 12시 40분에 목적지에 도착했다는 무전 연락이 왔다. 지금까지 외국 원정대의 기록으로 보아 보통 6시간 걸리는 곳을 고 대원은 불과 4시간 남짓해서 올라갔으니 그것만으로도 커다란 성과였다. 그의 속도는 또한 1차 공격대보다 3시간이나 빨랐다. 공격조의 컨디션은 지금 최상의 상태로 보였다. 앞으로 날씨만 좋으면 2차 공격의 성공은 틀림없을 것으로 보였다.

그런데 그토록 맑았던 하늘이 저녁 무렵부터 흐리기 시작하고 싸락

눈을 뿌렸다.

에베레스트의 일기는 이러다가 맑아지기도 하지만 때가 때인 만큼 걱정이 되었다. 그러나 공격조가 8,500미터의 마지막 캠프에 무사히 진입한 이상 이제 우리는 별로 할 일이 없었다. 아침에 캠프 2를 떠난 박 부대장과 앙 푸르바가 베이스 캠프에 도착했다는 연락이 왔다. 그들은 오늘 캠프 1에서 묵을 줄 알았는데 그대로 베이스 캠프까지 내려간 모양이다. 그들이 도착하자 특히 박상렬과 친하게 지내 온 부산 출신의 곽수웅 대원은 박 부대장을 껴안고 울음을 터뜨렸다. 지난날 박 부대장이 공격에 실패한 후 그의 생사가 묘연했을 때 곽 대원은 누구보다도 침통한 표정을 짓고 있었다. 언제나 쾌활하고 남을 웃기던 곽 대원도 다시는 만나지 못할 것으로 생각됐던 박상렬을 보고는 눈물이 앞섰다.

저녁 일곱 시가 되어 나는 캠프 5의 고상돈 대원과 교신을 했다. 그의 음성은 평소와 다름없이 낭랑했다. 나는 내일 새벽 두 시에 깨울테니 지금부터 자라고 했다. 그리고 1차 때의 실패 원인을 상기시키며 수면용 산소에 특히 주의하라고 몇 번이고 강조했다.

우리는 1차 공격 전날처럼 본부 텐트에 모여 한 번 더 기나긴 밤을 지새우기로 했다. 정상 공격을 하루 앞둔 ABC의 공기는 긴장 안할래야 안할 수가 없었지만 그런 속에서도 1차 공격 때처럼 침통한 얼굴들이 아니었다. 내일이면 모든 일이 판가름 나며, 싫던 좋던 이 지긋지긋한 생활을 청산하고 집으로 돌아가게 되니 말이다.

내가 이곳 6,450미터 고소에 오른지도 벌써 10 여일이 되었고, 장문삼 등반 대장은 나보다 갑절이나 긴 시간을 이 황량한 세계에서 보냈다. 우리 얼굴은 모두 야월 대로 야위고 눈에 타서 시커멓게 됐으며 수염과 머리털이 자랄 대로 자랐다. 게다가 입술마저 갈라져 서로 쳐다보기가 민망스러웠다. 대원 중에서 입술이 가장 심하게 상한 것은

293

이태영 보도 대원인데 그는 초기에 캠프 2를 다녀가고 나서 다시는 올라오지 않았다. 이 대원은 베이스캠프에서 본부와 무전 교신을 하며 서울에 수시로 원정대의 활동을 보고하고 있었다. 김광남 특파원의 병세도 근자에 와서 거의 완쾌됐다.

기나긴 밤에 우리는 할말이 없었다. 나는 장문삼 대장에게 내일이면 캠프 2를 떠나 집으로 돌아가자고 했다. 하나마나한 이야기다. 지나온 나날이 머리를 스치며 눈물이 핑 돌았다.

무엇 때문에 이 고생을 하는가? 알피니스트의 숙명?… 세계 최고봉 등정의 영예?… 민족의 긍지?… 이 어느 것이 나에게 어떤 의미를 준단 말인가? 앞으로 다시는 이런 일에 총대를 메지 않겠다. 그러나 우리 박상렬은 큰 일을 했다. 그는 진정 엄청난 시련을 이겨냈다. 나는 이렇게 마음속에서 스스로 대화하며 잠을 쫓았다. 팔목에 찬 전자시계가 쉴 사이 없이 숫자의 마술을 부리고 있었다.

텐트 안은 어수선했다. 누구도 먹으려 하지 않는 각종 캔 식품과 초콜릿, 차 종류 등이 한쪽에 쌓여 있고, 륙색과 우모복을 비롯한 여러 가지 방한구와 등반구 취사구 그리고 무전기와 그밖에 자질구레한 물건들이 아무렇게나 흩어져 있다. 스위스제 토멘 고도계의 바늘이 6,500미터 눈금에 머물고 있는 것이 가스등의 희미한 불빛에 보였다. 이 비좁고 지저분한 본부 텐트도 내일이면 걷어버린다고 생각하니 한 가닥 애수 같은 것을 느꼈다.

9월 15일

자정을 넘어선 하늘은 맑게 개었다. 천막이 바람에 흔들렸다. 새벽 두 시가 되자 무전기에서 삑삑 소리가 났다. 고상돈 대원이다. 캠프 5의 기온이 영하 27도라고 했다. 그는 우리가 깨워 주기 전에 벌써 일어나 있었다. 8,500미터 고소에서 하루 밤을 지낸 그의 음성에는 힘이

294

있었다. 지난 9일 새벽 박상렬 부대장 때와는 대조적인 느낌이다. 나는 어느 정도 마음이 놓였다.

공격대는 04시에 캠프 5를 떠나기로 되어 있었다. 새벽 두 시에 일어난 그들에게는 행동 개시까지 두 시간이란 여유가 있었다. 이 두 시간은 춥고 산소가 부족한 고소에서 이것저것 몸을 움직이는 데 충분한 시간은 못되었다. 사실 고상돈과 펨바 노르부가 눈을 녹여 물을 끓이는 일부터 시작해서 텐트를 나설 때까지 예정 시간보다 한 시간 30분이나 초과했다. 그리하여 공격대는 05시 30분에 드디어 캠프 5를 뒤로 했다. 나는 그들의 건투를 빌었다.

마지막 캠프에서 남봉에 이르는 능선은 1차 공격팀에게 결정적인 타격을 준 곳이다. 즉 박상렬 부대장과 앙 푸르바는 이 능선에서 때로는 가슴까지 빠지는 깊은 눈 속에서 허우적거리며 처절한 사투를 벌렸던 것이다.

에베레스트의 전통적 등로로 되어 있는 동남릉 루트에서 난관이 있다면 이른바 힐라리 스텝과 칼날 능선으로 되어 있으며 지상이 돌변하지 않는 한 동남능을 돌파하는 것은 결코 어렵지 않다. 그런데 여기에 뜻밖에도 심설이라는 복병이 있었다.

나는 캐러밴 도중에 멀리서 에베레스트를 바라보았을 때 어느 셀파가 올해 에베레스트에는 눈이 많다고 하던 말이 생각났다. 그러나 적설량이 이처럼 되어 공격조의 진로를 방해하리라고는 미처 생각지도 않았다.

장문삼 대장과 나는 2차 공격의 성패는 능선상의 심설 지대를 어떻게 돌파하느냐에 달려 있다고 판단했다. 그리하여 우리는 공격조 외에 셀파 펨바 체링을 투입하여 럿셀을 돕도록 계획을 세웠다. 그런데 이날 아침 공격조가 캠프 5의 천막을 나서자 펨바 체링은 갑자기 몸이 아프다고 하며 혼자 사우드 콜로 발길을 돌렸다. 고상돈 대원과 펨바 노르부는 둘이서 갈 수밖에 없었다.

능선에 싸여 있을 것으로 생각됐던 눈은 그 동안 강풍에 날렸는지 그렇게 깊지 않았다. 공격조는 도중에 쉬지 않고 쾌조의 전진을 계속하여 09시 30분에 남봉에 도착했다. 고상돈 대원은 약속대로 무전 연락을 해 왔다. 남봉에서 에베레스트의 정상이 보이는데 앞으로 약 두 시간 정도 걸릴 것 같다며 산소통을 새것으로 바꾸고 다시 전진한다고 말했다. 이제 한고비는 넘어섰다는 생각이 들었다. 앞으로 갑작스러운 기상 변화만 없다면 공격조의 컨디션으로 보아 등정은 시간 문제였다. 그러나 상황이 이렇게 최종 단계에 접어들자 우리의 마음은 더욱 초조해졌다.

캠프 2에서 바라보는 히말라야의 하늘은 맑았다. 대원과 셀파들은 모두 천막 밖에 나와 있었다. 먼 곳에서 간간이 들려 오는 천둥 소리가 캠프 2를 한층 더 고요하게 만들었다.

시간은 열 두 시가 지나고 있었다. 그러나 정상을 향한 공격조로부터는 아무런 연락이 없다. 남봉에서 두 시간 걸린다던 것이 이제 세 시간이 돼 가고 있었다. 역시 우리는 고생한 보람없이 돌아가야만 하는가? 불안이 싹트기 시작했다.

10 동의 천막이 쳐 있는 캠프 2 설원에는 쌀쌀한 바람이 일고 눈가루가 날렸다. 그러나 에베레스트와 로체, 눕체 등 8,000미터 급의 거봉들은 투명한 창공을 배경으로 빛나기만 했다.

죽은 듯한 적막을 뚫고 무전기가 울렸다. 장문삼 대장이 어느새 수신기를 들었다. 고상돈 대원의 카랑카랑한 음성이 들려왔다.

"여기는 정상이다. 여기는 정상이다. 바로 지금 도착했습니다."
아아! 성공했다, 성공했다.

캠프 2는 대원과 셀파들의 고함 소리로 광란의 도가니로 변했다. 우리는 만세를 부르며 셀파들과 서로 껴안고 저마다 발을 굴렀다. 나는 고 대원에게 빨리 사진을 찍고 15분 후에 하산하라고 지시했다. 이제 모든 일이 끝났다. 꿈이 이뤄진 것이다. 순간 눈물이 마구 흘러내렸다. 서울에 있는 막내딸 자경이의 기도가 생각났다. 얼마 전에 집에서 온 편지에 그녀가 아빠의 에베레스트 원정을 위해 하나님께 기도를 올렸다고 적혀 있었다.

약 한 시간이 지나서 나는 공격조를 무전으로 호출했다. 고상돈 대원은 즉각 나왔는데 이미 남봉 부근에 내려온 것으로 보았던 그는 아직 정상에 있었다. 사진을 찍느라고 시간이 걸렸다는 것이다. 나는 정상의 기상이 언제 어떻게 변할지 모르니 빨리 하산하라고 몇번이고 강조했다.

9월 16일

캠프 5에서 하룻밤을 지낸 고상돈 대원의 음성은 전과 다름없이 카랑카랑 했다. 그는 캠프 5에서 하산할 때 천막을 어떻게 할 것인가 물어왔는데 나는 그 자리에 남겨두도록 했다. 천막은 지난 8일 박상렬 공격조가 설치한 이래 꽁꽁 얼어붙어 있었다. 8,500미터 고소에 가설했던, 그리고 그 동안 우리 공격조의 비운과 영광이 아로새겨져 있는 천막을 원정의 기념으로서도 가지고 오고 싶었지만 이 시점에서는 사람의 신속한 철수보다 더 긴요성을 띤 것은 없었다. 진정코 믿지 못할 것은 히말라야의 기상이었기 때문이다.

한편 캠프 4와 캠프 3에서는 하산 준비를 마치고 등정자들의 하산을 기다리도록 했다. 마지막 인원이 철수하기 전에 중간에 공백 지대를 둔다는 것도 경우에 따라서는 극히 위험한 일이다.

이날 아침, 캠프 2의 일부는 베이스 캠프로 철수시켰다. 맑았던 날씨가 언제 폭설로 변하며 아이스 폴이 어떻게 이동하는지 모른다. 또한 많은 인원이 동시에 움직이기보다는 분산하는 것이 안전을 위해서도 좋다고 판단됐다. 철수는 등정에 못지 않게 중요하다.

고상돈과 펨바 노르부는 07시에 최고 캠프지를 떠나 사우드 콜, 로체 훼이스를 거쳐 17시에 무사히 캠프 2로 내려왔다. 그들의 모습이 로체 훼이스 하단부로 이어지는 넓은 설원에 나타나자 캠프 2에 있는 대원과 셀파들이 모두 밖에 나와서 그들의 접근을 기다렸다. 우리는 서로 함성을 지르고 고상돈과 펨바 노르부는 이에 호응해서 핏켈을 하늘 높이 쳐들었다. 그들이 막영지에 도달하자 우리는 서로 껴안고 기뻐했다. 악수로서는 채워지지 않는 산사나이들의 독특한 감정의 표시였다. 순간 눈물이 핑 돌았다. 원정대의 총책인 대장으로서 그들을 내 자신의 품에 안았을 때 비로소 나는 안도의 숨을 내쉬었다.

고상돈 대원과 펨바 노르부는 지금 지구의 끝에서 돌아왔지만 모두 건강했다. 조대행 의무 대원이 청진기로 간단히 그들의 건강 상태를 체크했는데 역시 아무런 이상이 없었다. 그러나 펨바 노르부는 몹시 수척해 보였다. 그는 공격조로 나서기 전까지 8,000미터 고소에 머물다 보니 저지대에서 충분한 휴식을 취할 여유가 별로 없었던 것이다. 그의 강인한 체력도 체력이지만 그의 성실한 성품이 우리의 성공에 크게 기여했다는 것을 우리는 누구도 의심하지 않았다. 셀파 중에서 다크호스로 등정하여 예상하지도 않았던 에베레스트 등정의 영광을 차지한 펨바 노르부를 생각하면 할수록 끝까지 불운했던 앙 푸르바가 더욱 측은해졌다.

정상에 섰다

고 상 돈

드디어 내게 정상 공격 명령이 떨어진 12일 오후 2시. 간밤의 매섭던 추위와는 달리 한낮의 뜨거운 햇살이 쏟아지고 있는 설면을 밟으며 나는 캠프 2를 떠났다.

세계 산악인들이 선망하는 꿈의 봉우리. 정말 이 중책을 내가 무난히 해낼 수 있을까. 선택된 자로서의 긍지에 기우는 나를 스스로 자제하면서도 마음 한구석에는 아직도 의혹의 구름을 감출 수 없었다. 옆에는 든든한 보조자 펨바 노르부와 펨바 체링이 있다. 둘다 셀파로서는 명문 출신이다.

캠프 3까지의 험난한 코스는 경사 70도 표고차 1,000미터의 로체 훼이스다. 나는 기진맥진한 상태로 밤 8시 30분 캠프 3에 도착했는데 나로서는 여느 때보다 두 시간이나 늦은 페이스였다. 아직은 산소를 쓰지 않았다. 일반적으로 보면 6,900미터 이상이면 산소를 사용해야 하는 것으로 되어 있으나 산소를 아끼자는 생각에서였다.

13일에 캠프 4, 14일에 캠프 5까지 나는 쾌조의 컨디션으로 전진하여 드디어 판가름의 날을 하루 남겨 놓게 되었다. 원래 계획으로는 D─데이를 9월 16일로 잡았으나 악천후를 예상해서 하루를 앞당기게 되었던 것이다. 실제 경험해 보지 않은 사람은 8,000미터 고소에서의 행동이 얼마나 고통스러운 것인지 실감하기 어렵다.

남봉 밑. 가파른 에베레스트 능선에 며칠전 박상렬 부대장이 앙 푸르바와 사경을 헤매던 텐트가 외로이 캠프 5를 지키고 있었다. 주위에는 쓰고 버린 미제 산소통들이 꽁꽁 얼어붙은 채 여기저기 흩어져 있었다.

캠프 5에 도착하자 캠프 2의 전진 기지와 무전 교신을 했다. 김 대장은 내일 새벽 두 시에 깨워줄테니 저녁 일찍부터 자라고 했다. 우리는 내일의 정상 공격을 위해 모든 장비를 다시 점검했다. 나와 펨바 노르부는 서로 무거운 짐을 상대방에게 떠맡기려고 눈치를 보기도 했는데 이는 단순히 내 몸 하나 홀가분하려는 꾀에서만은 아니었다. 가만히 숨쉬기조차 힘든 상태에서 모든 것을 팽개치고 하산하고 싶은 유혹이 고개를 들기 시작했다. 우리는 눈을 녹여 물을 만들어서 간단히 식사를 마치고 아직 이르지만 우모복을 입은 채 침낭 속에 들어갔다. 오후 일곱 시였다.

9월 15일 드디어 D-데이. 캄캄한 밤중에 무전기에서 삑삑 소리가 났다. 약속한 두 시 정각이었다. 이 시간을 위해 전진 기지에서는 잠을 안잤나보다. 박상렬 부대장의 1차 공격 때에도 캠프 2의 전 대원이 본부 천막에 모여서 하루 밤을 뜬눈으로 새던 생각이 났다. 새벽 두 시라고 하지만 시간에 쫓기는 기분이었다. 우선 눈을 녹여서 물을 끓여야 한다. 박 부대장은 깡통이 얼어서 쥬스를 마시지 못했다고 했으니 이번에는 과일 쥬우스를 보온병에 넣어왔다. 무비 카메라와 스틸 카메라, 무전기 등을 다시 체크했다. 자면서 마시던 프랑스 산소통을 떼고 이제 새 산소통을 마스크에 연결했다. 그리고 끝으로 아이젠을 이중화 밑창에 동여맸다.

그러는 동안에 어느덧 시간이 흘렀다. 새벽 5시 30분 히말라야의 동이 트고 있었다. 펨바 노르부와 나는 안자일렌을 하고 최후의 결전에 들어섰다. 온도계를 보았다. 섭씨 영하 27도를 확인하는 찰라 온도계가 깨졌다. 손의 체온에 견디지 못했던 가보다. 순간 기분이 언짢았다. 이제까지 행운의 연속으로 이어져온 과정에서 불길한 느낌이 왔다. 일찌기 없었던 거대한 사업에 참여하다 보니 어느새 나는 신앙인이 되었다. 오늘 나뿐만 아니라 온 산악인과 국민의 염원이 이루어질 수 있도록 하나님을 부르고 있었다.

네 시간 동안 쉬지 않고 오른 끝에 우리는 남봉에 도달했다. 9시 30분이었다. 1차 공격조가 만들어 놓았을 럿셀은 강풍에 날렸는지 아무런 흔적도 없었다. 이제 남은 것은 문제의 칼날 능선과 힐라리 침니다. 빙벽이 아닌게 아니라 너무 칼날 같아서 스텝을 만들지 못한 채 팔로 빙벽을 힘껏 끌어안고 올라야 했는데 더욱 견디기 어려운 것은 몸을 날릴 듯한 바람이었다. 시야는 트이지 않고 죽음의 그림자가 몸을 바짝 조이는 것 같은 공포의 전율. '나에게 힘을 주소서, 나에게 힘을 주소서…' 무의식중에 나오는 호소와 기원, 여기만 오르면 정상이다.

발에 힘을 주는 순간 크러스트 되었던 20센티 정도의 설층이 꺼져내려 갑자기 눈을 뒤집어쓰게 되었다. 순간에 일어난 일이다. 나는 설면에 피켈을 힘껏 꽂으면서 계속 쏟아지는 눈사태를 뒤집어섰다. 피켈 덕분에 위기는 모면했지만 정신은 이미 먼 나라에 흘러 보낸 듯 이제는 타성적으로 발을 옮기고 있었다. 얼마나 시간이 흘렀는지 모른다.

뒤를 따르던 펨바 노르부가 "거기가 정상인 것 같다"고 소리쳤다. 순간 나는 제정신으로 돌아왔다. 정말 정상인가? 언뜻 믿어지지가 않았다. 주위를 둘러보니 더 오를 곳도 없어 보였다. 그때 아이젠에 무엇인가 걸렸다. 중공 원정대가 묻어 놓은 삼각대였다. 그렇다면 정상에 틀림 없었다.

에베레스트 정상이 확인된 것이다. 시계를 보니 12시 50분이었다.

나는 캠프 2를 불렀다. 전진 기지가 바로 나왔다. 장문삼 등반대장의 목소리다. 다음에 김 대장이 바꾸더니 사진을 찍고 빨리 하산하라는 지시였다. 나는 태극기를 정상에 꽂고, 성경책과 설악산 훈련에서 희생된 세 대원의 사진을 차례로 눈 속에 묻었다. 이 순간의 심정을 어떻게 적절히 표현할 수 있을까. 너무나 행복해서 현실 세계를 잊었을 정도였다.

눈보라가 멈추면서 짙은 안개 사이로 청자색 하늘이 나타났다. 발아래 펼쳐진 대운해, 칼날처럼 아니 거대한 종처럼 솟아오른 높고 낮은 산군. 그야말로 세계의 지붕이다. 그 마지막 땅덩어리는 한 평도 못되는 좁은 면적이었다. 그 둘레는 10도 가량의 완만한 경사, 여기가 세계의 최고봉 에베레스트의 정상이었다.

9

대장의 일기 ⑥
끝까지 남아서

대장의 일기 ⑥

김 영 도

9월 17일

날씨가 맑았다. 오늘은 모든 캠프가 베이스캠프로 철수하는 날이다.

캠프 2에서는 이른 새벽부터 일어나서 천막을 걷고 저마다 짐을 꾸렸다. 우리는 이곳을 떠나기 전에 될수록 주위를 깨끗이 치웠다. 그러나 대부분이 소각되지 않는 것들이어서 옆에 있는 크레바스에 밀어 넣거나 눈으로 덮을 수밖에 없었다. 우리는 처음 이곳에 올라왔을 때 외국의 원정대가 남겨 놓은 잡다한 물건들이 눈 속에 묻혀있던 기억이 되살아났다.

우리는 07시에 표고 6,450미터 지점을 떠나 하산길에 들어섰다. 아마도 다시는 오게 되지 않을 이 설원을 뒤로 하며 일종의 서운함과 허탈감에서 나는 하늘 높이 솟아있는 에베레스트와 로체를 쳐다보았다. 웨스턴 쿰 빙하, 〈침묵의 계곡〉에 펼쳐진 광대한 설원에 뚜렷이 한줄기의 길이 나 있었다. 그 동안 대원과 셀파들이 수없이 오르내린 길이다.

장문삼 대장과 나는 거의 모두가 떠난 후 캠프 주위를 몇 차례 둘러보고 이 6,450미터 고소를 뒤로 했다. 이때 끝까지 남아있던 고상돈 대원이 우리 뒤를 따라왔다. 그는 이기고도 말이 적었다. 지난날 원정 훈

304

런에 비교적 늦게 참가하고 국내 등산계에 별로 알려지지 않았던 그가 선배들의 등을 디디고 정상에 오른 것을 미안하게 생각하는 것인지 또는 다른 대원들의 시기의 눈을 피해서인지 그는 이렇게 혼자 뒤에 남아 있었다.

하산하는 우리 발걸음은 가볍고 빨랐다. 이제부터 더 오를 데가 없고 계속 내리막길이기도 하지만, 9월 하순에 접어들며 대기의 온도도 그전처럼 높지 않았기 때문에 걷는 데 힘이 들지 않았다. 그러나 이유는 그것만이 아니었으리라. 우리는 이제 에베레스트에 오르고 돌아가는 길이었으니까. 그것도 1차 공격의 무서운 시련을 디디고 오를 길이었으니까……

설원에 꽂힌 빨간 표지가 외로이 바람에 펄럭이고 있었다. 캠프 1에서는 대원과 셸파들이 캠프 2가 철수해서 내려오는 것을 기다리고 있었다. 우리는 이곳에서 잠시 쉬며 간식을 취하고 계속해서 걸음을 재촉했다.

캠프 1을 거쳐 아이스 폴 상단부 플라토에 섰을 때 멀리 발 밑에 베이스캠프가 평화스러운 마을처럼 내려다 보였다. 아이스 폴 루트는 그동안에 많이 모습을 바꾸고 있었다. 댐의 한쪽이 무너져 있었다. 크레바스에 걸친 사다리들은 눈에 묻히고 얼어붙어서 까딱도 하지 않았다.

아이스 폴 하단부에 이르자 연락장교 타파 중위, 곽수웅 대원 그리고 김광남 특파원 등이 마중 나왔다. 특파원은 오랜 고생 끝에 건강이 회복된 듯 했다. 베이스캠프에는 급조된 환영 아치가 서 있었고 우리는 마치 개선장군처럼 그 문을 지나갔다. 대원들과 셸파들이 나와서 고상돈 대원과 펨바 노르부를 각각 하늘 높이 들어 올렸다. 베이스캠프는 오랜 침묵을 깨고 환성의 도가니로 변했다.

황량하기 그지없고 삭막한 불모 지대인 베이스 캠프도 지금까지 올라가 있던 전진 캠프와는 비교가 안될 정도로 훈훈한 온기에 차 있었고 그야말로 살맛을 안겨주었다. 이제 원정대는 완전히 안전지대로 내려온 느낌이었다.

9월 18일

아침에 일어나니 평소와 달리 몸이 거뜬하고 기분이 유난히 상쾌했다. 캠프 2보다 고도가 1,000미터나 낮은 때문인 것이고 또한 지속돼 온 긴장이 이제 풀렸으니 그럴 수밖에 없었다.

나는 장 대장과 상의하여 원정대는 20일에 베이스 캠프를 철수하고 하산하기로 했다. 우리는 락파 텐징에게 철수 계획을 알리고 셀파들에게 남은 식량과 국산 천막 등 일부 장비를 나누어주기로 했다. 셀파들도 철수 계획을 알아야 각자 이곳을 떠날 준비를 할 것이다.

대원들은 짐을 정리하느라고 종일 바빴다. 등정이 거의 20일이나 당겨지는 바람에 식량이 의외로 많이 남았다. 이 많은 식량 중에서 앞으로 하산하며 먹을 것을 추려내어 다시 포장하고 나머지는 모두 셀파들에게 나누어 주었다.

한편 장 대장과 나는 락파 텐징과 같이 하산 루트를 의논했다. 그 까닭은 우리가 캠프 2에 올라가 있는 동안에 저지대에는 폭우가 쏟아져 길이 끊어지고 계곡의 다리들이 모두 떠내려갔다는 이야기였다. 특히 아마 다브람 근처에서는 대대적인 산사태가 일어나서 당보체 부근의 피해가 엄청나게 크다는 이야기도 들려왔다. 우리는 남체 밑에 있는 루클라에서 비행기를 탈 계획이었다. 그러나 루클라 비행장은 사용 불가능하게 되어 비행기가 남체 바잘 위에 있는 샹보체에 내린다는 이야기였다. 그렇다면 우리는 계획을 바꾸어 샹보체로 내려가는 도리밖에 없었다.

락파 텐징은 남체의 출신이라 샹보체로 가는 길을 잘 알고 있었는데 그의 말을 빌리면 이 길은 아주 험하고 페리체에서 상당한 거리라고 했다. 나는 처음에 길이 험하다는 말이 잘 이해가 가지 않았다. 원정대에게 길이 험하다는 이야기는 언뜻 납득하기 어려웠다. 이에 대해 텐징은 경사가 심한 산허리로 길이 나 있어서 야크가 굴러 떨어진 일이 있다는 것이다. 그의 말은 야크의 대열이 통과하기가 매우 어렵다는 이야기였다. 그렇다면 이것도 문제가 아닐 수 없었다. 만일 이런 사고라도 나면 에베레스트에서 내려와서 그 무슨 꼴인가? 이제 우리는 이런 점에도 신경을 써야했다.

장 대장과 내가 〈아이스 폴 뷰 커피숍〉에 앉아 있노라니 백인 여섯 명이 찾아왔다. 베이스 캠프까지 구경오는 이른바 트레커인 줄 알았더니 그들은 푸모리에 온 캐나다 원정대였다. 그들은 우리의 성공을 축하했다. 우리는 그들에게 차를 대접하며 잠시 환담했다. 그런데 그들이 온 이유는 딴 데 있었다. 캐나다 팀의 리더가 서서히 말을 꺼냈다. 포터들이 그들의 장비를 가지고 도망쳐버렸으니 우리 장비를 양도해 줄 수 없겠는가 하는 것이었다. 듣고 보니 그들의 처지는 참으로 딱했다.

푸모리 원정 대장은 한국대는 이제 원정이 끝났으니 쓰다 남은 장비라도 좋다고 덧붙였다. 하기야 그렇다. 다행히 우리에게는 예비 물자가 다소 남아 있었다. 나는 장 대장과 상의해서 우리가 가지고 있는 예비품을 원가로 양도하기로 했다.

그들이 필요로 하는 장비는, 헬멧 자일 롱스파츠 카라비나 등 클라이밍에 소중한 품목과 각종 필름도 들어있었다. 만일 우리가 없었다면 캐나다 팀은 푸모리 등반을 포기하지 않을 수 없었을 것이다. 나는 우리도 장비를 도난 당해서 한동안 암담했었다는 이야기를 하며 그들을 위로했다.

6명의 캐나다 사람들은 무척 고마워하고 이 물건에 대한 결재 방법을 물어왔다. 우리는 귀국 길이어서 미화(美貨)로 달라고 했다. 그러나 그들은 네팔 돈밖에 가진 것이 없다는 것이다. 그런데 네팔이라는 나라는 가난해서 그런지 국제 관례를 어기고 외국인이 네팔을 떠날 때 네팔 돈을 외화로 다시 바꾸어 주지 않는다. 나는 이러한 사정을 상대방에 이야기했더니 대장은 카트만두에 거주하는 마이크 체니 라는 영국인에게 미화를 예치한 것이 있으니 그에게 들러서 찾도록 하라고 편지를 한 장 써 주었다. 그때 장 대장과 나는 인상을 찌푸렸지만 그 까닭을 그 사람들이 알 리가 없었다.

마이크 체니란 자는 포터 도망 사고로 트레킹 도주에 우리와 시비가 오가고 한 질이 좋지 않은 영국인이다. 그러나 나는 캐나다 원정대장의 편지를 보이면 마이크 체니인들 지불 안할 리가 없을 것으로 믿었다. 훗날 카트만두에서 마이크 체니는 캐나다 사람이 싸인한 문서를 거절했다. 결국 우리는 귀국 후 몇 개월이 지나서야 캐나다로부터 장비 값을 돌려 받았다.

캐나다 팀은 자리를 뜨면서 나에게 주방 위에 씌운 커다란 천막을 거저 줄 수 없겠는가고 마지막 간청을 했다. 그들은 그런 용도의 천막을 안가지고 있었던 모양이다. 우리는 그들의 요청을 받아들여 선물로 주기로 하고 아직은 쓰고 있으니 이틀 후 하산 길에 고락셉에서 넘겨 주겠다고 약속했다. 그들은 물건들을 가지려 내일 다시 올라오겠다며 베이스 캠프를 내려갔다.

9월 19일

맑음. 내일이면 베이스 캠프를 철수하기 때문에 오늘 셀파들에게 마지막 노임을 지불했다. 그리고 올해에도 정상에 오르지 못하고 사경을 헤맸던 불운의 클라이밍 사다 앙 푸르바와 특별히 수고가 많았던 니마 체링, 펨바 라마 그리고 펨바 체링 등을 본부 천막에 불러서 전 대원들 앞에서 나와 장문삼 대장 박상렬 부대장 그리고 김운영 보도 대원이 차고있던 시계를 각각 풀어서 선물로 주었다. 그리고 락파 텐징과 등정자인 펨바 노르부는 국제 관례에 따라 한국에 초청한다고 정식으로 발표했다.

정오 가까이 되어 미국인 트레커 네 명이 베이스 캠프를 찾아왔다. 그들은 천막을 가져왔으나 음식물은 없다고 했다. 트레커가 으레 그렇게 하는 것을 알고 있기 때문에 우리는 그들에게 식사를 제공하기로 했다.

미국인들은 한 구석에 천막을 치고 베이스 캠프 주변을 돌아다니며 사진도 찍고 대원들과 환담하며 시간을 보냈다. 식사 시간이 됐다. 나는 미국인들에게 같이 식사 기도를 하자고 말했다. 그들은 우리 대원들과 같이 잠시 고개를 숙였다. 식사가 시작되자 우리는 깜짝 놀랐다. 그들 중에는 수저를 가지고 있지 않은 사람도 있었다. 그러나 우리에게도 수저의 여유가 없었다. 결국 그들은 인도 사람처럼 손으로 음식을 집어먹었다. 우리는 한 번 더 놀랐다. 우리 식사라야 별것이 없었다. 야채나 고기가 있을 리 없었고 깡통 김치로 국을 끓이고 깻잎, 도라지 무침 등으로 밥을 먹는 형편이었는데 미국 사람들은 대원들이 먹는 것을 보더니 그네들도 밥그릇에 국을 부어서 그 속에 도라지 나물 등을 섞어 맛있게 먹었다. 몹시 허기진 모양이었다. 대원들은 한 그릇 먹으면 그만인데 그들은 두세 번씩 식사를 청했다. 식사가 끝나자 후룻츠 칵테일을 주었더니 깜짝 놀라는 기색이었다. 초콜릿도 나누어주었다. 대원들은 에베레스트에 와서 날이 갈수록 식욕을 잃고 식성도 변하여 후룻츠 칵테일이나 초콜릿, 건포도 같은 것을 쳐다보지 않은 지 오래다.

저녁에 대원과 셀파들이 모두 한 자리에 모여서 축하 파티를 하자는 이야기가 나왔다. 그러나 나는 혹시 술을 과음해서 어떤 불쾌한 일이 생길지도 모르기 때문에 전체가 모이는 것을 그만두기로 하고 다만 셀파들끼리 즐기도록 기회를 주었다.

9월 20일

드디어 베이스캠프를 떠나는 날이 왔다. 오늘도 날씨는 맑았다. 새벽부터 셀파들과 그의 가족 그리고 야크 떼로 주위가 마치 시골 장날 같았다. 철수 준비가 대충 끝났을 때 간단한 하기식을 가졌다. 태극기와 네팔 국기 그리고 대산련기를 차례로 내리는 것이었다.

우리는 주변을 청소하고 10시 50분 드디어 정들었던 베이스캠프를 뒤로 했다. 죽음의 냄새가 나던 아이스폴과 황량한 불모지대 베이스캠프도 이제 막상 떠나려하니 한 가닥 감회가 있었다. 부지런한 셀파들은 벌써 떠났고 대원들은 삼삼오오 짝을 지어 모레인 지대를 내려갔다. 휴대한 식량이 없다던 미국인들은 어떻게 할 작정인지 물끄러미 우리를 쳐다보고 있었다. 삐쭉삐쭉 선 빙산 사이 돌밭을 지날 때 햇살이 뜨거웠다. 약 40일 전에 이곳을 거슬러 오르며 내 마음은 어둡기만 했다. 모레인 지대를 벗어나 고락셉의 풀밭에 이르자 그곳에서 잠시 쉬며 간단히 식사를 했다. 겨울에서 가을로 거슬러 올라가는 느낌이다. 그러나 한달 남짓한 사이에 고락셉의 추색은 한층 더 짙었다. 표고로 치자면 베이스캠프와 500미터 정도 낮은데 위는 온통 눈과 얼음의 세계고 여기는 아직 그런 대로 풀밭이 있었다.

포터와 야크의 대열이 지나갔다. 우리도 오늘의 행선지인 로부체를 향했다. 눕체의 모습이 멀리 뒤로 사라질 무렵 안개 같은 구름이 걷히면서 눈앞에 수려한 설봉이 나타났다. 다우체(Tawoche 6,542m)였다. 때마침 우리 앞을 셀파니(여자 포터)들이 짐을 지고 가고 있었는데 다우체를 배경으로 한 이 순간의 장면은 한 폭의 그림처럼 아름다웠다. 나는 목에 걸었던 카메라의 초점을 맞췄다. 그러자 구름이 다시 설봉을 가린다. 나는 카메라를 든 채 걸으면서 셔터 찬스를 노렸다. 셀파니들의 걸음이 빨라 카메라와의 거리가 걱정이 됐다. 구름이 다시 벗겨지며 다우체의 정상이 푸른 하늘에 모습을 들어냈다. 결정적인 순간을 놓칠세라 나는 셔터를 눌렀다.

고도가 인체에 미치는 영향이 빠르고 뚜렷하게 나타났다. 베이스 캠프에서 고락셉, 그리고 로부체로 내려오는 사이에 어느새 호흡이 편해지며 몸이 거뜬해지는 것을 느꼈다. 따라서 우리의 걸음은 마치 무엇에 쫓기는 듯 빨라졌다. 그러나 로부체에 도착했을 때는 벌써 해가 서쪽에 기울어진 뒤였다. 미국인 트레커 한 사람이 천막을 치고 있었다. 그는 이곳에 올라오는 도중 남체 바잘에서 한국대의 에베레스트 등정 소식을 들었다며 축하한다고 손을 내밀었다. 나는 그를 저녁 식사에 초대했다.

해가 지고나니 역시 기온이 떨어졌다. 동쪽 설산 위로 둥근 달이 떠올랐다. 머지않아 추석인 것을 알았다.

9월 21일

이날 아침 우리는 08 시경에 로부체를 떠났다. 오늘은 페리체를 지나 포르체까지 가야 하는데 그 길은 멀고 도중에 험한 산길을 가로지르게 된다고 락파 텐징이 말했다.

페리체의 광대한 평야가 내려다보이는 고개에 이르렀을 때 눈앞에 하늘 높이 아마 다브람의 장관이 펼쳐졌다. 9월 하순 맑게 갠 푸른 하늘을 찌르는 듯 깎아선 아마 다브람 첨봉에 이끌리며 우리는 잠시 걸음을 멈추었다.

끝이 가물거리는 페리체의 들판을 지나서 우리는 낯익은 셸파의 집 〈밍마 호텔〉에 왔다. 에베레스트를 향해 오를 때 이틀 묵었던 곳이다. 이마가 닿는 낮은 문을 들어서면 오른 쪽이 매점이고 왼쪽이 침실로 되어 있다. 매점에는 자일 카라비나 안전벨트 등 중고 등산 장비가 벽에 걸려 있었는데 값은 결코 싸지 않았다.

여기서 차를 마시며 잠시 쉬고 있는데 처음 보는 셸파가 편지 한 통을 가져다 준다. 〈에베레스트 뷰 호텔〉의 미국인 지배인이라는 사람이 원정대 대장 앞으로 보낸 편지다. 내용은 한국의 에베레스트 등정을 축하하며 전 대원을 만찬에 초대한다고 되어 있었다. 에베레스트 뷰 호텔이라고 하면 우리가 비행기를 타기 위해 가려고 하고 있는 3,800 미터 고소 샹보체에 있는 호텔이다. 이 호텔은 '미야하라'라는 일본 사람이 지은 고급 호텔이며 세계에서 가장 높은 곳에 있는 것이 아닐까 싶다.

그런데 이 편지를 받고 나는 장문삼 대장과 걱정을 했다. 주로 돈 많은 관광객을 상대로 하는 고급 호텔에서 우리 같은 가난한 원정대에게 축하연을 베풀겠다니 이해가 가지 않았다. 게다가 우리는 인원도 많고 옷차림도 불결하다. 혹시 호텔에 손님이 없어 우리를 유인하는 것은 아닐까. 원정대는 호텔에 투숙할 만한 자금의 여유도 없었고 원래 비행장 근처에서 막영하기로 되어 있었다. 호텔은 비행장 가는 길목에 있으니 여기를 피해서 갈 수가 없을 뿐더러 환영 파티에 응하고 안하고는 둘째 치고 호의적인 초대에 대한 한마디 사의를 표하지 않을 수는 더욱 없었다. 이렇게해서 뜻밖에 날아 들어온 초대장에 나는 기쁨과 괴로움을 동시에 느꼈다.

우리는 페리체를 떠나 내려오다가 풍기탕가라는 곳에서 3,600미터 고소 포르체로 가는 길로 들어섰다. 40일 전에 올라오던 길은 지난번 홍수에 끊어졌거나 다리가 유실되어 거의 불통이었기 때문에 이 길을 택한 것이다.

풍기탕가가 내려다보이는 높은 대지에 올랐을 때 멀리 에베레스트 산군이 구름과 구름 사이로 보였고 가까이는 아마 다브람과 엄청나게 큰 산사태의 흔적이 시야에 들어왔다. 이 부근부터 길은 락파 텐징이 말한 대로 차차 험해져갔다. 관목이 무성하거나 암석이 노출된 산허리를 끊어질 듯 하며 이어지는 외길, 결코 두 사람이 스치기가 어려울 정도로 비좁은 길을 따라 우리는 마냥 걸었다. 야크는 무거운 짐을 진 채 본능적으로 네 발을 옮기고 있었는데 아무리 짐승이라 해도 보기에 딱했다. 이따금 발을 헛짚고 흠칠거리는 야크를 볼 때 야크가 계곡으로 굴러 떨어진 일이 있다고 한 것도 거짓말이 아닐 성 싶었다.

이리하여 포르체에 도착했을 때는 거의 날이 저물었다. 표고 3,600미터 고지대인 포르체에는 뜻밖에 넓은 경작지가 있었고 네팔의 전통적인 농가 형식인 흰 이층집들이 여기저기 산재해 있었는데 그 원경은 평화스럽고 아름다웠다. 그러나 이런 지구의 벽촌, 히말라야 산 속에 사는 셀파들의 생활은 대자연과의 냉혹한 싸움일 것은 분명했다.

이날 행군에는 발에 동상을 입은 박상렬 부대장이 마음에 걸렸으나 평소 그와 가까이 지내온 곽수웅 대원이 박 부대장의 길동무가 돼주었다. 그들은 주위가 어두워지고나서 헤드 램프를 비치며 막영지에 뒤늦게 도착했다.

포르체에는 셀파 앙 다와의 집이 있었다. 앙 다와는 여기서 우리와 헤어지게 되어 서운한 모양이었다. 그는 대원들을 자기 집에 초청하여 같이 창을 마시며 이날 밤을 보냈다. 대원들이 셀파들과 어울리는 사이에 나는 혼자 조용히 텐트를 지키다 어느새 잠이 들었다. 대원들은 밤이 깊어서야 돌아왔다.

9월 22일

아침에 눈을 뜨니 날씨가 흐렸다. 그러나 이제는 이런 일에 신경을 쓰지 않았다. 오늘의 행군 거리는 4, 5시간이면 족하고 이제 샹보체까지 가면 우리는 더 이상 걷지 않아도 된다.

이렇게 마음에 여유가 생기니 포르체의 풍물이 한층 아름다웠다. 물론 고도의 차에서 오는 것이겠지만 사람 사는 냄새가 풍겼다. 벌써 설산은 멀어지고 초목들이 생기를 띠고 있었다.

아침에 흐렸던 하늘이 맑아지며 뜨거운 햇살이 내리쬐였다. 그러나 어제처럼 험한 길이 아니어서 다행이었다. 대원들도 삼삼오오 흩어져서 마지막 행군길을 즐기는 듯 했다.

샹보체 근처의 3,800미터 고소인 쿰중이라는 마을은 사다 앙 푸르바의 고향이다. 나는 그가 에베레스트 정상에 이번에도 오르지 못했으나 이제 무사히 자기 고향으로 돌아오게 된 것이 무엇보다도 기뻤다. 앙 푸르바는 자기의 꿈이 깨어졌어도 낙심하지 않았고 자기 계열이 아닌 펨바 노르부의 성공에 마음이 동요하지 않았다.

앙 푸르바는 우리한테서 얻은 많은 짐을 여러 마리의 야크에 싣고 알루미늄 사다리를 등에 진 채 베이스캠프에서 고향 쿰중까지 내려왔는데 나는 그러한 앙 푸르바가 무척 고마웠다. 샹보체에 오는 길에 대원들이 앙 푸르바를 따라 쿰중의 그의 집을 찾아간 것도 불운의 사나이에 대해 저마다 같은 생각을 했기 때문이리라.

〈에베레스트 뷰 호텔〉은 샹보체의 가장 높은 지대에 자리잡고 있었다. 이름 그대로 에베레스트가 바라다 보이는 곳이어야 할테니까 호텔의 위치로서는 그만이었다. 나는 장문삼 대장과 함께 호텔에 들러 지배인을 만나 인사를 나누었다. 호텔은 시설을 확장하고 있었으며 트레킹 씨즌이 이른 때문인지 손님은 별로 눈에 띄지 않았다. 지배인은 우리가 포스트 몬순기에 호텔을 찾아온 첫 손님이라고 말했다. 그는 환영 파티가 준비되는 대로 연락하겠다고 했다.

비행장은 호텔에서 10 여분 걸어서 내려온 곳에 있었다. 실은 비행장이라고 할 것도 없는 단순한 초원에 지나지 않았다. 우리는 초원 한 쪽에 천막을 쳤다.

서울과의 보도 관계로 우리보다 이틀 먼저 베이스캠프를 떠나 이곳에 온 보도대원들이 아직 카트만두로 떠나지 못하고 있었다. 일기가 나빠서 비행기가 오지 않았다는 이야기다. 그래서 샹보체에는 외국인 트레커도 10여 명이나 비행기를 기다리고 있었다.

카트만두와 샹보체를 왕래하는 비행기는 '플라타스포터'라고 불리는 6인승 스위스 경비행기로 조종사는 프랑스 사람이었다. 우리는 인원과 짐이 많아서 아홉 대를 전세냈는데 이러한 기상 상태라면 언제 카트만두까지 가게 되는지 암담했다.

비행장 근처에 간이 숙소가 있었다. 대원들은 나더라 이 숙소에서 쉬라고 했다. 국내에서 훈련할 때 늘 대원들과 같이 행동해 온 처지였지만 이제 나는 텐트를 벗어나 조용히 혼자 있고 싶었다. 숙소 주변에서 백인 두 사람을 만났는데 그들이 먼저 말을 걸어왔다. 알고보니 베이스 캠프를 찾아왔던 캐나다 푸모리 원정대 대원들이었다. 나는 깜짝 놀랐다. 어째서 이렇게 먼 데까지 내려와 있느냐고 물었더니 머리가 아파서 왔다고 한다. 고산병에 걸린 것이다. 총 인원 6명 중 2명이 탈락했다면 푸모리 등반은 거의 포기 상태나 다름이 없다고 나는 혼자 생각했다. 훗일 귀국해서 우리는 그들이 끝내 푸모리에 등정했다는 소식을 들었다.

7월 19일 이래 60여 일 동안 천막에서 생활하다 오늘 처음으로 나무 냄새가 나는 건물 안으로 발을 옮겼다. 세 평 가량되는 방에 스폰지가 깔린 낮은 침대와 싸이드 테이블이 하나 놓여 있었다. 나는 침대에 걸터 앉아 유리창으로 저물어가는 앙상한 히말라야의 풍경을 내다 보았다. 주위는 죽은 듯이 고요했다.

9월 23일

오늘도 날씨가 나빠 비행기가 오지 않는다는 이야기다. 발이 묶인 12명의 외국인이 아침부터 비행장에 나와서 잡담하며 시간을 보냈다. 쿰중에 진료소를 가진 뉴질랜드 의사라는 사람이 우리를 찾아왔다. 1953년 에베레스트에 초등한 에드먼드 힐라리가 이곳 네팔에 학교와 진료소를 세웠는데 그곳에 근무하는 의사였다. 나는 그와 고산병에 대한 이야기를 하다가 1971년 로체 샬 원정 때 고산병에 걸려 고생한 한국 클라이머 이야기를 했더니 그는 그 권영배 이름과 그가 귀국해서 6개월만에 살아난 것까지 자세히 알고 있었다. 이 뉴질랜드 의사는 부임한 지 얼마 안된다는 데 이곳에서 벌어진 일들이 정리되어 중요한 참고 자료로 남아있다는 것을 알 수가 있었다.

저녁 여섯 시부터 에베레스트 뷰 호텔에서 환영 파티가 있었다. 파티에는 일본인 사장이 호스트로 그리고 영미 약국인 매니저와 히말라야 국립공원 사무소장인 뉴질랜드 사람 부부가 참석했고 우리 쪽에서는 대원 외에 두 사다와 펨바 라마 등이 같이 갔다. 우리 대원들은 히말라야 산중에서 일급 호텔 음식을 앞에 놓고 깊은 감회에 사로잡혔다. 먼저 호스트의 환영사가 있었고 내가 원정대를 대표해서 답사를 했다. 우리는 환영파티에 대한 감사의 표명으로 국산 과일 캔 두 박스를 호텔측에 선사했다. 호텔 음식의 재료는 거의 카트만두에서 비행기로 가져오며 야채는 근처에서 재배한다고 들었다. 세계에서 가장 높은 곳에 있는 이 호텔의 숙박료와 식사대는 얼마나 비쌀까 생각해보았다. 식사후 우리는 통나무가 활활 타오르는 화이어 플레이스를 중심으로 둘러앉아 잠시 환담을 했다. 한쪽에서는 셀파들이 이른바 셀파 댄스를 즐겼다. 나한테 편지를 보낸 미국인 매니저가 큰 유리창을 가르키며 이리로 에베레스트가 보인다고 알려주었지만 밖이 어두워서 아무것도 보이지 않았다.

9월 24일

며칠만에 처음으로 날씨가 좋아졌다. 오늘은 비행기가 온다는 연락이 왔다. 할 일도 없으니 일찍부터 활주로 풀밭에 나갔다. 이 근처에는 민가가 없었는데 어디서 왔는지 원주민들이 몰려와서 잡다한 물건들을 팔려고 벌려놓고 있었다. 거의가 티베트의 물건들 같았는데 별로 마음에 드는 것이 없었다. 한쪽에는 며칠째 비행기를 기다리는 외국인들이 모여있었다. 그들 가운데 젊은 서양 여성이 한정수 대원을 붙들고 같이 가게 해달라고 울다시피 애원했다. 그런데 이제 오는 비행기들은 우리 원정대가 차지한 것들이어서 우리가 모두 떠나기 전에는 어떻게 할 도리가 없었다.

드디어 비행기가 초원에 내렸는데 기장이 서울에서 보낸 신문들과 편지 등 우편물을 내놓았다. 그런데 그 가운데 한 뭉치의 전문이 들어 있었다. 청와대, 국회를 비롯하여 행정부 각 부서장, 기관장, 산악단체, 대학 그리고 알 듯 모를 듯 한 분들까지… 나는 이 전문들을 하나하나 읽어 나가며 목이 메고 끝내는 글이 보이지 않게 됐다.

지난날 우리는 조용히 한국을 떠났던 것이다. 그 흔한 매스컴도 우리의 스폰서인 한국일보를 제외하고는 에베레스트 원정을 다루지 않았다. 그뿐만이 아니다. 내가 만나 출국 인사를 했을 때 에베레스트가 알프스에 있는가 묻는 사람이 있는가 하면, 에베레스트는 마나슬루보다 높은가고 하는 사람도 있었다. 결국 에베레스트 원정은 대원들과 그 가족의 관심사나 다름 없었다고 해도 조금도 지나칠 것이 없었다.

그런데 우리가 지구의 벽지 히말라야에서도 오지인 에베레스트에 와 있는 동안 국내의 공기는 달라졌을까?… 아니다… 에베레스트 기사가 크게 부각되기는 필경 1차 공격이 실패하고 박상렬이 8,700미터 고소 죽음의 지대에서 생사를 모르게 됐다는 소식이 국내에 전해지면서가 아닐까? 이것은 씨니컬하면서도 어쩔 수 없는 사태의 창조요 변화다. 이때 이런 역설도 가능하리라… 만일 우리가 운이 좋아 순조롭게 첫 시도로 등정에 성공했던들 국내에 그토록 엄청난 반응이 일어나지 않았을넌지 모른다. 그러나 우리 원정대는, 각 대원들은 이제 우리에게 이토록 뜨거운 환영을 표시한 모든 분들에게 무어라고 감사해야 할지 몰랐다. 비행기를 기다리다 지쳤던 우리는 너나 할 것없이 모두가 이 전문 무더기 앞에 모여들어 한동안 말이 없었다.

우리는 계획에 따라 탑승했다. 먼저 나와 장문삼 대장과 고상돈 대원 그리고 할 일이 많은 보도대원들이 비행기에 올랐다. 카트만두에는 서울에서 각 보도기관의 취재진이 와 있을 것이고 또 외국 기자들도 기다릴 것으로 생각되었다.

풀라타스포터 경비행기가 초원을 떠오르자 밑을 내려다 보니 산록에 마을이 나타났다. 바로 셀파의 고향 남체 바잘이었다. 카트만두까지의 비행 시간은 불과 45분, 캐러밴으로 보름 걸렸던 거리를 이제 잠깐 사이에 가버리는 것이다. 비행기가 공중을 나르는 사이에 밑으로 캐러밴 루트가 또렷또렷하게 보였다. 저 길을 우리는 빗속에 거머리와 싸우며 며칠이고 걸었던 것이다. 지나간 나날이 모두 꿈만 같았다.

끝까지 남아서

김명수

9월 24일

샹보체에 내려온 지 사흘째 되는 날이다. 08 시가 되어 아침 식사를 먹는 둥 마는 둥 마쳤을 무렵 생각지도 않았던 비행기 한 대가 잠자리 같은 모습으로 나타났다. 조용했던 초원에 갑자기 대원들의 환호성이 터졌다. 말은 안해도 모두 하루 빨리 집에 돌아가고 싶은 대원들의 가슴이 설레었다. 그러나 '풀라타스포터'라는 6인승 경비행기 한 대로는 우리가 한꺼번에 갈 수는 없다. 대원만 해도 18명에 셀파가 수명인데다 앞으로 변상 받아야 할 프랑스 산소 50 개를 비롯해서 LPG 가스 봄베와 공용 장비 등 상당한 수량의 짐이 있었다. 결국 원정대의 수송을 맡았던 내가 끝까지 남아서 이곳 샹보체에서 카트만두까지의 수송 문제를 처리하기로 하고 우선 제 1편으로 김 대장과 장문삼 등반대장 고상돈, 이상윤, 김병준 대원 등이 내려갔다. 원정대장과 등정자가 먼저 가는 데는 그럴 이유가 있었다. 카트만두에는 국내외 기자들이 우리를 기다리고 있었기 때문이다.

비행기가 이륙하자 나머지 대원들은 내일을 기다리는 도리밖에 없었다. 그런데 10 시경 해서 비행기가 또 왔다. 이번에는 보도 관계로 기자들이 빨리 가겠다고 야단이어서 결국 김운영 대원과 김광남 특파원이 약간의 짐을 싣고 떠났다. 박상렬 부대장은 왼발의 동상이 그렇게 중상은 아니었지만 환자의 수송이 이렇게 뒤로 미루어지는 것이 가슴 아팠다.

9월 25일

아침에 일어나자 하늘부터 쳐다보았다. 산골짜기마다 구름이고 역시 날씨가 좋지 않은 듯 했다. 대원들이 텐트 주변에서 할 일 없이 서성거리고 있을 때 느닷없이 비행기 소리가 났다. 대원들은 저마다 먼저 가겠다고 야단이다. 나는 우선 박 부대장과 많은 장비를 먼저 보내야 된다고 주장했다. 그러자 잠시 후 또 한 대가 접근하는 소리가 들려왔다. 구름을 뚫고 나타난 비행기는 우리 머리 위를 세 번 선회하더니 그대로 돌아가 버리지 않는가. 맥이 풀린 대원들은 저마다 한마디씩 투덜거렸지만 도리가 없었다.

대원들이 오늘 점심에는 양고기나 먹자고 해서 사다에게 부탁했더니 어디선가 양 한 마리를 잡아왔다. 그러나 양고기는 우리 입에 맞지 않았다. 모처럼 비싸게 사온 양고기는 셀파들의 푸짐한 식사로 둔갑했다.

이렇게 해서 점심을 마치고 났을 때 비행기 소리가 났다. 이게 웬일인가 하고 활주로 쪽을 보았더니 이번에는 비행기가 착륙했다. 미국인 부부가 에베레스트를 구경하고 돌아가는 길에 잠시 내렸다는 것이다. 우리는 에베레스트를 등정하고 철수하는 중이라고 했더니 그들은 놀란 표정을 하고 에베레스트 돌을 가지고 있으면 한 개만 줄 수 없겠는가 물었다. 나는 그들에게 우리 사정을 이야기하고 돌을 줄테니 대원 몇 사람을 태워달라고 부탁했다. 미국인 부부도 좋아했다. 이 비행기에 이윤선, 조대행, 이기용 세 대원이 편승했다. 이렇게 해서 이제 대원의 반수 이상이 샹보체를 떠나버리고 보니 갑자기 주위가 쓸쓸해졌다. 나

는 기분 전환을 위해 남은 대원들을 데리고 샹보체 아랫마을인 남체
바잘로 내려갔다.

남체에는 외국인 트레커들을 위한 숙소겸 식당인 이른바 셀파호텔이
있는데 그 초라한 모습은 이를 데 없었다. 우리 일행은 이곳에 들어가
맥주를 주문했다. 언젠가 일본 알프스를 다녀오며 프로 야구팀인 장훈
자이언트가 이겼을 때 맥주 파티를 하는 텔레비젼을 본 적이 있다. 맥
주를 한잔 정도 따른 후 병을 막고 흔들면 병 속의 맥주가 3미터 가까
이 내뿜었다. 나는 우리 파티에서 이 흉내를 냈더니 남체의 기압 탓인
지 5,6미터나 치솟는 것이 아닌가. 이것을 본 대원들은 저마다 병을
흔들어서 상대방의 머리를 겨냥해서 맥주 거품을 마구 쏘았다. 이렇게
분위기가 흥겨워지자 호텔 주인은 부산하게 남체의 맥주란 맥주는 모
조리 걷어들이기에 바빴다. 히말라야 깊은 산속에 있는 마지막 마을인
남체에 맥주가 있어야 얼마나 있었을까… 우리 파티는 얼마 안가서 끝
나고 말았다. 그러나 이 짤막한 소동은 대원들의 회포를 풀기에 충분
했다.

9월 26일

안개가 끼었지만 날씨는 괜찮았다. 여덟 시경에 다행히도 비행기가
와서 우선 한정수 대원이 프랑스 산소통을 싣고 먼저 떠났다. 그러자
열 시쯤 해서 다른 비행기가 오더니 상공을 빙빙 돌다가 그대로 사라
지는 듯 해서 우리는 약간 실망했다. 그런데 어찌된 셈인지 그 비행기
가 다시 나타나더니 우리 앞에 곤두박질하는 듯 털썩 내려앉자 모두
놀랐다.

파일럿트는 50세 정도로 보이는 프랑스 사람인데 그는 껄껄 웃으면
서 비행기에서 나오자 착륙 지점을 돌보더니 자신도 놀란 시늉을 해
보였다. 이 비행기로 이원영 대원이 봄베를 싣고 혼자 떠나갔다. 앞으

로 두 대만 있으면 우리 철수가 완전히 끝날 것을 생각하니 한결 기분이 가벼웠다.

9월 27일

오늘은 추석이다. 그런데 밤새 비가 왔으니 오늘은 틀렸구나 하고 천막에서 꼼짝도 하지 않았다. 이제는 먹을 것도 다 떨어졌다. 나는 사다러 계란을 사오라고 했더니 20개밖에 못 가져왔다. 우리는 추석날 아침을 계란과 약간의 감자로 떼울 수밖에 없었다. 먼저 내려간 대원들의 신세가 부러울 뿐이었다.

점심 때가 되어 사다 부인이 챠파디와 창을 가지고 왔다. 부인의 마음씨가 고마웠지만 별로 먹히지 않았다. 저녁에 앙 푸르바가 자기 집으로 초대해서 쿰중으로 갔다. 앙 푸르바의 부인은 해산 때문에 친정에 가서 없었다. 그러나 우리는 앙 푸르바가 비록 정상엔 오르지 못했지만 이렇게 무사히 생환하여 자기 집으로 돌아 왔으니 얼마나 다행한 일인가 생각했다.

9월 28일

맑게 개인 날씨였다. 아침에 먹을 것이 없어 차 한잔을 마시고 있노라니 비행기가 왔다. 곽수웅, 도창호 두 대원과 짐을 보냈다. 비행기가 떠나자 어떤 젊은 미국 여자가 울고 야단이다. 그는 이곳에 와서 이틀만 머물 예정이었다는데 원정대가 비행기를 모두 전세냈기 때문에 그 여자를 비롯해서 많은 외국 관광객이 발을 묶이고 있었다. 그때 비행기 운행을 담당하고 있는 에베레스트 뷰 호텔의 지배인이 나타나서 오늘은 석대가 온다고 하길래 나는 두 번째 비행기에 김영한, 전명찬 두 대원과 미국 여자를 태워 보냈다. 조금 전까지 울고 있던 그 여자는 웃으며 탱큐를 연발하고 떠나갔다. 오후가 되어 지배인의 말대로 세

번째 비행기가 왔다. 나는 사다 락파 텐징과 펨바 노르부를 데리고 남은 짐을 모조리 싣고 드디어 샹보체를 뒤로했다. 비행기가 초원을 떠나자 눈에 덮인 히말라야 산군이 발 아래로 장엄한 모습을 나타냈다. 그제서야 나는 지리하고 답답하던 철수 작전에서 완전히 해방된 것을 느꼈다.

10

문제의 산소통

장 문 삼

　세계의 고산 지대에서 등반에 산소 기구의 도움이 필요한 곳은 대체로 표고 8,000미터가 넘는 히말라야 지대로 되어 있다. 그리고 히말라야에서도 산악인의 안전을 위해서 7,500미터 부근부터 산소를 마시는 것이 이곳을 찾는 원정대의 통례다.

　우리는 이러한 원칙 밑에서 산소통의 수를 최소한 150 개 정도로 계획하고 있었지만 자금 사정으로 준비 마지막 단계에서 100 개로 줄이고 말았다. 그리고 이 100 개는 아래와 같은 이유로 미제 50 개와 프랑스제 50 개로 섞이게 되었다.

　등반에 산소기구를 사용하는 것이 등반 활동의 정도냐 아니냐 하는 논쟁은 세계 산악계에서 오래전부터 문제가 돼왔다. 그 시비가 오가고 있을 때 라인홀트 메스너는 언젠가 에베레스트에 산소없이 등정하겠다고 선언했는데, 결국 그는 1978년 5월에 페터 하벨러와 같이 무산소로 에베레스트 정상에 섰다.

　1976년 9월 23일 나는 제 2차 에베레스트 정찰대 대장으로 조원길 대원(본대에는 개인 사정으로 불참)과 같이 네팔로 갔다. 당시 나에게 주어진 임무는 먼저 일본에 들러 도쿄에 있는 프랑스 산소의 극동 지구 대리점인 미쯔이 물산과 산소 구입에 관해 상의하고, 카트만두에서는 셀파의 고용 문제를 사전 협의하는 동시에 네팔 행정부에 에베레스트 입산에 따르는 행정 절차를 밟는 일이었다. 그리고 이 일들이 끝난 뒤 캐러밴 루트를 따라 아이스폴까지 걸어 올라가기로 되어 있었다.

나는 일본 도꾜에서 산소 판매책인 도도로끼 씨를 만났더니 그의 말은 프랑스 산소는 늦어도 3 개월 전에 주문해야 하며 수량은 20 개가 최소 단위라고 했다.

그런데 등산용 산소에 대해서는 국내에서 아는 사람이 없었고 나 자신도 모르기 때문에 나는 도도로끼 씨에게 여러 가지로 물어보았다. 도도로끼 씨는 산소를 팔기만 하지 자신도 자세한 것은 모른다는 것이다. 그는 회사에 비치된 팜플렛을 보이며 참고로 하라고 말했다. 나는 네팔에 가서 시험해볼 생각으로 산소 기구 한벌을 사자고 했다. 그런데 불행하게도 그곳에는 물건이 없었다.

등산용 산소는 영국 독일 일본에서도 만들고 있으나 프랑스 것이 같은 중량에서 용량이 많고, 특히 프랑스 제품은 한 번 열었다 잠그어도 8년간 제대로 보관이 되는 장점을 가지고 있었다. 그래서 어느 원정대에서나 이것을 사용한다는 것이다. 산소에 대해 이런 정도의 정보를 얻어 가지고 나는 일본에서 네팔로 갔다.

나는 카트만두 게스트 하우스에 숙소를 정했다. 카트만두에는 비나야라는 분이 나를 기다리고 있었다. 그는 언론인으로 친한파며 특별히 우리 원정대에 관심이 많은 사람이었다.

이 해 포스트 몬순기에는 미국 원정대가 건국 200주년 기념사업으로 에베레스트에 가 있었다. 나는 비나야 씨를 만나 미국대의 이야기를 들었는데 그중에서도 특히 산소 이야기가 우리 화제의 중심이었다.

비나야 씨의 말에 의하면 미국 원정대는 NASA(미 우주항공국)의 산소를 지원받았는데 200 개 중 100 여개를 사용하고 나머지는 현재 가지고 하산하고 있으니 우리더러 그것을 입수하는 것이 어떻겠는가 하는 것이다. 비나야 씨는 또 그들은 지금 돈이 떨어져 셀파의 노임도 못주고 있는 형편이니 싼 값에 양도받을지도 모른다고 덧붙였다.

이 말에 나는 귀가 번쩍했다. 나는 이미 마음을 정하고 트레킹 허가를 얻는대로 카트만두를 떠났다. 트레킹 도중에 미국대와 만나지 못하는 경우에 대비해서 비나야 씨가 카트만두에서 미국대를 만나 산소건을 흥정하도록 부탁했다. 당초 우리 계획은 본 대가 갈 캐러밴 루트를 확인하는 목적에서 램상고 마을부터 출발하려 했지만 그러다가는 미국대를 놓칠지도 모르기 때문에 루클라까지 비행기를 이용했다.

루클라에 착륙하자 첫 캠프지인 박딩으로 떠나려고 할 때 마치 하산하고 있는 미국대를 만나게 됐다. 나는 그들에게 모두 같이 내려오고 있느냐고 물었더니 일부가 남체 바잘에 머물고 있다는 것이다.

우리는 예정대로 박딩에서 일박하고 다음날 남체로 올라가 미국대의 등정자인 크리스 챈들러 일행과 만났다. 그들에게 등정 축하를 하고 내일 오찬에 초대 하겠다고 했더니 그들은 기뻐서 어쩔줄 몰랐다. 그 때 나는 어떻게 하면 그들의 산소를 싸게 살 수가 있을까 하는 생각으로 가득차 있었다.

크리스 챈들러는 자기가 먼저 산소 이야기를 꺼내고 그 우수성을 자랑하기 시작했다. 그러자 그는 산소 하나를 가져와 우리 앞에 내놓았다. 이것을 보았을 때 내 마음은 동했지만 굳이 흥미를 감추고 이것 저것 물어보았다. 그랬더니 상대방은 대뜸 산소를 살 생각이 없느냐고 물어왔다. 나는 옳지 됐다… 하면서도 우리는 이미 프랑스 산소를 마련했다고 하니까 그는 아주 실망한 듯한 표정을 지었다. 그러나 나는 기회를 놓칠세라하고 얼마나 받을 생각이냐고 물었다. 이 산소는 다른 것에 비해 용량이 두 배나 되고 여기까지 온 수송비도 계산해야겠다는 것이다. 역시 그들은 빈틈이 없었다. 그의 말은 당연했지만 그렇다면 산소 값은 적지 않을 것은 뻔했다. 그때 내게는 10,000달러가 있었으니 개당 100 달러씩 해서 100 개를 살 수 있다고 생각했었는데 일이 모두 틀어졌다.

그러나 나는 기권하지 않고 뜸을 들이기로 작정하여 이날은 헤어졌다. 다음날 우리는 약속한대로 오찬에서 만났다. 오찬이라야 10,000원 정도로 야크 뒷다리 한 개를 불에 구어 나오는 것인데 이것이 여기서는 최고의 성찬이다. 그들은 원더풀! 원더풀! 하며 야크 고기를 즐겼다.

식사 후 우리는 다시 이야기를 계속했다. 나는 슬그머니 NASA 산소통에 프랑스 레규레이터가 맞느냐고 물었더니 그들은 프랑스 것을 본 적이 없어 모르겠다는 것이다. 미국대가 사용한 레규레이터는 프랑스 것에 달린 레규레이터였다. 이 말에 역시 나도 당황했다. 일본에서 도도로끼 씨와의 대화가 생각났다. 프랑스 레규레이터를 못 구한 것이 몹시 후회가 됐지만 이제와서 도리가 없었다. 물건에는 욕심이 나지만 그렇다고 사자고 할 수는 더욱 없지 않은가. 이 많은 산소를 앞으로 어떻게 할 생각이냐고 했더니 그들은 이곳 남체에 보관할 예정이라는 것이다.

남체 바잘이란 곳은 한마디로 히말라야의 두메산골이다. 앞으로 1년 후까지 보관이 제대로 돼있을런지가 또한 의문이었다. 그러나 한가지 틀림없는 것은 이 산소가 남체에 있는 한 우리가 안사면 살 사람도 없을 것이다. 따라서 우리는 상당히 유리한 입장에 있었다. 나는 프랑스 레규레이터가 맞고 값이 맞으면 살 생각이니 앞으로 서로 연락하자고 했다. 우리는 서로 연락처를 교환하고 나는 에베레스트 쪽으로, 그들은 카투만두로 떠났다.

정찰대 일을 마치고 귀국길에 다시 일본에 들려 프랑스 레규레이터와 마스크 한벌를 구해가지고 돌아왔다. 산소 기구가 세계 통일 규격인지를 알아보기 위해서였다.

11월 26일이었다. 나는 국내에서 산소를 많이 사용하는 큰 병원에 알아보았더니 담당자들은 모두 맞는다는 것이었다. 그제서야 우리는 안심하고 미국에 연락하여 남체의 산소를 사기로 계약했다. 이리하여 우리는 산소 50 개를 확보하고 이에 프랑스 산소 50 개를 추가하기로 했다.

그런데 뜻하지 않은 일이 일어났다. 원정대의 총 예산은 1억 3천만 원이었는데 이 자금의 염출은 우리 대한산악연맹과 한국일보사가 반반씩 분담키로 김영도 대장과 장기영 사주 사이에 합의를 보고 있었다. 원정대의 준비는 착착 진행되고 가장 걱정이었던 자금 중 산악연맹 측인 행정부의 지원이 결정되었을 무렵 4월 11일 갑자기 한국일보의 장기영 사주가 급환으로 돌아가셨다. 이런 경황에 당연한 일이 순조롭게 진행될리는 만무했다. 그리하여 원정대는 큰 벽에 부딪치고 말았다. 그런데 그 중에서 가장 문제가 됐던 것은 늦어도 3 개월 전에 발주해야 하는 프랑스 산소 건이었다.

주인을 잃은 한국일보사가 연일 간부회의를 거듭하여 원정 사업을 예정대로 추진하기로 결정이 된 것은 그로부터 약 한달 가량 지난 뒤였다. 이리하여 5월 9일 김 대장은 일본에 국제전화로 프랑스 산소를 발주하게 되었다.

그때 일본측의 이야기가 우리를 또 한 번 놀라게 했다. 프랑스의 산소 메이커가 올해 사정으로 산소를 만들지 못했는데 그 대신 서독의 산소통을 수입해서 프랑스 개스를 충전한 것이 있다는 것이다. 그 물건의 제원을 물었더니 씰린더가 무거운 것이 한가지 흠이었다. 그렇다고 이제 어쩔 도리도 없었다. 우리는 결국 NASA 것을 행동에 쓰고 프랑스 것은 야간 취침 용으로 쓸 생각으로 그대로 50 개를 주문했다.

그런데 우리측의 발주가 늦었으니 물건은 원정대가 카트만두에 도착할 무렵 그곳으로 보내주겠다는 것이었다. 이렇게 해서 뒤늦게나마 산소 문제가 해결되어 우리는 마음이 놓였다.

5월 26일 나는 외제 장비를 구입하려 일본으로 건너가자 도도로끼 씨를 찾아갔다. 우리가 주문한 프랑스 산소 기구의 대금을 지불하려 했더니 담당자는 프랑스 레규레이터가 서독 산소통에 맞느냐고 묻는 것이다. 세계 공동 규격이라고 했더니 그것을 믿기 전에는 돈을 받을 수 없다는 것이 아닌가. 이러다가는 아무일도 되지 않겠다는 생각이 들어 나는 맞을 것으로 보니 팔라고 오히려 사정을 했다. 도도로끼 씨는 만일 맞지 않을 경우 코넥터를 만들어 줄터이니 샘플을 빨리 보내라고 말했다.

일본에서 구입한 장비를 항공편으로 네팔로 부치고 일단 귀국하자 나는 카타만두의 비나야 씨에게 전보를 쳤다. 내가 선발대로 그곳에 도착하기 전까지 남체에 있는 미제 산소통 하나를 카트만두에 내려다 두라는 부탁이었다.

6월 22일 선발대로 나는 김주명 사무국장과 도창호 대원과 같이 카트만두에 도착하여 카트만두 게스트 하우스에 여장을 풀었다. 선발대가 카트만두에서 해야할 일은 여러 가지 있었다. 그러나 우선적으로 처리할 것이 산소 문제였다.

우리는 숙소에서 비나야 씨와 같이 미제 산소통과 프랑스제 레규레이터를 맞추어 보았다. 그런데 이게 무슨 일인가. 아무리 맞추려해도 두 물건이 들어맞지 않는다. 레규레이터는 두어 바퀴 돌아 엉성하게 물릴 뿐이었다. 이정도 물려서는 안될 터인데 하면서 산소통의 발브를 살짝 열어보았다. 그 순간이다. 탕 하는 폭발 소리가 방을 진동했다. 정신을 들어보니 레규레이터가 온데 간데 없었다. 이 방에는 마칼루 등반대의 리더인 제프 롱 씨도 있었는데 우리는 서로가 얼굴만 쳐다보고 있었다. 레규레이터는 벽에 구멍을 내고 그 밑에 떨어져 있었고 산소통은 어느새 잠겨져 있었다. 나중에 산소의 압력을 계산해 보니 그

331

힘은 철근 콘크리트 1센티미터를 뚫을 정도로 무서웠다. 만일 누군가 맞았다면 바로 관통상을 입고야 말았을 것이다. 사태가 이렇게 벌어지고 보니 선발대로 김주명 사무국장과 같이 온 것이 얼마나 다행이었는지 몰랐다. 김 국장은 즉시 일본으로 건너가 도도로끼 씨에게 코넥터의 제작을 의뢰하고 귀국했다.

산소 문제는 이것으로 끝나지 않았다. 원정대는 프랑스 산소 때문에 또 한 번 애를 먹었다. 7월 초 원정대가 카트만두에 도착할 때까지 현지로 보내겠다던 프랑스 산소 50개는 코펜하겐 공항 노무자들의 파업으로 수송이 늦어 결국은 원정대가 캐러밴을 떠난 20일 후 당보체에서 입수하게 되었던 것이다.

비나야 씨는 카타만두에서 뒤늦게 도착한 산소통을 통관시키고 이것을 포터들에게 지워서 원정대의 뒤를 따라 올려보낸 것이다.

산소는 표고 7,500미터 부근부터 쓸 계획이었기 때문에 그때가지는 아직 시간적 여유가 있었다. 그래서 산소의 도착이 다소 지연되더라도 그것은 큰 문제가 아니었는데 예상외로 빨리 우리를 따라왔으니 그런대로 일의 진행은 순조로운 느낌이었다.

캐러밴에서 나는 제1진을 이끌고 8월 9일 베이스 캠프 예정지에 진입했다. 그때 나는 이렇다 할 생각없이 단순한 호기심에서 처음 보는 프랑스 산소통에 레규레이터를 끼어 보았더니 이게 웬일인가… 이것이 또 맞지 않았다. 그 순간 눈앞이 캄캄해졌다. 나는 이 사실을 메일 러너 편에 뒤에 오고 있는 김 대장에게 보고하고 김 대장의 베이스 캠프 진입 날까지 기다리는 수밖에 없었다. 베이스 캠프에 먼저 도착한 우리 1진은 막영지의 정리를 끝내고 8월 11일에 우선 아이스 폴 정찰에 나섰다. 아이스 폴은 위험한 곳이어서 1975년에 현지 정찰대로 이곳에 온 경험이 있는 한정수, 이원영 두 대원을 이날 정찰에 내보냈다. 아이스 폴은 에베레스트에 이르는 제1의 난관으로 돼있기 때문에 그 상태가 양호한가 그렇지 않느냐는 원정대 활동을 좌우하는 문제였다. 그래서 정찰대로 나간 대원들의 보고를 무척 기다렸다.

그런데 얼마 후 정찰대로부터 뜻밖의 연락이 왔다. 아이스 폴에서 프랑스제 산소통 13 개를 주웠다는 것이다. 나는 깜짝 놀라 아이스 폴로 뛰다시피 하며 올라갔다. 분명히 프랑스 산소였다. 체크해보니 한 개는 쓴 흔적이 있으나 열두 개는 신품 그대로였다. 지금 산소 50 개가 못 쓰게 된 이때 비록 열두 통이기는 하지만 이것이야 말로 하늘이 우리를 도운 것이었다. 우선 나는 안도의 숨을 내쉬었다.

8월 13일이 되어 김 대장이 후진을 이끌고 베이스 캠프에 도착했다. 김 대장은 카트만두의 비나야 씨에게 산소 50 통의 사고를 알리는 동시에 일본에 연락하도록 전문을 보냈다. 그러나 전문이래야 남체까지 메일 러너가 내려가서 발송하는 것이니, 그것을 비나야 씨가 받아서 일본에 알리고 일본에서 다시 프랑스 본사와 연락해야 하며, 이에 대한 답이 이상과 같은 경로로 되돌아 우리한테 전달되려면 상당한 시일이 걸린다. 따라서 프랑스 산소 50 개에 대한 기대는 이때 벌써 버리고 있었다. 그리고 10여 일이 지난 어느날 일본서 전문이 왔는데 내용은 산소통이 안맞을리가 없으니 다시 맞춰보라는 것이다. 우리는 슬그머니 화가 나서 그 자리에서 절대로 맞지 않는다고 회신을 띄웠다.

또 10여 일이 지났다. 그동안 캠프는 전진하고 베이스에 있던 지휘본부도 캠프 2로 이동했다. 김 대장과 나는 산소 50 개만 가지고 정상공격을 마치기로 마음을 굳히고 있었다. 그러던 어느날 베이스 캠프로부터 일본에서 온 전문 내용이 전달됐다. 도도로끼 씨가 코넥터를 가지고 카트만두에 도착했는데 곧 베이스 캠프로 올라오겠다는 것이었다. 그러나 때는 이미 늦었다. 에베레스트에서는 공격조가 정상을 향해 전진하고 있었다. 우리는 더 이상 산소에 대한 언급없이 이 사실만을 카트만두에 타전했다.

장비에 대하여

한 정 수

등산에서 장비는 바로 생명과 직결된다. 특히 히말라야 같은 고산 등반에서 장비의 불실로 희생을 당하거나 실패를 가져오기는 쉽다. 그래서 에베레스트라는 세계 최고봉에 도전할 때 우수한 장비를 갖추는 것은 하나의 상식이다. 에베레스트 등반은 보통 100여일이 걸리고 심설과 강풍 그밖에 고도에서 오는 장애와 위험이라는 악조건이 예상되기 때문에 등산 장비 문제로 무척 신경을 썼다.

우리는 앞서 에베레스트에 도전한 외국 등반대들의 기록을 통해 어떤 장비가 필요한가 잘 알고 있었다. 그러나 이런 장비들은 어떻게 구하는 가 문제였다. 그래서 우리는 먼저 필요한 장비의 총 품목과 조건을 다시 국산화 가능 품목으로 분리했다. 그리하여 고소용을 제외한 취사구와 막영구 그리고 베이스 캠프까지 도보 행진에 쓸 것들은 모두 국산품으로 하기로 했다. 한편 고소용이라 해도 빙하에서 필요한 사다리, 말뚝, 고정자일 등도 국산 물건으로 했다.

에베레스트 도전에 예상되는 문제는 많으나 그 첫째는 아이스 폴 루트 공작이며 이때 절대 필요한 것이 수많은 크고 작은 크레바스를 건너가기 위한 사다리다. 이 사다리는 경금속으로 만드는 것이 상식이요

원칙인데 우리 나라에는 그 경금속에 해당하는 듀라루밍 공업이 발달하지 않아서 우리는 결국 알루미늄으로 만들었다. 길이 3미터, 무게 15킬로그램으로 된 이 물건은 히말라야의 기온을 생각해서 팽창 수축 문제와 하중에 대한 강도 등을 시험 검토했다.

또한 넓은 크레바스에서 가설 시간과 노력을 절약하도록 익스텐션 시스템도 고려하여 수량은 100개로 제작했다. 그런데 이 사다리는 380킬로 산록 행진 때 포터들이 운반을 기피해서 한때 애를 먹었으나 아이스 폴 루트 공작에서는 만족할 만한 성능을 발휘했고 원정대가 철수할 때 두 개 남았을 뿐이니 100개라는 수량도 거의 완벽에 가까운 수량이었다. 즉 1차 루트 공작에 66개, 그 뒤 이어지는 보수작업에 32개가 사용됐다.

히말라야 고산은 암벽보다는 빙설 지대여서 여기에는 하켄은 거의 쓸 데가 없고 눈에 박는 스노 바가 절대 필요했다. 그래서 우리는 길이 1미터 짜리 100개, 50센티미터 400개를 역시 알루미늄을 열처리하여 만들었다. 이밖에 1975년 1차 현지 정찰 때 데포한 하켄 64개와 또한 현지에서 구입한 우드 폴도 다수 이용했다.

자일로는 프랑스제 800미터 외에 보조 자일로 국산 4,000미터 일제 4,000미터를 준비했고, 현지에 보관했던 1,000미터가 있었다. 그런데 주로 빙폭 지대에서 국산 PVC 로프는 일제에 비해 손색이 없었다.

그러나 국산 장비 가운데는 불량품이 적지 않았다. 우리는 셀파들에게 줄 헤드 램프를 국산품으로 구입했는데 고장이 심해서 대원들이 손질하느라 바빴다. 자금 조달이 늦어져 급조한 데 원인이 있었는지 몰라도 캐러밴용 텐트는 한마디로 조잡해서 계속되는 장마 비에 애를 먹었다. 4인용 12동과 베이스 캠프에서 쓴 10인용 두 동이 그것이었고, 전진 기지용에는 일본 가모시카 돔형으로 4인용과 6인용으로 모두 내피가 달리고 터널식 입구로 된 극지용 천막을 사용했다.

이 외에 베이스 캠프용으로 콘세트형(2인용)과 윔퍼형(2인용) 그리고 스페인제 폴라 텐트 각 한 동이 있었다.

총 1억 2천만원의 원정대 예산 가운데 장비에 소요된 비용은 대략 3분의 1이었는데 주된 장비 품목은 아래와 같다.

위에서 거론된 물건들 외에 등산화(씽글 부츠는 이탈리아 노르디카, 더블은 프랑스 가리비에르 마카루), 설안경(프랑스 줄보와 미제 스키 고글 스코트), 우모복과 우모 침낭(프랑스제), 니카복과 셔츠(영·일제), 매트레스(일제), 피켈(프랑스 샤르레 슈터 콘타), 카라비너(미국 SMC), 쿠킹 스토부(포에부스), 배낭(지게 배낭은 영국 가리모, 어택색은 프랑스 밀레), 헬멧(이탈리아 아주베), 가스등(일제) 등이었다. 중량으로 치면 국산 3톤, 외국산 3톤 그리고 현지에서 구입한 장비가 1.5톤이었다.

원정용 장비를 갖추려면 보통 6개월 여유가 필요한데 우리는 자금 영달이 늦어 한달 안팎에 일을 끝내느라 미비한 점이 많았다. 그리고 등산 장비는 언제 사도 되는 것이 아니라 구입 계절이 중요한데 우리는 그 때가 맞지 않아 필요한 물건을 제대로 구할 수가 없었다. 따라서 우모복은 크기가 맞지 않았고 우모 침낭도 우모량이 적어서 히말라야 설원 지대에서 쓰기에는 충분하지 않았다. 한편 우모 상의는 짐 채 도난 당해서 입어보지도 못했고 일본에서 구입한 에어 매트레스는 길이가 짧아 무용지물이었다.

통신 장비인 무전기는 일제 쏘니 트랜시버 였지만 구형으로 무겁고 성능이 미흡했다. 예산 문제도 있었지만 소형 고성능 트랜시버였드라면 공격 대원의 중량 부담을 다소나마 덜어주었을 것이다. 발전 시설까지 갖추는 선진 외국 등반대에 비할 때 우리도 앞으로 SSB 시스템을 도입할 필요가 있다.

고도계는 스위스 토멘으로 우수한 물건이었는데 박상렬 부대장이 정상 100미터를 남겨놓았을 때 8,860미터를 가리켰다고 했다. 이는 고도계의 편차에서 오는 것인가 또는 고도계 차체의 결함인지 모르겠다. 한편 온도계는 고상돈이 8,500미터 고소 캠프를 떠날 때 섭씨 영하 27도에서 깨졌다고 한다. 따라서 저온 강풍 등에도 견디는 물건이어야 하겠다는 생각이 든다.

취사구는 트레킹 하는 동안 국내 업체가 찬조한 라이온스 버너를 잘 썼는데, 베이스캠프 진입 후는 고도 관계로 오스트리아제의 정평있는 포에모스도 기능을 제대로 발휘하지 못했다. 그 원인은 현지에서 구입한 석유의 질이 나빴던 것 같다. 한편 고소에서는 성냥이 켜지지 않는 점을 고려해서 마침내 국산 가스 라이터가 나오기 시작해서 이것을 많이 사갔는데 그 라이터는 별로 써보지도 못하고 가스가 날아갔다.

이번 에베레스트 등정에서 우리는 많은 장비를 써보고 앞으로 국산으로 대체할 수 있는 장비가 상당한 종류에 이른다는 결론을 굳히게 됐다. 다시 말해서 각종 막영구, 취사구, 의류, 등산화, 배낭, 로프 등인데 이렇게 보면 결국 카라비너, 아이젠, 피켈 등 역시 경금속 제품이 남는다. 이것은 우리나라 과학 기술을 바탕으로 한 공업의 문제가 아닐까 싶다.

식량 준비

도 창 호

우리 원정대의 물동량은 2년전 영국 크리스 보링턴 등반대와 맞먹는 24톤이었다. 이 가운데 3분의 2인 16톤이 식량이었는데 따라서 식단을 짜고 유니트 패킹을 하고 또 이를 수송하는 일에는 크나큰 고통과 노력이 따랐다.

이 많은 식량은 우리 대원과 현지인 셀파를 합쳐서 80 명을 위한 3 개월 분이다. 이것은 한 사람이 20 년 동안 먹을 수 있는 수량이라는 계산이 나온다. 그런데 처음에 3 개월로 예정했던 원정이 2 개월로 줄어들어서 결국 식량의 3분의 1이 남아 이것은 셀파들에게 나누어 주게 됐다.

이 많은 식량은 대부분 국산이었고 국내에 없거나 또는 수송 기간에 변질할 우려가 있는 것들은 원정대가 출국해서 네팔로 가다가 기착하게 되는 태국 방콕과 카트만두에서 구입했다. 그러나 이것은 전체 수량 가운데 2퍼센트에 불가했으며, 방콕 물건은 과일 캔과 초콜릿 등이고 네팔에서는 쌀, 과자, 야채 같은 것들이었다.

과격한 등반 활동에는 칼로리가 높은 음식물을 섭취해야 한다는 것이 상식이고 원칙이지만 식생활은 뭐니해도 오랜 습관에 따르기 때문에 우리는 우리의 평소의 식성에 맞는 것. 따라서 한국 음식을 중심으로 식량 계획을 세우고 경우에 따라서는 이번 원정을 계기로 새로운 개발 의욕도 보였다. 그러나 그 결과는 그다지 만족할 만하지 못했다.

식단은 크게 25 가지로 나누고 내용은 200여 가지나 됐다. 대원 다섯이 머리를 짜서 캐러밴 식, 베이스 식, 고소식 등으로 식단표를 만들고, 이에 따라 30킬로그램 단위로 포장했다. 그 주된 것을 보면, 알파미, 건조 야채, 김치(깡통), 고추장, 된장, 고추 조림, 깻잎, 콩나물, 비빔나물, 멸치, 정어리, 쇠고기, 삼계탕, 짜장, 카레 등이고, 이밖에 기호품으로 라면, 콘흐레이크 등 간이식과 10여 가지 과일 캔, 꿀, 초콜릿, 건포도에 해태제과에 특별 주문해서 만든 고소식 등이다.

그런데 쌀을 주식으로 하는 우리 식생활에서는 쌀의 질이 매우 중요하다. 고산에서 쓰는 알파미는 가공된 인스턴트 쌀로 여기에 더운물을 부으면 바로 먹을 수가 있다. 과거에는 주로 일본 알파미였는데 이번에는 국산으로 대체했다. 알파미는 아무래도 보통 쌀밥만 못하지만 찰기 없는 현지미보다 질도 좋았고 취사 시간이 짧아 좋았다.

한편 취사에는 인도의 고압솥을 사용했는데 기압이 낮은 히말라야 고소에서 이 고압솥이 밥 짓는 데 큰 도움을 주었다.

국산 캔 식품 가운데는 맛이 변한 것들도 있었고 특히 육류는 말뿐 내용물이 빈약해서 거의 셀파들에게 주었다. 특히 쇠고기 통조림은 저질 중의 저질이었고 최고소식으로 비싸게 마련한 삼계탕 통조림은 뚜껑을 따자 냄새가 역겨워 버리다 싶이 했다.

과일 캔으로는 국내에서 사과, 복숭아, 밤, 깐포도, 토마토, 파인애플, 쥬스 등을 준비했고, 방콕에서 파인애플, 후룻 칵테일, 초콜릿 등을 마련했는데 오랜 고소 생활로 입맛을 잃고 이 좋은 물건들을 별로 즐기지 못했다.

국내에서 만들어 간 행동식은 주로 캐러밴 때 포터 셀파들이 좋아했다. 그 속에는 주로 크래커, 캔디, 양갱, 어포 따위가 들어 있었다. 그러나 그들은 이런 물건들이 흔치 않고 질도 좋다고 보았던지 먹지 않고 모았다가 길가에서 흔히 보는 티 하우스나 호텔 등의 매점에 팔아넘기는 경우도 있었다. 즉 생산품이 없다보니 먹어 없애지 않고 돈으로 바꾸었다.

우리는 애써 식량 준비를 했지만 결국 미흡한 점이 적지 않았다. 특히 고소식은 거의 실패작이었다. 우리는 이른바 최고소식으로 우유, 찹쌀가루, 버터, 쇠고기 등을 가공 농축해서 물 없이도 바로 씹어 먹을 수 있도록 작은 초콜릿 크기로 만들었고, 사실 부피도 무게도 없는 반면 고칼로리 식품이었다. 그런데 실상 고소에서 물 없이 이런 굳고 마른 것을 씹어먹는 다는 것은 있을 수 없는 노릇이었다.

히말라야 고소란 직접 체험하기 전에는 그 실상을 이해하기 어렵다. 예를 들면 캠프 2부터 물은 눈을 녹여야 얻게 되고 탈수 현상이 심하다. 게다가 날로 식욕을 잃으니 고형 건조 고소식품은 아무리 응급용으로 섭취하려해도 먹히지 않는다. 이런 현실에 부딪치자 우리는 사다와 의논해서 고소식을 베이스에서 재포장했다. 즉 식품보다는 과일, 쥬스 등을 주로 하는 고소식을 만들었던 것이다.

캠프 2 지점에는 서독 등반대가 버린 물건들이 있었는데 그것이 전부는 아니었겠지만 대체로 그들의 식단을 추측할 수가 있었다. 즉 쇠고기, 닭고기, 스파게티 등 완전 조리품에다 카스테라, 치즈, 버터가 들어있는 깡통물과 식빵, 건조 과일 등이었다. 그러니 원래 서양 사람들의 식생활 습관이 그렇겠지만 우리처럼 그때그때 끓이고 익혀서 조리하는 시간과 노력이 그들에게는 적다.

그러다보니 우리는 고소에서 알파미에 야채국 그리고 김과 고추장으로 끼니를 떼우기가 쉬웠다.

또한 식량 공급은 장비에 못지 않게 신경을 써야했다. 이미 국내에

340

서 우리는 현지 상황을 예상해서 되도록 합리적으로 분류 포장을 했는데, 현지에서 공격 시일도 앞당겨지고 고소의 식욕 부진 문제도 있고 해서 모두 뜯어 내용물을 다시 분별해서 간추리는 작업이 필요했다. 특히 1차 공격 때는 베이스 캠프에서 최고소식 여덟 박스를 만들어 위에 올렸는데, 셀파들의 착각으로 제5 캠프 것과 제4 캠프 것이 뒤바뀌어 소동을 벌이기도 했다.

이상과 현실이 다르고 계획과 결과가 벌어지기 마련이지만 히말라야 원정에서는 그 갭을 최소로 좁히도록 노력하는 길밖에 없다. 특히 식량 문제는 장비와도 달라 에너지의 공급원이므로 원정 활동의 추진력으로 가장 큰 비중을 차지하는 문제로 대처해야 할 과제다.

수송 문제

김 병 준

히말라야 고산 등반에는 긴 시일과 많은 물자와 인력이 동원된다. 따라서 여기에는 장비, 식량, 인력의 수송 문제가 큰 비중을 차지한다.

원정대의 출국은 1977년 7월 2일이었으나 물자 수송 차량이 부산을 향해 서울을 떠난 것은 그보다 두 달이나 앞선 5월 26일이었다. 18톤이나 되는 짐이 부산에서 선적되어 인도 캘커타까지 한달 가까이 가서 통관하고나서 인도 용역 회사 트럭 편으로 국경을 넘어 네팔 카트만두로 갔다.

이 짐들은 본대가 방콕에서 사들인 캔 식품과 카트만두 현지에서 구입한 물건들과 선발대가 일본에서 구입해서 네팔로 직송한 장비들을 받아 다시 포장하여 800명의 포터가 보름 이상 걸어 3,800미터 고소인 당보체까지 나른 뒤 부터는 수십 마리의 야크 등에 실려 베이스캠프로 날랐다.

이렇게 수송한 식량과 장비들은 등반 활동에 쓰이고 대부분 소모되었지만 고소 장비는 10월 초 귀국하여 서울까지 다시 가져왔다. 결국 이번 원정에서 수송이란 원정을 준비하면서 시작하여 원정대가 귀국해서 해산할 때까지 지속됐다.

이러한 엄청난 물동량과 수송 작전은 그 일을 직접 맡았던 사람 아니고서는 그것이 벌어진 과정을 전혀 모른다. 겉으로 보기에 〈'77 에베레스트 원정대〉는 그저 운이 좋기만 한 듯하다. 그러나 수송에서는 골치 아픈 일들이 끊어지지 않았다. 한차례 어려운 고비를 넘기고 나면 다음의 난관이 기다리곤 했다.

첫 째는 18톤에 이르는 각종 국산 장비와 식량을 포장하는 일이었다. 특히 식량은 처음부터 식단 별 포장이어서 변두리 학교의 체육관을 빌러 밤을 지새며 고된 작업을 했을 뿐만 아니라 짐마다 무게를 30 킬로그램 단위로 만들어야 했다. 이것은 현지 규정에 따라 포터 한 사람이 지는 짐의 무게였다.

부산에서 선적한 짐은 예상보다 늦은 7월 6일에 캘커타에 도착했다는 연락을 받고 8일 장문삼 등반대장과 한정수, 고상돈 등이 항공편으로 캘커타로 떠나고 수송 담당인 곽수웅과 나는 셀파 한 사람을 데리고 13일 랜드로버 편으로 네팔과 인도 국경인 비르간즈로 가서 육로로 오는 짐을 맞기로 했다.

인도에서 네팔로 육로 수송을 담당한 인도 운송 회사인 스카일랜드는 도무지 약속을 지키지 않아서 그간 초조한 것은 우리 원정대뿐이었다. 그러다 7월 12일 겨우 하역이 끝나고 트럭 일곱 대에 분승, 사흘만에 국경에 도착했다.

그런데 원정대가 카트만두를 떠나 베이스캠프로 향하는 날은 7월 19일로 잡고 있었기 때문에 우리 트럭 수송대는 최대 속력으로 달려 17일에 카트만두에 도착했다. 그리하여 이틀 사이에 우리는 전 대원이 들어 붙어 길 떠나기 위한 재포장 작업을 했다. 즉 일본과 방콕에서 항공편으로 도착한 외제 장비와 식품 그리고 카트만두에서 구입한 갖가지 물건들을 같이 정리했다.

그야말로 침식을 잊은 이틀간이었는데 그래도 마침 일을 끝내 예정

일인 19일 새벽 4시께 어둠 속에 여섯 대의 트럭과 한 대의 버스가 카트만두를 떠나서 네 시간 뒤 캐러밴 출발지인 램상고에 도착했다.

그런데 이날 이곳에 600명을 우선 집합시키겠다던 셸파 조합이 계약금을 받고도 그 약속을 지키지 않았다. 포터 250명이 모여 있을 뿐이니 이때부터 수송 문제는 엄청난 곤경에 빠지기 시작했다. 결국 원정대는 우선 250명에게 짐을 나누어주고 선발대로 11명이 램상고를 떠났다.

그러나 다음날부터 이 250명의 포터중에 날마다 집단 도주하는 사태가 벌어졌다. 그나마 다행이었던 것은 그들이 짐을 버린 채 가버렸다는 것인데 그렇긴 해도 우리는 산중에서 동네 골짜기를 찾아다니며 원주민들을 짐꾼으로 긁어모아야 했다. 사태는 여기서 그치지 않았다. 램상고에 남아있던 후발대는 후발대 대로 부족한 포터들이 오기를 기다리며 며칠을 보내는 한편 포터들이 모이는 대로 대원 몇이 붙어 길을 떠나야 했다. 그러다보니 후발대가 또한 몇 갈래로 갈라졌다. 어느 날에는 일곱 팀으로 분산되기도 했다.

포터들의 도주 사건의 발단은 포터들의 우두머리인 나이케가 자기 손아귀에 들어 있는 포터들의 노임 3일분을 선수금으로 받고 그들에게 주지 않고 도망친 데서 비롯했다. 그러니 그 놈을 잡을 길도 잃은 돈을 찾을 수도 없었다. 그렇다고 이 나이케들의 조직을 이용하고 있는 카트만두의 용역 회사가 그 일을 책임지지도 않는다. 이 회사의 책임자는 세계적으로 이름난 마이크 체니라는 영국인이었는데 그도 별수 없는 인간으로 그들이 하는 일은 한마디로 무법 세계였다. 그저 원정대가 운이 나빴다고 하는 수밖에 없었다.

이러한 고생을 거듭하며 어느덧 21일이 지나 380킬로미터의 심산 유곡을 뚫고 나간 캐러밴이 끝났다. 선발대가 8월 9일 드디어 표고 5,400미터 베이스캠프 예정지에 진입했다. 엄청난 물동 작전이 갖은 험로를 뚫고 그래서 일 막을 내렸다.

그러나 쿰부 빙하 모레인 지대에 산적된 이 짐들을 그때그때 분리 해체해서 캠프가 전진함에 따라 위로 올리는 일이 우리를 기다리고 있었다. 즉 고소 장비와 고소 식량을 또한 고소 캠프 별로 나누어 앞으로 등정하는 날까지 올리는 운반 계획을 세우고 매일매일 그 진행 과정을 검토해야 했다. 한편 캠프는 캠프대로 올라오는 짐의 내용과 수량을 파악하고 계획에 차질이 없었는지 베이스 캠프와 무전으로 연락 확인해야 했다. 또한 이런 일련의 계획 아니고도 위에서 사태의 진전에 따라 급히 요구하는 물자나 식량이 있으면 지체없이 보내야 했다.

이런 물자들을 대원 아닌 셀파들이 운반하기로 되어있다 보니 말이 잘 통하지 않아 뜻하지 않은 차질이 있기도 했다. 그런 때 전진 캠프에서는 먹을 것이 없어 굶는다고 야단치는 일도 있었다.

고소 캠프로 올리는 물자 운반이 지연되는 일은 루트 붕괴에 따르는 보수 작업이 늦어서 일어나기도 했다. 또한 운반이 지체없이 이루어져도 고소의 대원들은 먹을 것이 없어서 고생하는 일을 어찌할 도리가 없었다. 많은 식량을 올려보내도 고소에서 식욕이 떨어져 먹을 수가 없기 때문이다.

작전이 진행되어 제4 캠프가 8,000미터 고소인 사우드 콜에 설치되면서 1주일 동안은 눈앞에 다가올 정상 공격에 대비하여 필요한 장비와 식량 그리고 산소통들을 계속해서 올려야 했다.

9월 9일에 1차 정상 등정 시도 때 박상렬 부대장과 앙 푸르바 공격대는 고도 8,700미터 지점에서 산소가 떨어져 결국 더 이상 전진을 못하고 죽음의 지대에서 하루 밤 그야말로 사경을 헤맸다. 그러나 이런 사태는 그들의 공격에 필요한 장비나 고속식의 수송이 제대로 이루어지지 않았기 때문에 빚어진 것은 아니었다.

9월 15일 원정대가 끝내 등정에 성공하자 우리는 재빨리 철수 작전을 벌렸다. 원정대의 운명은 등정에만 달려 있는 것이 아니라 1차는 고소에서 베이스 캠프로 무사히 내려오고 다음에는 베이스 캠프에서 카트만두까지 철수하는 일이다. 도중에 기상 악화나 또다른 장애 요인이 대기하고 있는지 모르기 때문이다.

우리는 고소 캠프가 베이스 캠프에 철수한 후, 남은 식량과 베이스의 시설물들을 그동안 같이 고생한 셀파들에게 나누어주고 남은 2,5톤 가량의 각종 장비를 새로 고용한 130여 명의 포터로 샹보체까지 나르고 이곳에서 전세기 8대로 카트만두까지 다시 가지고 왔다. 이 짐들이 다시 정리되어 본대가 귀국할 때 항공 화물로 서울로 돌아온 것은 두말할 것도 없다.

이러한 물자 수송의 과정에서 잊을 수 없는 특이한 사건이 있었다. 이번 원정에 계획된 산소통은 미제 50통과 프랑스제 50통이었는데, 프랑스 제품이 그쪽 사정으로 뒤늦게 카트만두에 도착하여 캐러밴을 떠난 우리 뒤를 쫓아 보름 뒤에 우리는 그 물건을 인수했다. 그러나 여기에 사용하는 레규레이터가 맞지 않아 결국 쓰지 못한 채 다시 카트만두까지 끌고 내려왔고, 우리가 귀국한 뒤 프랑스 본사에서 사람이 와서 조사하고 그들이 쓰지 못한 물건을 공급한 사실을 확인하고 돌아갔다. 그리하여 이 프랑스 제품의 대금 800만원이 1년 뒤 원정대 앞으로 환불됐다.

의무 상황

조 대 행

　　에베레스트에 오르는 길은 고산병이라는 또 하나의 장벽을 함께 헤
쳐가며 넘어야 한다. 고지의 이상 환경이 몸에 여러 가지 건강 장해를
가져오기 때문이다.

　　이러한 특이한 장해 가운데 가장 문제가 되는 것은 공기가 희박하고
기압이 낮은 데서 온다. 공기의 농도는 5,000미터 고소에서 평지의 절
반이고 8,000미터를 넘으면 3분의 1로 준다. 이처럼 공기가 희박해지면
따라서 그 속에 산소도 줄어들기 마련이다.

　　그런데 기압이 떨어지면 수분의 증발 현상이 뚜렷하게 나타난다. 이
때문에 혈액과 세포 안의 수분이 증발하며 탈수증을 일으킨다. 그래서
5,000미터 고지대에서는 평지에서 생활할 때보다 물을 4, 5리터 가량
더 마셔야 한다.

　　또한 급격한 기온의 변화도 문제가 된다. 일반적으로 기온은 1,000미
터 오를 때마다 섭씨 5도씩 내려간다. 에베레스트의 높이가 8,848미터
이니 그곳의 기온이 대체로 얼마 되겠는가 계산은 간단하다. 평지보다
40도 정도 낮다는 이야기다.

　　히말라야는 세계의 지붕이라고 하는 고산 지대며 특히 에베레스트

일원은 그 가운데서도 높은 지역이다. 따라서 이러한 고소에서 두 달 동안 머물고 움직여야 하는 등반대에게 고산 지대의 이상 환경이 어떤 영향을 미치며 이에 대해 등반대는 어떻게 대해야 하는가는 중요한 문제다. 따라서 거기에는 우리 등반대원 18명의 건강뿐만 아니라 770명이나 되는 셸파와 포터들 현지인의 건강 문제도 의무를 담당한 나에게 맡겨진 과제요 책임이었다.

고산병에 관한 외국의 문헌을 보면 표고 3,600미터서 부터 잘 훈련된 등산가라도 머리가 무겁고 아프며 호흡이 가빠지든지 권태로움이 따른다고 한다. 그리고 베이스캠프가 있는 5,400미터 고소에 머무는 동안 일시적인 순응을 보인다. 그러나 행동하기 시작하면 고산 증세가 다시 나타난다. 그러다가 7,000미터 안팎에서 의욕이 줄고 사고력의 둔화를 가져온다.

한편 심전도의 변화는 3,800미터 고소부터 나타난다. 베이스캠프에서 고지에 대한 순응을 보여도 심전도에는 이상이 나타난다. 그리고 심장과 폐가 제대로 가동해도 산소 부족 현상이 나타나기 때문에 심폐 기관이 큰 부담을 받게 된다.

또한 혈압이 3,800미터부터 상승 현상을 보인다. 혈액에는 고형 성분이 증가해서 비중이 높아지는 칼슘 원소의 함량이 높아진다. 혈액의 비중이 높아지는 것은 수분이 증발해서 찐덕찐덕해지기 때문이다. 피가 이처럼 진해지면 말초 혈관에서 큰 저항을 일으키게 되며 따라서 혈압의 이상 상승이 일어난다.

나는 의사로서 이번 에베레스트 등정길에 이러한 일련의 고산 증세를 우리 나라 사람의 체질과 연관해서 조사하려고 했다. 그런데 이러한 꿈은 처음부터 난관에 부딪쳤다. 두 명의 의사가 동행하려던 것이 한 명으로 줄고, 장비도 심전도와 뇌파 검사기 등을 가지고 갈 수 없게 됐다. 그래서 간단한 기본 장비로 혈액 검사기와 소변 검사기 그리고 폐활량 측정기만 가져갔다. 그러나 이같은 검사기만으로도 고도 500미터 단위로 주기적인 검사를 하고 이것을 외국의 자료와 비교해 볼 생각이었다.

나는 따로 출국하게 되어 7월 16일 카트만두에서 본대와 합류했다. 그 동안 대원들은 모두 설사를 만나 고생하고 있었다며 내가 도착하자 대환영이었다. 대원들의 배탈은 음료수와 주방의 불결에서 온 듯해서 지사제 투여와 주방 소독으로 간단히 건강을 회복했다.

캐러밴 하는 동안, 외상을 비롯하여 급변한 풍토와 기후 탓으로 설사와 감기 환자가 자주 생긴다고 보고 나는 항생제, 설파제, 항 히스타민제, 지사제 그리고 완화제 등 18종·100여 가지 약을 준비하고 있었다. 물론 여기에 외상 응급 세트와 소 수술 기구도 가져갔다.

나는 캐러밴 10일째부터 몇가지 검사에 착수했다. 표고 2,500미터에서는 이렇다할 이상이 없었다. 그런데 3,800미터에 이르면서 폐활량에 큰 변화가 나타났다. 서울을 떠나기 전보다 평균 150cc가 내려간 것이다. 맥박과 호흡 수도 달라져 맥박은 1분에 5~10, 호흡은 2, 3회가 늘었다.

캐러밴 21일째 되던 날, 캠프 1과 캠프 2에서 3일을 지내고 내려온 박상렬 부대장과 고상돈, 이원영, 한정수, 김병준의 혈액을 검사했다. 그들 가운데 조금씩 헤모글로빈 치(値)가 달라졌다. 즉, 박 부대장은 16.5에서 16.8로, 고상돈은 13.2에서 15.8로 올라갔다. 그러나 이러한 수치는 정상 범위 안의 변화니 문제될 것이 없었다.

그런데 맥박은 모두 1분에 15에서 20회 정도로 증가했다. 서울에서 60, 70이었던 것이 68~98까지 됐다. 호흡도 평균 17에서 22, 23으로 많아졌다. 당(糖)과 단백질 혈뇨를 알아보려는 소변 검사 결과는 3명의 대원에서 극미량의 적혈구(5~6HPF)를 보였다. 한편 혈압은 카트만두에서 수은주 높이로 최저 70~90㎜, 최고 110~140㎜였으나, 베이스 캠프에서는 최저 80~100㎜, 최고 120~150㎜를 기록했다.

우리 원정대가 두통을 호소하기 시작한 것은 5,100미터인 고락셉에서부터였다. 이상윤, 곽수웅, 전명찬, 김명수가 가벼운 두통이 있다고 했다. 제3 캠프(7,400m)에서 도창호, 김병준이 같은 증세를 호소했고 이상윤과 나는 가슴이 답답했다. 그러나 이러한 증세는 모두 캠프 2를 내려오자 사라졌다.

탈수와 건조로 해서 입술이 갈라지고 곪아터지는 것은 큰 괴로움이었다. 이점 제일 심했던 사람은 이태영 보도 대원이었는데 그냥 보고 있을 수가 없어 테라마이신 안(眼)연고라도 발랐더니 어느 정도 가라앉았다.

내가 가장 긴장한 것은 역시 1차 공격에 실패하고 박상렬 부대장이 돌아왔을 때였다. 그는 8,700미터라는 죽음의 지대에서 아무런 장비없이 비박을 했으니, 저산소증으로 오는 폐부종, 폐렴과 동상의 위험은 너무나 당연했던 것이다. 게다가 먹지 못해 심한 탈수 현상도 겸하고 있었다. 그런데 캠프 2에 내려왔을 때 비로소 진찰을 했더니 폐와 심장에 이상이 없었다. 그날 밤 나는 링거를 주사하고 합병증을 막고자 항생제를 썼다. 그러나 동상의 상처가 낳으려면 시간이 필요했는데 그는 발 뒤굽치가 심하게 얼어서 걷기가 어려웠다. 두 달 정도는 걷지 말고 안정해야 할 것 같았다.

결론적으로 우리 원정대는 대원들이 비교적 강인했던지 모두 건강한 편이었다. 고지의 순응이 예상외로 빨랐고 그때그때 나타나는 고산 증세를 곧잘 이겨냈다. 그밖에 환경 변화에서 오기 쉬운 여러 가지 건강상의 장해가 별로 보이지 않았다. 따라서 나로서는 모처럼의 기회였는데도 불구하고 이렇다할 연구 성과를 얻지 못했다. 그러나 후회할 일은 아니었다.

산에서 돌아와서

김 영 도

네팔에서 귀국하자 나는 바로 주말을 택하여 대원들과 함께 설악산 공룡능선 계곡을 찾았다. 지난 1976년 2월 16일 적설기 동계 훈련 때 이곳에서 눈사태로 숨진 고 최수남, 송준송, 전재운 세 대원들을 추모하고 에베레스트 원정 보고를 하기 위해서였다.

10월 6일 김포 국제공항에 내려서부터 이날에 이르기까지 줄곧 바쁜 나날을 보내면서도 머리 한 구석에는 설악산이 떠나지 않았다. 귀국하면 해야 할 일이 많겠지만 우선 같이 고생하며 훈련하다 불운에 간 이들을 찾아가야겠다는 것은 에베레스트에 가 있을 때부터 늘 생각해 온 일이었다.

세계에서 가장 높다는 에베레스트에 우리가 간 것은 산악인으로 거기에 가지 않으면 어딘가 스스로 부족함을 느꼈기 때문이었다. 그러나 에베레스트 등정이 그처럼 온 국민에게 감격과 환희를 안겨주리라고는 미처 생각하지 못했다. 귀국 후에 열린 원정대 사진 장비 전시장에 모여든 백만이 넘은 인파와 싸인 공세를 보고 나는 우리 원정대에 안겨진 어떤 의무와 책임을 느끼며 국민 앞에 숙연해졌다.

등산이 산을 오르내리는 단순 행위임에는 틀림없다. 그러나 에베레스트 같은 세계의 정상을 향할 때에는 이 단순 행위를 넘어서서 새로운 의의와 가치를 찾게 된다. 그러기에 에베레스트 등정은 세계의 관심사요 인류 역사에 한 장을 기록하게 되는 것이리라.

에베레스트 등정을 마치고 돌아오는 길에 나는 많은 외국인들로부터 같은 질문을 받았다 ― 한국의 산은 얼마나 높은가? 그리고 한국원정대는 어디서 훈련을 했는가 하는 것이었다. 따지고 보면 표고 2,000미터도 안되는 국내 산에서 훈련한 우리가 8,000미터가 넘는 거봉에 올랐다는 것이 그들에게는 몹시 신기하게 보였던 모양이다. 대체로 탐험과 개척 정신이 강한 서구인들은 우선 에베레스트 등정에 감격했고 그 행위를 통해 우리 한국의 또 다른 측면을 들여다보는 것 같았다.

에베레스트 원정은 물론 산행으로서 스케일이 가장 크고 형식도 차원을 달리한다. 엄청난 자금과 물자와 인력이 동원되고, 식량과 장비의 특성이 고려되며, 유달리 강인한 대원들이 요구된다. 산행 이전에 상당한 준비 기간이 필요하며, 계획 단계에 있어서 업무량이 단연 막대하다. 겉으로 보아서는 고작해서 등산이라지만 내용면에서는 그야말로 복잡 다양한 것이 에베레스트에 가는 길이라고 생각된다.

그러나 필경은 사람이 하는 일이다. 우리 18명의 대원은 한결같이 평범한 산사나이들이었다. 우리 주변에는 우리보다 더 우수하고 유능한 젊은이들이 얼마든지 있었을 것이다. 단지 우리에게 다른 점이 있었다면 여러 해를 두고 여러 곳에서 모인 사람들이 한 조직체를 이루고 오랜 훈련기간을 통해 동질화를 시도했다는 것이리라. 결국 우리는 에베레스트라는 하나의 목표를 보고 힘을 모았을 따름이다.

같은 해 봄에 로체에 오른 서독의 한 산악인이 카트만두 축하연에서 나에게 "Kommen Sie wieder!" 즉, 다시 오라고 했다. 그러나 내가 히말라야에 다시 갈 일은 없을 거라고 나는 혼자 생각했다. 일반 스포츠에는 프로와 아마추어가 있다지만 알피니즘에는 그런 구별이 있을 수 없다. 물론 외국에는 일생을 산악인으로 보내는 사람이 적지 않다. 그러나 등산이 결코 생업은 아니다.

등산은 철학이고 종교며 산악인은 높이를 추구하는 수도사와도 같다. 산에 목숨을 걸고 간다는 것부터가 종교의 경지가 아니고서는 하기 어려운 일이다. 우리는 모두 무사히 돌아왔지만, 갈 때 대장으로서 나는 누군가 거기에 두고 오지 않을까 걱정했다. 그리고 이러한 근심은 9월 9일 1차 정상 공격에 실패했을 때 극에 달했고, 공격조인 박상렬 부대장과 무전 교신이 끊기자 눈앞이 캄캄했다. 나는 그날 일을 평생 잊지 못할 것이다.

에베레스트는 세계의 최고봉이요 제3의 극지로 그 길은 가장 멀고 가장 험하다고 하지만 그것을 진정 체험하기는 에베레스트가 초등될 때까지 그 도전에 참가했던 당시의 영국 산악인들 뿐이리라. 오늘날 우리는 국내에 앉아서 에베레스트가 어떤 곳인지 잘 알고 있었는데 그들에게는 처음부터 모르는 것 뿐이었다. 지표의 공백이요, 미지의 세계였다.

우리는 물론 서구인들의 정보를 참고하여 많은 자료를 조사하고 치밀한 계획을 세우며 충분한 준비를 했는데도 현지는 말 그대로 미지의 세계였다. 한 가지 예로 우리는 고소식과 최고소식이라는 특별식을 애써 준비했어도 실제로는 거의 무용지물이었다. 그래서 특히 식량 문제는 앞으로 두고두고 연구해나갈 문제인 것을 절감했다. 물론 지난날에 비해 원정대의 짐은 확실히 가벼워진 것이 사실이다. 그러나 아직도 물동량은 막대하기 때문에 많은 현지 인부의 신세를 질 수밖에 없는 것이 흠이다.

등산은 준엄한 자연과의 싸움으로 보인다. 사람들이 흔히 쓰는 〈정복〉이라는 말에는 이런 의식이 들어 있다. 그러나 인간이 자연과 대결한다는 것은 어리석은 일이며 있을 수 없다. 필경 인간은 대자연을 무

353

대로 자기와 싸우고 자기를 이기는 수밖에 없다. 이러한 자기 극복에
는 강인한 체력과 불굴의 의지가 등반 장비와 기술 이상으로 중요하
다. 극도로 기압이 낮고 산소가 부족한 고소에서 오는 자연적 체력 소
모 현상은 아무도 피하지 못하며 이에 대처하는 길은 따로 없다. 즉,
이런 특수 조건을 알고 여기에 대응하는 슬기와 노력이 필요하다.

알피니즘은 관객과 심판과 규칙이 없는 특수 스포츠라고 하는데, 에
베레스트 등반 활동에서 나는 이 말을 새삼 실감했다. 누구의 권유나
강요나 항차 의무로서가 아니고 스스로 즐겨 택한 길로, 히말라야라는
지표상의 오지에서 나는 참고 견디기 어려운 고역을 당하며 혼자 여러
차례 울었다. 산중 생활이 길어짐에 따라 의기양양하고 활달하던 대원
들도 차차 말이 적어지고 서로 묵묵히 자기 할 일을 하고 있는 것을
보고 한편 측은한 생각마저 들었다. 그러나 이것은 우리의 숙명이었다.
보다 높은 곳을 향하려는 것이 산악인의 욕망이기 때문이다.

에베레스트에서 돌아오자 사람들은 다음에 할 일이 무엇이냐고 물었
다. 나는 답을 찾기가 어려웠다. 그것은 그저 더 높이 오를 데가 없다
는 뜻만이 아니었다. 나의 남은 인생에서 에베레스트와 견줄 만한 어
떤 일이 있을 것 같지 않았기 때문이다. 그러나 그렇다고 그저 웃어넘
기기에는 너무도 무거운 부담이 순간 내 마음 한 구석에 응어리지는
것을 느꼈다.

회고와 전망

김 영 도

1977년 9월 15일 12시 50분. 이날 이 시간에 우리는 세계의 최고봉 에베레스트 8,848미터 극점에 섰다. 이제 1997년은 그 스무 돐이다.

20년전 에베레스트는 정말 멀었고 그 길은 험했다. '멀고 험한 길'이 바로 에베레스트로 가는 길이었다. 거리가 멀고 오르기 힘들었다는 것만이 아니다. 에베레스트에 가기까지 그 과정이 마치 험산 준령을 넘는 듯 했다는 이야기다.

에베레스트 원정의 발상 때부터 시작하여 등반 활동을 끝내고 돌아올 때까지 우리는 불안과 회의, 초조와 긴장, 좌절과 재기의 연속 속에 살았다. 사실 우리는 에베레스트를 앞에 두고 있는 동안 몸과 마음이 하루도 편안한 날이 없었다. 그것은 마치 파란 만장한 인생을 사는 것과도 같았다.

우리는 1970년대 초 에베레스트 입산 허가를 얻는 데 3년이 걸리고 실제로 입산하는 데 4년을 더 기다렸다. 그리고 부산에서 선적한 18여톤의 짐이 인도 캘커타에 도착하기까지 한달, 카트만두를 떠나 에베레스트 베이스까지 380킬로미터의 산길을 걸어서 21일 가고, 등반을 시작해서 정상에 설 때까지 36 일 걸렸다. 이것은 극히 일반적인 에베레

355

스트 원정 일지의 개요라고 할 수 있다.

에베레스트는 1921년 영국 등반대가 처음으로 활동을 시작하여 1953년 초등을 성취할 때까지 두 차례 정찰 활동을 포함하여 10 회에 걸쳐 원정대가 투입됐다. 그리고 영국의 초등 이래 1970년까지 에베레스트에는 11 개 팀이 도전하고 다섯 팀이 성공했다. 그러나 그들의 등반 루트와 시기는 언제나 동남릉과 춘계 프리 몬순으로 한정되어 있었다. 이러한 사실은 그토록 에베레스트가 접근하기 어려웠고 에베레스트 등반이 아직 초기 단계에 있었다는 것을 말해준다.

그러던 에베레스트 등반이 작금에는 마치 휴가차 나들이 하듯 됐다. 대중 여가 시대가 도래하여 투어리즘이 판치는 오늘날 관광 사업의 일환으로 사람들을 모집하고 있다. 세계 최고봉 구경이라는 새로운 관광 상품인 셈이다. 사태가 이토록 진전된 데는 까닭이 있다. 입산 허가 받기가 쉬워지고 교통이 편리해졌으며, 물자도 정보도 풍부해져서 준비 과정이 단축됐기 때문이다.

한때 히말라야 자이언트 14 봉에 오르려면 으레 대원정을 벌려야 했다. 많은 인원, 많은 물자, 오랜 시일 그리고 엄청난 자금을 투입하는 것이 당연한 일로 돼 있었다. 이른바 대원정 시대였다.

그런데 1978년에 라인홀트 메스너가 페터 하벨러와 같이 무산소로 에베레스트를 오르고 내려와서 3 개월 뒤 혼자 낭가 파르바트에 도전했다. 무산소·단독·연속 등반이라는 일찌기 생각도 못했던 일이 히말라야에서 벌어졌다. 따라서 에베레스트 대원정은 사실상 1977년의 한국 등반대로 종지부를 찍은 셈이다. 에베레스트 등반 사상 그리고 히말라야 등반사상 한 시대가 가고 전환기가 온 것이다.

그러나 작금의 에베레스트 등반의 양상은 비단 메스너의 영향으로만 보기가 어렵다. 오히려 고도 산업화 과정의 산물로 보아야 할 것이다. 즉, 과학 기술 문명의 혜택을 누리고 있는 현대인은 그 생활에 여유가 생긴 동시에 생활 의식이 안이해져서 곤란에 뛰어들거나 스스로 어떤 시련을 극복해보려고 하지 않는다.

그러한 경향은 에베레스트 원정에도 뚜렷이 나타나고 있다. 그 첫째는 380킬로미터의 산록 도보 행진과 둘째 아이스 폴 루트 공작이 사라진 것으로 알 수 있다. 전자는 원정대의 고도 순화를 위해 그 고되고 돈이 들며 시간이 걸리는 도보 행진을 마땅히 해야 하는 것으로 알고 있었는데, 지금 그 길을 가는 등반대가 하나도 없다. 모두 비행기로 그 과정을 단축한다. 혹자는 그렇게 해도 등반 활동에 지장이 없다면 시간 경비가 모두 절약되고 고생 안해도 되니 얼마나 좋겠는가 할넌지 모른다. 그야말로 1거 3득인 셈이니까. 그리고 후자의 경우는 전자와 사정이 조금 다르지만, 문제의 아이스 폴 루트 공작이 요사이 와서는 간편해지거나 아예 하지 않아도 되게 됐다.

아이스 폴은 에베레스트 등반에서 첫 번째 부딪치는 난관으로 그곳을 어떻게 통과하느냐에 원정대의 성패가 달려 있다고 누구나 생각했다. 그런데 지금은 이 마의 길목에 거의 길이 나있어서 무겁고 다루기 힘든 금속 사다리를 100 개씩 지고 가서 크레바스에 걸어놓는 번거롭고 위험한 작업을 하지 않는다. 뿐만 아니라, 먼저 루트를 만든 등반대에게 루트 사용료를 내고 원정 기간동안 같이 오르내린다. 에베레스트 등반이 연중 무휴가 되고 루트를 택하는 것이 자유롭게 되다보니 한곳에 이처럼 여러 팀이 모이게 될 수밖에 없다.

사실 에베레스트에는 지난 1970년대까지만 해도 봄과 가을 두 계절에 각각 1개 등반대의 입산이 허가되었다. 이러한 제약은 네팔 당국의 배타적 폐쇄성에서 온 것이 아니라 에베레스트 등반 자체의 어려움이 그러한 제약을 낳았던 것이다. 그러자 1980년대에 들어와서 동계 입산이 가능해지고 루트가 개방되면서 등반 활동이 자유로와졌다.

1993년은 에베레스트 초등 40주년이며 북미의 최고봉 매킨리가 또한 초등 80주년을 맞았다. 그런데 이해 에베레스트에는 19개 원정대가 모이고 정상은 하루에 35명에 달하는 각국 등정자로 붐볐다. 그들 가운데 한국 여성도 셋이나 끼어 있었다.

한편 에베레스트 산록에는 에베레스트 등반사상 예가 없었던 다국적 천막촌이 출현했다. 쿰부 빙하 모레인 지대 일원에 300 동에 달하는 다채로운 천막들이 선을 보이고 그 주민 500여 명이 성시를 이루었다. 태고의 정적이 깃들었던 지구의 벽지에 느닷없이 인간의 배설물과 쓰레기 그리고 생활 폐수가 뒤덮어 악취를 뿜었다.

장엄하고 고고했던 에베레스트의 신음은 여기에 그치지 않았다. 에베레스트와 로체를 잇는 8,000미터 고소인 사우드 콜은 오늘날 "highest junkyard"라고 불리게 됐다. 세계에서 가장 높은 지대의 고물 집하장이라는 이야기다. 에베레스트에 도전하는 원정대가 버린 물건들 — 잘린 자일, 찢긴 천막과 침낭 그리고 휴지 뭉치들이 제멋대로 뒹구는 산소통들과 함께 그곳에 산재하고 있다고 한다.

반세기 전 에베레스트는 어떠했는가? 존 헌트가 그의 등반기에서 "에베레스트 등반을 감행할 때 직면하는 공포는 고도의 문제와 기상 상태와 등반 자체의 어려움이다"고 말했다. 그런데 오늘날 에베레스트를 그러한 두려움을 안고 대하는 사람이 별로 있어 보이지 않는다. 에베레스트가 너무 가까워진 것이다. 이것은 자연이 변했다는 것인가 아니면 사람이 달라졌다는 것일까?

이러한 변화는 실은 에베레스트에서만 일어나지 않았다. 등산 세계 전반에 걸쳐 일종의 지각 변동같은 것이 일어나고 있는 것이다. 물론 등산은 그 200여년에 걸친 발전 과정에서 꾸준히 그 정신과 형식이 변천을 거듭해왔다. 그것이 에베레스트에도 투영된 것이다. 그 두드러진 예로 알프스 3대 북벽을 24 시간 안에 오른다고 야단했고, 에베레스트 역시 24 시간에 오르내리겠다고 장담한 등산가가 있었다. 에베레스트의 경우는 결국 베이스캠프를 떠난 지 23 시간 남짓해서 그 정상에 섰다. 비록 장담했던 시간에 오르내리지 못했으나 그것만으로도 놀라운 기록이었다.

그런데 에베레스트는 그렇게 오르내리는 곳일까? 그의 놀라운 주파 과정에는 에베레스트의 에베레스트 다운 조건들이 모두 제거 되거나 생략되었다. 그 첫째가 아이스폴 통과 문제다. 아이스폴은 길없이 지나가지 못하며, 길을 내려면 혼자서는 절대 하지 못한다. 이런 데를 그는 무슨 재주로 넘어갔는가? 그리고 죽음의 지대에 내던져진 극도의 고독감과 누구에게도 도움을 청할 수 없다는 위기 의식을 그 자신은 어떻게 극복했다는 이야기인가? 등산은 구도자의 길이고 무상의 행위다. 고독과의 싸움이며 자기 극복의 길이다. 전시 효과를 예상하거나 전제로 삼지 않는다. 그런데 그는 세계 등산계의 이목을 스스로 끌어당기고 성원을 기대했으리라.

등산은 의·식·주의 이동이며, 스포츠가 아닌 삶의 방법이라고 했다. 이러한 등산 개념에는 등정을 목적으로 하기보다는 고도에의 지향성과 고독, 불안, 위험을 이겨가며 한 걸음 한 걸음 오르는 과정의 중요성이 들어있다. 에베레스트를 멀고 험한 길이라고 했던 지난날의 등산가들은 결코 시대 착오 속에 산 사람들이 아니다. 그들이야 말로 오히려 등산의 본질과 등산의 진수가 무엇인가를 누구보다 알고 등산을 하나의 생활의 조건이고 신조로 삼았던 것이다.

등산에서 등정주의와 등로주의의 문제는 등산 초기부터 제기되었는데, 이러한 문제 의식은 오히려 오늘날 준별되고 강조되어 마땅하다. 그 이유는 간단하다. 지구 위 5 대륙 6 대주에 걸쳐 고산군이 모두 답파되어 더 이상 오를데가 없어졌다. 배리에이션 루트 역시 예외가 아니다. 난숙한 현대 문명과 등산 200여년의 역사가 세계 산악 지대를 이렇게 만들었다. 이제 등산가들은 갈 곳이 없어진 것이다. 그러나 우리가 목표를 피크에 두지 않고 루트에 둔다면, 그리고 기록과 경쟁에서 눈과 마음을 돌린다면 우리의 산행은 여전히 지속될 것이고 등산의 생명은 여전히 이어지리라.

우리는 에베레스트에서 돌아오며 앞으로 다시는 에베레스트에 가는 일이 없으리라고 생각했다. 그리고 저마다 자기 갈 길을 가며 새로운 에베레스트를 새로운 고도를 찾아 나섰다. 모리스 에르족도 안나푸르나를 오르고 같은 심정은 자기 등반기에 토로했는데, 산을 대하는 알피니스트의 마음은 예나 지금이나 그리고 그들이나 우리나 다를 바가 없다.

에베레스트는 태고적 신비의 베일을 벗은 지 오래고 에베레스트를 둘러싼 눈물겹도록 처절했던 싸움들도 어지간히 끝났다. 그 뒤에 벌어지는 것들은 한결같이 흉내요 되풀이에 지나지 않으며 새로운 것이 없다. 그러나 에베레스트는 지금도 그전과 다름없고 앞으로도 그러할 것이다. 그 모습 그대로 그 자리에 장엄하고 고고하게 있을 것이다.

그런데 우리는 원정대 당시의 우리가 아니다. 우리는 시간의 제약에서 벗어날 수가 없었고 여러 가지 변화를 겪었다. 18명이었던 대원 가운데 벌써 세 명이 타계하고 또 다른 세 명이 이국 만리로 이주했다. 그리고 건강하던 청춘들이 모두 반백의 초로 인생이 됐다.

나는 이러한 시간의 추이와 주변의 변화 속에 그대로 묻혀있던 지난날의 우리 글들을 다시 읽고 여기 우리의 에베레스트 등정 기록을 정리했다. 그로부터 20년의 세월이 흘렀으나 에베레스트가 그대로 있고 그를 둘러싼 싸움이 이어지는 한 거기서 벌어지는 상황에는 그때나 지금이나 결코 크게 다를 것이 없다고 생각했다. 오히려 이 등반기에는 아무것도 모르며 무턱대고 덤벼들었던, 따라서 세련되지 못한 반면에 소박하고 순수할 수밖에 없었던 당시의 원정 활동의 양상과 자태가 그 대로 담겨있다고 본다.

이번에 뒤늦게 등반기를 엮으며 나는 새삼스럽게 스스로 확인한 일 들이 있었다. 이제 비로소 우리 일이 모두 끝났다는 느낌이다. 다시 말 해서 〈77 한국에베레스트 원정대〉가 실질적으로 해체하게 됐다는 일과 내가 그 불편했던 대장 자리에서 내려앉아 한결 마음이 가벼워졌다는 것이다. 그런데 한편 자기가 남긴 발자취로 후세에 남을 자기 글이 책 이 된 것을 보지 못하고 가버린 대원들을 생각하니 그것도 못할 짓을 한 것만 같아 가슴 아프다.

그러나 우리는 때늦은 이 77 한국 에베레스트 등정기록을 지난날 설 악산에서 훈련하다 눈사태로 먼저 간 그 젊고 유능했던 최수남, 송준 송, 전재운과 그리고 에베레스트에서 같이 고생하고 그 뒤 역시 먼저 간 잊을 수 없는 고상돈, 전명찬, 한정수 등 젊은이들 영전에 바친다.

그들이 없었더라면 우리 에베레스트 원정대의 운명도 달라지고 그 빛이 몹시 바랬을런지 모른다. 그들은 갔어도 그들은 우리의 영원한 벗으로 우리 기억에 남아 있다.

에베레스트 연대기
1921~1977

1921 · 1차 에베레스트 원정대 대장 C.K.하워드 버리가 에베레스트에
　　　 초모 우리라는 이름이 있다는 이야기를 들었다. 또한
　　　 에베레스트와 마칼루 일원을 초모 룽마라고도 했다. 말로리와
　　　 불록이 동쪽 롱북 빙하를 넘어 북부 암부까지 일주일간 정찰
　　　 활동.

1922 · 2차 원정대. 대장 브르스 장군. 처음으로 8,000미터 지대까지
　　　 진출. 산소 문제를 비로소 시험. 눈사태로 셀파 일곱 명 사망.

1924 · 3차 영국 원정대. 대장 E.F.노튼. 6월 4일 8,572미터 도달.
　　　 말로리와 어빈이 8,500미터 고소를 지나 시등을 계속하다 실종.

1933 · 4차 영국 원정대. 대장 H.러트레지. 8,350미터 지점에 캠프 6
　　　 설치. 원 하리스와 L.R.웨이저가 8,500미터 고소에 도달. 하루 뒤
　　　 스마이드도 진출.

1934 · 영국인 M.윌슨이 단독 시등, 북부 콜에서 시체로 발견.

1935 · 5차 원정대는 인력을 강화했으나 시기가 늦어 결국 북부 콜까지
　　　 진출에 그쳤다. 대장은 쉽튼.

1936 · 6차 원정대. 대장 H.러트레지. 악천후로 실패.

1938 · 7차 원정대. 대장 H.W.틸만. 8,200미터 고소까지 진출.

1947 · 카나다 사람 E.덴만이 단독 시등. 북부 콜 가까이 진출.

1950 · 영국 정찰대 처음으로 네팔 쪽으로 탐사. 틸만과 하우스톤이
　　　 쿰부 빙하 기슭까지 진출.

1951 · 쉽튼 지휘 밑에 2차 정찰대 파견. 쿰부 빙하를 따라 서쪽 분지
  〈침묵의 계곡〉까지 진출.
1951 · 덴마크 사람 R.B. 라슨이 북면 단독 시등. 북부 콜 도달.
1952 · 1 · 2차 스위스 원정대. 대장은 위스 · 슈발리와 처음으로 웨스턴
  쿰 지대를 통과하여 제네바 스포를 넘어 사우드 콜에 도달.
  랑베르 · 셀파 텐징 팀이 동낭릉으로 8,595미터까지 진출. 이
  추계 원정대가 로체 훼이스를 통과하여 사우드 콜에 이르는
  등로를 개척. 그 뒤 이것이 클래식 루트가 됐다.
1953 · 존 헌트 대장 지휘 하에 10차 영국 원정대의 힐라리 · 텐징 팀이
  5월 29일 에베레스트를 처음으로 등정. 같은 시기에
  보딜론 · 에반스 팀은 8,760미터 남봉에 초등.
1956 · A.에그럴 지휘 3차 스위스 원정대가 에베레스트 2등, 3등을
  기록(5/23. 5/24.). 5월 18일 라이스 · 루후징거 팀 8,511미터
  로체 초등.
1960 · 중공 원정대가 북릉으로 에베레스트 등정을 주장. 그러나 이에
  대한 서방측 전문가들은 많은 의문점을 제시했다.
1960 · 1차 인도 원정대. 대장 G.씽.
1962 · 2차 인도 원정대. 대장 J.디아스.
1962 · 미국인 3명과 스위스인 1명이 북방 루트로 시등. 7,600미터 도달.
1963 · 다이렌훠드 지휘, 미국 원정대. 5월 22일 언솔드 · 혼바인

2인조가 처음으로 에베레스트를 서릉에서 동남릉으로 횡단에
성공. 5월 1일 위테이커·셀파 곰부 2인조, 5월 22일
비숍·저스타드 2인조(언솔드와 만남)가 동남릉 고전 루트로
2등. 혼바인이 8,600미터 고소에서 비박.

1965·3차 인도 원정대. 대장 콜리. 네 번 공격으로 9명 등정.

1966~1969년 여름철까지 에베레스트 입산 금지.

1969·추계(포스트 몬순) 일본 등반대가 에베레스트 남서벽 시등.
8,050미터 고소 중앙 꿀루와르 진출.

1970·일본 대규모 원정대가 남서벽에 도전. 8,050미터 벽을 넘어서지
못했다. 대원 2명이 동남릉으로 등정. 미우라 유이치로가 사우드
콜에서 웨스턴 쿰으로 스키 활강(낙하산 부착)에 성공. 셀파
6명 아이스 폴 붕괴로 참사.

1971·다이렌워드 지휘. 국제 원정대(13개국에서 대원 참가)가 남서벽
도전, 8,350미터에서 실패.

1972·크리스 보닝턴 지휘. 1차 영국 등반대가 남서벽 시등에 실패.

1973·몬지노 지휘 하의 이탈리아 대규모 원정대(대원 64명)가 노말
루트로 8명 등정.

1973·유아사 지휘 하의 일본 대규모 원정대(대원 48명)가 재차
남서벽 돌파를 시도했으나 8,380미터에서 저지 당했다.

1974·스페인 원정대가 혹한으로 실패.

프랑스 원정대가 무산소 서릉 루트 도전했으나 실패. 대장
도바조와 셸파 다섯이 눈사태로 사망.

1974 · 히사노 지휘 하의 일본 여성 원정대에서 다베이 중꼬와 셸파 앙
체링이 등정. 에베레스트 첫 여성 등정.

1975 · 중공 대규모 원정대가 북릉으로 등정. 부대장 티베트 여성인
판통이 남성 대원 8명(티베트인 3, 중국인 1)과 함께 5월 27일
등정. 여성으로 두 번째 기록.

1975 · 2차 크리스 보닝턴 대가 남서벽으로 등정에 성공. 9월 24일
하스턴 · 스코트 2인조가 (남봉에서 비박), 9월 26일
보드만 · 셸파 퍼템바, 마이크 버크(실종) 등정.

1976 · 영국 · 네팔 육군 합동대 대장 T.스트리터가 스토크스 · 레인
조와 함께 노말 루트로 등정했으나 대원 5명 희생.

1976 · 미국 독립 200주년 기념 등반대가 트림블 박사 지휘로
에베레스트에 도전, 대원 두 명이 동남릉으로 등정.

1977 · 뉴질랜드 원정대가 알파인 스타일로(셸파 없이) 에베레스트에
도전, 사우드 콜까지 진출.

1977 · 한국 원정대가 동남릉으로 도전, 고상돈 · 셸파 펨바 노르부
등정.

엮은이
김 영 도

1924년 평북 태생
서울대 문리대 철학과 졸업
제9대 국회의원
대한산악연맹 회장
1977년 한국에베레스트 원정대 대장
1978년 한국북극탐험대 대장
독일 산악지 Der Bergsteiger Mitarbeiter
한국등산연구소 소장

저서
「우리는 산에 오르고 있는가」
「산의 사상」「나의 에베레스트」「등산 시작」

역서
헤르만 불 : 「8000미터 위와 아래」
예지 쿠쿠츠카 : 「14번째 하늘에서」(공역)
라인홀트 메스너 : 「검은 고독 흰 고독」
「죽음의 지대」「제7급」
이반 슈나드 : 「아이스 클라이밍」
에드워드 윔퍼 : 「알프스 등반기」(공역)

에베레스트, '77 우리가 오른 이야기

엮은이 · 김영도
펴낸이 · 이수용
펴낸곳 · 秀文出版社
1997년 7월 25일 초판 인쇄
1997년 7월 31일 초판 발행
출판등록 1988. 2. 15. 제7-35호
132-033 서울 도봉구 쌍문3동 103-1
994-2626, 904-4774 FAX 906-0707
ⓒ 김영도
ISBN 89-7301-064-